U0113856

海外中国研究丛书

——到中国之外发现中国

义和团运动的起源

［美］周锡瑞 著

张俊义 王栋 译

The Origins of
the Boxer Uprising

江苏人民出版社

图书在版编目(CIP)数据

义和团运动的起源 / (美)周锡瑞著；张俊义，王
栋译. —南京：江苏人民出版社，2021.10
(海外中国研究丛书/刘东主编)
ISBN 978 - 7 - 214 - 24830 - 5

Ⅰ. ①义… Ⅱ. ①周… ②张… ③王… Ⅲ. ①义和团
运动—研究 Ⅳ. ①K256.707

中国版本图书馆 CIP 数据核字(2020)第 210864 号

书　　　名　义和团运动的起源
著　　　者　[美]周锡瑞
译　　　者　张俊义　王　栋
责 任 编 辑　李晓爽
装 帧 设 计　陈　婕
责 任 监 制　王　娟
出 版 发 行　江苏人民出版社
地　　　址　南京市湖南路 1 号 A 楼,邮编:210009
照　　　排　江苏凤凰制版有限公司
印　　　刷　苏州市越洋印刷有限公司
开　　　本　652 毫米×960 毫米　1/16
印　　　张　30.75　插页 4
字　　　数　308 千字
版　　　次　2021 年 10 月第 1 版
印　　　次　2021 年 10 月第 1 次印刷
标 准 书 号　ISBN 978 - 7 - 214 - 24830 - 5
定　　　价　98.00 元

(江苏人民出版社图书凡印装错误可向承印厂调换)

序"海外中国研究丛书"

中国曾经遗忘过世界,但世界却并未因此而遗忘中国。令人嗟讶的是,20 世纪 60 年代以后,就在中国越来越闭锁的同时,世界各国的中国研究却得到了越来越富于成果的发展。而到了中国门户重开的今天,这种发展就把国内学界逼到了如此的窘境:我们不仅必须放眼海外去认识世界,还必须放眼海外来重新认识中国;不仅必须向国内读者迻译海外的西学,还必须向他们系统地介绍海外的中学。

这个系列不可避免地会加深我们 150 年以来一直怀有的危机感和失落感,因为单是它的学术水准也足以提醒我们,中国文明在现时代所面对的绝不再是某个粗蛮不文的、很快就将被自己同化的、马背上的战胜者,而是一个高度发展了的、必将对自己的根本价值取向大大触动的文明。可正因为这样,借别人的眼光去获得自知之明,又正是摆在我们面前的紧迫历史使命,因为只要不跳出自家的文化圈子去透过强烈的反差反观自身,中华文明就找不到进入其现代形态的入口。

　　当然,既是本着这样的目的,我们就不能只从各家学说中筛选那<u>些</u>我们可以或者乐于接受的东西,否则我们的"筛子"本身就可能使读者失去选择、挑剔和批判的广阔天地。我们的译介毕竟还只是初步的尝试,而我们所努力去做的,毕竟也只是和读者一起去反复思索这些奉献给大家的东西。

刘　东

目 录

中文版前言

本书自 1987 年在美国出版，至今已 5 年有余。现在有机会将它奉献给中国读者，我感到由衷的高兴。

近年来，中外学者在学术领域中的交往日渐加强，双方增加了相互间的了解与认识。向中国读者介绍西方学人研究中国问题的著作，是交流的一个重要方面。这并不是说西方人在研究中国问题上比中国人有什么高明之处，而是说通过各种译著，中国读者可以看到西方学者在研究问题的角度、思维方法以及概念使用上与中国学者的异同。从比较这种异同中，读者们可以尽情地发挥自己的想象与思维能力，以期对自己感兴趣的问题做出较为全面的判断。

读者在阅读本书时，很快就可以发现我的研究指导思想与大多数中国学者不同。在近现代史包括义和团运动的研究中，中国学者强调对历史要做出评价。近几年来，在肯定和否定义和团运动的问题上，又有了热烈的争论。义和团运动是一场反帝爱国的伟大群众运动还是一场由意识落后、封建迷信的小农发起的民众运动？它缓和了帝国主义瓜分中国的危机还是阻碍了中国现代化进程？这一类评价问题，并未在西方学者的研究中引起争论，因为大多数人认为没有必要对中国历史上的著名事件或人物进行类似的评价。在我个人对义和团运动的研究过程中，我所感兴趣的是如何尽量客观地理解运动的源流、时代背景、发生的原因以及运动发展的逻辑性。我希望中译本能使读者更清楚地了解义和团运动的性质和发生原因，在此基础上，读者可以做出自己不同的历史评价。

介绍西方学者的学术文章及摘要虽然不乏其数，但是想要客观全面地了解他们的中国学研究，最好的办法就是通观整部著作。江苏人民出版社出版的"海外中国研究丛书"，我以为也是为了这个目的。读者们可以从这套丛书中看到不同作者的研究方法和分析特点。

本书翻译小组为此书的出版做了大量的工作，在此我谨向王栋、王建朗、江禹、叶瓦、杜继东、吴义雄、路义忠、张俊义、樊书华表示诚挚的感谢。张俊义先生整理了原书初译稿，肖志伟等一起与我核对了原文及译稿。对最早组织翻译工作的王栋和最后审校全书的张俊义先生，我表示特别的感谢。没有大家辛勤的劳动，本书中译本的出版将难以想象。

这本中译本由 1987 年英文版直接翻译而来，除了更订原书注释中极少的人名、地名及引用材料的错误页码外，全书没有做任何重大改动。本书 1987 年出版以来，又不断有新的义和团史料及学术专著出版。它们对我的研究很有启发，但并没有改变我对义和团起源的基本看法。因此保持全书原貌，可以使读者比较清楚地了解我个人的观点，以及它们与中国学者的相同和不同之处。同时，我也愿借此篇幅，专门谈谈我对近年来义和团运动研究的看法。

近期义和团研究的某些著述相当引人注目。1988 年路遥与程啸两位教授出版了《义和团运动史研究》论文集。这本书包括了两位作者自 20 世纪 60 年代以来的研究成果以及 60 年代和 80 年代作者在河北及山东威县实地调查的部分资料①。两年之后，路先生有《义和拳运动起源探索》一书问世。这本书将新发现的一批中文资料（包括梅花拳拳谱与经卷、族谱、家谱等）和外文资料（法国天主教耶稣会传教士信件和日记）集中在一起，强调探讨义和团源流应该由"区域"研究开始，做"多层次多方面"的考察②。同年，在中日两国学者联合调查（1986 年至 1990 年）的基础上，论文集《中国的家、村、神神——近代华北农村社会论》一书在东京出版。书中关于义和团研究的文章，表达了与我对义和团运动起源研究相类似的观点③。

除了上述的专著外，史料方面的出版也有相当的进展。1990 年出版的《义和团档案史料续编》极大地丰富了公开出版的资料④。1980 年我在中国第一历史档案馆查阅的资料以及本书引用的山东巡抚档案，大多收入其中。续编还包括了清朝中叶义和拳、神拳档案史料（附编）以及中国人民大学出版的《义和团源流史料》中的资料。我在本书中所引用的 80 年代时尚未公开发表的资料，基本上可以在这两集续编中找到。除了上面谈到的专著和史料以外，还有很多研究有关义和团运动的文章，它们刊登在

---

① 路遥、程啸：《义和团运动史研究》，济南：齐鲁出版社 1990 年版。
② 路遥主编：《义和拳运动起源探索》，济南：山东大学出版社 1990 年版。
③ 路遥、佐佐木卫编：《中国的家、村、神神——近代华北农村社会论》，东京：东方书店 1990 年版。
④ 中国第一历史档案馆编辑部：《义和团档案史料续编》，北京：中华书局 1990 年版。

多种学术刊物和义和团研究通讯上。1990年在济南召开的国际义和团运动讨论会上也出现了不少有见解的文章。

毫无疑问，以上所谈到的研究与史料加深了我们对义和团运动的理解。其中大部分新材料可以加强本书的论证，但也有少部分说明本书在一些细节上需要加以补充修改。例如，据《义和拳运动起源探索》中的梨园屯"闫氏家谱"记载，闫书芹的"芹"字与官方所记的"勤"字相抵；又如闫铭见（明见，明鉴）不是拥有土地百亩的大户，而是仅有土地15亩的小户。这批资料中最重要的一部是路遥教授和他的学生发现的一批梅花拳拳谱和经卷。它们对梅花拳的历史和实践提供了一份较为翔实的记录。其中"习武序"为梅花拳第五辈杨炳所做。杨炳可以说是梅花拳里的关键人物之一，在这篇拳论中，他将"儒家思想渗透进去"[1]，同时杨炳还是梅花拳中唯一人仕的人（中康熙壬辰科武探花）。他的"卫君卫国""不可犯上作乱"的忠君思想是毫无疑问的。同时被路先生发现的还有一本与民间宗教中罗教有关的梅花拳经卷，他认为这个经卷证明了梅花拳与罗教之间的历史联系，梅花拳是"依附于无为教的一个秘密会社"[2]。而梅花拳里文武场之分，也被看作是与教门的联系。在未见到经卷全文之前，我不敢贸然反对这种看法。但从历史上看，梅花拳曾协助过清廷镇压1813年的八卦教起义；1898年赵三多起事前，梅花拳的首领还曾劝他不要"闹出乱子"，说梅拳"祖师自明末清初授业至今……文的看书，给人治病，武的练拳……从没有过叛乱的事"（见本书第六章）。因此，

---

[1] 路遥主编：《义和拳运动起源探索》，第59、61—62、83—93页。又见路遥「近代华北农村秘密拳会的调查和分析——「梅花拳会」组织を典型とした事件について」，载《中国的家、村、神神——近代华北农村社会论》，第13—150页。

[2] 路遥主编：《义和拳运动起源探索》，第92页。

在探讨梅花拳与教门关系时,我们应当十分谨慎。另一方面,也应该考虑这部经卷中与《皇极宝卷》甚为相近的部分很可能是由义和团时期之后的梅花拳所继承并加以修改的,这种修改甚至可能晚到民国初年。因为明清两代禁止邪教失效后,民初教门活动重又兴盛起来,他们的经卷也随之广泛流传过。

路遥和程啸教授的《义和团运动史研究》一书提供了比我以前所见的更多的白莲教降神附体仪式的资料。而我书中第二章"秘密宗教、义和拳和民间文化"对于教门中的降神仪式有所低估。但是如果把秘密宗教中的降神附体仪式都看作受神拳影响,似乎还应做更多的探讨。我认为大部分降神附体仪式都来自民间习俗中的跳神,在文献中也很少记载秘密宗教与神拳的联系①。

本书中文版的出版,可以使关心义和团研究的中国读者比较中西两方学者在研究同一课题,使用基本相同材料时,分析方法上的异同。1979 年至 1980 年当我在山东大学做这一课题研究时,受到路遥教授及其他同行的相当关注,对此我表示深切的感谢。他们给予我的帮助不仅在于提供了 60 年代山东大学所做的口头历史调查资料,还在于他们的研究直接影响了我对义和团运动发展阶段的看法。关于鲁西南大刀会、直鲁边界的义和拳以及鲁西北神拳是义和团运动的重要组成部分的观点,就是直接接受了他们的分类方法。另外,路遥先生的《义和拳运动起源探索》一书在研究方法与角度上,与我也有着某些相同之处。首先我们的研究基础都是建立在历史文献与口头历史调查资料上;其次是区

---

① 路遥、程啸在《神拳蠡测》一文中谈到四川南川、鄞县、中牟县的几支神拳"从一个方面说明神拳的活动规律",即"这几支神拳都来自当地迷信的民俗"。见《义和团运动史研究》,第 176—177 页;《义和团档案史料续编》,第 1980—1992 页。

域性的研究,特别是义和团发生地的经济、政治和社会环境。在对社会背景的研究上,路先生与我所持观点极为相似。我们的研究也存在着不同之处,在起源问题上我们最主要的分歧点即路先生认为:虽然大刀会和神拳在义和团运动发展过程中扮演了重要的角色,但直鲁边界地区的义和拳是这次民众运动的主要来源,即"义和团运动显然是义和拳运动的直接发展"①。而我在研究中认为对义和团运动的兴起和传播起了核心作用的是它的具有标志性的仪式——"降神附体""刀枪不入"。就此一点来讲,与首倡降神仪式的神拳相比,直鲁边界地区的义和拳缺少这种仪式。

对上述分歧做更详细的探讨的话,首先可以用日本学者小林一美的话来概括。他在《义和团战争和明治国家》一书中写道:"很多中国学者义和团源流论的最大弱点是热衷于寻亲,而忽略了对形成义和团运动的固有逻辑及发展规律的解释。"②在探讨义和团起源的问题上,中国学者一般着眼于"组织源流"的研究;而我在本书中强调的是"降神附体"仪式对义和团发展过程所起的作用。换句话说,使我感兴趣的并不是仪式的始祖,而是它为什么会在1899年至1900年间如此迅速地传播开来。我认为主要原因在于它的易于接受,而易于接受又与它本身来自华北农村的文化和风俗习惯息息相关。在仪式中,义和团所降所请的神祇都是老百姓心目中武艺高强的英雄好汉,他们来自民间戏曲、小说,特别是《封神演义》《三国演义》和《西游记》中的人物。降神附体仪式在形式上与农村巫婆神汉的跳神走巫如出一辙,武术与气

---

① 《义和拳运动起源探索》,第159页;在引言部分(第3页),路先生也表示了相同的观点。

② 小林一美:《义和团战争和明治国家》,东京:汲古书院1986年版,第156页。中文摘译见《中国史学家的义和团源流论》,载《义和团研究会通讯》第3期,第16页。

功更是民间文化中健身防身的一种相当流行的技艺。

在探讨义和团运动兴起问题时的一个不容忽视的重要现象即是:它是如何在各村拳场开始的? 通过对历史文献和口头调查资料的研究,我们发现参加义和团的青年拳民们并不是某个现存拳会的会员,这次民众运动也并不是由拳会号召拳民就蜂拥而起的。① 和长期秘密存在的教门相比,义和团组织是公认的松散②。在各村练神拳或义和拳的青年农民都是初学者,受到"降神附体""刀枪不入"的号召力,自发地开始习拳练武,以至"群相趋附,势颇昌盛"③。在这次比较自发的民众运动中,在其兴起过程中起了关键作用的是它的仪式,而不是它的组织。义和团运动的这一极为重要的特征,使我放弃了传统的、由组织源流入手的研究方法,并转向研究义和团的仪式以及孕育它的华北农村的文化习俗、社会经济环境、自然生态以及政治背景。

这种研究重点的转向也出现在某些中国学者的学术著作中。这一点在《中国的家、村、神神》一书中表现明显。特别是南开大学陈振江教授的文章《直隶、山东的武术文化和社会心理动向》④,他在对地方志和口头历史调查资料悉心研究的基础上,对于武术团体的流动性,拳师不受教门的束缚,拳民神祇崇拜上的功利主义与实用主义以及拳师的传统价值观念描绘了一幅生动的画面。他的论点极有说服力,和我认为的与其将拳会看作秘密

① 有一个例外就是参与梨园屯教案的赵三多,他是梅花拳的人(见本书第六章)。梅花拳显然是一个存在多时的组织。路遥先生坚持认为这一组织在义和团运动中的重要作用与其"组织源流"的看法不能分开。但同时我们应该注意到梅花拳本身缺少义和团最根本的仪式——"降神附体"和"刀枪不入"。
②《义和团运动史研究》,第 296 页。
③ 李文海等编著:《义和团史事要录》,济南:齐鲁书社 1986 年版,第 59 页。
④《中国的家、村、神神——近代华北农村社会论》,第 71—80 页。

宗教的分支,不如将它看作华北农村文化习俗一部分的观点相近(见本书第二章)。程啸也在同一部书中对民间宗教做了透彻的分析,并着重讨论了民间宗教在华北农村社会及农民心态上起的作用。在研究民众运动与民间宗教的关系上,在探讨孕育民众运动与民间宗教的社会文化、经济、政治及自然环境上,《中国的家、村、神神》一书显示了中外学者学术交流的成果。

顾名思义,本书的主题是义和团运动的起源。在研究重点由组织源流转向对民间文化习俗及区域政治经济的过程中,我遵循了西方学者研究社会运动的方法。义和团运动是一次社会运动,它的参加者是华北成千上万的农民、手工工人以及其他社会各阶层人士。它在极为短促的时间内爆发,然后冲击到华北两大城市——北京和天津。对待义和团运动也像对待其他所有的社会运动及历史事件一样,我们面临着以下几个最基本的问题:即如何解释义和团发生的地点、时间和形式。

第一个问题,义和团运动为什么首先出现在鲁西?如果将义和团运动看成是反洋排外运动,那么它好像应该发生在受帝国主义影响较深的地区。从全国来看,广东及江南地区受帝国主义经济冲击比山东严重得多,从山东一省出发,胶东和烟台一带又较其他地区严重。为回答这个问题,我对19世纪末山东地方的社会经济和社会结构做了比较详细的研究分析,从中可以看到鲁西地区在下面几个关键方面表现突出:贫穷,商业化程度低,对自然灾害反应敏感,士绅阶层弱小,习武之风盛行。对鲁西地区做了进一步划分之后,我又发现鲁西南与鲁西北地区之间的重要差别。鲁西南社会结构中存在着一个牢固的乡村地主阶层,村社内部凝聚力强。这一社会结构的形成与抵御当地活动猖狂的盗匪活动有紧密联系（见第四章"大刀会"）。对比之下，鲁西北社会比较开放，相对平均，这与该地区经常遭受自然灾害造成的人口流动有密切关系（见第八章"神拳"）。它们区域性的差别有助于说明在义和团起源过程中扮演重要角色的鲁西南大刀会与鲁西北神拳的不同。鲁西南大刀会由乡村财主把持，其组织严密，活动不公开，与其所在地区存在的牢固地主阶层及比较封闭的社会形态极相吻合。而鲁西北神拳表现了相反的性格，他们的仪式公开，易学易练，教拳的师傅常见从外村请来，说明拳众对其领导并不苛求。以上仅是概述，读者在仔细阅读第四章与第八章之后，对这个问题会有更详尽的了解。

第二个问题即时间问题。19 世纪 90 年代中国所面临的一个最基本的事实即帝国主义企图瓜分中国所带来的危机。中日甲午战争特别是德国攫取胶州湾之后，危机加剧起来。这一局势在山东的具体反映是社会上不断出现的民教冲突。教民依仗帝国主义撑腰，欺压周围百姓，是引起冲突的直接导火索。

第三个问题即形式问题，为什么这次反洋排外运动采取了义和团这种形式？部分问题可以从上述大刀会与神拳所反映的鲁西南和鲁西北的社会结构中找到答案。但社会结构并不能完全解释这一问题。从理论上讲，我们面临的一个基本问题就是探讨稳定的社会结构与变动的历史运动之间的关系。社会结构的存在并非一日，从历史角度观察，它含有相当的稳定因素。而社会运动，在历史演变的过程中常常采取突变的形式，是历史变化的一种。因此，解释义和团运动，实际上是在解释历史的变化过程。这也是本书在理论上要解决的核心问题，即在稳定的社会结构和剧烈的历史变迁中，寻找到内在的合理的理论联系。

解答历史变化的通常说法都是首先指出外来因素，即存在于社会结构之外的事实——如自然灾害、战争、外国入侵等等。这些事实固然重要,因为它们的冲击的确引起了社会结构的某些变化。例如,19世纪末的中国,由于帝国主义的政治、军事和文化(传教士)渗透,传统的社会体系发生了动摇,义和团运动爆发。这只解释了问题的一个方面,即帝国主义这一外来因素在社会运动中所扮演的重要角色;但问题的另一方面,为什么华北农民采用了义和团这种形式来对抗,却没有满意的回答。

在研究这一问题时,我在很大程度上借助了近年来西方人类学关于通俗文化的研究成果,同时也参考了马克思关于上层建筑与经济基础、主观与客观条件等学说。关于"基础"这个范畴,本书的研究中包括了所有形态的经济活动,商业、政治、社会以及村社结构。第一章对义和团运动的社会基础——鲁西的社会经济综合体——做了具体的描述。在其上存在的"上层建筑"包含鲁西所有的重要文化领域。①

马克思本人认识到文化在历史进程中所起的作用,在著名的《路易·波拿巴的雾月十八日》一文中他写道:"人们自己创造自己的历史,但是他们并不是随心所欲地创造,并不是在他们自己选定的条件下创造,而是在直接碰到的、既定的、从过去承继下来的条件下创造。一切已死的先辈们的传统,象(像)梦魇一样纠缠着活人的头脑。"②马克思的文化概念是"一切已死的先辈们的传

---

① 这里所用的"文化"一词,从广义来讲是人类学中泛指的人的社会行为,包括人们日常的风俗习惯,家庭的伦理道德观念,各种仪式(宗教与非宗教的),以及流行于社会中的民间宗教。它与中国知识分子惯常用的"文化"——书本知识和文学修养等等在意义上迥然不同。为解决这一由字面带来的含义上的差别,本书以"民间文化"一词来加以区别。

② 见马克思:《路易·波拿巴的雾月十八日》,载《马克思恩格斯选集》第一卷,北京:人民出版社1972年版,第603页。

统"。这种看法在很大程度上与某些当代中国知识分子的相似，他们将一切现代中国的弊病都归因于传统文化所谓的落后与不变上。

参考近期西方社会科学的理论，我认为文化并不是由过去继承过来一成不变的传统，它是本身具有内在活力和弹性的人为创造物。① 如果我们将历史变化过程看作是具有主观意识的历史主宰者与客观社会结构之间的辩证，历史发展的主宰者为了自己的目的而容纳、继承并改造过去的文化传统。没有对过去传统的继承，他们不可能发动民众推动历史发展的进程。在继承的同时，他们又将新的方法、新的目的融合进去，使之发生新的作用。这种文化的可能性提供了历史变化的契机。

义和团运动在实践上证明了上述观点。他们将民间宗教的符咒、跳神、武术和气功以及民间戏曲中的英雄好汉、神话人物统统综合起来。所有这些因素都是老百姓日常生活中喜闻乐见的，其中没有任何怪异的东西。它们来自生活，极易模仿。这也是为什么义和团兴起迅猛，又带着"自发"色彩的原因。

根植在深厚文化传统中的义和团仪式，可以帮助我们解释这一次民众运动产生的巨大社会推动力及它的各种虚弱方面。虽然"假神附体"也出现在中国历史上其他农民起义中，例如太平天国中杨秀清假说天父下凡等，但在义和团运动中所有拳民都能降神，都能成为神，而不似其他农民起义中只有首领享有这一权利。降神使所有参与者都感受到了心理上的鼓舞，他们自身亦借助巨大的神力来抵御外国装备精良的军队。如上所述，请的神都是历史上口碑流传的英雄好汉，而不是宗教里的神祇。这些英雄好汉

---

① 关于近期有关的西方人类学理论，参见本书结语部分。

经常出现在集市戏台上,使得华北青年拳民有了模仿的样板。但另一方面,由于参与者都能成为神,都具有平等的地位,由宗教产生出权威领导运动的可能性在义和团运动中就变得不可企及了,这是义和团运动组织薄弱的一个原因。当八国联军用武力大肆镇压时,义和团运动便如一盘散沙,溃泻千里,很快就消失在历史舞台上了。

以上几点是本书的关键部分。在研究中我还试图说明客观的社会经济状况不但给义和团运动提供了先决条件,同时也限制了它所采取的形式。文化的可塑性在历史的主宰者(民众)与社会结构之间架起了桥梁,尽管客观存在与文化传统都在拒绝变动与变化,人民仍然创造了历史。

英文版序

在中国历史上，几乎没有什么事件比义和团运动更广为人知。对北京公使馆的戏剧性包围，在1900年夏天吸引了整个世界的注意力，它为当时报刊耸人听闻的新闻以及半个世纪后的好莱坞编剧们提供了丰富的素材。"北京之围"最终被八国联军解除，联军中有第一次在中国领土上作战的美国军队。然而，义和团之所以重要，不只是因为它不同寻常地吸引了国际关注，更为重要的是，它是普通中国农民起来把他们所憎恨的外国人和外国事物赶出中国的一个引人注目的例证。因此，它是中国群众性的民族主义兴起过程中的一个重要事件。

尽管大多数人都知道义和团运动，但人们对它的了解仍很有限。首先，义和团成员并不是拳师。他们的"拳"实际上是一套刀枪不入的仪式——用来保护他们不受火力强大的西方新式武器的伤害。降神附体的概念是仪式的核心，刀枪不入的魔力即由此产生。义和团的拳民首先祈召民间宗教众神中的一位神灵，然后，当神灵附体时，他们便进入恍惚状态，进而手舞足蹈，挥舞刀枪。这些仪式很容易就被黄泛区平原的青年农民学会,它从一个村庄传向另一个村庄,直到一个巨大的群众运动席卷华北大部。义和团运动实际上是一场大规模的巫教运动,它更多地是传播一些特定的巫术手法,而不是任何一个中国武术团体的动员。

第二个常见的对义和团的误解与"义和团叛乱"这种说法有关。这一说法实在是用词不当,因为义和团从未造清朝统治及清王朝的反。实际上,贯穿于义和团运动的最常见的口号是"扶清灭洋"——这里的"洋"除了指外国人外,显然包括外国宗教以及它们的中国信徒。1900年夏,面临着外国军队向京城推进的威胁,清廷甚至明确宣布它支持义和团。但是,当这一运动被镇压下去之后,中国官员和列强都意识到,清廷将必须作为中国的政府而继续存在下去。为了挽回清廷及其首脑慈禧太后的面子,他们便虚构出这样的说法:义和团实际上是叛乱性的,它碰巧获得了一些在北京篡夺了权力的满族王公的支持。由于这是一场"义和团叛乱",相应地,清政府只需为它未能及早镇压而受罚。尽管"义和团叛乱"原本是一个纯粹政治性和权宜性的术语,但它在中国史书和世界史书中却显示了它非凡的活力。

义和团运动问题上的混乱不只是一个普遍的概念误解问题。在义和团的学术研究中存在着引人注目的分歧。实际上,在中国近代史上,没有任何重大事件像它这样拥有如此众多的各家之说。在本书所着重阐述的主题——义和团的起源方面,情况尤其如此。在1899年义和团运动刚刚兴起之时,一个名叫劳乃宣的知县写了一本题为《义和拳教门源流考》的小册子。劳乃宣认为,义和团源于19世纪初与信奉太平盛世说的白莲教有关的一个教派。义和团的这一教派源流和反朝廷起源为现今绝大部分学者所接受。但是,也有少数人坚持另一种见解。他们认为,义和团源于一种勤王的民团组织——一个在官方倡导之下成立的村庄防卫组织。

义和团是源于白莲教起义还是勤王民团？专家们对此尚不十分清楚，因而它向历史学家们提出了一个几乎是难以拒绝的挑战。这一挑战不是简单地确定孰是孰非、找出合理解释的问题。义和团研究者所面临的方法论上的困难也是非常巨大的（当然，这也是在许多问题上意见分歧的原因之一）。关于义和团运动，我们从中国官方（包括同情和敌视这一运动的两方面），从义和团的攻击目标传教士及其中国信徒那里，从一些零星的非官方观察者那里（大部分是关于运动后期的记述），从义和团运动60年后中华人民共和国的学者们所采访的义和团地区的农民那里获得了许多资料。不用说，所有这些观察者的倾向性对他们的描述有很大影响。历史学家们的十八般兵器在这里全都得使上，这包括辨伪、考证，以及对那些与具倾向性史料相矛盾的信息给予特别的关注。

尽管存在这些障碍，但我相信，在义和团起源问题上提出新见解的时机已经成熟。英文著作中关于这一问题的最近力作是出版于1963年的维克特·珀塞尔（Victor Purcell）的《义和团运动：背景研究》。自该书出版以来的20多年间，北京和台北的清代档案都已向学者开放。台北的近代史研究所已经出版了多卷本的关于义和团运动爆发前那些年代的《教务教案档》。在中国大陆，近年来出现了关于义和团运动的大量出版物，其中最为关键的是义和团的发祥地山东省政府出版的两卷档案集。这一出版热潮至今仍未显示有下降的迹象。当作者此书正准备送交出版社时，北京的中国第一历史档案馆（藏明清档案）宣布，有关义和团运动的另一部档案集很快将要出版。

　　我对义和团运动的研究始于 1979 年底。那时,我在中国的山东大学和第一历史档案馆待了一年。如果没有这两个机构的支持与合作,我的这一研究工作绝不可能完成。对我来说尤为重要的是山东大学历史系的师生们所做的口述历史调查的原始采访记录。他们在 1960 年和 1965—1966 年间深入鲁西,在这一闹过义和团运动的地区内遍访老农。这些历史调查已有一卷选编出版。我得以查阅这些调查的最原始手稿记录。在这些手稿中,访问者记下了当年的义和团成员以及旁观者对义和团运动最初阶段的回忆。山东大学历史系向我慷慨提供的这些记录稿,比公开发表的资料选编更为完整,它对我重新探索和构建义和团的早期历史是不可缺少的材料。正是从这些资料中,我们第一次得以从农民的角度了解这次大规模的中国农民运动。山东大学两次安排我去闹过义和团的乡村地区旅行。在原先的口述历史调查的基础上,我又作了进一步的采访。再加上对这一地区的自然气候和社会生态环境的观察,原先那些材料对我有了更丰富的内涵。这些访问价值无量,它帮助我理解了社会经济条件的地区差异(常常在同一县域之内也大有差异)的重要性,它是义和团运动兴起的因素之一。

　　所有这些新的资料,包括新公开的档案和口述历史,不仅使我们能够更为详尽地观察义和团兴起地区的地方社会和民间文化,还使我们重新检验那些为人接受已久的有关义和团的观念成为可能。例如,珀塞尔的《义和团运动:背景研究》力图说明的一个中心问题是义和团由反清到扶清立场的转变,后来的大多数教科书和二手论著在描述义和团思想转变时皆追随珀塞尔。但是,最新的证据,尤其是口述历史,无可置疑地说明,义和团运动从一开始就是一场勤王运动,它从未经历过反朝廷阶段。

　　这里简单勾画一下本书的轮廓。我首先考察了位于华北平原的山东省（尤其是鲁西地区）特殊的社会经济条件。义和团运动正是从这一地区兴起——鲁西南孕育了大刀会（一个比义和团更早的反洋教组织，有它自己独特的刀枪不入仪式），鲁西北则产生了义和团本身。在第二章中，我的目光从生态环境和社会构成转到这一地区的民间文化和普遍心态上。由于在义和团的白莲教派起源说上有如此之多的研究成果，我用一定的篇幅来考察这一问题，尽管我将有关义和团和清代中期的白莲教关系的详细讨论归入附录。我的结论是，义和团的起源难以从白莲教或许多年前碰巧与其同名的武术团体中寻找。我们所需要研究的是义和团特殊表演仪式的各种来源，解决这一问题的关键是鲁西地区的民间文化，而不是一些特殊的宗教组织的性质。第三章是对背景环境的研究，它考察了西方帝国主义在山东的活动，以及帝国主义与一些中国人改信基督教之间的紧密联系。

　　从第四章开始叙述义和团运动的兴起。我首先考察了鲁西南的大刀会，以及它从一个反土匪组织到反基督教组织的转变。第五章考察了两个德国传教士被杀事件以及随后德国对山东半岛与胶州湾的占领。第六章开始叙述义和拳，它在山东省冠县的"飞地"上与基督教发生冲突，该地实际上位于邻省直隶境内，这也是中国行政地理的众多奇特现象之一。第七章转而纵观义和团运动前夜即1898—1899年的山东经济和政治形势，并侧重描述若干重要事件。这包括鲁西南的一系列反洋教事件，从胶州湾出发去进行报复的德国远征军，以及山东新任巡抚毓贤的反应。第八章讨论了神拳的兴起，义和团运动独特的降神附体和刀枪不入的仪式即起源于此。第九章详述神拳的迅速扩展以及他们与清朝当局的第一次公开冲突。本书关于义和团起源的论述至此终结。最后一章描述义和团运动在华北平原上向北京和天津的扩展。义和团在6月、7月获得官方鼓励后，发生了重大的反基督教和排外暴力事件，其后八国联军进行了残酷镇压。本章以总结的形式结束了对义和团的叙述。

在多年从事这一研究的过程中，许多机构和个人给了我极大帮助，在此我深表谢意。美中学术交流委员会支持了我在中国的研究，它的支持不只限于资金方面，有关工作人员的热心帮助，是使这一研究成为可能的关键，我衷心地感谢他们。王安电脑公司为我完成这一专题著作的研究和写作提供了慷慨的帮助。伯克利加州大学中国研究中心热心支付了制图费用。俄勒冈大学历史系非常宽宏大量地允许我经常离职去完成这一研究。在此谨致谢忱。

如果没有山东大学、中国第一历史档案馆、台北"故宫博物院"、胡佛研究所东亚图书馆、斯坦福大学图书馆、加州大学图书馆、国会图书馆、哈佛大学霍顿和哈佛燕京图书馆、哥伦比亚大学图书馆、特克利伊利诺斯的圣言会传教团和耶鲁神学院的合作，我难以获得本书所需资料。我衷心感谢上述机构以及在那里工作的热心的人们。鲍德威（David Buck）教授和加里·台德曼（Gany Tiedemann）教授提供了重要的传教资料的复印件。佐藤公彦从日本寄来了有关文件。我感谢他们的这些帮助及他们的研究给我的启示。我尤其感谢山东大学历史系的朋友和同行们，特别是徐绪典、路遥、李德征和陆景琪。他们是我寻找义和团运动资料的指导专家，亦总能在我的研究和看法与他们发生分歧时表示理解。

许多朋友和同事事先阅读了本书的原稿，他们提出了许多中肯的意见，我唯一的遗憾是这本书肯定距离他们的标准还有一段距离。对于这些朋友和同事的富有思想性和建设性的建议，谨致以最诚挚的谢意。

第一章 山东——义和团的故乡

义和团运动具有广泛的世界性意义。但是,它的政治发展完全受中国国内政治趋向的影响,不过,归根结底,义和团运动的确是一次地区性的运动。除1900年夏天在诸如山西、内蒙和东北等地方出现过一些由官府支持的义和拳"团练"这种特殊情况外,该运动实质上仅限于华北平原的山东和直隶部分。在探讨其他问题之前,我们有必要先来看一下这个地区,尤其是义和团运动的发源地山东省的地理、政治经济和社会组织情况。

华北平原

19世纪末,一位美国传教士医生描述了他到义和团运动中心地区的旅行:

> 我们现在穿过一片平原,那里的人口照样稠密。大约每隔一英里就有一个村庄,村里有土坯房,屋顶用麦秸或芦苇盖成。这些村庄大都有久经风雨的土围墙,有的甚至还有门楼和笨重的大门。村里有树,但旷野上却根本没有任何树木或灌木,每一寸可利用的土地上都种着谷物。这些沉闷的现

象令我很想家。到处都是肮脏的、行将坍塌的土坯房，一些过年时糊的褪了色的红对联依然残缺不全地留在破败的门洞上。①

2　在一个刚到中国的西方人的偏见与厌恶背后，我们还可以看到华北平原的一些最重要的特点：平坦的土地、以粮为主的农业、稠密的人口和贫穷的村庄。这里是浩荡的黄河与一些发源于山西边界太行山脉并注入渤海湾的小河所形成的冲积平原。放眼望去，周围数百英里一马平川。从黄河离开山西境内流入豫北平原到入海口，其中距离有 550 千米之多，而其落差仅为 100 米，每公里不足 20 厘米。这条世界上最混浊的河流，淤泥含量达25%。上千年的沉积孕育了肥沃的土地，使得该地区成为中国最重要的农业产区之一。但是，如此平坦的平原，使得排水成为一个相当大的问题；哪个地方的水不能被轻易地排走，哪个地方的土壤就会盐碱化，庄稼就要稀疏。②

该地区属大陆性气候：冬季平均气温刚超过零度，刮寒冷干燥的西北风，夏季则炎热、湿润。平原大部分地区年平均降雨量不足 500 毫米，且大多集中在夏季 7、8 份。在山东沿海和半岛地区，降雨既丰富又稳定，但在平原上，每年降雨量的变化很大。没有任何人工灌溉系统，农民完全靠天吃饭，靠老天在合宜的时间送来适量的夏雨。老天一般并不友善：降雨太多会淹没土地，太少又会带来干旱，导致土地坚硬、龟裂，土地表面经常覆盖上一

---

① 满乐道：《中国人的现在与未来：医学、政治和社会》，费城：戴维斯出版社 1891 年版，第 40 页。满乐道那时经过的地方是山东平原县。

② 天野元之助：《山东农业经济论》，大连：南满铁道株式会社经济调查会 1936 年版，第 2—6 页。侯仁之：《续天下郡国利病书：山东之部》，北平：哈佛燕京学社 1941 年版，第 57—58 页。

层白色盐碱。①

　　尽管天气变幻莫测,常使该地区遭受自然灾害,但华北平原长期以来一直是中国重要的农业区之一。事实上,在19世纪末,农业是那里维持生计的唯一途径。调查表明,甚至到20世纪30年代出现铁路和商业之后,大约90%经常是95%的人口还是农民。虽然有些地区种植像棉花这样的商品作物,但是,小麦、大豆、小米、高粱和其他粮食作物在本地区仍占统治地位。② 这些作物供养着异常稠密的人口。有一本20世纪50年代出版的经济地理书曾作过统计,整个华北平原的人口密度为每平方千米200人以上,而且,大部分地区每平方公里平均在300人以上③。19世纪末的人口密度大概会小一些,但是,根据20世纪30年代的统计数字推断,我估计鲁西平原的平均密度约为每平方千米250人。

华北地区

　　广阔的黄河平原位于施坚雅(G. William Skinner)所称的"华北大区"的中心。近年来,在分析中国文化地理方面,再也没有比施坚雅的区域系统理论更具影响力了。他把长城以南的中国划分成8个大区:华北、西北、长江上、中、下游、东南沿海、岭南(以广东为中心)和云、贵周围的西南地区。华北地区北与长城毗邻,西与山西的太行山脉相接,南以淮河流域为界。根据施坚雅的估计,华

---

① 天野元之助:《山东农业经济论》,第6—15页。孙敬之:《华北经济地理》,北京:科学出版社1957年版,第119页。

② 张心一:《山东省农业概况估计报告》,见《统计月报》第3卷第1期,1931年1月,第20—45页;《统计月报》第2卷第11期,1930年11月,第1—56页。

③ 孙敬之:《华北经济地理》,第15页。

北地区人口密度仅次于长江下游(1893 年每平方千米 163 人,而 8
个大区的平均数为 100 人),但是农村的商品化水平却最低。无灌
溉系统的农业提供的可供销售的剩余产品极少:华北平原较为单
一的生态环境阻碍了大区内商品作物及辅助活动的地方专门化,而
北方漫长的冬季则给农民们提供了一大段农闲时期,在此期间,农民
们可集中进行手工业生产(尤其是纺织)以供家庭消费。实际上,华
北的贸易总的来说相当不发达。在华北,几乎没有可通航的河流,而
谷物陆路运输每 200 英里(约合 321.86 千米)的代价就相当于其本身
的生产值。这种停滞的商业化的一个结果就是:在都市化水平上,华
北低于实际上是边疆地区的长江上游和西南一带。考虑到华北是中
国文明最古老的中心之一,而且自 19 世纪以来它一直是全国首都的所
在地,这不能不是一个极令人惊讶的事实。和中国的其他任何地区相
比,华北大区都更是一个城市稀少、人口稠密、贫穷落后和完全自给自
足的乡村内地。

　　根据施坚雅的分析,划分中国各大区的标准是其基本独立的
经济结构。"大区内商业城市之间的经济联系比它们与大区之外
城市的联系要多"。在每一个大区内,平原核心地带人口稠密,边
缘地带(通常位于大河间的分水岭多山地区)人口稀少。核心地
带不仅比边缘地区人口多,而且土地肥沃,灌溉条件好,商业化程
度更高,运输网络较好。与之相比,在边缘地带"社会呈现出最异
端而且最多样化的外观"。以盗匪、秘密宗教、会党及"一些数目
不等的走私贩、流浪者、充军者、巫师和其他异常人"组成的异端
社会为特色。①

---

① 参阅施坚雅:《晚清帝国的城市》(斯坦福:斯坦福大学出版社 1977 年版)一书中的
　《十九世纪中国的区域都市化》以及《城市地方等级制度》,第 211—249、275—351
　页。引文见该书第 283、322 页。

施坚雅地域系统理论的分析力和说服力是毫无疑问的。核心地带,特别是长江中下游和广州一带的岭南地区,也许要比四周边缘山区更富裕和更商业化。在这些平原核心地带,人工灌溉工程和水上运输条件要好得多。边缘地区和边远地区不但为中国的传统暴乱而且也为她的近代革命提供基地,这一点毋庸置疑。

但是,华北在几个方面并不太适合施坚雅的模式。首先,凭经验就可以作出判断,该地区的南部边界与施坚雅的模式不太吻合。大区的基本定义规定贸易重心基本在地区的地理中心,在华北尤其要以中心大城市北京、天津为主。在华北,黄河不能通航,贸易的主载体是大运河。挖通这一壮观的内陆水路是为了把长江流域、河南和山东的贡米运到北京。同时,它也是南北方各种货物运输的一个主要途径,这些货物有的装在大贡船上,也有的在私贩小船上。大运河从镇江开始,向北延伸至鲁南边界上的湖泊,再穿过济宁。沿着汶河河道和以前的天然水道,大运河向北蜿蜒至山东直隶交界处的临清。运河从那儿沿着卫河道向东北一直流至天津,最后,又流过一小段路程到达北京外的 *6*
通州。

大运河使华北和长江下游两大区相互渗透,这没有一点问题。但是,这显然是两个彼此独立的经济地区。关键的问题是:在大运河上的哪个地方,货物开始往来于镇江和长江下游的城市;又是在哪个地方,贸易开始向北转向天津和北京。很明显,这应该是华北和长江下游两个大区间的界线。我们通过帝国海关报告完全可以确立这条界线,因为把经镇江进口的货物移到持有"过境证"的中国船上,可免交厘金。这些过境证列出了货物的到达地。镇江海关官员的报告说明,鲁南,起码黄河北道(185 年后)和运河相交接的地方处于镇江集货区之内。① 由于国内和进口货物的运输费一样,因此我们可以有充足理由肯定这反映了两个大区商业网的分界。②

以下我们将看到,这个关于华北大区边界的修改使施坚雅模式的分析部分更合乎事实。它确认鲁南的大部分属于边缘地带,这里盗匪活动猖獗。在生计艰难时刻,该地区的盗匪、短工和乞丐都向南迁移。③ 修改后的南北分界线表明,他们是向地区的中心而不是向边缘地带迁移,这更符合情理。

不过,这仅仅是地域系统模式的一个细小事实的修订。更为重要的是,华北中心地带大部分地区人口稠密,但除了大运河附近地区外,那里几乎没有商业。除了行进在坑洼不平的土路上的手推车外,其他运输工具很少。实际这一中心地区的商业化程度要低于胶东半岛大部分地区,而半岛地区在施坚雅理论中属边缘地区。山东省的大量绅士精英就出自这一地区。最重要的是,正是华北平原产生了义和拳"异端"活动,这些活动更适合发生在大区的边缘地带。为了解释这些现象,我们要探讨一下除地区中心和边缘以外的地方差异的其他根源,将我们的分析对象由华北广

---

① 中国海关总税务司:《中国通商口岸贸易报告》(以下简称《中国海关总税务司报告》)。请特别注意 1876 年卷,第 92—93 页;1875 年卷的地图,第 120 页以后;1876 年卷,第 120 页以后。北方不用过境证,因为北方的厘金(陆路贸易可以轻易地逃掉厘金)比过境证的价值低。因此,关于北方港口的贸易情况,我们仅有些一般性的叙述。但是,天津官员的确注意到,随着太平天国运动后镇江的开埠,这个长江港口开始为河南和皖北市场服务,取代了以前天津的地位[见《中国海关总税务司报告》(1871—1872 年卷),第 34—35 页]。后来,有一位官员注意到,只有"鲁北和豫北"是天津港服务的地区[见《中国海关总税务司报告》(1888 年),第 258 页]。

② 施坚雅好像把界线放在淮河以南,因为这里是一个人口密度小的"边缘区"的中心。我猜想,这个"边缘区"实际上只包括人口稀疏的淮河涝原。

③《张汝梅致刘坤一电》,光绪二十四年九月二十六日,山东巡抚档案,北京第一历史档案馆,往来电报档。

大地区移至山东省内。①

山东的社会经济区

1900 年夏天,当外国军队步步进逼包围北京使馆区的义和团时,这些义和团期待着山东老团的到来,以支援其反对外国侵略者的斗争。虽然山东是整个义和团的发源地,但这个运动并未包括该省的全部。义和团出现在山东黄河以北通称为"鲁西北"的地区。而义和团的先驱"大刀会"则是在山东与江苏、河南交界的鲁西南一带产生的。现在我们要弄清的是,这些地区如何区别于山东省的其他地区。②

---

① 必须承认,我们将分析对象转移到一个省,其主要原因纯粹是实用性的。省是一个行政地区,社会经济资料的收集以此为基础。不过,我们也经常对华北平原其他地区的社会情况感兴趣,而且只要资料允许,我将探讨山东以外那些地区的情况。

② 关于资料来源,我得作一点说明。这些资料可分为定量和定性两种。后者主要是 19 世纪旅行家们讲述的故事以及县志,我将在书中合适的地方分别引用。定量性资料提供一个更为全面的介绍。在研究过程中,我建立了一个包括山东省各县在内的变量资料库。如果没有特别注明,下述所有定量资料均来自这个资料库(有兴趣查阅或使用这些原始资料者请与我联系)。

　　人口数字是我根据多种民国时期有关各县 20 世纪初人口的资料而得出的估计(在计算时,我将数字适当缩小,因为要考虑到诸如青岛、芝罘和济南这样的城市在 20 世纪的发展)。关键性资料是《中国实业志:山东省》(上海:实业部国际贸易局 1934 年版),它包括 1933 年的统计数字、1928 年内政部的不完全数字和 1930 年山东民政厅的数字;关于家庭和农户的统计,参阅张心一的《山东省农业概况估计报告》,官蔚蓝的《中华民国行政区划及土地人口统计表》(台北,1955 年版)。实际上,其人口数字来自张育曾和刘敬之的《山东政俗视察记》(济南:山东印书局 1934 年版)。我的第一选择是使用官蔚蓝的资料,这也是施坚雅资料的来源,同时仅对明显的誊抄错误作修正。但是,官蔚蓝的估计,尤其是对胶济铁路一带人口的估计要比其他人的高。尽管这些估计可能正确反映了 20 世纪 30 年代的情况,但它们与我们要讨论的问题不太相干。在官蔚蓝的数字看起来过分高的地方,我采用《中国实业志:山东省》上一个适当的居中数字。(转下页)

（接上页）县级人口密度来自官蔚蓝的资料。耕地面积一般按照《中国实业志：山东省》的估计，不过也参考有时还采用张心一的统计，颇似农商部《农商统计表，1918》（北京：农商部 1922 年版）中的做法。一般程序是，考虑附近地形相似各县耕地百分比，采用最精确的估计。农作物产量、分布类型和指数以张心一的数字为基础，但他对花生和烟草的统计被认为是大大超出了 19 世纪末的水平，而且他断定多数地方曾种植小米。

地主所有制程度（更精确地说，是耕地出租的百分比）的估计以《中国实业志：山东省》为基础；巴克：《中国土地利用统计学》（上海：南京大学 1937 年版）；景甦、罗仑：《清代山东经营地主的社会性质》（济南：山东省新华书店 1959 年版）；天野元之助：《山东农业经济论》。这些资料大部分都提供了地主、雇农和半雇农的数目，我把这些数字变成一个土地出租的百分比数值，具体方法见我的文章《数字游戏：关于中国解放前土地分配的一个注解》，载《近代中国》第 7 卷第 4 期，1981 年。

各县士绅力量系根据《山东通志》中明清会试记载列出的举人数统计而成。各县产生的官吏数字包括：1879 年秋的《大清缙绅全书》、1889 年和 1899 年秋的《大清爵秩全览》中列出的全部京官。商业税额系上述资料 1899 年版中列出的银两杂税。

自然灾害的次数和程度系根据北京第一历史档案馆（明清档案）的资料统计而成。我采用两种方法，第一种旨在计算各县 1892—1895 年自然灾害的发生率、严重性和受灾村庄数目。4 个编年录列出：全部受灾、80%受灾、70%受灾、50%—60%受灾，庄稼减产"比较严重"和"比较轻微"，相应免税或缓征税的村庄数目。我根据庄稼欠收的百分比扩大受灾村落的数目，从而制出一个各县"灾荒目录"。资料来自李秉衡的四个奏折，光绪二十年十二月十三日（户科题本，光绪二十年，第 21 号），光绪二十一年十一月二十九日（光绪二十一年，第 27 号），光绪二十二年八月七日（光绪二十二年，第 25 号），光绪二十三年四月二十一日（光绪二十三年，第 25 号）。第二种方法是，简单计算 1868 年到 1899 年间一个县因自然灾害而免税的次数。李秉衡光绪二十一年十一月十九日奏（户科题本，第 27 号）提供了 1868—1891 年间的数字。上述四个奏折只计算了因减产 50%或更多而得到免税待遇，没记录减产 50%以下而缓税的那个部分，这包括 1892—1895 年的情况；《大清实录》（以下简作《实录》）（沈阳，1937 年版）卷 398，第 10 页；卷 413，第 6 页；卷 435，第 22 页；卷 456，第 3 页，包括 1896—1899 年情况。（注意：实录记录的实质上是那些诸如 1892—1895 年间上奏的长奏折的一个节略。）按照免税程度和受灾的严重程度排列各县。在同一豁免水平内，按传统的（即所有官方出版物都遵循的）顺序排列。这样，尽管表面上看是一堆县名，但仔细注意它们在排列顺序上位置的变化，就能琢磨出哪些县受灾严重。各县按受灾程度分类，每一类里边又按各县的常规顺序排列。虽然各县在分类表中的顺序看起来是连续的，但有些县按常规序列本应出现在前面，但在这种分类排列中却出现在后面。这意味着排列在它前面的县属于不同类别。我在计算中，排除那些仅仅缓交税而不是免税的县，以便与其他材料保持一致。应当指出，虽然这些材料在对遭受严重自然灾害的各县进行分类时有用，但是，它们对水灾地区进行分类的效果，要比分析因旱灾引起的歉收（鲁西北的一个永恒难题）效果好得多。按理说，官方半年度的收成报告应该说明旱灾引起的歉收情况，但遗憾的是，一直到清末，山东省的报告都完全以一种例行公文形式出现（与李鸿章管辖的直隶相比）。实际上，（转下页）

让我们先从胶东半岛开始(参阅图1-1　山东六大区域边界图和表1-1　山东省六大区域对照表)。在胶东半岛的顶端，荒山秃岭和岩石质土壤到处可见，然而，从南岸的胶州湾到北岸的渤海湾之间，却伸延着一片广阔的低平原。平原很平，东晋时，桓温曾开凿新河，连接泗水和济水，修筑了一条横跨整个半岛的运河①。1897年，德国人占领了胶州湾，他们打算在胶东半岛东南岸修建青岛港，不久，他们就开始勘测连接港口和省会济南的铁路。不过，铁路和青岛的发展在20世纪，不在我们的讨论之列。在19世纪，烟台是唯一的外贸通商口岸，它于1862年开埠。

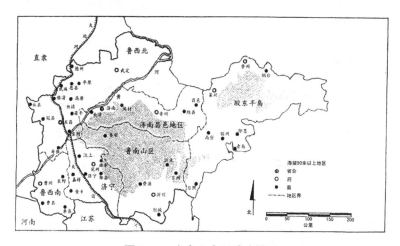

图1-1　山东六大区域边界图

(接上页)1890—1898年每年各县都毫无例外报告收成是"稍过半"。不过，应该说明的是，胶东半岛上的几个县，尤其是掖县和胶州，一般都报告60％的收成。参阅张汝梅光绪二十三年十二月二十日奏，户科题本，光绪二十三年卷，第24号。

最后是刑部记载，我翻阅了有关山东以及江苏、河南、安徽和直隶的边界县盗匪案的107个奏折。据说，在49个山东盗案和58个邻近州县盗案里有171个盗匪来自山东省。各县盗匪分布情况都已记录在案，至于盗案发生的时间、规模、武器和赃物，在我们讨论盗匪问题时，我都将列表说明。全部资料都来自北京第一历史档案馆19世纪90年代的刑科题本(盗案)。典型例子，参阅张曜光绪十六年九月二十四日奏，光绪十六年，第108号。

① 史念海：《中国的运河》，重庆：历史出版社1944年版，第139—140页。

烟台的贸易发展规模不大,主要限于半岛和山东北部沿海。[1]

9

表 1-1 山东省六大区域对照表

区域 (县数)	人口 (每平方 千米)	产量 指数[1]	出租 土地	非农户[2] (百分比)	灾害 指数[3]	每 5 万人中的 举人数(1851— 1900 年)
胶东半岛 (17 县)	135	396	27.5	11.1	1.5	2.95
济南昌邑一带 (15 县)	311	472	17.8	16.0	(190.9)	4.40
鲁南山区 (12 县)	191	381	26.3	12.4	11.0	1.34
济宁 (10 县)	291	461	20.1	11.4	106.7	2.91
鲁西南 (9 县)	312	378	23.1	(9.9)	225.1	0.81
鲁西北 (44 县)	252	367	10.6	7.1	196.7	1.85

资料来源:参阅第 7 页注释②有关各种资料来源的探讨。

1.产量指数=小麦产量+大豆产量+高粱谷子产量的平均数(全部以每亩斤计算)。该数字大致代表了庄稼两年生长周期内每亩地所打粮食的斤数,它最有用之处是进行比较。一市斤大约等于 0.5 公斤,一亩大致等于 1/6 英亩。

2.在鲁西南,单县未计算在内,因为据记载(显然是某人的胡乱猜测),该县的 4 万家农户中非农户占了 32%,这个数字显然不现实。

3.参阅第 7 页注释②中有关该指数组成的解释。济南昌邑一带的数字过高,这是因为济南东北方的有些地区为黄河新河道所经之地,洪灾频仍。该区域的其他地方灾害很少。

尽管半岛顶端多是丘陵,人口最为稀少(每平方千米 135人),但是,水源充足的平原地区的人口则很稠密,约占全省人口

10
的 24%。这里的粮食产量在山东全省也最高。早期一位传教士

---

① 参阅本书第三章,第 73—78 页。

发现，这里"水源充足，土地富饶多产，谷物、水果和蔬菜丰富"①。其经济在山东省恐怕是最多样化的。除果树外，山上还长着桑树和栎树，在这个古老的丝绸之乡里，前者用来喂蚕，后者为著名的柞丝提供树叶。有些溪流中含有金沙，它吸引着当地的淘金者。作为商品作物的烟叶被大量种植。草编和竹编是这里非常重要的手工业。在沿海地区，捕鱼业也很发达。②

虽然山东半岛相对稀少的天灾意味着陷于赤贫、沦为乞丐和盗匪的人数极少③，但是，有事实表明这里的社会两极分化严重。在这里，地主所有制的程度（27.5％的耕地出租）和地瓜的产量均高于山东其他地区，而地瓜一般是赤贫者的食物。④ 富人和城里人吃得很好（一般都饮酒）。他们住瓦房，穿质料讲究的衣服。⑤一位到过胶州的人对许多建筑精湛的房屋印象尤其深刻，房"门前矗立着高高的旗杆，这表明那家有人曾做过朝廷命官"⑥。

沿鲁中山脉的北坡，东起昌邑、潍县，西至历城和长清的15

---

① 《丹佛斯1861年10月21日报告》，美国长老会国外传教团有关中国的通讯和报告，1837—1911年（以下称"长老会"），缩微胶卷，第196盘。

② 马安：《山东省游记：从芝罘到孟子家乡邹县》，《皇家亚洲学会华北分会杂志》（下称《亚洲学会杂志》）第6卷，1869—1870年，第1—5页；庄士敦：《华北的狮子和龙》，伦敦：约翰·默里出版社1910年版，第59、162—166页；阿姆斯特朗：《山东省地理、历史概况》，《教会概况和孔林游记》，上海：上海默卡丽出版社1891年版，第4—14、56—83页。

③ 庄士敦：《华北的狮子和龙》，第74、158页。在20世纪，对山东各县的一次调查中也同样提到胶东半岛上盗匪稀少（张育曾、刘敬之：《山东政俗视察记》，第651—727页）。

④ 关于山东农业地区，孙敬之指出，20世纪中叶胶东半岛生产的地瓜占全省的41.8％（见《华北经济地理》，第134—135页）。

⑤ 张育曾、刘敬之：《山东政俗视察记》，第651—727页。尽管这些区别看起来很平常，但是张、刘二人对鲁西并未作这样的区分。

⑥ 韦廉臣：《华北的生产和交通》，载《亚洲学会杂志》第4卷，1867年，第59页。登州是另一个重要的士绅权力中心，阿姆斯特朗（见《山东省地理、历史概况》，第61页）发现它"主要以衰落的贵族制闻名"。

个县组成了山东的第二个地区。在许多方面,尤其是经济多样化方面,该地区与胶东半岛非常相似。这里的丝绸生产也很普遍。潍县有大煤矿和铁矿,博山也有大煤矿,那里还生产陶器和玻璃制品。该地区丘陵面积小于胶东半岛,人口密度大(每平方千米311人)。其中,农业生产与胶东半岛最为相似。从山上流下的溪流再加上地下水位浅,使这里成为山东省灌溉最发达的地区。此外这里土地肥沃,因此谷物平均产量在山东省最高。

商业同样繁荣。周村是最有名的集镇,虽然它连县治都不是,但它被描绘成"山东省内除济宁以外最重要的集市"[①]。周村是整个鲁中丘陵地区的丝绸集散地[②]。潍县有十万人口,早在1866年就是一个"在商业和生产方面都相当重要的城市"[③],而且是胶东半岛和芝罘港货物的主要集结地。在一位旅行家笔下,潍县和省城济南之间的交通十分拥挤,时常堵塞,以至于妨碍旅行。[④] 这与鲁西北平原地区形成了鲜明对照。另有一条道路从潍县穿过鲁西北平原直通天津,它被说成是"极不重要"的一条路。[⑤]

胶东半岛和济南昌邑一带不仅是山东省经济最发达的地区,同时也是政治上的重心。在1900年前的50年间,山东省58%的举人皆出自这两个地区,每个地区各占一半。济南昌邑一带的举人大多来自省城和该区东部水土肥沃的县镇,这与它的人口比例极不相称。这一地区50年间每5万人中有举人4.4个,是鲁西

---

① 阿姆斯特朗:《山东省地理、历史概况》,第52页。参阅景甦、罗仑:《清代山东经营地主的社会性质》,济南:山东人民出版社1959年版,第18—24页。

②《中国海关总税务司报告》(1899年)第2卷,第81—82页。

③《中国海关总税务司报告》(1866年),第81页。

④ 马安:《山东游记》,第6—13页。

⑤《中国海关总税务司报告》(1866年),第81页。

北平原的 2 倍多、鲁西南的 4 倍。在入仕人数上,胶东半岛更为突出,山东省 38％的达官显贵都来自这里,使得该地区在省城中的政治影响最大。

　　鲁南山区与鲁北对比鲜明,这里是真正的区域边缘。该地区耕地面积的百分比(27％)在全省最低。人口密度为每平方千米 190 人,低于胶东以外的任何其他地区。这里大部分为丘陵地带,作物产量低。不过,夏季的暴雨带来了相当稳定的降水量,使该地区与鲁西北平原地带相比,少受自然灾害的影响。[①] 但这里商业不发达,农民仍然很穷。人们把丝绸从这里运输到济南昌邑一带的城镇。从 19 世纪 90 年代开始,该区所产的大量花生被南运到大运河,并通过镇江出口。[②] 少量豆油、丝绸和草编也经大运河,最后转运到上海。这些说明,鲁南的经济主要是面向长江下游大区。[③] 但是,从整体上说,该地区的运输条件极差,商业不发达。19 世纪 60 年代的那位旅行家(前已提过)对鲁南城镇规模之小、贸易活动之少感到十分惊愕,称沂水是“我在中国见过的 *12* 最小城市”[④]。

　　该地区的落后与地主所有制的发达有关(地主拥有耕地面积的 26％,仅次于胶东)。毫无疑问,这反映了地主所有制和商业发展间的曲线式关系:在愈“落后”的地区,地主所有制(租佃制)的封建性质就愈突出;而在商业高度发展的地区,盛行的地主所有制就较为单纯地表现为经营关系。鲁南地主住在村里,属于一

---

① 孙敬之:《华北经济地理》,第 119 页。
② 鲁南和苏北出产、通过镇江出口的花生,从 1888 年的 61 担增加到 1897 年的 558 933 担(《中国海关总税务司报告》第 2 卷,1897 年,第 206—207 页)。
③ 阿姆斯特朗:《山东省地理、历史概况》,第 55 页。
④ 马安:《山东游记》,第 22—25 页。参见阿姆斯特朗:《山东省地理、历史概况》,第 55 页,他把该地区唯一的府治——沂州描述成“一点儿都不富裕”。

种非常粗鲁和无文化的类型,因此该地区发达的地主所有制并没有产生相对应的士绅人数。尽管该地区人口占全省的15.6%,但是它的举人数只占全省举人数的8.4%。在19世纪最后50年中,该地区每5万人中仅有举人1.3个,在人口与士绅比例上为济南昌邑一带的1/3。

继续向西是大运河周围的济宁地区。济宁大部分地方的地势逐渐朝大运河方向倾斜,这里水利资源充足,在农业产量上仅次于济南昌邑一带。该地区商品作物种植相当普遍,从清初开始这里就种植烟草。水果品种繁多,有桃、柿、梨、杏、枣等,它们沿运河被运到江南。[①] 不过,这个地区并非全都繁荣。在夏、秋两季,当运河容纳不了所有从山上流下来的雨水时,最南边沿鲁苏边界的运河地区便常常遭受周期性河水泛滥的侵袭。1816年阿美士德使团路过运河时,就曾发现"有大片耕地的村庄整个儿被淹没"[②]。这里人口密度极大,每平方千米291人。商业中心济宁是山东省的最大城市,人口有15万。一则1907年的材料说济宁:"从前是个大贸易中心,而今则是工业城市,生产铜、铁和竹器。"此外,我们还可以添上加工烟叶、皮制品和酱菜。[③]

在很多方面,该地区体现了它与长江下游一带的密切关系,

---

① 景甦、罗仑:《清代山东经营地主的社会性质》,第34—36页。

② 伊里斯:《新近出使中国记事》,伦敦:约翰·马若丽出版社1817年版,第261页。参阅德庇时:《中国见闻录》卷1,伦敦:查理斯·耐特出版社1841年版,第257—259页。

③ 夏之时著,甘沛澍译:《中国坤舆详志》,上海:土山湾出版社1908年版,第84页。景甦、罗仑:《清代山东经营地主的社会性质》,第10—18页。直到19世纪80年代末,镇江海关报告中还提到鲁南进口大量生铁,济宁肯定是主要接收地。1892—1893年,报告中开始大量提到燧石,这表明其大部分产品可能是武器,用于鲁南边界上的骚乱地区(《中国海关总税务司报告》卷2,1889年,第216—217页;卷2,1893年,第262页)。

而这一点与山东其他地方不同。其贸易大部分是与江南和运河南端进行的。大运河穿过济宁城，城里有几处风景名胜，纪念曾寓居此地的李白。济宁人把他们的城市称作"小苏州"，似乎不是完全没有根据。这里是礼仪之乡，为孔子故乡鲁国的所在地。这位哲人的后裔一直住在曲阜附近，他们有贵族封爵。孔子后代和 13 孔子三个门生设立的学校里产生了大量举人，该地区每 5 万人中有 2.91 个举人，大致相当于胶东半岛的水平，这是毫不奇怪的。

　　再向西是鲁西南，基本上是黄河以南曹州府部分。在农业上，它与济宁地区差别很小。① 农作物也相似，小麦、大豆和高粱占主导地位，有小部分小米、棉花。作物产量稍低，尤其是西部，那里重新加固的黄河高坝阻碍了平原上的自然排水。该地区几乎没有丘陵，耕地面积和人口密度在山东省居首位。

　　但是鲁西南在三个主要方面与济宁地区不同。第一，它遭受天灾的次数为济宁的 2 倍，尤其是黄河沿岸和南边与江苏交界的地方洪水严重泛滥。在绅士与盗匪方面，部分由于鲁西南的自然环境不稳定，所以该地区人口虽然大致与济宁相同，但产生的举人仅为济宁的 1/4，盗匪则是济宁的 3 倍。鲁西南每 5 万人中仅有举人 0.81 个，是山东绅士最少的地区。曹州以土匪窝闻名。靠近现在黄河道的低洼沼泽地区是小说《水浒》中那群草莽英雄们的老巢。因此鲁西南成为大刀会（其最初作用是防范盗匪）的发源地当然不是偶然的。

---

① 这显然是我所划分的地区与孙敬之不同的一个地方，孙敬之划的 5 个农业区（见《华北经济地理》，第 130—135 页）合并了我划的济宁和鲁西南地区。

义和团的故乡

最后是义和团运动的中心鲁西北平原。该地区包括整个黄河以北地区，还包括黄河以南、以东的沿海三角洲数县。它在六个区中不仅面积最大而且人口也最稠密，土地、人口都占全省的 26％，其人口密度与山东全省平均人口密度相仿，每平方千米达 250 人。其人口中 93％为农民，是山东省最纯粹的农业地区，但却毫无繁荣的景象。粮食平均产量在全省最低，涝灾和盐碱地是老问题。在此恐怕连那些平均数字也不能充分反映农民朝不保夕的生活状况，因为鲁西北特别容易遭天灾。

1852 年至 1855 年黄河移至北道，它沿着天清河旧河床穿过鲁西。其时清王朝忙于镇压太平天国和其他起义无暇顾及也缺乏资金来加固堤坝，保护周围农村。因此，黄河尤其是下游经常泛滥，淹没它北边的低地。① 到 1880 年前后问题变得更加严重，那时日积月累的泥沙沉淀抬高了河床，并超过山东大部分地区的地平面。可怕的水灾几乎年年都要出现。1886—1887 年河神似乎暂时帮助了山东，因为黄河又一次在河南省冲破堤岸，并返回到南道。据说山东农民曾抵制政府征用谷秸修补缺口，同时山东官员们则上奏朝廷，要让黄河恢复到旧河道。但是山东的政治势力远比不上江南及其实权总督曾国荃。一年后，缺口修补好，黄

① 理一视：《天津到济南府游记》，《教务杂志》第 1 卷第 6 期，1868 年 10 月，第 101—102 页。

河又继续对鲁西北进行蹂躏。①

黄河改道不仅带来洪水泛滥,而且也给了大运河地区间的贸易致命的一击。穿过黄河一直是大运河上最难解决的问题。从1785年开始即使在南河道,黄河泥沙也一直是大运河上航行的一个主要问题。② 由于黄河改道,清澈的汶河水不能越过东阿,而汶河是济宁、临清这段运河的水源。唯一的救助办法就是将黄河分道,引入东阿和临清间运河部分。这项工程只能短期内趁夏季黄河涨水时动工,不然混浊的黄河就会在流速缓慢的运河中留下大量泥沙。

太平军占领大运河下游时,黄河曾一度改道,此时,长江流域的贡米已由海上运到天津。海运的成功(尤其是19世纪70年代开始使用蒸汽船后)意味着大运河再也不能恢复以前的繁荣了。1896年,一位外国观察家写道(带一些夸张):"大运河不再是沟通南北交通的工具,因为除了平底帆船载运贡米外,再不见其他船只在河上航行。"③运河沿岸城市也逐渐衰落下去,东昌府治是一个最好的例子。在1816年,阿美士德使团路过那里时,发现该地"建筑完美、规模庞大、人口众多"④。黄河改道后的一段时间,

---

① 《长清县志》(1935年版)卷1,第25页;《齐河县志》(1933年)首卷,第12—16页;盖德润:《中国今昔》《对外交流,发展和资源》《传教士问题》等(伦敦:查普曼·霍尔出版社1895年版),第364—376页;满乐道:《中国人的现在和未来》,第32—57页;天野元之助:《山东农业经济论》,第34—35页。

② 史念海:《中国的运河》,第158—159页。一般情况下,清澈的淮河水被用来阻止黄河从其南口进入运河。但在这一年,淮河上游发生旱灾,淮河水位很低。因此,黄河灌入本来汇集淮河水入运河的积水盆地中。当黄河退去时,盆地里泥沙淤塞,这严重影响了淮河水质。

③ 查理斯:《中国的大运河》,《亚洲学会杂志》第31卷,1896—1897年,第102—115页。参阅史念海:《中国的运河》,第160—161,171—175页;孙敬之:《华北经济地理》,第121页;欣顿:《晚清漕运制度(1845—1911)》,马萨诸塞州剑桥:哈佛大学出版社1956年版。

④ 德庇时:《中国见闻录》,第242页。

它还保持着原来状况。19 世纪 60 年代,一位旅行家发现它仍是个"非常重要的城市","店铺可与天津和上海的相媲美"①。但是到 1897 年,它却"开始走下坡路,商业迅速衰落"②。临清的衰落更具有悲剧性,除了自然的衰落外,它还受到 19 世纪农民起义的冲击。城市人口从明清时期的 10 万跌落到 19 世纪末 4 万左右。一位旅行家说:"城内最引人注目的特点是空空荡荡。"③

黄河并不是鲁西北灾难的唯一根源。由于天灾人祸,其他河流也常常泛滥,地势低洼的地带遭遇水灾是整个地区经常出现的问题。④ 如果没有涝灾,那么就可能出现旱灾。这里的农业完全是"靠天吃饭",而且鲁北丘陵天气变化无常。⑤ 据说 1876 年的一场大旱夺走了近 200 万人的生命,直到好几年后才开始恢复。⑥ 10 年后,又发生饥荒,"树皮、谷壳和树叶成了日常食物"⑦。

鲁西北在历史上就是山东的灾区——不仅是天灾,也有人祸。在济南以西有御道由北而南穿过,它在德州进入山东境内,经过高唐和茌平,然后在东阿过黄河北道,直接穿过义和团运动的中心地带。自古以来,它就是兵家南来北往的通道,当地百姓

① 韦廉臣:《华北游记》,第 59 页。

② 《查平致史密斯函》(1897 年 11 月 13 日),哈佛大学豪顿图书馆,美国公理会传教档案 16.3.12,第 18 卷,第 46 号。

③ 阿姆斯特朗:《山东省地理、历史概况》,第 67 页。关于临清的早期繁荣和人口估测,参阅景甦、罗仑:《清代山东经营地主的社会性质》,第 3—10 页。

④ 茌平县志不断提到,郓城附近的土豪联合阻止疏浚茌平境内淤积严重的小河。茌平县显然缺乏政治影响,不能制止这种行为。

⑤ 孙敬之:《华北经济地理》,第 131—132 页;张育曾、刘敬之:《山东政俗视察记》,第 431—650 页。

⑥ 《中国海关总税务司》(1877 年)卷 2,第 251 页;《中国海关总税务司》(1879 年)卷 2,第 258、269—271 页。

⑦ J. H. 劳龄和郭子敬(Kuo Tsy King):《山东长老会记事,1888—1889》,无出版日期,"长老会",缩微胶卷,第 207 盘。

总是最大的受灾者。蒙古人入侵中原,路过这里,把这里洗劫一空。① 明初这一带曾因靖难之变而遭战争的蹂躏。据高唐县志记载,这次破坏非常严重,不少户家破人亡,以致当地所有大族系都把他们来到此地的时间写成从明朝中叶开始。②

清军入关的破坏程度可与元人相比,如果算上明清之际无数小规模暴乱所引起的困扰,就更是如此了。在清廷的苛政实施之前,该地区大部分城市曾多次落入起义军手中,经过战争劫掠,天灾加上人祸,幸存者已寥寥无几了。③ 如果纳税记录可信的话,那么有些县丧失了80%的人口,2/3的土地荒芜。④ 在许多地方,政府不得不从别处移民到那里。⑤ 运河城临清曾是鲁西北最大的城市,由于清军入关,它在一些方面永远也不能恢复旧日繁荣了。再往南是鲁西南地区。明朝御林军曾在此征集数千人来抵抗清军,其中许多人是饥民,走投无路才从军。他们的抵抗给周围农村带来灾难,最后,黄河水泛滥,他们无处可逃,这一切才告终。⑥

---

① 《平原县志》(1749年版;台北,1976年重印版)卷9,第9—12页;《茌平县志》(1710年版;台北,1976年重印版)卷首,第30页。

② 《高唐乡土志》(1906年版,台北,1968年重印版),第63—65页。

③ 康熙年间茌平地方志(第104—106页)对该地区的概略十分典型:1638年,起义军占领县城;1641年,发生蝗灾、饥荒和瘟疫,死亡人口十之有九,土地荒芜,人相残食;1643年,起义军占据县城;1646年,叛匪占据县城;1647—1649年,战火连绵;1650—1651年,1655年,黄河泛滥。参阅《高唐乡土志》,第31—33页。

④ 《茌平县志》(1710年版),第123—124、157—158页;《长清县志》(1835年)第5卷,第2页。鲁西南单县与这里相比,只丧失了13%的纳税人口[《单县志》(1759年版)卷3,第2页]。

⑤ 《高唐乡土志》,第61页;《齐河县志》(1737年版),卷3,第1—4页。

⑥ 《观城县志》(1938年版)卷10,第11页;景甦、罗仑:《清代山东经营地主的社会性质》,第2—5页。临清的举人数很有意思:从1450年到1650年,该县平均每50年出举人47.25个。而1650—1900年(这时期,山东省的举人数大幅度增加),却平均只有11.6人。

虽然 1774 年的王伦起义(在第二章讨论)确实给临清大部分地区造成破坏,但这一事件发展有限,在清王朝的长期和平稳定时期,这只不过是个小干扰。不过到 19 世纪山东再遭动乱,鲁西北又一次成为最大的受害者。黄河泛滥、大运河废弃,紧接着爆发了 19 世纪中叶最大的农民起义。

首先,太平天国北伐军从京畿撤退后,于 1854 年路过这里。太平军沿南北御道而下,在高唐县城过冬。清军首领僧格林沁曾在茌平包围太平军,并引水淹没这一地区,当地农民又一次成为首当其冲的牺牲品。与此同时,太平军的一支救援部队占领临清,战斗把整个城市变成一片废墟。① 19 世纪 60 年代,捻军进入山东。最初他们主要是在鲁西南,有几次几乎占领济宁。尤其是 1868 年他们来到鲁西北,给那里带来相当大的破坏。这些大规模起义及统治者为维护旧秩序而时常采取的强硬措施,在整个鲁西激起一系列小规模起义和抗税运动,其中最有名的是白莲教徒与宋景诗在运河以西联合发动的起义。那时,鲁西北只有极少数地区免于破坏,当然,这些破坏不一定都是起义军造成的。曾有人告诉一位路过此地的旅行家说:"朝廷军队给他们带来的苦难,与起义军带来的一样多,有时甚至更厉害。"②

这就是义和团的故乡:一个贫穷的农业区,人口稠密,又特别易受天灾人祸。鲁西南也具有这些特点,并深受 19 世纪中叶起

① 山东大学历史系:《山东地方史讲授提要》,济南:山东人民出版社 1960 年版,第 42—44 页。《高唐乡土志》,第 33—35 页。《茌平县志》(1935 年版;台北,1968 年重印版),卷 11,第 17 页。

② 马安:《山东游记》,第 13 页。刘广京:《清代的中兴》,费正清:《剑桥晚清中国史,1800—1911 年》上卷,马萨诸塞州剑桥:剑桥大学出版社 1978 年版,第 464—477 页,对这一时期进行了很好的总结。神户辉夫:《清代后期山东省的"团匪"和农村问题》,《史林》卷 52 第 4 期,1972 年 7 月,第 78 页,集中清楚地反映了鲁西北地区抗税运动的情况。

义和自然灾害之苦。由于鲁西南是 19 世纪 90 年代反洋教事件中义和拳前驱——大刀会的故乡，因此我们现在必须仔细比较一下这两个地区，说明它们之间的区别以及它们与山东省其他地区的不同。为此，我们必须将注意力从这些地区的自然环境和地方经济转移到社会组织上。

鲁西社会组织

当我们开始考虑鲁西时，有一点值得引起我们的注意，那就是社会经济区域经常跨越行政界限。这一现象也见于鲁西北和鲁西南。鲁西北与直隶边界地区几乎没有区别，那里也是连绵不断的平原，农业占主导地位，人口稠密，靠天吃饭，降雨量与山东相同。黄宗智曾对这一地区农村社会进行了最系统的研究。他的《华北小农经济及其社会变迁》实际上始终把直隶和鲁西北看作有着相似自然环境和社会结构的单一生态系统。① 地区的生态共性对于我的研究极为重要，因为它有助于解释为什么义和拳很容易地便从鲁西北传播到华北平原的直隶一带。

鲁西南几乎在所有方面都与江苏、河南的边界县份相似。当然，这个地区整个比鲁西北富裕，而进入江苏境内，就更富。当看过大运河的旅行者们离开鲁南沼泽地区来到江苏时，他们发现了一个崭新的"繁荣景象"②，乡村"与日俱新，土地耕作良好，各方

18

---

① 黄宗智：《华北的小农经济与社会变迁》（斯坦福：斯坦福大学出版社，1985 年版）。孙敬之：《华北经济地理》；张心一：《河北省农业概况估计报告》，《统计月报》卷 2 第 11 期，1930 年 11 月，第 1—56 页；直隶省商品陈列所，《第一次调查实业报告书》（天津，1917 年版），7 区（大运河）和 8 区（直隶南部），对民国初年山东一直隶边界地区的主要农业和萧条状况有详尽的描述。

② 伊里斯：《新近出使中国记事》，第 267 页。

面都令人感兴趣"①。总之,苏北的作物及产量与鲁西南相近,但是该地区遭受水灾较少,这可能是它相对繁荣的主要原因。既然我们把长江下游区域边界北移到鲁南,那么苏北的繁荣按施坚雅的区域系统理论也就讲得通了,因为它符合施氏所说的朝区域核心方向运动的趋势。

如果人们要找 19 世纪末存在于鲁西南——苏北两个地区的一个显著共同特点,那么,它可能就是盗匪活动。这一时期,曹州曾以"典型的盗匪王国"而闻名。② 这一现象并不新奇,在某种程度上它是该地区省界犬牙交错的产物。曹州府和江苏、河南和直隶省都接壤,而且距离安徽也只有 30 多英里。盗匪一般不在附近地区掠夺当地居民,而是跨省界进行抢劫,这样很容易逃脱官府的法律追究,因为官府的上、下级关系要比平级之间的合作关系紧密得多。③

但是很清楚,盗匪活动也与黄河改迁北道前给该地区带来的持续破坏有关。1736 年的山东通志写道:"史载宋元以来,非曹则单,以之他州县,决者恒什之五,正嘉之间,至十之八。"④曹县县志描述该地区生活是"如坐盆底,虞浸不暇"⑤。

无疑,这种受河流支配的可怕状况有力地影响了鲁西南社会

① 德庇时:《中国见闻录》第 1 卷,第 263 页。
② 薛田资著,伊莉莎白·拉芙译:《在华教士经历》,伊利诺伊州德克尼:教会出版社 1915 年版,第 35 页。
③ 参阅黄淳耀:《山左笔谈》,长沙:商务印书馆 1938 年版,第 3 页上有一则明代鲁南边界上盗匪活动的材料。《单县志》(1929 年版)卷 20,第 30 页,也有关于 1855 年黄河改道前某个时间附近边界地区盗匪活动的资料。
④ 侯仁之:《续天下郡国利病书:山东之部》,第 57 页。
⑤《曹县志》(1884 年版)卷 4,第 11 页。总之,曹县、单县县志上满是有关水灾、河工的记述,比我所见过的任何其他县志都多。除了上述所引材料,另请参阅《曹县志》(1716 年版)和《单县志》(1759 年版)。

的特点。这一地区并不都是低洼地,有些地方不断遭到水灾,而那些免于水灾的地方却因肥沃的淤积土而富裕繁荣。因此,洪水使某些受害者铤而走险,加入盗匪,但同时又留下一些富户,使他们成为盗匪的攻击目标。那些富户为了自卫,就不断加强武装,并且愈来愈依靠暴力手段来保护自身地位。1716年的曹县县志对这一过程作了如下描述:

> 士醇民良,曹邑旧风俗也。明季黄河屡决,盗贼猖狂,兼以连年大祲,饿殍载道。人无家室之乐,而风俗一变。

县志以谄媚之笔继续写道,清朝"刑清政简",使古老淳朴之风得以恢复;但是,"富赖凶暴,势固然也"①。

几乎没有什么材料能证明清政府曾制服过这一带的盗匪。甚至在基本和平的18世纪中期,有县志提到曹州人"好斗健讼,东南颇有萑苻之奸"②。19世纪20年代的上谕对该地区日益严重的无法无天情况充满了忧虑和抱怨。③ 但问题不仅仅是在盗匪,私运食盐也是该地区所特有的现象④,而且,在19世纪末这里还成为违法种植鸦片的一个主要地区。在这一点上,鲁西南和鲁西北大不相同。19世纪70年代,一位来自北京的旅行者在孔子家乡曲阜附近第一次看到罂粟:"从这儿到黄河旧河道,向南三

---

① 引自《曹县志》(1884年版)卷1,第17页(很不巧,我查阅的1716年版的县志中原段落几乎完全看不清)。

② 《单县志》(1759年版)卷2,第77页。

③ 道光六年三月上谕,《清实录》(道光朝)卷96,第22—23页,转引自小林一美:《在抗租和抗税斗争之外——下层阶级的思想和通往政治、宗教自治的途径》,《思想》卷584,1973年,第228—247页。钟祥奏,道光十四年正月初八,陆景琪和程啸:《义和团源流史料》,北京:人民出版社1980年版,下引作《源流史料》,第108页。

④ 一位作者甚至把盗匪活动归咎于走私。他写道,曹州"由于对政府垄断食盐不满,因此,似乎一直处于反抗状态"(《莫尔兹·格林武德牧师1878年4月17日函》,见阿姆斯特朗:《山东省地理、历史概况》,第126页)。

百里,一路上罂粟连绵不断。"①苏北,尤其砀山县,是一个重要的鸦片生产地。②

　　山东、江苏、河南边界地区的一个显著特点在于:它是一个不法之徒的社会,并且尽可能摆脱官府的干扰。贩盐和种鸦片当然不合法,但是,这不仅是许多人生计的一个来源,而且它还把日用必需品(如盐)或者相当可观的财富(如鸦片)带进一个原先商业很不发达的地区。黄河向北改道后,洪水的威胁消失,一些地方因此繁华起来。③ 当然,盗匪并未随洪水而消失,这种习惯已根深蒂固。19 世纪的暴乱和随之而来的当地地方武装的加强,使社会上世风日下。最为重要的是,局部繁荣并不是全部繁荣,而这些繁荣可能会给不法之徒提供诱饵。无论如何,长期以来这一地区的人们已学会与盗匪共同生活。民国初年地图表明,除去最小的,几乎所有村落周围都筑有坚固的围墙。这是一个地方武装高度发达的社会,人们学会了在相当残酷的斗争中谋求生存。

　　盗匪活动是鲁西南社会的一个重要组成部分,认清其性质将有助于我们的研究。从北京刑部档案记载的盗案中我们可以看到一些有趣的事实。首先,整个山东遭受盗匪祸害并不厉害。在 1890 年到 1897 年的 514 个抽查案例中,只有 25 例与山东有关,而直隶有 114 例(很可能反映了京畿治安防卫措施严厉),远离义和拳发生地的四川为 101 例。江苏与以上各省相差不远,有 98 例,其中 40 例发生在苏北徐州府。④ 如果再仔细查看山东及其

---

① 艾约瑟:《曲阜之行》,《亚洲学会杂志》卷 8,1874 年,第 79 页。
② 详细情况,请参阅第三章。
③《曹县志》(1884 年版)卷 7,第 1 页,形容恰当:"曹兔其鱼之忧。"
④ 上列所有数字均来自北京第一历史档案馆的刑科题本。我这个抽样调查是从 1890 年到 1897 年的 7 年中,每年选出 3 个不同月份与盗案有关的题本。

边界地区的案例,我们就会发现尽管山东本身并未过分受到盗匪活动的影响,但是它却向周围省份输出了大量盗匪。事实上,山东在盗匪贸易中获得顺差。在山东境内抓住的盗匪中只有 3％来自外省,而在盗匪猖獗的徐州,45％的盗匪来自外省,其中仅山东省就占了 36％。直隶边界则有 47％的盗匪来自山东。

　　鲁南边界上的盗匪规模,明显比省内或直隶境内的大得多。直隶和山东内地的一个匪帮平均约 8 人。直隶匪帮专门在路上抢劫行商,在我查阅的案例中,他们只是在几次劫案中才全副武装。山东境内的匪帮只有半数左右持有火器。但是,在鲁南边境一带,一个匪帮平均约 13 人,其中至少 2/3 的人有枪。鲁南边界盗案最显著的特点是赃物里包括鸦片。山东盗案中仅有 4％涉及鸦片,直隶没有,而鲁南则为 43％。

　　很明显,鲁南地区广泛种植鸦片不仅产生了一批鸦片吸食者——他们常通过犯罪(偷盗)来满足其烟瘾;而且还产生了一批相当富裕的打劫对象。在山东、江苏、河南交界一带,社会阶层明显分化,富户们免不了树大招风。珠宝、洋布和丝绸经常被盗,而这些东西在山东贫困地区的案例中则极少见到。在鸦片中心产地的砀山,我所查阅的每一个盗案都盗有白银百两以上。与山东交界的徐州府县,29 个盗案中有 16 例(55％)是达到百两的。而山东省的 49 个盗案中只有 10 个(20％)达到这个数目。

　　然而,边界地区盗匪活动并不仅仅是由天灾和有现成的打劫目标引起的。有一则 1896 年曹州单县一些乡间文人写成的材料生动描述了盗匪产生的环境:

　　　　单县之富不如曹县,然同是郡州中殷实之县。惟富者阡

连陌累,富者多有田至百顷。贫者则无立锥之地。富者惟修
夏屋,务建石坊……不知义举……人道既失,惶论周恤贫之。
此弊不独单县,曹州各县皆然。有力之家,视贫族、贫戚、贫
邻为路人。平日,尺布斗粟借贷无有,待佃户雇工尤刻。此
辈怀恨在心,势将走险。此为招盗之由。不旬日,怀利刃,挟
洋枪,复入里门。再提借贷,无不响应,如是,安日贼益多。
凡盗案,总有贼线,贼线皆为本庄邻人,如非同族亲戚,则为
佃户佣工。若以全境谷数人数相较,尚敷食用。而无地者
多,水陆通商各项人力,无糊口之资,只靠卖力为生。北方最
省农工,岁只三四十日。无所得食。如靠拾粪,终年不得一
饱。故闻贼乐,无不心生羡慕。

这则材料接着指出了盗匪的四个来源:"1. 边界城镇①,2. 世
代出盗匪的村庄,3. 破落户,4. 丁口过多之家。"尽管作者说曹州
的一半盗匪来自外县,但单县的多数盗匪则是本地人,"白月避居
境外,黑月复回劫略"。邻近省界对盗匪们的这种活动方式有利,
盗案大半发生在外面,即在邻省盗匪藏身的地方。不过,盗匪们
一直都很留恋故土:

> 曹州盗匪留恋家园……他们地无一垄,所拥有的不过是
> 断壁残垣的破屋。他们不祸害附近居民,常常躲在烟馆、土
> 娼家和捕役们下榻的地方。这是各色人等出没的地方,不易
> 被识破。有时甚至出入富人和民团头目家。这些当地人开

---

① 在该地区详细地图上,可以看出这些边界城镇有一个显著特点。在其他地方,比如
山东、直隶交界,边界线一般都绕村而行。而在这里,人们似乎有意把他们的村庄
放在边界上,或许是为了逃脱任何一方的约束。我把这些城镇看作是该地区天高
皇帝远的又一例子。它的居民竭力将自己置于朝廷控制之外。

始时怕他们,不愿与他们沾边。后来,先是从他们手里贱买赃物,后来则替盗匪们将东西脱手,从中分肥。有时还为盗匪们充当耳目。①

很清楚,盗匪已经成为鲁西南社会组织的一个组成部分。盗匪们不仅犯窜无常,抢劫无辜,他们还有自己的家,并且定期回去。其中绝大多数人并不专门从事盗窃活动。这些人都是农民,当地里有农活或者过年过节和家人团聚的时候,他们都要回村。盗匪活动有季节性,和农忙农闲密切相关。刑部档案很清楚地证明了这一点。冬季,从阴历十一月到第二年二月,是盗匪的主要活动时间,因为这时华北农田无活可干。*23*阴历十一月和二月是冬季盗匪活动的高峰期,因为盗匪在这期间要回家过年。春天是农忙季节,盗匪明显减少。直到六月份,通常是七月中旬前后盗匪才开始活动。1897 年 7 月苏北有报道说:

> 盗匪劫路嚣张的季节到了。高粱长得正旺,有七八英尺高,十分浓密,正适合半路伏击抢劫。即使在光天化日之下独自走在偏僻的路上也不安全。②

两个月后,盗匪活动在秋收开始之后又像在春季一样落入低潮。之后,9 月份又是一个高潮。再后,10 月份收割棉花和玉米,

---

① 《单县遵札议办团练章程》,引自佐藤公彦:《义和团运动的初期面貌——基督教活动和大刀会》,《史潮》第 11 期,1982 年,第 47—74 页。
② 《苏北通讯》(1897 年 7 月 27 日),《北华捷报》卷 59,1897 年 8 月 13 日,第 309 页。关于山东省"暴力抢劫冬粮"的情况,请参阅《北华捷报》卷 58,1897 年 2 月 26 日,第 339 页。

冬耕开始,盗匪活动达到最低点。[1]

单县资料也集中反映了盗匪与该地区发达的地主所有制的密切联系。所有当时资料描述的地主所有制都比民国时期统计的数字高,这个数字说地主占耕地面积的 23%。总体上鲁西南肯定比鲁西北富裕,但是贫富两极分化十分明显。这正是盗匪最可能猖獗的环境,它既为盗匪提供有利可图的掠夺对象,又提供了大量贫穷的青年男子,他们可能被引诱去充当绿林好汉,藉此填饱肚子。同样重要的是,这种贫富极端分化也最易产生对富人的怨恨不满,导致人们去抢劫富人。盗匪们在抢劫中区别对待,一般老百姓并不害怕他们。[2]

然而,地主所有制不仅是盗匪活动的根源,同时也是防范盗匪的核心力量。毫无疑问,上述材料的作者们都是些小地主,他们是团练组织的倡导人。鲁西南的地主所有制与长江下游的纯粹现金租佃关系制不同,它具有浓厚的封建性质,地主和佃户之间具有某种人身附属关系。这些我们将在第三章中详细探讨。所以,地主们组织团练,他们的佃户也理所当然成为团练成员,参加地方治安。村庄间联结紧密,严格防范外来威胁,其中最典型

---

① 我查阅的盗案原始数字:

1月	9起	5月	5起	9月	15起
2月	21起	6月	15起	10月	3起
3月	6起	7月	5起	11月	13起
4月	6起	8月	6起	12月	9起

② 徐博理:《在中国的社团》,《直隶东南传教士徐博理先生信件》,巴黎:F·巴特列公司 1880 年左右版;菲利浦·比龄斯勒:《盗匪、雇主和光棍们;在民初地方统治表面的背后》,《近代中国》第 7 期,1981 年,第 3 页,对民国时期的盗匪活动作了有益介绍,算是他后来出版的一本精彩专著的开胃品。他的研究似乎表明,当盗匪活动更加普遍,尤其是大量"士兵——土匪"出现的时候,普通人就更可能与富人同受其苦。

的就是绝对服从当地名门望族的领导。①

以下这三个影响鲁西南社会组织的特点在鲁西北都不存在。其一，鲁西北不种鸦片。其二，除了黄河沿岸几个县外，其他县份盗匪均未成为主要问题，特别在一些特殊县份里，例如在义和团的发生地茌平，尤其如此。茌平县志曾说："民国以前，人民不知土匪为何物。"②其三，地主所有制在鲁西北基本不存在。

鲁西北地主所有制的不发达尤其令人震惊：全地区仅有10.6％的土地出租，其百分比在山东最低。旨在重现清末土地占有形式的努力证实了以上民国时期的数字。1957年，两位中国学者景甦、罗仑对鲁西北60个村庄进行了调查，他们在调查中发现，在19世纪90年代，有44个村庄（占73％）没有出租土地超过50亩的地主。与此相比，胶东半岛只有31％的村庄没有地主。③

黄宗智曾详尽、透彻地分析了华北平原的"小农经济持续性"。华北平原在明代存在过大土地占有形式，但到了明末，大多数地主皆因起义暴动而破产。清朝竭力鼓励小土地占有经济，以此作为中央集权统治的最佳财政基础。大规模土地积累的社会基础在该地区非常薄弱。与长江下游尤其是珠江三角洲相对比，该地区的宗族关系从未发展成为共同的土地占有关系，同一宗族的人至多共同占有几亩坟地。商业也没有造成财富和土地的积累。华北平原商业上最重要的发展，是始于明朝的植棉业以及植棉的普及化。东昌府几个县（尤其是高唐和恩县）和临清周围地

---

① 韦廉臣：《华北、"满洲"、蒙古东部及朝鲜游记》卷1，第214页，评价了他进入鲁南地区时所发现的"防御越来越坚固"的村庄。
② 《茌平县志》（1935年版）卷11，第20页。
③ 景甦、罗仑：《清代山东经营地主的社会性质·附录1》。在我划分的六大地区基础上，我又重新计算了他们的原始资料。很有意思，鲁西南67％的村庄至少有一个地主，但是，那里的抽样太少（仅六个村庄）。

区生产大量皮棉,但是这种情况仅仅导致了华北平原成为自明以来迅速发展的长江下游地区的附属区域边缘:江苏和安徽的商人们运走皮棉,再把织好的布匹带回北方。很显然,商业盈利并未给华北平原带来多大好处。

在清季,到 18 世纪,这种关系有了可观的改变,华北农民开始纺纱织布,并把其中大部分出售到华北边远地区。但到这时,人口压力使华北农民陷入这样一种错综复杂的状态:农闲季节(和受雇于富户时期)的手工劳动仅仅保护了小农的狭小生存空间,并使小土地占有经济延续下去。一些人曾经试图变成"经营地主",从商品粮中盈利,但是,现有的农业技术使他们能够经营的土地面积相当有限,加上中国传统的分家习俗使那些大户在几代之内又沦为小土地占有者。

黄宗智令人信服地论证了该地区乡村一级的统治阶层不是由地主组成(译者注:租佃地主),而主要是由经营地主组成,他们一般经营 100—200 亩地,自己下田劳动,并雇有雇工。当农民说到村中由谁做主时,他们说是"财主",而不是"地主"[1]。黄宗智强调指出了乡村统治阶层和"上层"官绅阶层之间的巨大差别,后者更富有,而其财富来源主要靠经商和做官。[2] 我认为,鲁西北平原有限的商业潜力使得该地区任何人进入"上层"官绅阶层都变得极其困难。单靠种粮而跻身"上层"的人极少。不过,上述景

---

[1] 在山东大学义和团调查资料中,农民总是提到"财主",即使调查者似乎是在问地主情况的时候也这样。20 世纪 40 年代,日本南满铁路公司对义和团心脏地带的一个村庄进行调查,他们的报告反映了那里的典型生活。没有地主,村民们总是只说"财主"。当问到为什么村里没有、县城里也极少有地主时,一个村民代表说:"富人不相信穷人,所以大多数人雇佣劳力种地,而不是把地租出去。"很明显,乡下富人仍有那种严格监督土地生产的思想。仁井田陞:《中国农村风俗调查》第 4 卷,东京:岩波书店 1981 年版,第 401 页。

[2] 黄宗智:《华北的小农经济与社会变迁》,请特别参阅第 53—120、169—201 页。

甄和罗仑 1957 年关于晚清地主所有制的调查表明：该地区的发财方法选择余地不大。对整个山东省 131 个"经营地主"的调查发现，在鲁西北靠种粮发财的人占 65％，靠商业发财的占 31％，靠提任公职发财的人仅占 4％。在较商业化的济南昌邑一带，仅 33％的人是通过农业发财，58％的人通过商业，10％的人通过公职。[①]

黄宗智恰当地总结了"低产、遭灾的干旱农业和稠密的人口交织一起，造成了该地区的经济极端萧条"[②]。鉴于一些人把雇农数量少的原因与不存在耕地危机联系起来[③]，因此很有必要提醒我们自己注意，地主所有制的不发达并不说明农民的富裕，相反只说明了农民的普遍贫穷。实际情况简单明了：即该地区如此贫困，以至于不能供养一个庞大的地主阶级。如果单纯从金钱观点来看这一问题，那么该地区天气变幻莫测，作物收成深受影响，土地投资无法保证。其结果造成了鲁西北农民的普遍贫困。虽然该地区财富肯定不是均分，但是贫富两极分化远远不如鲁西南那么明显。比起恶劣的自然环境，贪婪地主给人们带来的危害要小一些。

我们必须认识到，贫困使农民的生活朝不保夕，即便在正常年景也是吃了上顿没下顿。下面一段有关 20 世纪农民日常生活

[①] 景甦、罗仑：《清代山东经营地主的社会性质·附录 2》。胶东半岛地区数字与济南昌邑一带相似：41％的人靠农业晋升，50％靠商业，9％靠公职。在其他地区，抽样太少，没有实际意义。

[②] 黄宗智：《华北的小农经济与社会变迁》，第 65 页。

[③] 我尤其考虑梅耶斯《中国农业经济：河北和山东农业的发展，1890—1949》(马萨诸塞州剑桥：哈佛大学出版社 1970 年版）书中的观点。景甦和罗仑从另一思想方式出发，把经营农业代替"封建"地主所有制看作是商业化和农业资本主义的伴随物。虽然他们最有力的资料的来源地济南昌邑一带可能有这种情况，但是我认为鲁西北并不存在这一过程。

的材料生动描述了山东平原上"贫穷"二字的含义：

> 鲁西一带的农户大都居住在阳光不足、潮湿狭小的茅草屋里，窗户很少。屋内的装饰非常简单。更为贫穷者，一间茅屋则具多种用途。炉灶锅碗均挤在茅屋一隅，煮饭时黑烟蒙蒙，恰如浓雾弥漫，甚至人的面孔也难以辨别。乡村使用的燃料，大体为树叶、高粱秆、麦秸、豆茎之类……其食物亦非常简单，每年只有极少机会吃肉，以粗茶淡饭为主。只有新麦打下之后，才吃几顿面条和菜蔬。园内所产菜蔬，并不全部食用，还担去城镇换些粮食以维持生活。城里平常使用的油盐酱醋等调味品，在乡间视为贵重品。若吃香油时，则用小棍穿过制钱孔从罐中取油，滴到菜里调味。平常做饭时，水里煮些大蒜、辣椒、大葱，就是一顿。除了喜庆丧葬或新年外，很少见到荤腥。老人也不例外。平时饮料即是将竹叶或槐叶放入滚水中，加些颜色。到农忙时，只是饮些生水而已，顾不上卫生了……衣服都是自家手织土布，多为黑、蓝颜色。[①]

如果这就是正常年景里人们的生活境况，那么，我们可以想象他们荒年时的窘境。这的确是托尼（R. H. Tawney）笔下所描述的典型中国农民——身处水深之中，不能承受任何灾变。[②] 鲁西北的情况更糟，因为旱灾、水灾和其他自然灾害频繁，并且没有一个富裕的地主阶层在灾荒时给穷亲贫邻提供救济，不管是出自

---

① 《鲁西农户生活的一斑》，《大公报》，1934 年 7 月 8 日，转引自天野元之助：《山东农业经济论》，第 188—190 页。满乐道的《中国人的现在与未来》书中第 131—132 页上也有相似但略欠形象化的有关 19 世纪鲁西北农民饮食的描述。
② 托尼：《中国的土地和劳动力》，波士顿：倍肯出版社 1966 年版，第 66 页。

儒家的某种道德责任感,还是害怕那些因饥饿铤而走险的人抢夺粮食。结果,当灾难袭击该地区的时候,人们往往逃离家园。地方志中曾提到明朝时人们因税重而逃往他乡。[①] 清初朱批谕旨说,由于每个家庭多子少地,因而"山东省之民……易去其乡而不顾"[②]。最严重时全村男女老少沿路乞讨。[③]

这种流动不仅仅是灾难带来的产物。在一般年景下,有大量青年男子外出打短工。这种情况一般局限在同村或邻村之间,但也有一定数量的劳动力远距离流动。一些人从鲁西北到邻近的河北(那里人口明显稀少)。[④] 甚至有报道说,在德州附近的山东、直隶边界,有成千上万的农民一帮帮南行到济宁地区拾麦子。[⑤] 这既不是雇佣劳动,也不是乞讨。

这种长期形成的迁移和流动形式是鲁西北农村社会结构的一个重要方面。村里人时进时出,人员混杂。在鲁西南和胶东半岛地区,单一姓氏的村庄十分普遍。[⑥] 但在鲁西北平原,村里姓氏繁多,新户移居十分普遍,这些人起初可能是某户的雇工[⑦],很明显,这削弱了村庄的内聚力,它有助于吸收流动人口。鲁西北农民绝不是一般观念中那种安土重迁的传统农民。

如果我们对比一下鲁西北和鲁西南,就会发现两者悬殊的差

---

① 《高唐乡土志》,第24页。
② 雍正上谕,转引自片冈芝子:《明末清初华北的农业经营》,《社会经济史学》卷25,第2、3期,第90页。
③ 徐博理:《在中国的社团》,第265—267页。
④ 王友农:《河北宁津农业劳动》,选自冯和法编:《中国农村经济资料续编》下册(1935年版);台北,1978年重印版),第781—782页。
⑤ 片冈芝子前引书,第85页。
⑥ 庄士敦:《中国的狮子和龙》,第134页。
⑦ 黄宗智:《华北的小农经济与社会变迁》,第91—94、255—256页,说明外村农业劳动者经常迁移进来。

别。鲁西南明显比鲁西北富裕,这不仅因为鲁西南土地较肥沃,而且还因为黄河改道在某种程度上使鲁西南少受自然灾害。由于鲁西南的相对富有,其社会可以承受一个比例较高的地主阶层;与此相对照,在鲁西北的农业经济中,自耕农和其他的农村劳动者占了主导地位。鲁南违法种植大量鸦片,盗匪活动连绵不断,是个多事的边界地区。而相对安宁的鲁北则不存在这些。鲁西南的不安定环境导致各村庄只有自我保护,内部联结反而紧密。鲁西北村庄较开放,人口流动大,村子里有不同族姓。鲁西南的人口也流动,我们看到过鲁西南人迁居东北或暂时出去抢劫或到南部边界做农活的记载。但该地区的人口流动总是向外的,似乎极少有向内的:外来户在本地不受欢迎。但在鲁西北,外来户极易被接纳。以下我们将谈到,这是那些教授义和拳的人在鲁西北被认可的一个重要因素。

鲁西北和鲁西南的差别很大,这些差别对于解释鲁西南大刀会和鲁西北义和拳的不同特点极其重要。但是这两个地区也有一个重要的相同点:即士绅力量十分微弱。这一点至关紧要,因为很显然,正是由于该地区正统儒士的稀少,才促成了像大刀会和义和拳那样的组织及其异端仪式的普及。因此,我们有必要进一步弄清山东士绅力量的分布。

山东士绅的分布

中国士绅由朝廷授予官爵功名,理论上讲是因为他们通过了科举考试。清末卖官鬻爵日益风行,这给那些有钱但没有知识的人提供了一条晋升之路。不过,正规的途径一直都是考试,只有那些取得功名的人才能进地方志。考试基本上有三种:先是县、州试,接下来是省试,最后是京试,即在皇帝面前进行的殿试,每一级考试的中榜人数都有定额。因此,各县都有一些生员,大致与人口成比例。但这种功名说明不了士绅的分布情况。再者,从 ²⁹ 严格意义上讲生员仅仅是"官府的学生",是通常所说的"下层士绅",没有资格被提名任命。举人才有资格获得官职,但由于举人是全省范围的,所以它的分布不均匀。举人的数额较高(通常山东每三年一次会考,考中者都在七八十人左右)①,比进士多,因而更具有代表性。

由于中国官僚机构实际上规模很小,因此空缺数额总是少于有功名的人数。我们把这些持有功名但不居官位的人看作地方士绅,他们为村社人们所敬仰,出头管理社会的公共事业或在危急时组织团练等地主武装,他们在政治上有径可寻,可以见到县长甚至更高级的官吏。因此,地方士绅实质上包含两层意义:一是他们精通儒家经典,其信仰及行为大约符合正统;二是他们是当地人的合法代言人,能关心本地人疾苦,因而受到地方、县、省甚至国家一级的重视。如果一个地区出了很多举人,那么该地区做官的人也就会多,他们能对国家官僚机构施加影响。

下面我们来看看山东六个地区士绅的分布情况(参阅表1-2　山东省举人分布情况表,1368—1900 年)。先让我们从历史角度来考察一下明清时期士绅分布的变化情况。表1-2 归纳有关的资料显示出各地区每50 年的举人百分比。

这些数字有几个特点。最显著的特点是胶东和济南昌邑一带的举人数整个呈上升趋势,鲁西两个地区16 世纪中期后呈下

---

① 按规定,每三年举行一次考试,但从乾隆中期(从 1750 年)开始,有规律地增加皇帝恩试:在一个半世纪中,共增加了 20 次。因此,实际上是平均每两年举行一次考试(1751—1903 年共有 72 次考试)。

降趋势(1550年前距义和团起义很远,不必过分注意。此外,1368—1400年这段时期比其他时期都短,而且此时刚刚推翻了元朝统治,因此这一时期可忽略不计)。胶东和济南昌邑一带举人数的上升似乎反映了该地区自明中叶以来的商业化倾向。济南昌邑一带19世纪举人数的上升尤其明显,这与潍县迅速上升为该地区的贸易中心不无关系。在18世纪后半期,潍县只出过15个举人,但到了19世纪前半期则猛增至107个。①

表1-2　山东省举人分布情况表(按各区域所占百分比计),1368—1900年

年份	区域						
	胶东半岛	济南昌邑一带	鲁南山区	济宁	鲁西南	鲁西北	鲁西南+鲁西北
1368—1400	12.5	26.3	10.7	10.0	8.7	32.1	40.8
1401—1450	12.5	18.5	11.7	14.5	7.4	35.7	43.1
1451—1500	12.6	15.0	6.8	13.3	8.9	43.5	52.4
1501—1550	10.6	20.0	3.8	12.6	9.9	43.5	53.4
1551—1600	15.9	23.9	3.8	10.9	6.3	39.7	46.0
1601—1650	23.9	22.3	5.7	12.1	6.0	30.3	36.3
1651—1700	26.9	23.5	3.2	12.8	7.1	26.9	34.0
1701—1750	35.4	17.6	3.9	10.6	7.8	25.0	32.8
1751—1800	30.2	19.8	6.1	10.6	6.9	26.6	33.5

① 有人可能认为胶东半岛和济南昌邑一带举人数的增加反映了山东人口的东移,这不对。我们所看到的最精确的统计表明,明代人口分布与晚清相应地区的人口分布区别甚微(梁方仲:《中国历代户口、田地、田赋统计》,上海人民出版社1980年版,第214—216页)。另外,我看到的每一条记述都表明,明代山东人口从东向西迁移。《禹城乡土志》,第20页;山东大学历史系:《山东地方史讲授提纲》,第31—32页。

（续表）

年份	区域						
	胶东半岛	济南昌邑一带	鲁南山区	济宁	鲁西南	鲁西北	鲁西南＋鲁西北
1801—1850	26.6	28.0	7.1	13.7	4.1	20.8	24.9
1851—1900	29.5	28.4	8.6	11.2	3.1	19.7	22.8
(1870—1900)	31.8	27.3	8.8	10.5	2.9	18.8	21.7
(1900 年左右的人口)	24.4	15.7	15.6	9.4	9.1	25.9	35.0

资料来源:《山东通志》。

鲁西举人数的下降同样惊人(参阅表 1-3　大运河沿岸各县的举人数,1400—1900 年)。16 世纪前半叶,鲁西两个地区的举人占全省的一半多。到 19 世纪末,却仅占 1/5。不过,举人数量下降的不均衡显示出某些内在的原因。两次急剧下降都与王朝的衰落及变化相关,首先是 17 世纪早期,其次是 19 世纪。这两个时期都有天灾人祸,鲁西受害尤深。在某种意义上,如果看一下鲁南山区的情况,我们就能看到另外一种相反情况。那里相对来说躲过了清军入关或者起义者的侵袭,因而在 1600 年到 1650 年明清之际以及晚清鲁西举人急剧下降时期,鲁南举人数却相应增加了。 *31*

表 1-3　大运河沿岸各县的举人数,1400—1900 年

县	年份				
	1401—1500 年	1501—1600 年	1601—1700 年	1701—1800 年	1801—1900 年
济宁	115	84	94	115	153
聊城(东昌)	25	34	41	85	56
临清	74	102	63	25	13

（续表）

县	年份				
	1401—1500 年	1501—1600 年	1601—1700 年	1701—1800 年	1801—1900 年
武城	33	21	18	13	10
德州	82	82	62	74	47

资料来源:《山东通志》。

大运河的衰落是鲁西士绅力量削弱的一个因素。东昌府北的城市尤其显著。表1-3列出了运河沿岸主要城镇百年来举人的数目。事实上,济宁的举人数从16世纪开始显著增加。上已述及,济宁实际上属于长江下游地区,它与该地区的繁荣保持一致。东昌府则直到19世纪黄河改道、切断了它与南方的联系时才衰落下去。临清的举人数下降剧烈,武城比较稳定,德州的下降最为明显(不过仅在19世纪)。①

但是,这并不能完整地说明大运河的历史变迁。主要是几个大城市(特别是济宁、东昌和临清)的发展深受运河的影响,运河淤塞时它们也相应地衰落。这些城市均为沿岸码头,贡船在此停下装卸货物,因此它们在商业上的重要性与码头的繁荣密切相关。但令人吃惊的是,运河周围地区的商业发展很是有限。上已谈到,从总体上看,鲁西北是山东省商业最不发达的地区。那里非农业生产几乎没有,除运河外,交通皆由陆路,且运费高昂。城镇规模也很小,除几个地方生产棉花可以赚钱外,鲁西北地区极少生产生活必需品以外的东西。棉花生产虽然是商业化农业的一种早期的重要的形式,但是,它对该地区经济发展的影响却甚

32

① 我们在阅读这些原始数字时,应当记住山东举人总数在15世纪和19世纪之间上升了32%。

微。首先,棉花使鲁西北成为长江下游的原料供应地;其次,纺织生产仅仅维持自给自足的小农手工生产。这两方面都不能作为富裕士绅阶层的强大的经济基础。

运河的商业价值之所以有限,原因在于它对华北平原生态的影响。据说,早在16世纪,运河从济宁到临清以西北流向穿过平原,其堤堰阻碍了该地区的自然排水,因为该地区河流是东北流向。因此,运河以南数县不断被淹。[①] 用明代中叶大学者顾炎武的话来说,就是"因河以为漕者禹也,壅河以为漕者明人也"[②]。此外,大运河经过地方的农民经常被征调去做苦力,从事疏浚运河、拉贡船过浅水区或卸贡米减轻载重等工作。[③] 我们应当记住,明清维修运河的目的是为了供给京城。总之,开挖大运河不是为了推动贸易发展,更不用说会有助于运河所经地区的发展了。就山东大部分地区而言,大运河仅仅加重了无偿劳力的负担,同时又给当地自然环境带来严重破坏。[④]

这几点十分重要,因为人们经常认为,大运河有力推动了鲁西的商业化和经济发展(参阅表1-4 大运河沿岸各县举人数百分比)。我认为,从山东士绅分布的变化来看,除对几个大城市外,大运河的影响恐怕一直是消极的。表1-4是大运河沿岸地区的士绅数字(这里用占全省的百分比来表示)。有几点十分明显:第一,从 *33* 1550年后,各地区的举人数皆呈持续下降趋势,1550年似乎代表运

---

① 黄淳耀:《山左笔谈》,第3页。

② 顾炎武:《日知录》卷12,第34页。转引自侯仁之:《续天下郡国利病书:山东之部》,第33页。

③ 星斌夫著,埃尔文译:《明代漕运制度》,安阿伯:密西根大学中国研究中心1969年版),第93、98页。

④ 冀朝鼎在《中国历史上体现河工发展的重要经济地区》(伦敦:乔治·艾伦和安文,1936年版)一书中证明了这一观点,第142—143页。

河积极作用的终结。第二,济宁以北城镇的举人数下降幅度比整个鲁西北地区更大。第三,运河南岸城镇的下降幅度最大。更确切地说,排水遭到运河阻碍的城镇受害最深。[①]

表 1-4　大运河沿岸各县举人数百分比
(括号内显示的是指数,以 1401—1550 年间的比率作为 100 计)

地区	年限			
	1401—1550	1551—1700	1701—1800	1801—1900
运河沿岸 19 县	25.5(100)	19.0(75)	15.1(59)	12.9(51)
济宁以北 14 县	19.0(100)	13.4(71)	10.0(53)	6.9(36)
运河以南 9 县	10.1(100)	6.6(65)	4.1(41)	3.3(33)
鲁西全部 53 县	49.2(100)	38.9(79)	33.2(67)	23.8(48)

资料来源:《山东通志》。

　　大运河地区的衰败实际上只是鲁西衰败的一个特殊例子。该地区农业最主要的问题(除总依赖及时的降雨外)是涝灾以及随之而来的土地盐碱化,而且这一问题日益严重。大运河堤堰阻碍排水,仅仅是问题的一部分。更严重的是,人口的增长导致人们不断侵占过去用来蓄水的沼泽地以及为平原提供自然排水的河床。当农民(一般都有强大的保护人)侵占一年可能只几个星期有水的河床以后,他们得到了肥沃(也可能免税)的土地,但河上游的村庄却在夏季大雨后遭受涝灾和周期性河水泛滥。这种侵占不断引起械斗和诉讼,可是问题依旧存在,整个地区渐渐地衰落了下去。[②]

[①] 这些县不仅包括临清以下大运河西南的县,而且还包括临清以上运河东南的县;相对于排水受阻,它们受周期性运河水泛滥和地下水位提高(加速土壤的盐碱化)的危害更大。

[②] 侯仁之:《续天下郡国利病书:山东之部》,第 37—38、48—49、139、146 页。

很明显,鲁西士绅数量的下降与环境不稳定和商业不发达有关。特别是大运河和不断增加的人口阻碍鲁西平原的自然排水,加剧了对该地区农业的威胁。如果我们考虑到所有变量,把它们放入一个多元回归方程中——用一个城镇的各种政治和社会经济变量来推测 19 世纪后半叶该城镇的举人数,那么一个更有趣的现象就会出现[参阅表 1－5 举人(1851—1900 年)主要变量多元回归表]。表 1－5 是多元回归的结果。

35

表 1－5 举人(1851—1900 年)主要变量的多元回归表
(单位:县,不定数 n＝107)

变量[1]	度量系数	标准系数	统计频数分布[2]	多元相关系数平方[2]	简单相关	第三列部分相关[3]
行政区级	4.140	0.558	9.03*	0.485*	0.696	—
人口	0.000 02	0.211	2.70*	0.596*	0.535	—
盗匪数目	－1.230	－0.138	2.24*	0.624*	－0.136	－0.266
商业税	0.024	0.213	3.23*	0.645*	0.338	0.207
人均耕地	－3.183	－0.164	2.41*	0.663*	－0.343	－0.172
租地所占百分比	0.117	0.067	1.07	0.667	0.223	0.089
灾害	－0.005	－0.060	0.97	0.670	－0.111	－0.127
恒量	－8.944					
相关系数平方	0.670					
自由度	99					

1. 参阅第 7 页注释①对主要变量的描述及有关资料来源。
2. 此为逐步多元回归的结果。星号表示统计频数分布或增量以 0.01 为基准在多元相关系数平方里有效。
3. 第三列部分相关表示将行政区级和人口稳住不变之后其余各个变量的相关数。

就我们的目的而言,表 1－5 中的第 4 列最重要。相关系数平方这一列告诉我们变量(举人数)的变化有多大比例是决定于自变量——包括行政区划级别、人口、盗匪数、人均可耕土地面积等等的变化的,在逐步多元回归中,最能解释举人数的自变量首先进入方程。接下来根据第一自变量计算出第二自变量,即在第一自变量条件相同的情况下,哪一个是最影响变量的;在第一、第二自变量条件相同时,又有哪一个最影响变量? 以此类推,罗列出相关系数平方的序列,即表1-5。在关于举人人数变化这一统计中,我们清楚地看到,一个州或县的举人数与行政区划级别关系最大。影响举人数字多少的因素一半在于行政区划级别。省会和府治产生了大量与人口数不相称的举人,这非常自然,因为名门望族一般都居住在这些行政中心。① 接下来,如果我们稳住行政区级,把人口量引入方程,这时影响其人数变化的因素60%在于人口,理由明显,因为人口较多的县一般都产生较多的中举者。

在回归的第三列,开始出现有趣的结果。在这里,我们要问:如果我们稳住行政区级及人口不变,那么什么是最能影响举人数的变量? 表1-5最后一列"部分相关"数字显示出自第三列后剩余的各项自变量之间的关系。影响举人人数变化最大的是盗匪的多少,这一统计来自刑部档案的记录。这证明,在我们平均行政区划及人口的举人人数后,盗匪数字的多少比其他自变量都更能影响士绅人数的变化。基本说来,盗匪猖獗的地方,士绅就稀少——这种负相关在度量系数、标准系数和简单相关中已得到说明。有几个因素也许能解释这种相互关系。士绅最可能集中在社会和生态都稳定的地区。而在官府难以控制的边界及易受灾

① 我们可以很容易地给各县确定一个排列顺序,这些县以最高行政机构为基础,但是回归方程需要的是数值。为了最好地反映士绅力量被行政区划预示的程度,每一个标准都有一个假数值,反映出整个清代属于该标准的县的举人平均数。

害的平原地区,盗匪活动则猖獗。简言之,稳定地区出士绅,不稳定地区出盗匪。但是,在晚明一段时期以及18世纪中叶以后,鲁西南士绅数量大幅度下降,与此同时,该地区盗匪活动增加。这说明,两者不仅以一种反比关系与一定的生态环境有关,它们也彼此有关。他们之间不确定的关系可能向两方面发展。士绅势力大,盗匪活动就少。而盗匪活动频繁则会导致某些士绅迁移,同时也会导致另一些地方人士热衷于本地自卫,而不是科举及第。

下一个自变量是商业税,这是当前最常用的说明每个县商业化水平的方法,但这显然不够充分。① 统计频数分布(t-statistic)(与简单和部分相关一样)说明作为士绅力量的一个决定因素—— 商业发展的重要。它显然比人均耕地面积②、地主所有制程度和自然灾害次数(后两项不具有 0.01,甚至 0.05 的统计意义)重要。

我相信,如果我们有更多可供分析的资料,结果将更令人满意。特别是灾荒统计,它实际上只包括了水灾,统计各种自然(和人为)灾害(旱、蝗、暴乱等)无疑将会有助于解释为什么鲁西士绅

① 应当指出,各县的全部资料包括 60 多个变量。对于每一个有意义的变量我都进行了若干回归和相关分析。这里所介绍的多元回归代表了最有意义的计算结果。为测量商业化程度,用每个县的市场数目、市场数与人数及市场与土地面积比例进行回归分析。以上每一种变量与商业化程度的相关性都不如商业税与商业化程度的相关性高。而如果用 20 世纪农民人口百分数(基本上是非商业化指数)做变量进行多元回归分析,那么产生的结果要比商业税变量好些:第四列多元相关系数平方是 0.655 比 0.645(即 t=3.01 对 t=2.43)。其结果区别甚微。因为在统计中,我以商业税作为可靠的变量,因为这一统计数字可靠,并且与举人数统计年代一致。
② 举人与人均耕地面积的简单相关很有意思,(简单相关列的-0.343 表明)这是一种负相关。即人均耕地面积少的地方,士绅就多。在效果上,这个变量是另一种间接检验商业化的方法。它不能表示供养许多人口的高产地,因为亩产指数是自变量,与它关系不大。人均耕地面积少而士绅多可能有两个原因。一是土地亩产高;二是非农业收入高。

稀少。另外,这一统计表格没有把土地出租面积列进去,因为它与举人人数变化不成比例。鲁西南和鲁南山区的土地出租虽然十分普遍,但整个地区又相当落后,地主们粗鲁无知,不以金榜题名为生活目标。胶东半岛一带更加商业化的土地出租与士绅力量密切相关,这与长江下游流域情况相同,是极为典型的士绅地主。

不过这个回归分析法确有一个作用:它说明在考虑诸如胶东和济南昌邑一带的商业发展、鲁西南盗匪活动这些问题时,我们的确分别找出了导致山东士绅分布尤其是鲁西士绅力量薄弱的那些重要因素。士绅阶层的软弱是鲁西生活的一个关键方面,这在士绅稀少、维持本地正统和稳定的地主也极少的鲁西北尤其如此。由于缺乏这种士绅阶层,所以鲁西地区异端活动盛行。现在我们必须来看看该地区的异端宗教及其民间文化方面的情况。

第二章　秘密宗教、义和拳和民间文化

　　义和团运动不仅是鲁西的自然环境和社会环境,而且也是该地区民间文化的产物。很明显,如果义和拳荒诞的刀枪不入仪式和降神附体不与华北农民的思想相吻合,它们就不会流行得那么快。

　　当然,民间文化的大部分是由自古传下来的风俗习惯所组成。如果我们搞清哪些先决条件使农民接受义和拳,那就再好不过了。在山东和直隶、河南交界地区,异端宗教活动历史悠久,这一传统将是我们讨论的第一个问题。山东人以勇敢无畏著称,习武练拳十分普遍。当秘密宗教教徒和习武者结合在一起的时候,发生暴乱的可能性就非常之大了。许多学者都曾在这种结合体中寻找过义和拳的起源。以往研究的焦点大多集中在白莲教以及某些曾和它发生过关系的武术团体上,但是,在白莲教以外的秘密宗教中,我们可以找到与义和拳仪式更加明显的联系。

　　更重要的是,到 19 世纪末,秘密宗教已吸收了如此众多的民间信仰,其正统和异端的界限已极难画清。总而言之,正是从各 种五花八门的信仰、拳术、民间宗教以及一种重要的民间文化形式——民间戏曲中,义和团得到了最初的启发。

山东秘密宗教起义

山东作为孔孟之乡是中国正统的根源,但是它也以异端和暴乱著称。18 世纪中叶,一位巡抚曾说:"东省恶习,立教惑众,积渐已久。"①事实上,山东"异端"的历史与儒家正统一样古老。周朝时(公元前 1046—公元前 256 年),鲁北的齐国以出巫师著称(齐巫),他们的活动就有降神附体。② 正统的儒家对此表示不满,这一点不足为奇,因为儒家的权威受到了那些替天说话的巫师们(经常是妇人)的威胁,这也并非毫无根据。在公元 18—27 年的赤眉起义中,一位来自该地区的齐巫起了主要作用,他替天说话,反对西汉王朝。汉朝(公元前 206—公元 220 年)末年,山东又出现另外一种农民骚乱根源,即太平道。黄巾起义有大量的神符咒语,张角的秘密宗教即太平道靠此治病。黄巾起义是中国古代一次最伟大的宗教起义,日后朝廷官员常常以此说明不受抑制的异端宗教将会带来怎样的暴乱。唐代的黄巢起义缺少任何显著的宗教成分,但它也同样开始于山东—河南边界易发生暴乱的地区。小说《水浒传》里家喻户晓的英雄好汉们可能是最有名的农民起义者,他们在鲁西南梁山附近建立了根据地。③

40 元(1206—1368 年)末和明清时期,秘密宗教起义最重要的

---

① 喀尔吉善,乾隆九年九月初五,见陆景琪和程啸编:《义和团源流史料》,北京:中国人民大学 1980 年版,第 3 页。

② 降神附体自然是义和拳的重要仪式,在中国有很多这样的活动。按照莫瑟·伊雷德(Mircea Eliade)的经典著作《沙门主义——令人心醉神迷的古代技艺》(第 4—6 页)中的说法,严格地说,降神附体应该与真正的沙门主义不同,沙门的灵魂离开肉体,上天或入地。但是人们已习惯于把中国字"巫"译成"shaman"或"shamaness",我在本书中遵循此习惯。

③ 铃木中正:《中国的革命和宗教》,东京:东京大学出版社 1974 年版,第 1—47 页。

来源是白莲教。这导致秘密宗教信仰一种调和的太平盛世信条，它以弥勒佛拯救所有笃信者为中心，认为弥勒佛在危急时刻会降临人世。到了 16 世纪，无生老母成为秘密宗教的主要信奉神，她是人类之祖，非常关心她的孩子，于是就派弥勒佛下凡拯救。同时秘密宗教开始吸收道教的各种神秘活动——喝符、念咒、治病，这些具有广泛的吸引力。早在唐朝，太平盛世说就曾引起大规模起义。毫无疑问，将弥勒佛的太平盛世预言、道教的神秘性与无生老母创世说中的宇宙主义结合起来，在组织起义上是一种有效的方法。但同样明显的是，很多白莲教徒非常热爱和平（其中很多为老妪或寡妇），他们只是对救世箴言感兴趣，忠诚地过着一种行为端正、祈祷、背诵箴言和素食主义的生活。的确，往往是因为官府企图铲除他们的异端活动，这些人才被逼上梁山，揭竿起义。[①]

山东，特别是山东、直隶、河南和安徽交界地区经常发生白莲教徒领导的起义，其原因不明。该地区旱灾或淮河、黄河水灾频仍，农民可能是感到现世的生活岌岌可危，因此就愈加容易接受秘密宗教的救世学说。如果是这样的话，那么白莲教可能在这里实际上比其他地方更为普遍。或者，秘密宗教（在较发达的地方

---

① 奥弗迈耶：《中国民间佛教》（马萨诸塞州剑桥：哈佛大学出版社 1976 年版）是介绍白莲教的最好英文著述，它运用了现象学方法分析秘密宗教及其经常起义的原因。陈学霖在《白莲弥勒教义和明清民众起义》，载《汉学》第 10 卷第 4 期，1969 年版，第 211—233 页中，强调白莲教的"谋反活动"，但论述不很充分。韩书瑞的《千年王国起义：1813 年的八卦教起义》（纽黑文：耶鲁大学出版社 1976 年版）中的第 7—60 页极好地介绍了清代白莲教。日文著述有铃木中正：《中国的革命和宗教》，《清朝中期史研究》，东京：燎原书店，1952 年版（1972 年重印），第 104—121 页。西方研究秘密宗教的古典著作是德·格鲁特《秘密宗教起义和中国的宗教迫害：宗教史上的一页》卷 2，阿姆斯特丹：约翰内斯·穆勒出版社 1903 年版。该书所竭力（但并不使人感到有说服力）论证的是，政府迫害才导致了秘密宗教起义。

它可能不会惹是生非)可能只是组织受灾地区的民众为生存而暴动的便利工具。无论是何种原因,我们都不能否认,该地区经常爆发白莲教起义。韩山童和其子韩林儿在皖北亳州起事,这次起义最后推翻了元朝。秘密宗教女首领唐赛儿在山东半岛领导了明初最大的白莲教起义。明末,徐鸿如在鲁西南打着同样的旗号起义。①

徐鸿如起义尤其引人注目,因为它将白莲教与习武组织"棒棰会"结合。由于秘密宗教最初一直是宗教性质的,因此在出现广泛的社会和经济危机时,它们一般只有与其他因素(如土匪、落魄文人、政治野心家和游民)相结合,才能产生起义的导火线。②但17世纪徐鸿如起义似乎是第一次把习武组织与被禁止的秘密宗教结合起来,向中国政权提出了一个大挑战。

官方对异端宗教的禁止

儒教传统认为,统治者应该通过身体力行、教育和道义说教来引导人们去做那些正确的事。通过人们内心的反省自新,而不是动用苛刑峻法来防止人们做坏事。很自然,儒教一旦成为中国政权的意识形态,该政权就会花很大精力来保证人民服从儒家的正确思维方式。在儒家正统盛行的时候,"异端"必然遭到钳制。自然,"异端"的含义会随着时间而变化。早先,甚至道教和佛教都会因为背离儒教而受到攻击。不过后来大多数佛教和道教思

① 铃木中正:《中国的革命和宗教》,第 70—76、94—95、107—115 页;奥弗迈耶:《中国民间佛教》,第 98—103 页;陈学霖:《白莲弥勒教义和明清民众起义》,第 214—218 页。
② 这是铃木中正的《中国的革命和宗教》一书的主题。

想被正统所接受,只有民间道教和白莲教的各种神秘活动被视为异端,并受到攻击。

明律禁止异端,后来清朝照搬采用。

> 凡师巫妖降邪神,画符咒水,扶鸾祷圣,自号端公太保,师婆及妄称弥勒佛、白莲社、明尊教、白云宗等会,一应左道异端之术。或隐蔽图像,烧香惑众,夜聚晓散,佯修善事,煽惑人民。为首者绞,为从者各杖一百,流三千里。[1]

该法令所引用的判例清楚表明神符咒语尤犯正统,后来又加上一句话,禁止"拜师传徒"[2]。对仅仅是信仰尤其是没有传播秘密宗教的人宽大处理。形成师辈体系或者使用巫术均在被禁之列,因为这些为潜在的颠覆活动提供了组织和方法。

这些禁令似乎曾经相当有效:虽然清初秘密宗教一直存在,但是没有发生过大规模的秘密宗教起义。事实上,这时期残留下来的秘密宗教经文特别强调忠于朝廷。[3]"异端"宗教似乎在竭力使自己适应儒教国家的要求,但是到了 18 世纪末,秘密宗教又一次发动起义。最有名的起义发生在华西,在湖北、四川和陕西边界,从 1796 年一直持续到 1803 年。这次大起义从许多方面预言了清王朝衰落的开始,但是就本书而言,最重要的是 1774 年小

---

① 《大清会典事例》卷 766,第 7—8 页。德·格鲁特《秘密宗教起义和中国的宗教迫害:宗教史上的一页》卷 1,第 137—148 页复制、翻译了(不完全)清律。"端公"和"太保"都是熟悉道术的迷信职业家。韩书瑞告诉我,前者是乡里社会中熟悉道家法术的人。我自己在江南对口述历史的研究表明,"太保"练习驱邪术,这与道士们的复杂仪式形成对照,这些道士真正驱神役鬼。

② 这句话紧接着 1813 年的八卦教起义(《大清会典实录》卷 766,第 10 页)。同一律令把八卦教和白阳教列入被禁之列。这条法律的所有判例在卷 766。

③ 奥弗迈耶:《中国民间宗教文学中对待统治者和政权的态度:16—17 世纪宝卷》,未发表论文,1983 年 5 月。

规模的王伦起义和 1813 年的八卦教起义。两者均发生在我们所关注的地区,都有习武组织参加。此外,两次起义中的参加者中都有称为"义和拳"的组织;这与 1898—1900 年间的排外义和拳名称相同。

18 世纪末和 19 世纪初的秘密宗教起义

山东秘密宗教生命力顽强,这是清代一个不可否认的事实。山东省是韩书瑞(Susan Naquin)所说的"坐功运气型"白莲教的主要发源地,韩书瑞把"坐功运气型"与"念经型"(像大运河船夫中流行的罗教)区别开来。念经型以准僧尼的素食为生活方式,在经堂中集体诵经。它依靠经文和经堂,吸引文人和富户。但是它太公开,极易被官府发现。由于以上的特点,这些秘密宗教多在华南一带,它们远离京城,以躲避政府的监视;他们不太可能参与颠覆活动或在经文上散布谋反思想。①

相反,"坐功运气型"没有经堂、经文和誓言,一般也不规定素食。他们强调默想和坐功运气,同时也背诵咒语。他们的宗教活动非常简单,一般早、中、晚对着太阳叩头。把清代始祖的"六谕"作为道德规范,还时常给人治病。这种极为简单的秘密宗教在华北农村地区更加普遍,鲁西南单县的一个刘氏家族似乎是始作俑者。到 18 世纪末,很多秘密宗教开始借用或者认为自己属于中

① 韩书瑞:《中华帝国晚期白莲教的变迁》,见约翰森·内森及罗斯基编:《中华帝国晚期的大众文化》,伯克利:加利福尼亚大学出版社 1985 年版。念经型秘密宗教相对平和守法的特点,是德·格鲁特和奥弗迈耶这些学者强调白莲教非暴乱性的一个原因,他们以"宝卷"作为研究的基础。

国古代占卜书《易经》中的八卦的一种卦。[1]

1774年的王伦起义和1813年的八卦教起义就是由这些"坐功运气型"秘密宗教徒煽动起来的。王伦原为衙门皂役,后来在鲁西南寿张县靠行医挣钱。他的宗教尤以节食和练拳著称,这两种活动后来就构成了其信徒中"文"和"武"的区别。在练拳和秘密宗教活动的紧密结合方面,王伦的宗教与当时单县附近的刘氏宗教非常相像,王伦的组织可能是从其中分离出来的。

1774年,也就是在官府逮捕几个有名的华北秘密宗教头目(包括单县刘氏)的两年以后,王伦开始散布流言,说大变迫在眉睫。到了秋季,官府为此要来捉拿他,他便揭竿起义。这是一次小规模的短命起义。起义初始仅有数百人,沿途经过防御松懈的 44 鲁西县城,到临清时又吸收了几千徒众。起义军占领临清旧城,而且曾一度用各种刀枪不入的法术有效地抵御了新城清军的火器。但是,不久官军便以肮脏的狗屎和娼妓的便溺回击,结果破了秘密宗教的法术。他们坚持到最后,不到一个月,都被烧死或杀死在城里。[2]

1813年的八卦教起义范围相当大,而且十分复杂。它具有白莲教起义的许多共同特点:坐功运气,其组织按八卦形式安排,预言乱世和新世以及通过师徒关系发动教徒。就我们的论题而言,这次起义最有意义的一点是一些纯粹的秘密宗教组织与那些习拳练武组织的结合。

---

[1] 韩书瑞:《变迁》。关于山东刘氏家族的详细情况,请参阅韩书瑞的《起义间的联系:清代秘密宗教家族网》,《近代中国》卷8第3期,1982年7月,第337—360页。关于源流方面的材料,参阅《义和团源流史料》,第11—13、27—29页。

[2] 韩书瑞:《山东起义:1774年的王伦起义》,纽黑文:耶鲁大学出版社1981年版;佐藤公彦:《乾隆三十九年清水教起义简论——义和团研究入门》,《一桥论丛》卷81第3期,1979年,第321—341页。

八卦教起义有三个主要首领。林清("天王")是个精力充沛的人,他四处漂泊,当过更夫、赌徒、医生,还干过各种零活,后来定居在北京南边的一个村庄里,加入一个小小的白莲教组织,不久他就担任了首领。1811 年林清和李文成("人王")取得联系,李不久当上豫北滑县和周围山东、直隶地区秘密宗教大网络的头目。第三位首领是冯克善("地王"),他习武练拳,对宗教不感兴趣,却极有能力从山东、河南、直隶边界地区的练拳组织中吸收随从。当连年自然灾害和粮食歉收造成一种适宜的社会环境时,这些雄心勃勃的秘密宗教新首领与习武者的结合就为暴动提供了可能。林清和其他同伙认为,1813 年秋大乱将来临。他们制定了缜密的计划,决定于九月十五日联合起义。届时,林清的队伍将潜入皇宫,李文成同时在滑县起事,然后北上,途中吸收冯克善通知起事的教徒和习拳者。林清虽然暂时打入了皇宫,但是他的队伍很快就被镇压下去。李文成的队伍坚持了三个月,最后也遭到官府的血腥镇压。[1]

⁴⁵ ## 秘密宗教徒和习武者

很清楚,发动起义反抗朝廷的最有效方法是将那些具有白莲教传统的秘密宗教信徒与武艺加身的习武者结合起来。山东和邻近的华北平原地区不断地提供这种条件并非偶然,因为这一地区不但以秘密宗教出名,而且也以尚武著称。早在宋朝时(960——1279),山东人的勇敢好武就非常有名。[2] 随着时间的推移,这种

---

① 韩书瑞的《千年王国起义》一书详细探讨了这次起义。
② W. 埃伯哈德:《中国的地区传统》,《亚洲研究》卷 5 第 12 期,1965 年,第604 页。

名声愈来愈大。19世纪末,有则西方材料总结了山东人以下几个特点:"好武、节俭和智慧。"它写道:

> 山东人蜂拥来到富裕的"满洲",他们身强力壮,品行好。中国海军中最优秀的兵员均来自他们当中;这些人勇敢无比,不管是沦为盗匪,或是自力更生开发辽东和"满洲"的资源。①

很明显,山东人的尚武精神既能利于政权亦可加害于政权。从清代至今,军队都是去山东征募那些强壮、忠诚、勇敢的士兵来保卫国家。但是,同样的性格也使另外一些人沦为盗匪。山东人以"好义"著称,而这种"见义勇为"也极易使他们变成霍布斯鲍姆(Eric Hobsbawm)所说的那种"社会盗匪"②。鲁西尤其如此。北方部族的不断入侵促使自卫性习武风尚日益发展,天灾人祸打乱了社会秩序,这一切都导致盗匪活动。③ 这里是古代中国的罗宾汉地区,小说《水浒传》中的英雄好汉们流芳百世。

即便从完全正统的角度即科举制度来看,鲁西的尚武倾向也十分明显。在前一章,我们集中探讨了鲁西举人人数的下降,并将此看作绅士势力衰弱的一个象征。那么文、武举人的比例如何呢? 由于一些县(特别是州治和省城)有大量的文、武举人,所以这两者的比例能最好地说明当地居民生活方式的倾向。我们发现,鲁西武举和文举的比例总是高于山东全省的平均数字。从 46 1851年到1900年,鲁西北武、文举的比例是 1.22:1,鲁西南是

---

① 科奇侯恩:《转变的中国》,纽约:哈伯兄弟出版社 1898 年版,第 271 页。
② 霍布斯鲍姆:《原始的叛乱:十九世纪和二十世纪社会运动古老形式之研究》,纽约:诺顿出版社 1965 年版(1959 年第 1 版)。
③ 黄泽苍:《山东》,第 102—103 页。

2.38∶1,而整个山东省则仅为0.57∶1(参阅图2-1　山东省各县1851—1900年武举文举比例图)。山东的尚武之名对鲁西地区尤其适合。① 下面我们将会进一步看到,义和拳和大刀会正是从那些武举比例最高的地区产生的。

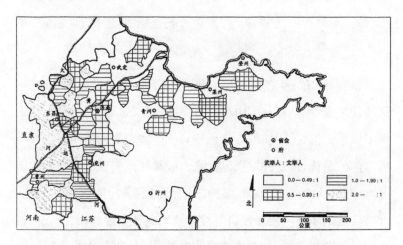

图2-1　山东省各县1851—1900年武举文举比例图

鲁西的尚武传统使得该地区内习武团体普遍存在。这种强调练武的民间文化促使人们去钻研拳术和剑术。在华北平原的集市上,拳师展露绝技习已蔚然成风。但是,他们与白莲教究竟有什么关系? 这个问题极难分析,因为一般来讲,官方资料记载的(它给我们提供了一个研究清朝中叶的窗口)多是练拳组织和被禁秘密宗教发生联系之后的事情。② 但有趣的是,最早研究练拳组织的

---

① 参阅第7页注释②。关于武举人,我只统计了汉人,不包括从德州和青州成军中挑选的大量满族旗人。

② 在义和拳与秘密宗教的关系这一问题上,观点分歧很大。其典型代表可能是韩书瑞和铃木中正(《中国的革命和宗教》,例如该书第69—70、204—218页),韩书瑞倾向于把练拳看作同治病一样都是"坐功运气型秘密宗教"的一个组成因素,而铃木中正则认为练武组织与秘密宗教有着社会和组织上的区别,正是两者在动乱时的结合才导致中国历史上周期性的民众起义。

是 1808 年的一份言官奏折,这一奏折因直隶县令劳乃宣 1899 年
在那本禁拳的小册子《义和拳教门源流考》中引用而出了名。该
奏折探讨了山东、江苏、安徽和河南交界地区的练武组织:

> ……一带地方,多有无赖棍徒,拽刀聚众,设立顺刀会、
> 虎尾鞭、义和拳、八卦教名目,横行乡曲,欺压良善。其滋事
> 之由,先由赌博而起,遇会场市集,公然搭设长棚,押宝聚赌,
> 勾通胥吏为之耳目。

朝廷随之下令严惩这类活动的组织者。[1]

总的看来,劳乃宣所书并未引起朝廷多大的注意,但有一点 [48]
很清楚,这里提到的义和拳与任何秘密宗教无关。这些义和拳都
是些集市上的恶棍,专门从事赌博、酗酒等各种不法活动。在朝
廷谕令颁布后的查禁中,义和拳在这带难以控制的边界地区曾被
多次提到。他们总是与"游手好闲者"、盗匪和盐枭相联系,根本
没有任何谶语、神符或者其他秘密宗教活动。[2] 我认为,这些义
和拳与 1728 年朝廷企图消灭的拳师没有区别。那一年,雍正皇
帝颁布了我所见过的唯一禁拳令。他痛斥拳师为"游手好闲者",
"不务本业之流,而强悍少年从之学习……以致赌博酗酒打降之
类,往往由此而起"[3]。

---

[1] 嘉庆十三年七月十四日上谕(1808 年 9 月 4 日),见劳乃宣《义和拳教门源流考》
(1899 年版),《义和团》第 4 册,第 433 页。

[2] 参阅赵未彤嘉庆十六年十月二十九日奏;同兴嘉庆十六年十一月十一日、十七年三
月初九、十七年八月十一日奏,见《义和团源流史料》,第 34—39 页。同兴的第一份
奏折最先提到秘密宗教的活动,义和拳自 1808 年被禁止而转入地下,"恐日久玩
生,复萌故智,甚至有兴立教名"。

[3] 雍正五年十一月二十九日谕旨(1728 年 1 月 9 日),《东华录》,雍正年卷 5,第
60 页。

插图 2−1　九流图

(引自《中国美术全集·绘画编 21：民间年画》,北京：人民美术出版社 1985 年版)

如果这些与秘密宗教没有任何关系的城乡青年有自己的练拳组织,那么肯定也有根本不参与练拳的秘密宗教组织。罗教以及长江下游、华东南的大多数白莲教似乎根本不练拳。在华北的白莲教中,天津东北滦州石佛村的王氏家族晚明后创立了一种宗教,1815 年官府发现这一组织后,曾进行过一次大规模查禁,其中也未提到练拳一事。这种秘密宗教主张素食,以佛徒的禁欲生活为道德规范,严禁杀生。他们的咒语只是些道德说教,"酒色财气四堵墙,迷人不识在里藏,有人跳出墙面外,就是长生不老方"①。

一般来说,京畿秘密宗教似乎对习武不感兴趣。这可能是因

---

① 《那文毅公奏议》(1834 年版;台北,1968 年重印版)卷 42 中到处可见。《清代档案史料》第 3 册,第 1—90 页。引文出自方受畴嘉庆二十一年三月初八日奏,见《清代档案史料》第 3 册,第 72 页。

为靠近京城使这些活动具有危险性,尽管我们看到禁拳令远不如查禁邪教(即使是最和平的秘密宗教崇拜)令严厉。更有可能是因为该地区农村相对安定,人们没有必要像盗匪频繁的边界地区那样去练拳。既然习武不为时尚,那么秘密宗教也就不太可能吸收拳师为教徒。据说当有人给林清介绍一位武艺高强的拳师时,他不屑一顾地说,吾等习长生不死之道,根本不用刀枪。[①] 只是到了后来,林清遇到河南秘密宗教教徒并且开始考虑起义之后,他才邀请冯克善和另一位拳师向他的主要随从授拳。林清从河

插图 2－2　赌匪闹事

(引自《点石斋画报》,光绪十年九月,香港,1983 年)

---

① 董国太供词,嘉庆十八年十月十六日,托津等编:《钦定平定教匪纪略》卷 11,北京,1816 年版;台北:成文书局 1971 年版,第 25 页。

南邀请拳师,也说明习武在他所在的地区并不普遍。①

与京畿秘密宗教不同,单县刘氏宗教曾将武术吸收进来,这大约发生在 18 世纪末叶。河南、山东、安徽边界地区的许多八卦教均来源于这一教派。从其流传的地点来看,似乎也可以说明鲁西南风行练拳的一个原因。但值得注意的是,有关练拳的记载,都是在发生 1771 年官府镇压秘密宗教、逮捕处决其头领一事以后。事实上,最多提到义和拳的文献总是与 1786 年八卦教为营救被关在单县城的刘姓人一事有关。看起来,官府铲除了这一教门中纯粹的宗教头目,同时还没收了经文。失去世袭的宗教领袖以及经书指导,一种新的领导方式应运而生,并带给秘密宗教一个新方向。由于亟需(也可能只是借口)营救刘氏后代,因此强调习武可以说是自然而然的结果。不过,当时的社会环境也有利于这一情况的产生。在边界地区,武艺高超的年轻人最有可能领导陷于困境的秘密宗教。②

① 牛亮臣供词,嘉庆十八年十二月二十六日,《钦定平定教匪纪略》卷 29,第 4 页。我只见过两条与秘密宗教有关系的京畿练拳材料:有个人说,他十三四岁时曾跟村里的白莲教头目学过拳。这种秘密宗教(大乘教,后称荣华会)似乎没有参加 1813 年起义,1815 年它才为人所知。它归劝人们行善,经常用清始祖的"六谕"中的两句话表示:"和睦乡里,孝敬父母。"我对案犯宣称学过拳有些怀疑:他可能是在寻求从轻处治,因为法律上对此类活动处分较轻(刘成儿供词,嘉庆二十年六月初十,那彦成奏,《那文毅公奏议》卷 38,第 61—62 页)。关于该秘密宗教详细情况,请参阅卷 38。第二条材料与神拳有关,我们在下面将会谈到。

② 参阅《义和团源流史料》第 11—13 页和第 27—29 页上有关刘氏家族的材料。我看过的材料证明,韩书瑞关于"念经型"和"坐功运气型"秘密宗教的区分有些问题。韩书瑞把刘氏宗教作为后者的源流,这种组织上的继承关系当然重要,但是刘氏宗教本身在 1771 年官府搜捕后发生了变化,这似乎也很清楚。在 1771 年前,这种秘密宗教确有经文,一些头目还买了官爵,从未提到练武或谋反。实际上,官府的迫害似乎把"念经型"秘密宗教变成对练拳非常感兴趣的"坐功运气型"秘密宗教。该地区秘密宗教和练武习俗初期的不同特点,在 1740 年的一份奏折中亦有表述:"豫省民情强悍,非学习拳棒,好勇斗狼,即崇信邪教,拜佛求神。"很明显,练武和异端信仰是两种选择,不是同一习俗中两个有联系的因素。雅尔图乾隆五年一月十七日奏,《康雍乾时期城乡人民反抗斗争资料》,北京:中华书局 1979 年版,第 620 页。

18 世纪 70 年代,在同一地区,王伦靠行医教拳吸收信徒。虽然王伦的斋禁活动为一新加进的因素,但是,大多数学者认为他的宗教与刘氏的八卦教有渊源关系。王伦似乎把练武活动系统化,并将其信徒分成"文""武"两种,前者集中节食和气功训练,后者重点练拳。① 另外,王伦的练拳不仅仅包括练习拳术:很多文献记载都提到习练者要"学拳念咒",练拳经常和气功相连。这里明显的是,习拳练武进入到秘密宗教的仪式活动中,二者形成了相对密切的关系。② 在这方面,王伦代表了与京畿不含武术因素的秘密宗教截然相反的另一极端。可以说,没有比王伦这样更清晰的实例让我们看到习武与宗教结合的初始了。这种不同寻常的密切结合关系可能有助于解释王伦起义的一个意外现象,即当时当地都没有出现导致起义的社会或经济危机。看起来,即使是在缺乏严重的生态或政治危机的情况下,似乎练武和秘密宗教完整结合本身就足以导致起义。

　　但是,有关秘密宗教中的文武之分,1774 年王伦起义并不是唯一的例子。1813 年林清起义在某种程度上把八卦分成了四个"文"卦和四个"武"卦,后者由冯克善负责。③ "文""武"卦是由像冯克善这样特殊的人物联结在一起的,据说,他曾在直东边界传播"文武教门"④。

　　秘密宗教区分"文""武"的作用,可以从 19 世纪 30 年代的一

---

① 《义和团源流史料》,第 22 页。韩书瑞:《山东起义》,第 186 页;佐藤公彦:《乾隆三十九年王伦清水教起义简论——义和团研究入门》,第 326—327 页。

② 关于王伦徒弟"学拳念[诵]咒"和"学拳运气"的材料,参阅《义和团源流史料》,第 14—21 页。

③ 牛亮臣供词,那彦成嘉庆十九年二月初十日奏,《钦定平定教匪纪略》卷 42,第 18 页;《冯克善供词》,刑部奏,嘉庆十八年十二月十二日,《钦定平定教匪纪略》卷 25,第 1 页;《宋树得供词》,[嘉庆十八年?]十二月初二,《义和团源流史料》,第 75 页。

④ 同兴嘉庆十九年三月二十三日奏,《义和团源流史料》,第 65—66 页。

个有趣事件中得到说明。1813 年教派起义之后,鲁西南的一支离卦教在其头目被捕后便一直沉寂无闻,有一名原教徒想恢复这一教门,于是,他便召集了一些老教徒,却发现吸引新成员十分困难:"遇粗笨之人不能遍传,因其子李亭标并吕万秋、张伦藻素习拳棒,遂分为文武二教。文教皆令念咒运气,妄称功夫深透,可见无生老母;武教演拳棒技艺。"①

非常清楚,习武使秘密宗教简单化了,并使它更具吸引力。

在秘密宗教中增加习武活动不仅吸引了更多的人,还吸引了不同阶层的成员。一般来说,妇女在白莲教徒中占多数,甚至是大多数。② 她们在秘密宗教暴动中似乎不占重要地位,因此当秘密宗教领袖策划起义时,争取其他成员特别是青年男子就非常重要,而练拳是达此目的的方法之一。有人明确说要吸收有钱的年轻人③,史料上关于年轻人由习武而入教的例子比比皆是④。

当练习拳被当成一种吸引人们逐步加入秘密宗教的方法时——其目的不管是为了广招徒众还是为了聚敛钱财(或者两者兼有),在某种程度上武术团体就变成了秘密宗教的附属。正如有人所说,"以前白莲教滋事,众拳教为之羽翼"⑤。很清楚,跟师傅学拳并不意味着徒弟参加了师傅的宗教。吸收新成员有两个过程,很多人都没有经过第二个过程。他们学拳,但不一定能成为秘密

---

① 经额布道光十六年九月十三日奏,《义和团源流史料》,第 113 页。
② 那彦成嘉庆十八年十二月十七日、十八年十二月二十九日奏,《那文毅公奏议》卷 33,第 4、15—16 页。亦可参阅韩书瑞《千年王国起义》,第 41—42、151、219、299—300 页。
③ 《葛立业供词》,嘉庆二十年九月初三日,《那文毅公奏议》卷 38,第 73—74 页。
④ 具体例子,请参阅《义和团源流史料》,第 64—66 页。
⑤ 庆溥嘉庆十九年十月十四日奏,《义和团源流史料》,第 72 页。

宗教的正式成员。[①] 事实上,那些靠学拳参加教派组织的人,其可靠程度似乎很值得怀疑。1813 年起义领导人冯克善一看到起义倒运,就逃之夭夭。他在直东边界吸收的拳民没有一个参加起义。[②]

　　练拳作为秘密宗教的附属似乎稍稍偏离了王伦那种文武紧密结合的作法。但是也有一些拳派,内部师徒等级分明,组织上完全独立于秘密宗教,或许出于偶然才与秘密宗教发生关系。冯克善本人的经历是一个最好的例子。冯克善是师从老江湖医生唐恒乐学梅花拳的,我们将看到这一拳派与 1898 年的冠县义和拳有关。但是当唐恒乐听说冯克善参加了白莲教时,便拒绝继续收他为学生。在 1813 年起义爆发几年以后,唐率领弟子加入了民团,镇压秘密教派。[③] 显而易见,通过冯克善,梅花拳的确与 1813 年白莲教起义发生了某些关系,但是这一拳派的主流与秘密宗教是完全脱离(甚至相对抗)的。

　　最后,应当注意,武术团体内的师徒关系远不如秘密宗教的 [53] 稳定。由于官府的迫害导致秘密宗教内部领导的不稳定是肯定的。如前所述,出现林清、李文成这样的新领导对秘密宗教转向起义是至关重要的。不过一般只有在原来的领袖被捕,或者在极罕见的情况下(如李文成和林清是在教义辩论中击败原领导之后)出现的。而在一般习武组织中,习拳者彼此挑战,比试武艺,

① 关于被拒绝参加秘密宗教和 1813 年起义的拳民情况,参阅那彦成嘉庆二十年六月二十三日奏,《那文毅公奏议》卷 20,第 8 页;同兴嘉庆十八年十二月初六奏,《钦定平定教匪纪略》卷 23,第 39—42 页;同兴嘉庆十九年三月二十三日奏,《义和团源流史料》,第 65—66 页;章煦嘉庆十九年八月十六日奏,宫中档(台北"故宫")16303。关于 1784 年的例子,参阅姜晟、刘峨乾隆四十八年十二月初七奏,《宫中档》46730。

② 韩书瑞:《千年王国起义》,第 87—88、106—108、215 页。

③ 唐恒乐供词,嘉庆十八年十二月十六日和二十六日,《义和拳源流史料》,第 2、63—64 页;那彦成嘉庆十八年十二月十四日和十九年正月初五奏,《那文毅公奏议》卷 32,第 39、43 页。

败者认胜者为"师傅",这极为普遍。① 这表明,即使练武组织与秘密宗教存在某种联系,其师徒等级关系也远不如秘密宗教中的密切,而且保持的时间也极有限。

从上述探讨中可以明显看到,武术团体和秘密宗教的关系存在着不同的形式。有些秘密宗教与练拳没有任何联系,有些只存有偶然的联系,比如梅花拳。二者的联系表现为两种类型:其一可以说是紧密型,例如王伦的白莲教中分文、武场,二者同在一个教派中存在。但更普遍的一种是武术团体附属于秘密宗教。练拳是一种相对公开的活动,能吸引更多的人特别是青年男子加入秘密宗教。但参与练拳并不能成为秘密宗教的正式成员,而靠这种途径参加秘密宗教的人一般忠诚有限。

这个时期的义和拳似乎与其他武术团体没有什么区别。一般来说,它与白莲教至多是发生过某些偶然的联系。在有些情况下,义和拳同时也是秘密宗教,并且可能把练拳当成吸收新成员的方法。但在其他地区,义和拳却与官府联合组成特别民团来镇压秘密宗教起义。它们确定在习拳时背诵一定的咒语,就目前所能查阅的史料来看,仅有一则第三手材料说他们可能有刀枪不入的仪式。不过最为重要的一点是,19 世纪末叶义和拳的"降神附体"仪式在此时并不存在。因此,这一时期的义和拳不论与白莲教发生过什么样的关系,都不是我们所要探讨的"义和团运动"的源流。

秘密宗教和习武组织的普遍存在是鲁西社会环境的一个重要组成部分。二者代表了普通农民的群众性组织的传统,这些组

---

① 冯克善靠这种方式成为宋跃隆的老师,并且把山东拳民和他的许多徒弟纳入他的圈子。参阅冯克善的供词,董诰嘉庆十八年十二月十一日奏,《钦定平定教匪纪略》卷 24,第 22 页。关于后来练武习俗的情况,参阅陈白尘:《宋景诗历史调查记》,北京:人民出版社 1957 年版,第 17、240 页。

织不怎么受正统绅士的领导或干涉。在这样的组织中，人们习惯于接受领导者传授具有多种神力的符咒谶语。练武组织使青年防身自卫的团体合法化。这一切都必然使 19 世纪末义和拳在鲁西很容易获得响应。但是这些因素并不能解释具有义和团特色的降神附体和刀枪不入仪式。这些我们将另外讨论。

刀枪不入和降神附体

刀枪不入在中国由来已久。当起义者和装备精良的官军对抗时，他们既忧虑自己的安全又希望能在战斗中增强人们的勇敢，这就自然而然地产生了刀枪不入的技艺。宗教和魔力自然在这一过程中扮演角色，这好像召来神或佛提供庇护一样。[①] 这种保护的需求由于 17 世纪西方火器的出现而变得更加强烈。晚明一些起义军攻城时曾用女人的秽物来减弱枪炮的杀伤力。[②] 王伦似乎是第一个使用刀枪不入技艺的白莲教徒。但有趣的是，尽管白莲教里有许多妇女，而且秘密宗教对待妇女相当开明，却不是王伦而是被围清军求助于阳力以击败秘密宗教的魔力。不过，这种法术本身与义和拳的法术完全不同，它召唤女神，不让子弹近身或阻止敌人的枪炮开火。[③]

金钟罩是一种特别有意思的刀枪不入法术，它与 1813 年的八卦教起义有关。这是 19 世纪 90 年代鲁西南的义和团前

55

---

① 奥弗迈耶的《中国民间佛教》第七章提到早在 1338 年"佛"就曾作为秘密宗教的外衣这一特点。

② 铃木中正：《中国的革命与宗教》，第 129—130 页。

③ 韩书瑞：《山东起义》，第 59—60、100—101、191—192 页；佐藤公彦：《乾隆三十九年清水教简论——义和团研究入门》，第 332—334 页。

身——大刀会的最早名称。金钟罩的基本功夫是一种难度极大的练习,使人可以不惧刀砍剑刺,这与大刀会极像,说明它们同属一个派别。他们的武术与白莲教没有什么必然的联系。

在探讨刀枪不入的起源时,张洛焦是一个关键人物。他来自冠县十八村飞地,在第六章我们将涉及十八村飞地。在这个时常发生骚乱的边界地区,习武非常普遍。张洛焦是个道士,1782年先从一个亲戚那儿学拳,11年后他跟一个河南人学金钟罩,并开始专门教拳。1800年他加入离卦教,但不久即离开,因为他的师傅总是让他定期交纳钱财。不过,张洛焦仍和其他宗教大师、拳师和医师保持联系,并跟他们学习。到1813年,他开始失宠,一个学生指责他武技平庸,他不能再靠教拳维持生计,于是就和他的儿子卖烧饼,之后又行医。

该地区其他金钟罩成员的情况与此类似,都在不同的习武组织中学习过,都不是定居农户出身,似乎多半是城镇里的三教九流,像盐店的保镖、盐贩以及常干扰诉讼的石匠。有些人参加了秘密宗教,但他们的主要目的是为了习武,宗教活动是附带的。因此,金钟罩比义和拳更像是一个武术组织。只是因为有时有秘密宗教徒参加,因而引起了官府的注意。就其自身来讲,它只不过是一种自卫性的民间武术。①

――――――――――――

① 参阅张洛焦供词。后来的供词对第一次供白有所否定。见那彦成奏折,嘉庆二十年六月二十二日,嘉庆二十年九月初五和嘉庆二十年十二月十七日,《那文毅公奏议》卷40,第6—9、18—20、21—29页;郭洛云是张洛焦的一个学生,后来起来反对张洛焦,同上,嘉庆二十年五月二十五日,卷40,第3—6页;张五,同上,嘉庆二十年五月初四,卷40,第1—3页;刘玉濂,同上,嘉庆二十一年二月初九,卷40,第29—33页。注意,那彦成的奏折包括张洛焦的第三次供词,列出张洛焦的两类徒弟:一类是离卦教,一类是金钟罩。这两个组织彼此独立。韩书瑞的《千年王国起义》第30—31页亦探讨了该组织,并且提供一些有关刀枪不入的详细资料。据说,在1813年起义的参加者中,徐安国知道金钟罩技艺(秦理供词,嘉庆十九年十一月十四日,《义和团源流史料》,第74页)。

虽然金钟罩是一种功夫，与大刀会相似，但它与义和拳降神附体、刀枪不入那一套有显著区别。清中叶的若干异端组织中也有降神附体仪式。这些均来自民间治病中流行的跳大神那一套。我们已经知道，在山东这种活动可以追溯到周朝齐国。这种降神附体也渗入一些秘密宗教之中。1826 年，在直隶保定府的几个村中发现了祖师会，一份官方材料这样描述了其仪式：

> 其会向系给人治病，会内有香头、马匹名目，香头不过随同帮忙，马匹即许给祖师当徒弟，所习之事系烧香上表，低头弯腰，将两手摇摆，随势倒在地上，声言祖师附体，即须脱卸衣服，光赤上身，第一要用铡刀，一手将刀柄执住，刀刃放在肚脐，一手用刀背狠力向砸，只须刀柄执牢，不致伤损；又妄扎针，或从左腮颊穿入，右腮颊出来，或从右腮颊穿入，左腮颊出来，均系假装骗人，并非真砍真扎；又妄打鞭，凡是妖魔皆畏鞭声；又妄记些偏方，可以治病。如治疯病，剪一纸人，用病人头发一绺扎在纸人身上，用火烧化，称是送邪；画符一纸，贴在病人家门外，称系能使邪祟不敢再来。此事不过骗钱，即父母妻子亦未实告。

祖师会一个被捕成员供认，祖师会的仪式由他的祖父传下来，他的祖父在康熙年间学会了这些仪式。据说，祖师会源自河南开封附近的一个村庄，从那儿逐渐扩散至直隶中部。但是，它的一个奇怪信条阻碍了以师徒为基础的等级关系的形成。据说，每当有人想建立一支新的祖师会时，他们必须把其他祖师厅里的碑匾偷 走。这样不同村的祖师会之间就不可能建立和睦关系，因为建立任何新祖师会都得先去老祖师会偷一家伙。据说，甚至在同一个村子里,会员间也不区分师徒。① 由于我们只有一条祖师会的材料,而且祖师会靠偷窃推广其活动,因此不可能有广泛的扩散。但重要的是,华北平原存在过这种活动,它与早期义和拳仪式明显相似:降神附体、刀枪不入、治病,甚至"马匹"这种称法(指年轻习武者)——这些特点在 1899 年的平原义和拳中都具有。② 这说明义和拳的基本仪式在某个时期华北某些组织中出现过。

清中叶出现的最后一个习武组织是神拳,这和 19 世纪 90 年代末鲁西北义和拳第一次出现时用的名称一样。一则有关神拳的重要材料说明它与浙江的一次起义有关,该起义 1776 年发生在宁波附近的一个山村里,规模极小,昙花一现。那些拳民诵咒狂舞,相信自己有神保护,这具有刀枪不入的一些特点。他们的头目宣称神灵附体,这个神是地方戏里唐朝的一个有名大将。他们信佛,但也可能有复明的政治动机。似乎仅有几十人参加起义,大部分来自这座山村的同族。③

由于这次起义不论是发生的时间还是空间离晚清义和拳都较遥远,因此人们一般不会想到它们之间的联系。但是 19 世纪前 30 年在河南和直隶都出现过名叫神拳而且活动也跟神拳相似的组织。尽管所有记载这类组织的材料都非常简单,但是仪式似乎都同属一个类型。据说,直隶有个秘密宗教徒能"纵跳神拳"④。河南有个拳民又蹦又跳,而且鬼神附体,鬼神告诉他大难将临,他显然

① 那彦成道光六年六月十六日奏,《那文毅公奏议》卷 70,第 14—21 页(亦见《义和团源流史料》,第 100—103 页)。胡珠生最早指出这一组织,他注意到该组织与义和拳仪式酷似(《义和团的前身是祖师会》,《历史研究》第 3 期,1958 年,第 8 页)。

② 蒋楷:《平原拳匪纪事》,《义和团》第 1 册,第 354 页。

③ 熊学鹏乾隆三十一年三月初二奏,《义和团源流史料》,第 5—8 页。其他材料见《义和团源流史料》,第 8—11 页。陈湛若《义和团的前史》(《文史哲》第 3 期,1954 年,第 20—21 页)第一次把神拳与 19 世纪末的义和拳联系起来。

④ 章煦嘉庆十九年一月二十日奏,《义和团源流史料》,第 65 页。

有反叛企图。他鼓动人们学神拳驱灾免祸,自称汉王。[1] 京畿红阳会成员在集体敬拜后练习神拳,"奉清十祖师下降教拳"[2]。红阳会是一个白莲教组织,教义中具有浓厚的道教色彩。

虽然华北的史料中没有提到刀枪不入,但是这些神拳与 19 世纪末的神拳极其相似,这说明两者有联系。事实上,我们在第八章中将看到,在 19 世纪 90 年代神拳最早出现的时候,其仪式多半是为治病,而不是为了刀枪不入。但是,清中叶神拳没有刀枪不入仪式这一点并不能证明它和以后的义和拳这两者间没有联系。然而,这些组织在史料中少有提及,提到时也总是说得十分简单。它们成员很少,又远离义和拳的故乡——鲁西,因此认为两者间有明确的组织关系就不大妥当。但我想,这不是问题的关键。下面我们将看到,义和拳不是在以往的组织系统基础上发展壮大的,而是各地土生土长的。此外,与白莲教组织强大的内聚力相比,义和拳组织实际上不存在。因此,我们不必去寻找义和拳组织上的源流,我们需要发现的是与义和拳相似的仪式、习惯,看它们是怎样传播开来,并成为华北民间文化的一部分,后来又怎样被 19 世纪末的义和拳吸收,并用于新目的。

在祖师会和神拳中,我们发现了义和拳仪式的基本因素,但未发现它们与白莲教有密切关系。祖师会将降神附体、治病和刀枪不入结为一体,这与后来义和拳的仪式最接近,但与白莲教似乎根本没有联系。两个神拳组织与秘密宗教有关系,但这种关系与其他习武组织同秘密宗教的关系一样,都极为淡薄。我们有很多关于河南和浙江的神拳组织的材料,他们似乎与白莲教没有任何关系。

———————————

[1] 姚祖同道光元年二月十九日奏,《义和团源流史料》,第 94—96 页。

[2] 耆英道光十一年十二月二十五日、十二年正月十七日奏,《义和团源流史料》,第 105—106 页。

认为习武与秘密宗教有关系的观点与以下事实相矛盾:1832年有关京畿神拳的材料是我所见到的到 19 世纪 90 年代为止提到这类组织的最后一条材料。而义和拳在 19 世纪头 10 年以后没再被提到过。整个 19 世纪中叶,即在我们这里所描述的事件到义和团运动爆发的这段时间,有过许许多多大小起义,捻军和其他起义军曾几次席卷鲁西。我们需要转到这一时期,来探讨一下晚清习拳者、秘密宗教和民间文化三者之间关系的变化。

晚清习拳者和秘密宗教

19 世纪中叶,起义烽火燃遍整个中国大地。打着基督教旗号的太平天国在南京建都,占领了长江中下游的大部分地区。在北方有以皖北为基地的捻军起义,而在西北和西南则有穆斯林起义。这些起义严重削弱了清王朝。19 世纪 50 年代末,在豫北和鲁南邹县山区又爆发了白莲教起义。① 随着 1860 年秋捻军主力进入鲁西,山东爆发了最大规模的起义。这一切导致土地税猛增,否则,政府就无法维持军事防御的开支。

1861 年春,山东最西边的邱县爆发起义。起义向南、向东迅速波及邻近的高唐、冠县、堂邑和莘县。该地区 1859 年收成不好,1860 年冬又发生了饥荒。在此情况下,官府又增加新的税收,一系列抗税活动随之爆发。大规模起义由这些抗税活动发展而来,但是,这次起义的首领无疑是白莲教徒。不过,在宋景诗的领导下,有许多习武者参加起义。宋景诗是个职业拳师和刀手,

① 参阅刘广京:《清代的中兴》,费正清主编:《剑桥中国史,1800—1900 年(上卷)》卷10,马萨诸塞州剑桥:剑桥大学出版社 1978 年版,第 463—469 页。

曾做过该地区富户的保镖。因此,这次起义又一次结合了秘密宗教和习拳练武,并为我们探究晚清这两种组织的性质提供了方便的材料。①

　　这些19世纪60年代的秘密宗教起义似乎与该地区50年前发生的起义完全不同。起义中太平盛世因素不再那么显著,倒是反清情绪十分浓烈(无疑是被太平军和捻军激发的)。起义军指责"北蛮"抛弃了儒家最基本的忠孝美德,发誓要保护一般百姓,惩办"贪官污吏"②。另外,他们还借用一些戏法,像"点豆成兵,骑栏成马"等,这是晚清秘密宗教中常玩的把戏。③ 这当然是秘密宗教庸俗化的一种表现,反映了江湖医生那一套对秘密宗教的渗透。另一方面,由于末世说使白莲教与普通中国民间宗教相分离,因此不强调末世说可能会使白莲教史有效地组织发动群众。特别是在百姓遭到清军的蹂躏后,起义军必然赢得百姓的支持。

60

―――――――――――

① 咸丰十一年二月二十日谕令;清盛咸丰十一年二月二十六日奏,联捷咸丰十一年三月五日奏,《宋景诗档案史料》,北京:中华书局1959年版,第1—4页;《冠县志》(1934年版),第1565页。虽然这次起义的规模和时间都远远超过清中叶的王伦和八卦教起义,但是我们对它缺乏足够的研究。中国大陆曾出版过一部长篇历史著述:陈白尘的《宋景诗历史调查记》(北京:人民出版社,1957年版)。该书部分是以口述史料为基础。作者是位剧作家,那次口述历史调查的目的是写一部有关宋景诗的电影剧本。该剧本与电影《武训传》相似,武训由一个鲁西乞丐变成慈善家。实际上,宋景诗最先被一个"早期"调查组"发现",这个调查组当时在搜集批判电影《武训传》的材料[关于发现这位农民起义英雄的过程,参阅巴特菲尔德:《宋景诗神话:共产主义历史学中的一个插曲》,《中国论文集》(1964年版)卷18,第129—148页]。中国历史学家常跟我提到陈白尘的书,将它作为妄用口述历史资料的典型。因此,我在本书中极少引用它,它应被作为概述一次极复杂起义的一个尝试来阅读。关于这次起义的最新文章是本杰明·杨的《宋景诗和他的黑旗军》,《清史问题》卷5第2期,1984年12月,第3—46页。在我看来,这篇文章似乎是毫无批判地依靠陈白尘的书籍。

②《杨太告示》,见胜保咸丰十一年四月二十八日奏,《宋景诗档案史料》,第31—32页。

③《冠县志》(1934年版),第1566页;陈白尘:《宋景诗历史调查记》,第84页注。参阅徐博理:《在中国的社团》,第163—164页。

正如僧格林沁所说:"民之恨兵,甚于恨贼。"①据载,其他人对义军也很同情。②

如果白莲教末世说在秘密宗教中被淡化,那么宋景诗和他的黑旗军就属于没有任何宗教意义的习武类型。宋景诗是个职业刀手,尽管他本人与一些秘密宗教首领有关系,但是他的随从肯定不属于秘密宗教。宋后来说他只是在白莲教起义后受到衙门差役的迫害时,才参加了起义。1861 年夏天,宋景诗投降清朝,开始镇压起义。宋景诗的投降显然是有条件的:他保全自己的部队,拒不到河南与捻军作战,最后,他丢下陕西防地,跑回鲁西根据地,再次起义。但宋景诗属于一种地方军事冒险人物,与秘密宗教的任何惯常做法都有很大不同。宋景诗/白莲教联盟只是在纯粹互相利用的条件下才把秘密宗教和习武组织结合起来,这比清中叶时期有过之而无不及。③

另外,在 19 世纪 60 年代肯定也有很多拳民投向官府一边,人数和参加起义的拳民一样多。地方志的人物传上满是因镇压起义而阵亡的著名拳民的记载。④ 在馆陶,红拳(先前出现时和清中叶的秘密宗教有关系,1899 年它又一次出现)在镇压宋景诗上尤其卖力。⑤ 会拳术是个重要的本领,在鲁西尤其是这样,但它本身在政治上却是中性的。拳民可以加入秘密宗教,也可以参加官军,他们选择其中的哪一方不是由他们的拳名或拳类决定,

① 僧格林沁同治二年四月二十二日奏,《宋景诗档案史料》,第 289—290 页。

② 徐博理:《中国的社团》,第 29—30 页。

③ 参阅胜保咸丰元年六月二十一日奏,《宋景诗档案史料》,第 63—66 页,里面有宋景诗投降的原始记录;《冠县志》,第 1568—1572 页;陈白尘书中到处可见。

④《荏平县志》(1935 年版)卷 3,第 22、39、41 页;《冠县志》(1934 年版),第 877—878 页。

⑤《馆陶县志》(1935 年版)卷 8,第 34—35 页;转引自《义和团源料史料》,第 115—116 页。

而是由每个拳民或练拳组织的特殊社会和政治环境决定。 *61*

宋景诗起义最能说明习武者和秘密宗教进入鲁西农民日常生活的程度。拳民参加起义和加入官兵都说明这类人在该地区社会组织中占突出地位。在晚清,鲁西曾产生过大量武举人。武生员经常是华北平原乡村里最有影响的人。练拳在该地区特别普遍,它不仅是年轻人的一种消遣,同时也是不安定的乡村里一种看家护院的方式。但是,这些习俗不是异端传统,它作为鲁西农民文化的一部分而存在。正如民国时期的《临清志》中所说:

> 士人习尚技击,临西尤甚。其派别不一:有少林拳、梅花拳及大小宏拳之分。器械则有长枪、大刀、拐子流星等,人专一技,互相比赛。①

白莲教的变化也同样重要。在1813年八卦教起义后,清朝当局只要在华北发现秘密宗教活动,就将其残酷地镇压下去。甚至像石佛村王家那样非常温和的组织,其成员也遭逮捕、被处死和流放。大的秘密宗教网络不可能存在,对秘密宗教文献的严厉查寻严重破坏了它与白莲教中心传统的联系。官府的迫害当然不能根除异端宗教:民国时期秘密宗教的迅速重现和扩展足以证明白莲教传统的延续性。② 但是,官府的迫害肯定改变了许多秘密宗教的性质。

现在,由于秘密宗教文献极少而且难以找到,所以原白莲教神学的完整性越来越难以保持。"扶乩"愈来愈成为秘密宗教教

---

① 《临清县志》,《礼俗志》,转引自佐藤公彦:《义和拳源流:八卦教和义和拳》,《史学杂志》卷91第1期,1982年,第75—76页。参见《茌平县志》(1935年版)卷12,第90—92页。

② 参阅李世瑜:《现代华北秘密宗教》(成都,1948年版)中关于20世纪白莲教的探讨。

义的一个普通来源。两个教徒拿着一根棍子,通过请神(通常是教门的鼻祖),在沙盘里写出字句,从而默示新教义的真谛。① 虽然靠这种方式揭示的许多文本和白莲教的经典教义完全一致,但是,这样做很显然推动了对普通民间宗教的借鉴。我们看到民间神祇的重要性越来越大。关公开始日益走红。这可能因为他忠于朝廷,也可能是他在中国民间宗教中家喻户晓。② 新神的一个共同来源是流行于乡间的乡土文学和戏剧。秘密宗教徒自称是小说《封神演义》中英雄人物的再生,后来许多义和拳神祇都由此演化而来。③《三国演义》《西游记》和其他地方戏中有名的故事对秘密宗教都有影响。④ 结果,虽然官府的迫害从组织上削弱了秘密宗教,但这也使秘密宗教和民间文化紧密结合起来。在清政府相当衰弱的条件下,19世纪末秘密宗教又开始重新活跃起来,这不过是这个地区民间文化综合能力异常强大的一个例子而已。

关于"异端"活动与民间文化结合的意义,我们可以从一个村庄的风俗中得到最好的说明,鲁西南一位德国传教士对此有过记载。他描述了这样一个风俗:在正月里,村子挑选四名青年男子,把他们带到庙里或其他合适的地方,在那里背诵顺口溜,请求"猴王"孙悟空露面,展示其武艺:

　　一匹马,两匹马,

---

① 奥弗迈耶:《中国民间佛教》,第185页;赵卫平(音译):《扶乩的起源和发展》,《民俗学研究》第1期,1942年,第9—27页。

② 黄育楩:《破邪详辩》(1834年版),见《清史资料》卷3,北京:中华书局1982年版,第30、69页。奥弗迈耶在《中国民间宗教文学中对待统治者和政权的态度:16世纪和17世纪宝卷》第28—29页中提到,秘密宗教在很早就融合了关公。

③ 经额布道光十六年九月十三日奏,《义和团源流史料》,第113—114页。

④ 黄育楩:《破邪详辩》,第30、31、38、57、59、69、72页;《那文毅公奏议》,嘉庆二十年六月初一,卷40,第1—8页。

孙猴王来玩耍。

一条龙,两条龙,

猴王下凡逞英雄。

随后,这四个人脸朝下躺着,直到有时被猴王附体为止(在这种情况下,他也被称作"马匹",我们已经知道这个词与降神附体有关)。接着,降神附体的人被唤醒,拿着一把剑四处挥舞,在桌子、凳子上跳上跳下。直到主持仪式的人将点着的香灭掉,被神附体的人才精疲力竭地倒在地上。[1]

这段记载令人特别感兴趣的地方是,义和拳的基本仪式(除刀枪不入外)成了鲁西南农村年节风俗的一部分。这里根本没有提到秘密宗教的源流或内容。很清楚,完全没有必要去寻找义和拳活动的某些特殊秘密宗教源流。山东农民自己的习俗中就有降神一说,比如降"猴王"这样的仪式。被猴王附体的农民挥舞剑矛,显示武技,是拳民最喜见的场面。

民间文化和农民村社

中国的秘密宗教信仰与广大农民的普通宗教信仰在一些方面有所不同。前者的宇宙论、末世说和救世说都区别于后者。此外,从社会角度来看,秘密宗教是一种非常个人化的宗教,个人单独参加,被许诺可以得到拯救,认为自己有别于秘密宗教外的"非选民"。因此,当白莲教起义时,他们聚集的会众来自四面八方,并且一般与村社没关系。他们的宗教集体与村社不同,是一种教徒的聚合。

---

[1] 薛田资:《鲁南风俗简介》(莱比锡,1907年版),第47—49页。

　　普通民间宗教与村社紧密相连,这并不是说村社相当于西方中世纪的教区,因为一般来讲中国人的宗教活动不是集会式的。人们只要需要(求子、祈丰或祛灾),就可以一个人到庙宇去,而不必等到休息日集体去。大多数华北村庄都有一个小庙宇,里面供奉土地神或关公。村社的一个重要作用就是收敛修建这些庙宇的捐款。干旱时,祈雨也是村社的一项重要活动。① 有庙会时,这些庙宇就成为村社活动的中心。在大一点的村子或者集镇上,每年都要举行这类庙会。在我所见到的大部分华北平原资料里,庙会一般都叫"迎神赛会"。庙会的中心活动是演戏,主要为庙神而演,人们把庙神请出去,坐在有帐篷或阳伞的前排。

64　　此外,这些活动把农民从单调乏味的农活中解脱出来,因而受到农民的欢迎。邻村的亲戚们可以趁此团聚。人们搭起货棚卖吃的喝的,还进行赌博。人群和演戏造成一种欢快和谐的气氛。从戏剧和庙会中表现出来的村社认同也极其重要。同样重要的是,神灵不仅是观众的一部分,而且许多从历史神话小说中演化而来的戏剧人物也变成民间神祇。由于有常驻僧侣的村庄极少,而且在大城市庙宇中接受宗教教育的农民也不多,所以中国农民的宗教观就主要来自这些戏剧形象。② 这就是秘密宗教借用民间戏剧的原因。秘密宗教借用民间戏剧中的神祇,就能将自身

---

① 仁井田陞等编:《中国农村习俗调查》卷4,第419、433、439、458页(这次调查的是鲁西北恩县的一个村庄)。参阅明恩溥:《中国乡村生活:社会学的研究》(纽约:弗莱明·H.里威尔出版社,1899年版),第169—173页。

② 杨庆坤:《中国社会的宗教信仰:现代宗教的社会作用和若干历史因素的研究》,伯克利:加利福尼亚大学出版社1961年版,第82—86页;明恩溥的《中国乡村生活》中第54—59页生动描述了鲁西北的社戏。关于该地区"迎神赛会"的重要性,参阅张育曾、刘敬之:《山东政俗视察记》,第436、443、549页。最近一项有意思的研究是,查里斯·阿尔伯特·利晶哥的《华北庙宇团体和乡村文化的一体化:从1860—1895年直隶"教案"中得到的证据》,博士论文,加州大学戴维斯分校,1983年版。

融入村社的民间文化中,而不再作为一个孤立的神选之民存在。

插图 2-3　社戏

[引自慕雅德(Arthut E. Moule):《新旧中国:三十年的个人收藏与观察》,伦敦,1892 年]

社戏对于理解义和拳源流是极其重要的。下面我们将看到,义和拳降的神都来自这些社戏。大部分神都是军事人物,这并非偶然。从我们知道的鲁西社戏中可以清楚地看到,那些以军事题材小说如《水浒传》《三国演义》和《封神演义》为蓝本的社戏最受欢迎。这个地区习武成风,出现这种偏好乃是理所当然。当然,《封神演义》中下凡辅佐周朝的姜子牙在鲁北齐国受封,《水浒传》里的英雄好汉也是在鲁西扎下根基,这一切无疑也起了推波助澜的作用。①

---

① 明恩溥谈到社戏时提到的所有人物,均来自《三国演义》(《中国乡村生活》,第 57 页)。关于《水浒传》在鲁西的普及情况,参阅中国曲艺研究会编的《山东快书武松传》,北京:作家出版社 1957 年版,第 339—347 页。

在很多方面,是戏台上的人生剧把与义和团起义有最直接关系的各种民间文化因素结合了起来。这里有对保卫家园的讴歌,有武林高手的形象,还有义和拳拳民祈求附体的众神,这些神为秘密宗教和非秘密宗教所共同拥戴。当年轻的义和拳民被神附体后,他们就好像舞台上的演员一样,开始为正义和荣誉而战。

民间文化的尚武色彩肯定有助于年轻的义和拳民与华北农村道德体系的结合。但是,华北农村的功用也有重要的变化,这些变化可能将习武者与当地村社联结起来。我们所看到的清中叶的习武者都处在村社之外。很多人过着漂泊的生活,做盐贩、行商或保镖,其他人则赌博,到集市上行凶闹事。当公共秩序瓦解、盗匪四处蔓延的时候,先是在鲁西南,然后在直隶边界的鲁西北,年轻人开始练武保卫身家。

19 世纪末,护青组织的普遍出现是鲁西北村社自保家园趋势的最好说明。贫穷迫使许多人偷窃邻里的庄稼,因此每个农民觉得有必要夜里在地中间的小茅屋里看庄稼。不久,这种个体行动就被全村或邻近数村的集体护青所代替。村民们开会成立护青组织,研究措施,然后雇用村上的穷人(一般是青年男子)看庄稼。[①] 让年轻的武术迷们来看庄稼,是顺理成章的事。于是,习武者的武艺在他们自己的村社里有了用场,他们就不再到集市闹事或拦路抢劫。这些练武术的年轻人虽然当不成游侠,却可能成为村里的英雄。

在本章的开头,我们探讨了异端宗教,特别是白莲教。在结

---

① 徐博理:《中国的社团》,第 165—172 页。明恩溥:《中国乡村生活》,第 161—167 页。有个一向缺乏爱心的山东传教士,将护青人描述成"一般是村里闲荡、无用的人(常常是小偷)"。《梅理士报告》(1873 年 4 月 21 日),"长老会",缩微胶卷,第 197 盘。

束这一章时,我要提醒大家注意,是官方的儒教思想将秘密宗教视为"异端",而它根本不反映大众的看法。清律把"异端"的范围定得很宽,它包括农民日常喜好的巫术和降神附体的习俗。实际上,鲁西边界地区可能特别容忍"异端"活动:这里毕竟造反历史悠久,包括古代起义、白莲教和练武组织。后两者时常有接触,但它们的关系不是组织上的,而是互相利用,甚至是偶然性的:有时出于权宜之计结成联盟,有时利用玩拳弄剑吸引会众,有时秘密宗教准备起义便大量吸收有武艺的人。但是比这种偶然联系更为重要的是喝符、念咒、降神附体和刀枪不入这一系列活动,它们融入该地区的民间文化之中。只有在官府的眼里,它们才是"异端"。而人民则对这些活动非常熟悉,尤其是当剔除了白莲教非正统的末世说以后。我们已看到,这些习俗是山东民间文化的一般组成部分。

随着时间的流逝,异端习俗和普通大众文化的界限愈来愈模糊。秘密宗教从民间宗教和社戏(儒士们也对它不满,禁止所有艺人参加科举)中借用了很多东西。当秘密宗教愈来愈以符咒和巫术为人所知的时候,他们就与从事同样活动的云游道士难以区 *67* 分了。这些变化不仅使秘密宗教习俗与民间文化更加一致,而且也使秘密宗教和村庄的结合更加紧密。同时,在日益恶化的环境中,习武者作为村社的保卫者,其地位也越来越重要。

一旦发生这两种变化,义和团运动的条件就已经成熟。拳民的"异端"活动——喝符、念咒、刀枪不入和降神附体——在鲁西农民看来是极易理解的。因此,它们很容易为广大农民接受,这场大规模的民众运动也就能够在短短几个月内席卷华北大部分地区。此外,该地区业已存在的村社防卫措施为新拳民与村社的结合奠定了基础。拳民应该作为村社的保卫者出现,这不仅有助于为村民们所接受,而且也有利于为官府所容忍,这是义和拳所希求的。19 世纪末,官府和农民都在寻找抵御步步进逼的西方帝国主义的新方法,列强的威胁为义和团运动的爆发提供了最后的前提条件。

第三章　披着基督外衣的帝国主义

当义和团在 1899 年武装起义时,他们最常用的口号是"扶清灭洋"。这些斗士的反叛对象不是清朝政府,而是在华的外国人。所以,义和团在西方(和日本)帝国主义侵华及中国反帝的历史中占有重要的地位。当然,这段历史非常复杂,原因之一是帝国主义具有多重性。义和团提出要灭绝的"洋"可能包括"洋人""洋务"(用于特指发展铁路、电报、轮船和武器的一个名词)、"洋货"或"洋教"——基督教。研究义和团运动的社会根源必须首先研究外国经济渗透对中国的影响。不过,义和团运动最初和最主要的目标不是帝国主义的经济入侵,而是"洋教"——传教士及其中国教徒。关于这一点,下文将着重加以论述。

洋货进口的影响

西方扩张主义对中国的第一次重大冲击是 1839—1842 年的鸦片战争。结果,英国大炮轰开了中国的大门。但是,在战后条约规定开放的五个通商口岸中,上海是最靠北的一个。因此,在以后的 20 年间,西方的影响似乎仅限于南部和东南沿海一带。第二次鸦片战争打开了北方的重要港口天津(1861 年)和位于山东半岛的烟台(1862 年)。到了这时,孕育着以后义和团运动的北方地区才开始感受到外国的影响。第二次鸦片战争后签订的《天津条约》还开放了镇江——大运河在此汇入长江。镇江的贸易对鲁西义和团的发祥地影响甚巨。1865 年,清政府攻破了太平天国的首都南京,对外国轮船开放了长江,经由镇江的贸易正式开始了。

西方商人本希望第二次鸦片战争后开放的通商口岸能使他们在"中国市场上"获得丰厚的利润。然而令他们失望的是,这些新口岸的贸易发展却很缓慢。19 世纪 60 年代,山东省的大部分地区仍深受捻军进攻之苦,同时也受到镇压捻军的清军的劫掠和破坏。当捻军于 1868 年最终被镇压下去时,山东唯一的通商口岸烟台发现,天津和镇江正在侵吞它的市场。烟台孤悬于山东半岛北部海岸,与内地的陆路和水路交通又很不发达,所以它永远不可能变成一个重要的贸易中心。①

棉纺织品是对义和团活动地区产生重大而又直接影响的一种进口商品。开始时进口的是布匹,到 19 世纪 80 年代,棉纱的进口量逐渐增加,90 年代更有了大幅度的上升。1882 年,烟台进口的棉纱只有 11 288 担②,4 年后增加了 5 倍,达到 56 726 担③。到 19 世纪 90 年代中期,虽然发生了中日战争,棉纱的进口量仍几乎增加了 1 倍,达到 101 035 担。在义和团运动爆发的 1899年,更达到了 155 894 担④。天津的增长速度和烟台同样快,只是总数更多一些,1889 年是 66 946 担,1899 年达 269 221 担,增加

---

① 中国海关总税务司:《中国通商口岸贸易报告》(1870 年),第 11 页;同上,1874 年,第 22 页;同上,1857 年,第 80—81 页。

② 一担等于 58.1 磅或 50 千克。

③ 中国海关总税务司:《中国通商口岸贸易报告》第 2 卷,1866 年,第 54 页。

④ 中国海关总税务司:《中国通商口岸贸易报告》第 2 卷,1899 年,第 75 页。

了 4 倍。镇江对销往内地的货物征收通行税,统计数字表明,棉纺织品在销往被外国人把持的通商口岸以外地区的进口货物中占有很大的比例。1899 年,就价值而言,棉纱占通过镇江销往内地的货物的 40％,布匹占 22％,这使所列的其他货物相形见绌:白糖(16％),煤油(8％),火柴(2％)等。①

纺织品进口数量的增加是很重要的,因为大刀会和义和团兴起的鲁西地区是重要的产棉区和棉纺手工业区。1866 年,烟台海关税务司已经注意到,山东本地生产的纺织品"非常好,非常耐用,且在这个省被大量使用"②。20 年后,烟台海关报告说:"棉纱的进口据说严重妨碍了当地的纺织业,而纺织业是许多穷苦妇女养家糊口的手段。"1877 年,烟台海关税务司又报告说:"我推测本省的土棉纱已几乎再没有什么发展了。"③

洋货的进口对中国手工业的冲击是一个长期被热烈争论的问题。传统的观点断言:"中国传统的或固有的经济成分(手工业、小矿井和航运业等)因外国的经济入侵而经历了严重的衰退。"侯继明不同意这种看法,认为"中国传统的经济成分与近代经济成分一直是并存的"④。费维恺的观点更有分寸和更正确一些。他认为土纱确实因机纱——既有进口的,也有通商口岸中国人和外国人的纺织厂生产的——而遭受了损失,但手工织布却是一如既往,在有些地方甚至得到了发展。⑤

① 中国海关总税务司:《中国通商口岸贸易报告》第 2 卷,1899 年,第 262 页。
② 中国海关总税务司:《中国通商口岸贸易报告》,1866 年,第 77 页。
③ 中国海关总税务司:《中国通商口岸贸易报告》第 2 卷,1886 年,第 41 页;第 2 卷,1887 年,第 43 页。
④ 侯继明:《外国投资和中国经济的发展:1840 年—1937 年》,马萨诸塞州剑桥:哈佛大学出版社 1965 年版,第 218、178 页。
⑤ 费维恺:《1871 年—1910 年中国的手工业和手工棉纺织业》,《经济史研究》第 30 卷第 2 期,1970 年 6 月,第 338—378 页。

费维恺的统计数字诚然是令人信服的,却没能反映机纱对不同地区的不同影响。在直隶的高阳——不久变成了中国北部最重要的织布中心——用机纱织布的手工业虽然得到了发展,但无法弥补鲁西植棉区的农民在收入上的损失。美国传教士明恩溥(Arthur H. Smith)在恩县的庞庄传教。庞庄正处在鲁西北义和团活动地区的中心地带。他的详细描述表明,机纱对手工织布的冲击的确是非常大的。明恩溥的描述虽然有点长,但值得全部引述:

> 人们可以从写给各轮船公司负责人的报告中获悉棉纺织品的对华贸易有了发展,而且其前景在广州到天津和牛庄的沿海商业网上十分广阔。但是没有一个人了解,这项贸易的发展对生活在辽阔的植棉平原上的成千上万中国人产生了什么影响。到不久前为止,他们一直在依靠纺织 15 英寸宽的布来勉强维持贫苦的生活。织一匹布需要辛苦劳作两天,在市场上所卖的钱只够购买整个家庭最低限度的生活必需品和足量的棉花以继续不断地织布。有时,织布会持续一整天和大半夜。但是现在由于外国棉纺织品"前景广阔",当地产品已没有了市场。批发商的代理人已不像过去那样再露面了,织布工作已无利可图,没有一个生产行业能够代替它。在一些村子里,每个家庭都有一个或一个以上的织布机,许多工作都是在地窖里完成的。地窖里成年累月响着织梭的咔嗒声。但是现在织布机闲置无用了,织布的地窖正在变成废墟。
>
> 没有织布机的人能够勉强依靠纺线维持生计。这是许多中国人免于饥饿的辅助措施。但是,近来印度孟买、日本

甚至中国上海的纺织厂非常活跃,中国的产棉区到处充斥着数量多、质量好而且价格又比土纱便宜的机纱,纺纱的轮子已不再旋转,青年、老年、病弱者和无助者微薄的收入来源永远断绝了。许许多多深受这一"进步"之苦的人对造成他们不幸的原因并不是很了解的……然而也有不少人清楚,在外国商品冲击中国古老的社会秩序之前,曾有一些能够吃饱穿暖的年份,然而现在各个方面都出现了不足,并且前景十分糟糕。由于这种现象并不是个别的,所以不能指责中国人对新事物所持有的抵触情绪。①

　　明恩溥传教的地点是庞庄,而且他又是在当时做出这一详细描述的,这就使我们无法忽视这份重要的证据。洋货的进口对鲁西北义和团活动的地区确实产生了重大的影响。不过,明恩溥也许没有认识到正在发生的经济变化的确切实质。1980 年,当我访问平原县(东邻恩县)义和团曾活动过的村庄时,我特别急于询问老农,机纱对当地手工业产生了什么影响。令我吃惊的是,人们众口一辞地说大约在 1920 年以前,还没有一个人见过"洋纱"。在我访问的山东和直隶交界处的其他地区,直到今天农民们还常穿手工织成的"土布"衣服。当然,应该谨慎使用这些回忆材料和实地调查资料。不过值得注意的是它们与明恩溥所分析的某些特殊方面是一致的。尤其是明恩溥认为的手工纺织业的衰落是"批发商的代理人不再出现"所造成的。我强烈地感觉到不是机

_____

① 明恩溥:《动乱中的中国》(纽约,1901 年版)第 1 卷,第 90—91 页。在这本关于义和团起义的书中,明恩溥作为传教士显然是在引导人们注意中国排外主义的经济原因而不是宗教原因。这也许能说明他为什么要在书中过分夸张。不过很明显他不仅仅是为了在事后文过饰非。在《中国的乡村生活》一书中,明恩溥已经观察到(第 276 页):"过去几年中,在中国的植棉区能够强烈地感受到机纱的竞争。许多以前尚能勉强糊口的人现在已到了挨饿的边缘。"

纱和机织布进口到了植棉区,而是这些地区正在失去它们的外部市场(大部分在北方和西部地区)。现在从天津进口的货物直接占领了这些市场。直隶境内南宫县的县志对这种看法提供了有力的证据。据《南宫县志》记载,当地种植棉花的土地面积很广,富人和穷人都纺纱织布,产品大量外销,特别是销往山西和内蒙古一带。但"自洋布盛行,其业渐衰,外人市我之棉,易为纱布,以罔我之利。而我之纱布,遂不出门,惟集市间尚有零星售卖者"①。

对于19世纪末叶大运河的淤塞、黄河的改道和连续暴发的洪水怎样使直隶和山东交界地区变得一片萧条,我已经做了描述。无疑,造成萧条的恶劣的交通条件也是该地区免受帝国主义直接影响的一个因素。因此,很难说义和团起义的地区就是受帝国主义影响特别严重的地区。相反,中国沿海地区或长江流域的大部分地区受外国经济渗透的直接影响比鲁西义和团活动的地区要大。但这不是说西方和日本帝国主义对该地区没有产生经济影响。与其说这些地区是因洋纱和洋布的进口而失去了重要市场,不如说这些地区是太偏远太缺乏应变能力,因而通商口岸在某种情况下带给邻近地区的经济变化,在鲁西地区就很难产生。例如在烟台周围地区,有些农民能够放弃棉花纺织,转而编织草帽以供出口。② 但是,正如明恩溥所指出的,在植棉的平原地区,没有任何生产性行业代替(纺织业)。结果是这些植棉区遭受了外国经济渗透的严重打击而得不到由其产生的任何益处。

---

① 《南宫县志》第3卷,第17—18页,转引自山东大学历史系编:《山东义和团调查报告》,北京:中华书局1960年版,第40页。
② 《中国通商口岸贸易报告》第2卷,1887年,第43页。

中日战争

到 19 世纪 90 年代,中国不仅经历了外国经济更严重的渗透,而且被过去曾瞧不起的"倭寇"日本打得一败涂地,贻羞千古。虽然大部分战斗发生在朝鲜和中国东北地区,但当日本占领威海卫并击沉击伤该港大部分中国军舰时,山东半岛也受到了影响。军队从内地火速赶往北方和沿海一带。某些小客栈墙壁上的留言以及冲突正在扩大的谣言表明,有些中国人相信西方列强也卷入了对中国的进攻,但是当时没有报道说战争直接引起了任何普遍的排外主义。①

中日战争的影响虽不是直接的,却是很重要的。当我们在下一章中讨论 1896 年的大刀会事件时,就会发现中日战争对山东内陆地区的影响是随着越来越多的清兵被派往前线,驻防在这些地区的军队急速减少而产生的。这种军事力量的真空使得土匪和大刀会一类自卫武装迅速活跃起来。② 清军大败而归,他们的战败也许使人们寄望于大刀会和义和团习演的刀枪不入那一套。据庞庄的传教士说:"当平壤的恶斗结束后,逃兵们详细叙述了外国武器可怕的摧毁力及远距离的杀伤力。这给曾经很勇敢的人们在心灵上带来了极度的恐惧。"③

中日战争充分证明了清政府的软弱和无能。借用当时很有

---

① 关于墙壁上的留言,见《沂州通讯》,载《北华捷报》第 56 期,1896 年 4 月 17 日,第 599 页;关于谣言,见《临清站年度报告》(1895 年 3 月 31 日),见美公理会传教档案 16.3.12,第 15 卷,哈佛大学霍顿图书馆藏。

② E. J. 爱德华兹:《山里人》(教会出版社,无日期),第 95 页。

③《庞庄站年度报告》(1895 年 3 月 31 日),美公理会传教档案 16.3.12,第 15 卷。

影响的一本书的书名来说，列强随后便更加肆无忌惮地策划"瓜
分中国"了①。用上海洋商的喉舌《北华捷报》的语言来说，中日
战争结束了"中国是一个大国，其领土不可侵犯的神话"②。赫德
担心列强会"欢迎（中国的）崩溃"以"分享未留遗嘱的死者（译者
注：指中国）的遗产"③。正是这样的看法激起了 1897—1898 年
强夺租借地的狂潮——其种子是中日战争播下的。日本的胜利
果实包括对台湾的占据（这是对中国领土完整的第一次严重侵
犯）、成功地获得巨额赔款和在通商口岸修建工厂的权利（不久所
有的列强都获得了这种权利）。这样，帝国主义在中国进入了一
个新的同时也更加危险的阶段。这种严重威胁所引起的危机感
形成了义和团运动兴起的重要背景原因。

基督教和西方扩张主义

在政教分离被视为正常的当代美国，我们很容易忘记这种分
离在西方亦是一件新鲜事物。这一点在欧洲的扩张主义历史上
表现得最为突出。贸易和基督教从一开始就形成了西方建立帝
国的不可或缺的原动力。当"航海家"亨利发起葡萄牙人伟大的
航海探险时，他不仅仅是为了寻找黄金和香料，而且是作为基督
教会的大主教去传播福音的。为了表彰葡萄牙国王的善行，教皇
于 1514 年赐予他庇护整个亚洲的权力。在此后的一个世纪里，

---

① 贝思福勋爵：《中国的分裂》（纽约，1899 年版）。
② 《北华捷报》第 56 期，1896 年 4 月 10 日，第 557—558 页。
③ 赫德致金登干函，1895 年 2 月 24 日，费正清等合编：《中国海关总税务司赫德书信
　集(1868 年—1907 年)》第 2 卷（以下简称《赫德书信集》），马萨诸塞州剑桥：哈佛大
　学出版社 1978 年版，第 1010 页。

葡萄牙一直在小心谨慎地捍卫着它对东方传教活动的控制权。①
葡萄牙的海外扩张在某种程度上是最终把摩尔人赶出伊比利亚
半岛的战争的延续。其目的除了希望冲破阿拉伯人对香料贸易
的垄断并直接与亚洲各国贸易外,还希望找回失去的大批基督
徒,以此来包围中东的异教徒。据传达·伽玛到达印度的卡利卡
特后曾说,他正在寻找"基督徒和香料"②。

17 世纪中叶,由于路易十四支持传教运动——该运动于
1663 年形成了巴黎外方传教会的前身,新崛起的法兰西民族开
始掌管了天主教的传教事务。到 19 世纪,作为首屈一指的天主
教国家,法国认为它对在华的所有天主教传教士负有保护之责。 75
当无法对英国在贸易方面的霸权进行挑战时,法国就经常显示其
在宗教事务方面的权威。

信奉新教的国家——尤其是英国和美国——于 19 世纪进入
中国时,寻求的主要是商业利益。但这并不妨碍传教士深深地卷
入"开放"中国的过程。在两次鸦片战争后的所有签约谈判中,传
教士都充任了翻译。他们总是利用自己的地位硬把自己传教的
要求作为条款写进条约。③ 尽管如此,当事实证明传教士和商人
一样,没有进一步成功地把中国租界变成出售其精神产品的市场
时,他们转而支持西方利用枪炮进一步打开中国的大门。1871
年,美国驻华公使镂斐迪讨论了他所谓的开放中国的"良策",即
使用武力。他说:"这里的大多数外国居民都认为这是唯一可靠

---

① 卡里·埃尔威斯:《中国与十字架:教会史研究》(纽约,1957 年版),第 123—
126 页。
② 阿瑟·施莱辛格:《传教事业与帝国主义理论》,见费正清编:《在华的传教事业与美
国》,马萨诸塞州剑桥:哈佛大学出版社 1974 年版,第 342 页。
③ 赖德烈:《基督教在华传教史》(纽约,1929 年版),第 274—277 页。

而又能迅速'开放'中国的良策。商人们视之为开辟工业新资源和新途径的必要手段。大多数传教士也表示赞成,因为通过这种手段,他们传教就容易多了。这远比苦口婆心的道德说教简单省事。"①人们还记得著名的美国传教士和汉学家卫三畏(S. Wells Williams)在他最具偏见的一篇评论中,以外交家的架势说:"除非用恐惧唤起他们的正义感,(中国人)是什么也不会同意的,因为他们属于最胆小的民族之一——他们像其他异教徒一样既残酷又自负。因此,如果我们希望他们听话的话,就必须以武力作为后盾。"②

每当战争爆发,传教士即认为是天意使然。假如这类战争显得不够正义,因为其目的是使中国对非法的和不道德的鸦片贸易打开大门,他们便声称那是上帝的意志,"我们有限的理性是无法理解其深意的"③。美国一名名叫伯驾(Peter Parker)出身于医生、传教士的外交官,因主张把台湾变成美国的殖民地而臭名昭著。他曾以这样的语言为第一次鸦片战争辩护:"我不得不认为目前的形势与其说是由鸦片或英国人造成的,不如说是上帝的一个伟大计划——利用西方人的邪恶打破中国的排外之墙。这是上帝对中国仁爱之心的表现。"④

76 虽然19世纪末叶传教士和商人在中国的利益关系有日趋紧张之势,但普遍的看法仍然是:西方文明普及的标志是贸易和基

---

① 《镂斐迪致汉密尔顿·菲什函》(1871年1月10日),《美国外交文书》,众议院,第22届国会第2次会议文件1,第一部分,第84页。
② 卫廉士:《生活与通信》,第257、268页。转引自S. C. 米勒:《目的与手段:19世纪在华传教士的强词夺理》,载费正清等合编:《在华的传教事业与美国》,第261页。
③ 卫廉士:《生活与通信》,第257、268页。转引自S. C. 米勒:《目的与手段:19世纪在华传教士的强词夺理》,载费正清等合编:《在华的传教事业与美国》,第254页。
④ 卫廉士:《生活与通信》,第254页。

督教的携手并进。传教士支持鸦片战争,因为他们坚信当中国向贸易敞开大门时,也就是向基督教敞开了大门。后来,1891年长江流域发生了骚乱。这次骚乱在某种程度上是湖南的反基督教宣传鼓动起来的。事后,有位重要的传教士认为只有迫使湖南"屈服,令其二三个大市场向外国贸易开放",骚乱才会停止。[①]有时商业利益的保护人——像美国外交官田贝(Charles Denby)等——会分派传教士在贸易机构任职以表示对他们的回敬。田贝说:"传教士是贸易和商业的先遣队……受宗教热情鼓舞的传教士无处不往,外国的商业和贸易会接踵而至。"[②]

山东的传教活动

要充分认识传教士和帝国主义结盟的后果,我们必须把视线转向我们最关心的义和团运动的发源地——山东及其边界地带。在元朝统治时期,有位景教主教曾在济南进行过活动。在14世纪20年代,传教士和德理(Odoric de Pardonne)曾沿大运河从事传教。但是,直到17世纪30年代耶稣会占据了支配地位的时候,山东的传教活动才频繁起来。开始,耶稣会教士从他们在北京的基地出发,定期前往山东。1650年,拥有耶稣会传教士和天文学家身份的汤若望(Adam Schall)把一位意大利方济各会修士介绍给了济南的一位官员。翌年,这个意大利人在济南建起了一座永久性的教堂。17世纪末叶,北京的天主教主教被迫到大运河岸边的城市临清去开发一个教区。在传教士活动的早期阶段,皈依天主教的教

---

① 《北华捷报》,第47期,1891年10月9日,第498页。

② T. J. 麦考米克:《中国市场:美国对非正规帝国的寻求,1893—1901年》,四角出版社1966年版,第66页,转引自施莱辛格:《传教事业与帝国主义理论》,第345页。

徒——据说 1659 年有 1 500 人——集中在鲁西北。①

　　据一份报告说,在 17 世纪末,山东已有 6 638 名中国人接受了洗礼,但是不久之后发生的礼仪之争破坏了中国与罗马教廷的关系。1724 年,雍正皇帝下令禁止天主教——只允许拥有像天文学那样实用技术的传教士继续留在北京。被迫转入地下后,天主教发展新教徒的工作确实受到了妨碍,但外国传教士仍秘密潜往内地。1765 年,天主教会声称,他们在山东仍有 2 471 名教徒。②1784—1785 年,4 个前往陕西的方济各会修士在湖北被逮捕。当时陕西正闹回乱,所以修士们的行为引起了官府的疑心,并导致了一次全国范围内对天主教传教士的大搜捕。山东最后 3 名意大利方济各会修士亦遭逮捕,只剩下了两位在山东半岛地区活动的西班牙人。1801 年,当最后一个西班牙人死去后,山东就再没有传教士了。③

　　1844 年,法国终于促使道光皇帝发布了解除传教禁令的上谕。1860 年的条约更使传教士获得了去内地传教的权利,并取得了在内地拥有土地的权利(这一条是担任翻译的传教士偷偷加进中法条约中文本中去的)。然而,天主教徒未等这些条款合法实施就进入了山东。1839 年山东就有了牧师。不久,有位意大利主教到了山东,据说在深夜的秘密布道会上拥有 4 000 名非常贫穷、居住非常分散的忠实信徒。到 1849 年,他们的人数据说增加了一倍。不过,据另外一份更为可信的材料说,1850 年的人数

① 约翰·索伦著,A. P. 希姆伯格译:《圣言会的教区——中国山东》,伊利诺伊州德克尼:教会出版社 1932 年版,第 32—36 页;奚尔恩:《美国北长老会山东传教史,1861—1904 年》(纽约,1940 年版),第 35—36 页;卡里——埃尔威斯:《中国与十字架》,第 111—114 页;赖德烈:《基督教在华传教史》,第 111 页。
② 奚尔恩:《美国北长老会山东传教史》,第 35—36 页。
③ 伯恩沃德·威尔克:《1784—1785 年的清政府与在华天主教会》(纽约,1948 年版),第 106—110、130—133、160 页。

是 5 736 名。① 19 世纪末期,教徒人数持续增长,1877 年达 16 850 人。19 世纪 90 年代教徒人数更有了大幅度增加,到世纪末已达 47 221 人。②

大多数教徒都集中在与山东交界的直隶东南部耶稣会传教的地区。1854 年,当耶稣会在这个地区重新出现时,天主教早期传教时遗留下来的教徒只剩约 350 人。然而到 1870 年,其人数已上升至 20 000 人,到 1896 年又增加了一倍多,达到 43 736 人。当时,献县有一位主教、一所大修院和一所小修院,是法国传教士在华北平原活动的最重要的中心之一。③

当天主教徒还集中在直隶和山东西部的平原地区时,新教传教士已从山东东部的通商口岸和附近的府治登州慢慢地向周围地区发展了。到 19 世纪 60 年代中期,美国的长老会、南浸礼会、新教圣公会、英国的浸礼会、法国的新教以及苏格兰的联合长老会的传教士们已分别在该地区建立了传教机构。④ 在早期,传教士夭折的很多,皈依基督教的人几乎没有。在开始 20 年内来山东的 98 位传教士中,有 15 人死亡,43 人离去——普遍是由于健康方面的原因。传教事业的发展主要应归功于 1877 年饥荒发生后的救济工作:1860—1880 年教会吸收的 2 843 名教徒中有三分

78

---

① 赖德烈:《基督教在华传教史》,第 232 页;《远东天主教会画册》(巴黎,1888 年版),第 100—101 页;奚尔恩:《美国北长老会山东传教史》,第 36 页,教徒人数为 5 736 人。

② 《教务杂志》第 20 卷第 3 期,1899 年 3 月,第 138、141 页;《海关十年报告,1891—1900 年》第 1 卷,第 125 页。这个数字又见赖德烈前引书,第 320 页。

③ 赖德烈:《基督教在华传教史》,第 319 页,该处还有一个 1870 年的数字 9 000 人(但不可信);《远东天主教会画册》,第 116 页。

④ 奚尔恩:《美国北长老会山东传教史》,第 40—44 页。

之二是饥荒发生后入教的。① 新教传教士正是通过这样的慈善活动慢慢地把他们的势力向西扩展到了青州和鲁西北一带,明恩溥传教的恩县庞庄也包括在内。② 从中国人的苦难中,某些传教士却看到了传教事业的希望:

> 父母出卖子女甚至把他们杀掉当饭吃。饥民与狗争吃死者的尸体以维持生命。所有能出卖的东西包括房顶上的木料都被卖掉以购买食物。树皮供不应求,谁也不知道饥荒何时才会结束。这里滴雨不落,路上尘土飞扬,预示着饥荒还会持续下去。我认为这是一个有史以来展示我们的宗教精神的最佳时机。我们可以布告四方:基督教让我们爱邻人如爱自己,四海之内皆兄弟。③

插图 3-1 为两个山东村民施洗

[引自哈利·弗兰克(Harry A. Frank)《漫游中国北方》]

---

① 郭显德:《新教传教士在山东的传教工作》,见《教务杂志》第 12 卷第 2 期,1881 年 3—4 月,第 87—90 页。

② 倪维思:《山东中部的传教工作》,见《教务杂志》第 11 卷第 5 期,1880 年 9—10 月,第 358 页;明恩溥:《乡村教区概况》,见《教务杂志》第 12 卷第 4 期,1881 年 7—8 月,第 252—254 页。

③《埃尔伯特·惠廷》(1877 年 3 月 13 日)"长老会",缩微胶卷,第 202 盘。

尽管救济工作取得了一些成绩,但是新教的发展仍然较为缓慢,特别是在鲁西一带。到了 1886 年,美国公理会才在临清落脚。到 1890 年,长老会才在沂州和济宁建立了永久性的机构。[1] 由于新教比天主教更有选择性地吸收教徒,因而新教教徒的人数增长缓慢,并且还遭受到定期的清洗。美国公理会在临清传教 10 年,已拥有 1 所医院、2 名医生和 4 名其他国籍的传教士,但他们仅仅发展了 34 名中国教徒。[2] 1886 年,美国长老会在济南受到了损失。这一年只有 113 名新教徒受洗入长老会,而被开除教籍者却达 128 人。[3] 在争取教徒方面,由于天主教喜欢帮他们的教徒诉讼,所以比长老会赢得的会众更多。结果是,当义和团兴起时,天主教发展的教徒已达 47 221 人(传教士 85 人),而新教只有教徒 14 776 人(传教士 180 人)[4]。我们还应注意到,新教教徒中的大部分人是在山东半岛上,离义和团活动的地区很远。例如,1896 年长老会传教士报告说,在他们的西部教区(一直向东延伸至山脉北麓的青州)只有 578 名教徒,而在东部地区则有 4 095 名教徒。[5]

79

---

① 奚尔恩:《美国北长老会山东传教史》,第 78—81 页;H. P. 珀金斯:《临清站的报告》(1896 年 4 月 30 日),美公理会传教档案 16.3.12,第 15 卷。

② 1895 年和 1896 年的年度报告(1895 年 3 月 31 日)美公理会传《教档案 16.3.12,第 15 卷;同上,1896 年 4 月 30 日》。

③ 奚尔恩:《美国北长老会山东传教史》,第 72—73 页。

④ 《海关十年报告,1891—1900 年》第 1 卷,第 125 页。这些是 1901 年的数字,天主教徒的数字(可能是义和团起义时的数字)与《拳祸记》中所引数字基本相符,见《山东近代史资料》第 3 卷,第 192—193,305 页。由于天主教徒在义和团的进攻中所受的损失比新教徒大,所以有人认为在义和团起义前,天主教徒比新教徒的人数还要多得多。另外,也应注意到新教传教士损失较大。奚尔恩记载,1878 年有 205 名新教传教士。

⑤ 《济南府通讯》,见《北华捷报》第 57 期,1896 年 12 月 11 日,第 57 页;《青州府通讯》,同上,1896 年 12 月 24 日,第 1100 页。

德国的天主教圣言会

由于新教教徒较少,且处在相对偏远的山东半岛地区,在地方政府面前保护教徒利益又不得力,所以山东的新教在整体上讲比天主教要安分守己得多。天主教中,最爱闹事的是 19 世纪 80 年代进入山东的德国圣言会传教士。1875 年,阿诺德·詹森(Arnold Janssen)在荷兰的施泰尔建立了圣言会及其家乡布道团。具有讽刺意味的是,德国的"文化之争"阻止了这些以促进德国民族利益为己任的人把布道基地设在他们的家乡。以传教为主要目标的圣言会毫不气馁,试图使本会的传教士脱离法国的保护而依附于德意志帝国。在华的德国公使巴兰德(Max von Brandt)也赞成圣言会此举。但直到 1886 年德国内政发生变化以后,德国政府才开始谋求天主教中心的支持。在这种情况下,保护天主教的传教活动在政治上有利可图。对圣言会改依德国一事,德国和意大利驻北京的公使于 1888 年就征得了中国政府的同意,但在华圣言会的首脑人物又花了两年时间前往罗马去争取教皇的同意。当时,教皇只给了他们自己选择保护人的权力。当他们欢欣鼓舞地准备依附德国时,圣言会的意大利籍传教士决定他们最好还是继续受法国人的保护。①

安治泰(Johann Baptist von Anzer)从一开始就担任中国圣言会的主教,直到 1903 年他去世为止。即使在圣言会留下的文

① 舒勒克:《帝国主义与山东的民族主义:德国人在山东》,马萨诸塞州剑桥:哈佛大学出版社 1971 年版,第 11—13 页;高第:《1860—1900 年中国与西方列强关系史》(巴黎,1901 年—1902 年版),第 3 卷,第 72 页;吴超光(音译):《在华传教运动的国际背景》,巴尔的摩:霍普金斯出版社 1930 年版,第 87—98 页。

献中,他也不是一个很有吸引力的人物。他被说成是"生硬而鲁莽"的人,圣言会会长詹森甚至认为他是一个"狂热分子"①。安治泰于1879年到达中国后很快就去了山东。1882年,他得到方济各会的允许在盗匪横行的鲁南地区传教。三年后,他建立了包括曹州、兖州和沂州三府及济宁县在内的独立教区。1886年夏,当安治泰从欧洲归来后,即被任命为该教区的首任主教。他的狂热的民族主义思想为整个布道团定下了基调。在获得德国的保护权不久,他安排了一个欢迎仪式,迎接一位来访的德国领事。据载:

> 主教的住宅被装扮一新,无数旗帜(当中有一面巨大的德国旗)飘扬在教堂的尖顶和其他建筑物上。钟声齐鸣。房屋的门口悬挂着"热烈欢迎"的标语,阳台上则是"祝愿德国充满活力、繁荣、强大"的横幅。人们热情高唱"皇帝颂"和其他德国歌曲。②

安治泰和圣言会会士不仅是咄咄逼人的民族主义者,而且是积极的布道者。他们的传教方法并不受多数中国人的喜爱。安治泰一建立起传教团,就把目光投向了兖州。兖州是个非常敏感的地方,因为它离曲阜和邹县一带的孔孟神庙很近,而且法国人曾经明确表示同意不在这里积极传教。③ 有位圣言会传教士后来写道:

----

① 爱德华兹:《山里人》,第11页。
② 舒勒克:《帝国主义和中国的民族主义:德国人在山东》,第13页。
③《帝国主义和中国的民族主义:德国人在山东》,第12页。该书称1860年的《中法天津条约》禁止传教士在沂州周围地区传教,但我在该条约的各种版本中都未发现这样一项条款。不过,法国传教士的一份报告提到法国人同意不在该地区进行传教活动。参阅薛田资著,伊丽莎白·拉夫译:《韩理神甫的一生》,伊利诺伊州德克尼:教会出版社1915年版,第79页。

81　　　从一开始,安治泰主教就把注意力放到了城市……在主教的眼里,济宁特别重要,因为它是山东省的商业都会,且被认为是夺取"圣城"兖州的滩头堡。①

1891年,传教士成功地进入了济宁。不久,安治泰主教的住宅也从阳谷县的小村庄坡里迁到了该城。但是,在兖州建立永久性传教机构的计划受到了来自各方面的严厉指责,此事拖了10年之久(1886—1896年)。1890年,安治泰前往欧洲,使他的教区接受了德国的保护。他这样做,部分原因是为了得到一个积极支持他进入兖州的保护者。他没有失望。德国的保护权刚一确立,驻天津的一位德国领事就起身前往山东。他一到济南就直奔巡抚衙门,迫使巡抚会见了他(巡抚本来拒绝见他)。之后,他又与巡抚调给他的一名卫兵前往兖州,并强行进入城中。此举几乎引起市民的骚动。而在此期间,该领事表示他将不惜一死,谁敢先上来,他就先打死谁。幸运的是地方官头脑冷静,成功地驱散了人群,使事态没有进一步扩大。尽管德国人如此威逼恐吓,也未能在兖州成功地建立起一个传教机构。直到5年后,因在甲午战争中战败,中国政府抵抗外来压力的能力遭到极大削弱,兖州的传教机构才建立起来。②

圣言会对兖州的恣肆侵略,使它在整个鲁南声名狼藉。但是,当时反对传教士的主要是地方士绅和那些最关心"圣城"儒家礼仪的人。至于后来成为大刀会会员的村民们,他们反感的是传教士对中国人的态度和行为。圣言会自身的文献也披露了大量

---

① 薛田资:《在华二十五年,1893—1918》,伊利诺伊州德克尼:教会出版社1924年版,第17页;爱德华兹:《山里人》,第83—85页。
② 薛田资:《韩理神甫的一生》,第79—84页;爱德华兹:《山里人》,第86—95页。关于这个案件的中文文献,见《教务教案档》第5辑第1册、第2册和第6辑第1册。

由于文化上的鸿沟使该会成员与他们的传教对象隔离开来的事例。1904 年继安治泰任主教的是韩宁镐（Augustine Henninghaus）。他是 1886 年来到山东的。圣言会的一本小册中讲道："中国人的简陋生活令他厌恶。"他总是"从整体上对中国人进行诬蔑性的介绍"①。每当其他传教士为中国人辩护时，他总是反驳说他们的想法否认了"异教的腐朽和堕落"。后来韩宁镐本人也写道："在坡里和其他教区中心，传教士们激烈争论的一个问题是：从总体上看，中国人是善还是恶。"他承认，他发现某些传教士的话对中国人"常常表现出某种程度的蔑视和仇恨"②。

　　这种对中国人的蔑视和认定"异教"社会为腐朽的想法，自然导致外国传教士相信抽象的"正义"和基督徒的责任要求他们在所有的争端中为其教徒辩护。韩理（Henle）神甫是死于 1897 年巨野教案的传教士之一。圣言会的另一位传教士薛田资在《韩理的一生》中这样称赞他：

　　　　只要黄金和白银仍是审案的主要标准和唯一依据，只要贫穷而又无辜的教徒经常被绑在刑架上受刑，甚至被判处死刑，中国就没有正义可言。所以韩理神甫尽量与地方官吏和士绅处好关系，并常劝说这些"朋友们"做出公正的判决⋯⋯他以精明和谨慎而闻名于整个教区。③

　　或许只是某些基督徒认为他会谨慎行事。其他人很可能只知道他是个出了名的爱包揽词讼的人。事实上，韩理给人的印象

---

① 爱德华兹：《山里人》，第 66 页。
② 克利福德·J. 金：《圣言会先驱约瑟夫·弗赖纳迪米茨》，圣言出版社 1959 年版，第96—97 页。
③ 薛田资：《韩理神甫的一生》，第 88 页。

是他似乎属于那类没用多少时间去传播福音的人。《韩理的一生》还提到有时一天会有 20 多人来到他的办公室,找他解决各种各样的纠纷。[1]

韩理决不代表个别人。实际上他是在遵照传教的明文政策行事。据圣言会在山东传教的历史记载:"布道团认定有必要保护基督教徒。安治泰神甫曾在他的第一份年度报告中写道:'哪里有基督徒,哪里就有诉讼案件发生。'诉讼案件微妙、危险而又棘手……为了确保传教工作顺利进行,传教士有时必须帮教徒打官司。有时不老实的教徒会滥用传教士的善心而胡作非为,有时传教士会成为教徒虚假虔诚的牺牲品。"[2]虽然如此,安治泰仍认为不必过于担心自称基督徒的人滥用教会的保护权。"每有讼案,这些传教士总是随叫随到。这只会更激起安治泰神甫建立另一个传教机构的决心。"后来,有位圣言会的传教士注意到了不加选择地发展教徒的危险——常常混入一些"惹是生非,言行恶劣,令人遗憾"的教徒[3]。

天主教——政府中的政府

虽然安治泰和圣言会传教士在介入世俗争端时显得非常放肆,但他们的行为并不出人意料。事实上,他们的行为正与中国官员和新教教派的批评相吻合。1870 年的"天津教案"发生后,总理衙门就曾试图控制那些最有可能激起反抗的传教活动。美国驻华公使承认"他们的某些指责是有根据的"。他对冗长的中

---

① 薛田资:《韩理神甫的一生》,第 102 页。
② 索伦:《圣言会的教区——中国山东》,第 58 页。
③ 索伦:《圣言会的教区——中国山东》,第 56—57 页。

国文件作了恰当的摘要：

> 当罗马天主教传教士离开通商口岸进入内地时，他们就自称拥有半官方的权位。这使他们能够与省内官员平起平坐；他们否认中国官员对当地基督徒的管辖权，实际上就使这批人摆脱了地方官员对他们的管理，使他们不受法律的惩罚，因而导致认为有利可图的不法之徒乘机加入天主教。①

这不仅仅是眼看大权旁落的中国官员们的抱怨之词。山东大学对义和团地区的老农们的调查表明，民愤最大的是教民从外国传教士那里获得的不公平的优越地位——特别是在地方官面前打官司的时候。茌平农民的土话称此举为"撑洋劲儿"②。显然，这种情况不但在圣言会传教地区存在，而且在鲁西北意大利方济各会传教地区和直隶境内法国耶稣会传教地区也普遍存在。对此新教有许多报告。这里只引述一位美国传教士于 1894 年在临清写的报告：

> 许多年来，罗马天主教传教士不仅在衙门里为其教徒说情，而且发展到包揽诉讼，以至许多案件都是按其要求了结的。所以，他们在中国人中臭名昭著，有些人仅仅是为了在法庭上得到帮助才入教的。③

这并不意味着新教传教士都不干预讼案。据我所知以及以

①《娄斐迪致汉密尔顿·菲什函》(1871 年 3 月 21 日)。

② 山东大学历史系中国近代史教研室编：《山东义和团调查资料选编》，济南：齐鲁书社 1980 年版，第 107 页。

③《F. H. 蔡平致 J. 史密斯》(1894 年 1 月 11 日)，美公理会传教档案 16.3.12，第 18 卷。

上所引用的新教对天主教的指责都表明,新教传教士对干预世俗争端的危险性比天主教更为警觉一些。①

许多天主教传教士非但不回避对世俗权力的运用,而且喜欢在各种俗务中显示其宗教的力量。教会的结构很适于其政治作用的发挥。因而,一旦发生争端,犯罪的教民总是先求助于所在教区的头头或当地的神甫,他们总是尽力在本村或本城中解决讼案。如果无法了结,当地神甫便求助于外国传教士,他们见县官是很容易的。如果仍然得不到满意的结果,传教士就请主教出面,向府台或巡抚申诉。如果仍是徒劳,主教就要求本国驻京公使告到总理衙门甚至皇帝本人那里。这种情况曾反复出现在《教务教案档》的原始档案中。这些总理衙门的档案给人印象最深的是,天主教会处理问题的速度要比中国各级官僚政府的速度快得多,因而总理衙门常处于被动状态,不得不以传教士最早提供的证言作为断案的依据。

随着天主教会越来越多地干预中国的内政和司法,他们也从中国官僚那里学来了越来越多的繁文缛节,从而把自己弄得更像回事。

> 由是,主教们作为全省的宗教统治者便采用了中国巡抚的等级制度,并且在他们的帽顶上缀上了一颗显示身份的顶珠。他们每次外出都乘与其身份相符的轿子,都有骑马侍从和步行随员前呼后拥,都有一只体现地位尊崇的大伞为前

---

① 19 世纪 90 年代,《教务杂志》上的文章常常讨论这个问题,文章既表现了新教徒对这个问题的警觉,还透露出新教徒偶尔也滥用权力。参阅第 27 卷全部,1896 年;第 30 卷第 6 期,1899 年 6 月,第 261—268 页;第 30 卷第 7 期,1899 年 7 月,第 328—335 页。

导,而且每次到达和出发时都鸣放一响礼炮。①

安治泰似乎对能提高自己名望的仪式和礼节特别感兴趣。有位传教士曾与安治泰一同前往一个教区,他描述了"教徒们手持旗子,敲锣打鼓欢迎(安治泰)主教"的场景。② 在按照中国的官品制度来提高安治泰的地位一事上,德国公使给予了通力合作。他首先成功地为主教要到了三品官的顶戴,后又将其升为二品官,以奖励他在山东的所谓善行。③

其结果是:中国的天主教会成了政府中的政府。④ 传教士们受条约规定的治外法权的保护,其信徒从事宗教活动的权利也被写进了条约。这样一来,传教士和教徒都很容易地相信,对某一个教徒的压制实际上也是对所有基督徒的迫害。因此,教会总是积极地干预几乎所有的世俗争端,并且全力以赴地保护教徒。教会的力量不容忽视,因为它将以下两者结合了起来:其一是由于体制上独立于中国官府,因而教会具有政治上的自由与灵活性;其二是它又拥有那些曾被士绅官吏垄断的合法权力的象征(如顶珠、轿子等),因而有了地位与权力。但是,中国传统政治中一直

① 明恩溥:《动乱中的中国》,第 48 页。应该强调的是,此处描述的是 1899 年 3 月 15 日的上谕颁发之前的情景——该上谕授予主教与巡抚同等的官位。1897 年有位法国主教得意洋洋地穿越了苏北地区。对这件事情的生动描述,见勒诺:《中国的教区——苏州》,蒙特里尔,1955 年,第 203—208 页。关于后来村民们的回忆,见《山东义和团调查资料选辑》,第 105—107 页。

② 薛田资:《在华二十五年,1893—1918》,第 23 页。在该书第 25 页,还记述了另一个类似的事件。

③ 《教务教案档》第 5 卷第 1 册,第 725 号(1893 年 3 月 3 日);第 727 号(1893 年 3 月 9 日);第 728 号(1893 年 3 月 20 日),第 42 页;第 753 号(1894 年 11 月 1 日);第 754 号(1894 年 11 月 22 日),第 574—575 页。

④ 许多人引用这一段来描述在华的天主教会。当时的例子见苏慧廉的文章,载《北华捷报》第 63 期,1899 年 9 月 18 日,第 579—580 页。著名教会史学家赖德烈也曾引用过这一段,见《中国基督教会史》(纽约,1929 年版),第 279—280 页。

不存在真正多元化的领导。现在基督教传教士把具有分裂性的多元主义强加给了中国政府,并且制造出了另外一种能够监督和反对中国政府的权力体系和政治上的敌对力量。

要了解基督教在中国吸收教徒的模式就必须得了解教会在政治中的作用。迄今为止,大多数讨论都集中在"皈依基督教的人为什么如此之少"方面,因为有如下惊人的事实:从开展传教活动直至 1949 年的一个世纪之中,皈依外来宗教的中国人尚不足总人口的百分之一。中国人普遍拒绝接受基督教的基本原因是众所周知的,在此就不重复了。基督教不仅因为是外来的而受到中国人排外情绪的抵制,而且它还代表了异端。它相信超自然的力量和灵魂拯救,男女不分,在同一个教堂里举行礼拜仪式。这曾使过去的皇帝们把它与邪教,如白莲教等同起来。更进一步来说,19 世纪的大多数传教士——尽管新教比天主教有分寸一些——都把基督教作为一种与中国通俗文化非此即彼的宗教介绍给中国人。正如一位传教士所说,他不打算"把基督教移植到异教上,而是要用前者替代后者"①。这样,皈依天主或基督就不仅意味着要驱除家里的灶王神和不再去庙里烧香磕头,而且意味着放弃习以为常的拜祖拜宗,不能参加当地的宗教节日,不得举行传统的婚礼和葬仪。无疑,这意味着与传统文化和现实社会的决裂:没有几个中国人愿意这么做。然而我们要研究的是某些中国人就这么做了——不管是假装做给传教士看的,还是真正虔诚地想与本土文化彻底决裂。我们现在要看的是哪一类人改信了基督教。

---

① 转引自小海厄特:《十九世纪山东东部的三个美国传教士》,马萨诸塞州剑桥:哈佛大学出版社 1976 年版,第 23 页。

塞缪尔·波普金(Samuel Popkin)关于法国传教士在越南的著作对研究这个问题很有启发性。我强调了基督教在中国的政治作用,波普金也强调了这一点。但是法国传教士在印度支那的传教更有效更成功,是举世公认的。他认为天主教神甫是"典型的政客",他们有吸引教徒的组织机构,可以执行法律,可以操纵权力斗争。① 他还认为要了解这些"政客"成功的原因,"仅仅强调外因和武力"是完全不够的,因为它"忽视了整体利益和个人利益之间的差异,忽视了带头入教的人常常是在地方权力斗争中寻找外部支持的村民这样一个事实"②。

对于波普金的观点,我们只要略加修改,就适用于山东的基督教徒。鲁南沂州山区的几个天主教传教区建立时,"大批富有的农民……已经盲目地加入了自古以来就活跃在该山区的一个秘密宗教组织"。该组织显然具备一套完整的祖传仪式,因为"这些狂热的秘密宗教教徒坚信,只要他们在守护神面前烧香磕头并反复习念咒语,他们就能够变得刀枪不入甚至用身体挡住子弹"③。1882 年,数十名白莲教徒在茌平发动了一次小规模的起义。虽然起义很快就被镇压了下去④,但是它却引起了一场席卷全省的镇压狂潮,在鲁南"所有的山村造成了血腥的恐怖统治"。

这时候,有位"文人"想起了各种条约中保证对基督教徒加以

① 塞缪尔·波普金:《越南农村社会的政治经济》,伯克利:加利福尼亚大学出版社 1979 年版,第 188—193 页。

② 塞缪尔·波普金:《越南农村社会的政治经济》,伯克利:加利福尼亚大学出版社 1979 年版,第 34 页。

③ 克利福德·J. 金:《圣言会先驱约瑟夫·弗赖纳迪米茨》,第 70—71 页。

④ 克利福德·J. 金记载(第 71—72 页)的人数更多,有"大约一千",而且说是 1881 年发生的。不过,他说起义地点是"茌平",实际上就证实了《茌平县志》(1935 年版)的记载:起义发生在 1882 年春天,见《茌平县志》第 11 卷,第 3 页;《清实录》,第 147、12—13 页;《北华捷报》,1882 年 6 月 9 日。

保护的条款。圣言会的报告中说：

> 这使他心生一计：成为基督徒以逃避作为秘密教派成员所面临的迫害。当他把这个主意告诉其他也处在险境中的人时，他的话就像野火般迅速传播开来。不久，属于秘密教派的数以千计的成员开始为了自己和家庭而要求加入天主教。

他们不久即派了一个代表到济南与天主教主教进行联系。当主教把这件事告诉新来的圣言会传教士时，他们都认为"良机不可失"。安治泰迅速前往该地，很快就发展了一大批渴望加入圣言会的新教徒。为了管理新教区，"代理主教安治泰正式指派一位有影响的前秘密教派领袖担任这个新教区的非神职领导人。事实证明，这样的管理方式非常之好，并且富有成效"①。

这个例子和波普金所举的例子一样，都清楚地表明了入教的内因来自村民本身，而不是传教士传教的结果。其根本原因是政治方面的：他们需要保护。但波普金认为政治上的冲突很可能引起"集体利益和个人利益之间的歧异"。这种看法似乎不符合山东的情况。山东的冲突明显地发生在政府和教派组织之间，新入教的教民不是作为"个人"而是作为被压迫"组织"的成员改信天主教的。正如我在第一章中指出的，鲁西北的社区结构非常脆弱，个人入教或一个村里只有几个人或几个家庭入教的情况很普遍。② 济宁周围各县的情况也是这样。③ 但是在南部山区和西南部边界地区，整村整村的人集体入教的现象似乎更为普遍。圣言

---

① 克利福德·J.金：《圣言会先驱约瑟夫·弗赖纳迪米茨》，第72—78页。
② 这在山东大学的调查资料中看得很清楚。
③ 薛田资：《在华二十五年，1893—1918》，第40—41页。

会的一份文献说："牛新庄的每个家庭和个人都加入了基督教。"①在单县,整村入教的情况似乎也很普遍。据后来的人回忆,在菏泽,"凡是入教的村庄或有教堂的地方,几乎都是全部入教,而其他村庄就都不入教"②。

那么究竟是什么样的组织或团体受基督教信仰的吸引呢?88沂州的例子很明显地表明,这些加入基督教的组织或个人都有着秘密教派的背景。这是一个极为重要的现象。我们都知道,山东秘密教派活动的历史很长。但是人们通常把秘密教派和义和团联系起来,而将基督教排除在外。现在看来确有大批秘密教派成员变成了基督徒,除沂州外,这类现象在其他各地亦有出现。这些人入教的动机通常仅仅是为了获得保护,他们既与天主教接触又与新教接触。"我不止一次碰到这些苦行教派之一的无为教的成员要求我们接纳他们做教徒。询问后发现他们的动机仅仅是希望获得外国人的保护,以使他们免受官吏的敲诈勒索之苦。"③通常他们总是"与他们的首领们一起"要求入教。④ 有时他们的人数的确非常多。19世纪70年代,在直隶东南部地区传教的一位法国耶稣会传教士写道,他在过去的10年中看到,有5 000至6 000名白莲教徒皈依了基督教。⑤ 除沂州之外,圣言会还报告

---

① 克利福德·J.金前引书,第81页。

②《山东义和团调查资料选编》,第50页。

③ C. E. 莫尔:《近来〈北华捷报〉发表的通讯读后感》,见《教务杂志》第6卷第2期,1875年3—4月,第133页。大卫·巴克教授第一个指出那个时期秘密教派成员皈依基督教导致了义和团起义,是他引导我研究了为上述结论提供大量证据的圣言会文献。参阅巴克:《山东基督教、白莲教和义和三者之间相互关系的新考察》,未发表论文,1979年。

④ 倪维思:《传教的方法》,第8封信,《教务杂志》第17卷第8期,1886年8月,第301—302页。

⑤ 徐博理:《在中国的社团》(巴黎,1880年版),第31—32页。

说在单县、嘉祥、钜野和汶上有大批秘密教派组织成员改信了天主教。[1]

无疑,教派组织成员改信基督教的最普遍动机是为了逃避政府的迫害。但是我们也不应忽视其中宗教方面的原因。白莲教的组织体系确实比一般的民间宗教要严密得多,它的教义倾向于引导人们关心死后的生活并求得灵魂的拯救。有些传教士发现他们对"真上帝"(真主或真天爷)的信仰就是一神教。他们关注的是人的灵魂、罪孽和未来生活。上述情况加在一起就可以解释为什么"基督教教义对这些教派成员具有非常大的吸引力"[2]。另一些传教士注意到这些教派成员中的许多人是"教义爱好者"。他们仅仅是寻求令他们满意的宗教信仰而已。在各种秘密教派中作过尝试之后,他们最终皈依了基督教。[3] 最后,在有些情况下,还有一些是因为教派的预言把他们引到了传教士身边。例如,有一个预言要求徒众追随"一位身着白色法衣的陌生人"[4]。

即使在许多宗教色彩浓厚的事例中,免遭政府的迫害并享有基督徒的保护权,也起了不容忽视的作用。徐博理(Leboucq)讲到,在他传教的直隶东南地区,皈依基督教的白莲教徒数量颇多,以至于给人的印象是天主教成了在宗教高度衰退的国度里最受

---

① 薛田资:《在华二十五年,1893—1918》,第38—41,146页;克利福德·J.金:《圣言会先驱约瑟夫·弗赖纳迪米茨》,第118—119页。

② 博恒理:《山东的秘密宗教》第二部分,《教务杂志》第17卷第2期,1886年2月,第65—69页。又见丹尼尔·贝斯:《基督教与中国的秘密宗教》,载《清史问题》第4辑第7期,1982年6月,第33—35页。

③ 明恩溥:《乡村教区概况》第二部分,《教务杂志》第12卷第5期,1881年10月,第329—335页,又见程啸:《义和团源流史料》,北京:中国人民大学出版社1980年版,第170—171页。

④ 薛田资:《在华二十五年,1893—1918》,第39—40页。另外一个例子,见博恒理:《山东的一个现代预言家》,《教务杂志》第18卷第1期,1887年1月,第16—18页。

大众欢迎的教派。秘密教派因首领遭到政府的迫害而几乎被摧毁,其教派成员成了各种各样的江湖骗子的牺牲品。许多人是在特别重大的骗局被揭露以后皈依基督教的。[①] 结果,对"教义爱好者"来说,基督教越来越成为最佳的选择了。在政府周期性的镇压之下,原有的教派正在衰退,而基督教则能够给予人们大体相同的精神上的安慰,并且很少受到官府的迫害。

由于秘密会社对基督教的皈依和义和拳与白莲教或八卦教的联系截然相反,因此我们在上面看到的例子就显得十分重要。但是秘密教派成员只是因基督教的保护而入教的几类人中的一类。在以无法无天著称的鲁西南一带,土匪寻求教会保护的事例也不少见。在口述历史的调查中常听到这方面的指责。有位农民尖锐地指出:"那时,多数教民都是土匪。"[②]每当限期解决土匪案件的命令下达时,县官就派衙役出去不加区别地逮人。所以当神甫答应保护村民免受官府的此类骚扰时,全村的人都会入教。[③] 这类事例在传教士们的记述中时有披露:

> (张桥)镇是有名的顽匪窝。常有居于该地的拖儿带女的寡妇们哀悼她们死去的丈夫——他们是抢劫富家大户时被当场抓获、经受了非人的折磨后被处死的。张桥土匪的劫掠曾使县官们忍无可忍。他们准备把镇子夷为平地,并流放所有的居民。这时除一家之外,全镇居民都决定加入天主教会,传教士便成功地求得了县官对他们的宽恕。这样一来,张桥避免了毁灭的命运。在基督教的熏陶下,这些从前的土

90

---

① 徐博理:《在中国的社团》,第 34—41 页。
②《义和团在山东》调查记录,郓城(菏泽)。
③《山东义和团调查资料选编》,第 46—47、50 页。

匪成了遵纪守法的农民和模范的天主教徒——这是上帝恩典的又一次胜利。[1]

大概并不是所有的人都像这里说的那样经历了脱胎换骨的改造。

最后,许多人是因为经济上的困难而皈依了基督教。不用说,大多数教民都是穷人。有位中国官员说:"天主教民衣不蔽体,食无隔宿,储床灶于一椽,贫困如此。"[2]山东大学的调查资料也一再提到人们入教是为了得到教会分发的食物。[3] 新教传教士常就此抱怨天主教传教士[4],虽然我们知道赈灾工作也增加了皈依新教的人数。

但是,传教士有时也会保护教徒免受人为因素造成的经济困难。我常引用的薛田资(George Stenz)的著作中说道,曾子后代的一批佃户常常受到狗脚子的压迫。他们求助于薛田资。他找地主谈了话并接收这些佃户入了教。这以后,地主手下人的压迫就停止了。这种事影响很大,不久附近就有 10 个村庄的人入了教。[5] 山东大学的调查资料也表明了教会是怎样在地主面前为佃户撑腰的:"当时庄稼人要是受了气,就信教。信了教,依靠教会的势力就不会受气了。有的人信了教,在年岁好的时候连地租也少给了。说是淹苗,收成不好。"[6]

---

[1] 克利福德·金:《圣言会先驱约瑟夫·弗赖纳迪米茨》,第 119—120 页。又见 R. G. 蒂德曼:《1868—1937 年华北农村暴力活动的地缘政治分析》(尚未出版的手稿),第 31 页,第 108 页注③。
[2] 《毓贤转引济宁知州汪望庚禀贴》,《教务教案档》第 6 辑第 1 册,第 479 页。
[3] 《山东义和团调查资料选编》,第 36、49 页。
[4] 《教务杂志》第 12 辑第 5 期,1881 年 9—10 月,第 318 页;第 28 辑第 2 期,1897 年 2 月,第 96 页;第 30 辑第 10 期,1899 年 10 月,第 481 页。
[5] 薛田资:《在华二十五年,1893—1918》,第 54—55 页。
[6] 《山东义和团调查资料选编》,第 53 页。

可以肯定地说,天主教会拥有的许多世俗权利决定了它吸引哪一类人入教。这当然不是说没有纯粹因宗教信仰而入教的人,更不是说秘密教派成员、土匪和穷人不可能成为真正的基督徒。天主教和新教教徒中无疑都有很多遵纪守法和真正诚实的农民。但同时,基督教(尤其是天主教)对那些需要保护的人们更具有吸引力。当然,人们需要的保护是不一样的,有的人想免受官府差役的骚扰,逃避地主在经济上的勒索,也有的人为的是能在恶劣的环境中免遭冻饿之苦。因此,皈依基督教的人中绝大多数是秘密教派成员、土匪和穷人。就此而言,教会作为政府中的政府,不可能在群众中赢得好名声。

19 世纪 90 年代:帝国主义高潮时代的基督徒

我在本章中已指出帝国主义和基督教的传教活动之间存在着密切的联系:二者都是西方列强进入世界各地的种种活动的一部分。同时,天主教会是作为一个独立的政治机构在中国从事活动的,它以能提供保护和支持来吸收教徒。如果以上这两个看法是正确的,那么当传教士获得最大成功、入教人数激增之时,也正是列强以武力入侵最得手之机。我们将看到皈依基督教的人数在 19 世纪 90 年代有史无前例的增长。

19 世纪 90 年代的确是全世界帝国主义最发达的时期。法国的工业革命和德国的统一使这两个国家对英国在世界贸易中的霸权地位产生了真正的威胁。在曼彻斯特,自由贸易理论被征服殖民地的行动所取代;欧洲列强完成了对非洲的瓜分。在西方各国国内,"黄色报刊"煽起了沙文主义情绪;吉卜林(Kipling)深受喜爱,因为他写了顽强的英国青年肩负"白

91

人责任",完成帝国主义征服大业的故事。在亚洲,日本在甲午战争中夺占台湾,挤进了殖民大国的行列;美国马上效仿,在美西战争中夺取了菲律宾。由于列强争夺租借地,在中国竞相划分势力范围,由于中国是否能作为一个统一帝国而继续存在下去在新闻界的权威评论家中引起争论,她成了全世界注目的焦点。在这种形势下,没有人怀疑列强会以更粗暴的手段对待中国。1896 年,当窦纳乐(Claude Mc Donald)——曾在非洲担任过 10 年外交官——被指派为英国驻华公使时,赫德爵士写道:"我们当中那些因把中国人当作有教养的文明人对待而获得极大成功的人,现在该做好准备把位置让给一个精通对付黑人而对东方一无所知的人了。"①

19 世纪 90 年代,中国既是世界政治关注的焦点,也是传教士注目的中心。二者之间有明显的关系。传教士们轻而易举地借用帝国主义者的好战语言,说他们在为了基督而"征服异教徒"。1890 年,当在华的新教传教士在上海开会时,慕雅德(A. J. H. Moule)在一次演说中问道:

> 世上真的有富于战斗精神的基督教吗?我们都有决心在基督的旗帜下勇敢地与罪恶、妖魔以及这个世界作斗争吗?耶稣已参战了吗?我们命该如此——我们这些教士和外国居民在这个敌对国家遭受着特别袭击之时,正处于它的交战前方。这个袭击不是对人和政治制度,而是对领地、权力、这个黑暗世界的统治者和大人物的邪恶灵魂,它能造就

---

① 《赫德致金登干函》(1896 年 1 月 19 日),《赫德书信集》第 2 卷,第 1048 页。在华的英国人团体热烈欢迎窦纳乐爵士的场面,见《北华捷报》第 56 期,1896 年 1 月 17 日,第 76 页;1896 年 4 月 10 日,第 557—558 页;1896 年 4 月 17 日,第 612—615 页。

一个真正的神的世界吗?①

　　不用说,慕雅德对他的这些反问都做了肯定的回答。在按照西方模式重建世界的努力中,传教士是至关重要的伙伴。慕雅德继续说道:"基督教传教士和商业常被认为是一定能让世界获得新生的伟大力量,因此最为重要的是这些力量应该和睦相处。"②在19世纪末叶的美国和英国出现了进步主义和帝国主义的联合,用小阿瑟·施莱辛格(Arthur Schlesinger, Jr.)的话来说,这"无疑证实了,传教士们相信政治干涉甚至军事干涉都是拯救个人和社会的手段……J. A. 霍布森写道:'从上一代强权的基督教到今天帝国主义的基督教之间仅是一步之差。'"③。

　　中国将是这个帝国主义基督教的首要目标。到19世纪80年代和90年代,作为新教的传教区,东亚的地位已超过了近东和南亚。④ 在东亚,中国无疑又是最重要的地区。学生志愿外国传教运动的口号是:"在我们这一代把福音传遍天下。"这个口号具有那个时代过分乐观自信的典型特征。参加了该运动的安迪(Sherwood Eddy)后来写道:"中国是目的地,是目标,是那时吸引我们的一块巨大的磁石。"⑤许多人的确受到了吸引。这一时期,在华的新教传教士人数增加了1倍多,从1889年的1 296人

---

① 慕雅德:《外国居民与基督教传教团的关系》,见《在华新教传教士大会记录》(上海,1890年版),第23—24页。
② 慕雅德:《外国居民与基督教传教团的关系》,见《在华新教传教士大会记录》(上海,1890年版),第27页。
③ 施莱辛格:《传教事业与帝国主义理论》,第355页。霍布森的话转引自舒勒克:《帝国主义与山东的民族主义:德国人在山东》,第216页。
④ J. A. 菲尔德:《近东与远东比较研究》,见费正清编:《在华的传教事业与美国》,第33—37页。
⑤ 转引自 P. A. 瓦格:《美国新教在华传教运动,1890—1952年》,普林斯顿大学出版社1958年版,第3页。

增加到 1900 年的 2 818 人。① 在关键的山东省,天主教传教士增加得更多。在 1887 年至 1901 年间,他们的人数增加了 5 倍多,从 16 人达到了 85 人。其中圣言会传教士的人数增加最多,1887 年只有 4 人,义和团运动后达到了 43 人。② 就霍布森(Hobson)所说的"帝国主义的基督教"而言,圣言会确实是天主教中最引人注目的一个例证。帝国主义高潮阶段以及随之而来的传教浪潮所带来的许多后果,只有在 19 世纪的最后 5 年,即中日战争和强夺租借地发生之后,才显现出来。关于这些问题,我们将在第五至七章加以讨论。由于强夺租借地是在德国为报复两名德国传教士被杀而强占胶州湾(青岛)之后开始的,因此会有人说这一事件将给我们的论点提供有力的证据,即:传教活动、帝国主义和皈依基督教是一个十分复杂而又不可分割的整体活动。关于这一点,发生在 19 世纪 90 年代前 5 年的事件也能证明我们的观点。那个时期在长江流域发生的一系列教案促使列强向中国政府提出了更加苛刻的要求。正如埃德蒙·韦尔利(Edmund S. Wehrle)在他关于这 10 年中英关系的著作中所说的:"在那个历史时期,世界政治和传教政治几乎完全混合在一起了。"③

麻烦开始于 1891 年的春天,当时在长江下游地区爆发了一系列的反教骚乱。1895 年 5 月和 6 月,在四川发生了成都教案,有 11 名男人、妇女和孩子被杀。这些教案发生后,英国驻华公使积极推行炮舰外交,威胁说要动用皇家海军攻打中国的通商口

---

① E. S. 韦尔勒:《英国、中国与反教会骚动,1891—1900 年》,明尼苏达大学出版社 1966 年版,第 12 页,又见赖德烈:《基督教在华传教史》,第 406 页,麦金托什:《中国的危机与基督教传教士》,第 89—90 页。

②《教务杂志》第 29 卷第 3 期,1899 年 3 月,第 138—141 页。《海关十年报告,1891—1900 年》第 1 卷,第 125 页。另外,参阅第 88 页注③。

③ 韦尔利:《英国、中国与反教会骚动,1891—1900 年》,序言第 8 页。

岸。此举使原四川总督和其他 6 名官员丢了官，31 名肇事凶犯被处死刑，38 人遭到了囚禁或流放。[1]

由于 1895 年的教案是紧跟在中日战争之后发生的，所以要区分二者的影响就十分困难。不过在 1891 年，除长江下游的骚乱外，中国是比较平静的。这些骚乱所引起的后果明显地波及了遥远的山东。6 月 13 日，清廷发布上谕，把骚乱归咎于亡命之徒，强调说传教士的动机是高尚的，有必要对教堂加以保护，并命令立即了结所有悬而未决的教案。7 月，直隶总督李鸿章报告，这道上谕印刷和分发后已在直隶和山东各地进行了宣告和张贴。9 月 13 日，清廷又发布了一道上谕，指斥各地官员在处理悬案方面行动不力，并威胁地方官对今后发生在其辖区内的任何教案均须承担全部责任。两道上谕都完全偏袒一方，把责任全部归到了反教的一方。外国人对此非常欢迎，认为是清廷所发上谕中最好的。[2]

美国长老会传教士不久即发现，随着这一新转机的出现，在济南和济宁长期存在的财产纠纷很快就得到了解决。他们说长江下游的骚乱"给我们带来的只有好处"[3]。但是和通常一样，获得好处最多的仍是天主教。庞庄的美国传教士博恒理（Henry Porter）在 1893 年报告说："这段时间以来，罗马天主教进入了我们周围的许多村庄。"他认为这与官府的尽力保护和清廷发布的要求解决纠纷的上谕所造成的压力有关。他写道："罗马天主教领导人喜欢滥用新得到的权力。"这个变化的过程具有典型意义，

① 韦尔利：《英国、中国与反教会骚动，1891—1900 年》，第 24—28、82—95 页。
② 《教务教案档》第 5 辑第 1 册，第 75—77 页；韦尔利前引书，第 32—33 页。
③ 《柏尔根的报告》（1891 年 11 月 2 日），见"长老会"缩微胶卷，第 208 盘，及同卷之《李佳白的报告》。

而且重要的是,这时教会的世俗权力比任何时候都更吸引那些寻求保护的人了:"在大多数情况下,宗教活动都由村里的一些头面人物管理。他们没有任何基督教信仰,不过是想在地方官面前占点便宜并利用天主教神甫的保护而已。"①博恒理的话也许有点过于刻薄(也许是他有点嫉妒天主教的成功),但没有理由怀疑他所看到的基本事实。它完全符合我们在本章中论述的基督教的渗透模式。

这样一步步地,民众群起以暴力反基督教的形势已经形成。中国虽然在以前的战争中败给西方,但她从来没有像 19 世纪 90 年代那样窝囊——在甲午战争中被日本击败不说,每有教案发生,中国政府都迫于列强压力将有关官员撤职。此外,领土也很快被列强划分成了一块块的"势力范围"。《马关条约》准许外国人在通商口岸修建工厂;贸易迅速发展起来;电报线纵横全国;修建铁路网的计划已被制定。但是不平等条约、炮舰外交和沿海某些地区的被割让,对华北的普通农民并没有产生什么影响。如果他们曾经见过外国人的话,那也必定是传教士——因而一说起外国的东西肯定是"洋教"。而洋教与西方帝国主义在其他方面的所作所为有着千丝万缕的联系。中国越卑躬屈膝,教会的权力就越大。教会越强大,就越可能炫耀其实力,也就越能吸引更多的人入教。这样,它就可以实现把中国人都变成基督徒的野心。

不过,这一切显然都是有限的。如果中国政府无力抗拒教民及其外国支持者无休无止的要求的话,"异教徒"迟早会建立起自己的组织进行反击。他们后来建立的这个组织就叫大刀会。

①《博恒理致 J. 史密斯函》(1893 年 8 月 7 日),美公理会传教档案 16.2.12,第 20 卷,第 167 页。

第四章　大刀会

> 臣查大刀会即金钟罩邪教,由来已久,虽经地方官示禁,根株总未能绝。上年海疆不靖(由于中日战争),民间以此教可避枪炮,传习愈多,几乎无处不有,其愚者以为可保身家,其黠者遂藉以逞其凶暴,兼以外来游匪从而煽惑,渐至聚众滋事。①

山东巡抚李秉衡在解释大刀会的起源时这样写道。1896 年夏天,大刀会在苏鲁边界沿线煽起了对当地基督教徒的广泛攻击。像后来的义和团一样,大刀会也声称他们能避刀枪,当时的目击者也常常将早期的义和拳等同于大刀会。所以我们对义和团运动兴起的叙述必须从大刀会开始。

金钟罩的早期历史

据史料记载,1735 年在皖北曾出现"大刀会"②,但是,对这个组织的实质我们一无所知,这样,我们就必须转而注意 19 世纪

---

① 李秉衡光绪二十二年六月二十四日(1896 年 8 月 3 日)奏,《义和团档案史料》上册,第 4 页。
② 赵弘恩、赵国麟雍正十三年闰四月初十奏,《义和团源流史料》,第 3 页。

90 年代重新出现的这个组织，其正式名称为"金钟罩"。金钟罩
作为一种练刀枪不入的武术，至少从 18 世纪末起就已经存在。
其中，若干习练者在 1813 年八卦教起义前后曾与教派活动发生
过联系。人们把写在红纸上的普通符箓焚烧吞服，并且习念咒
语——其中有些内容是请求祖师的佑助。① 比较清楚的一点是，
金钟罩只是一种武术，而并不是什么组织，如同我们前面谈到的
义和拳成员一样，他们与教派活动只有一种脆弱的联系。

一个典型的例子是我们在第二章中提到的山东冠县甘集的
张洛焦。像他的父亲和弟弟一样，张洛焦也是一位道士，1782 年
从一位姻亲那里学到了拳术和某种医道。1793 年，有位来自河
南的师傅教他学金钟罩，并给了他两纸符箓。"伊自学会金钟罩
法以后，即在各处耍拳传徒渔利。"后来，在 1800 年前后他师从一
位来自冠县十八村的离卦教徒，学习"真空咒语"，这时，他才与八
卦教发生了关系。由于对其师傅敛收钱财不满，张本人亦不再从
教，尽管他有位第二代弟子卷入了 1813 年的密谋。我所看到的
证据均与张洛焦的言辞相符，即他与那个教派脱离了关系，而且
没有卷入那场叛乱。②

可以肯定地说，一百年前的金钟罩是一种在华北平原上业已
形成的拳术，并且如其名称所示，特别与刀枪不入相关，尽管那时
只是抵御刀剑而已。无疑，习练这种武术的人曾卷入教派活动
（历史档案是这样记载的），但这种关系似乎只是个别的、短暂的。
那么，19 世纪 90 年代的金钟罩又怎样呢？

李秉衡确实说过金钟罩是一种邪教，有相当多的鲁西南地区

---

① 崇禄奏折，无日期，《义和团源流史料》，第 87—88 页。
② 那彦成嘉庆二十年十一月二十日奏，《义和团源流史料》，第 84—85 页。亦参阅韩
书瑞：《千年王国起义》，第 30—31 页。

的老百姓也向前去做口头调查的史学家们证实,大刀会与坎卦有关。[1] 中国的史学家们在大刀会与秘密教派的关系问题上仍有争端——有人认为,大刀会显然起源于白莲教;而另外有些人认为,它只是一种武术团体。[2] 目前,要做出一个权威性的结论还 ⁹⁸ 很难,但是 1890 年至 1900 年这 10 年中有关金钟罩的其他资料却富于启发性。一位曾在东北被俘的师傅声称,他是几年前从一个游方道士那里学到金钟罩术的,并坦白说他可以通过教人"避刀枪劫数"挣钱。[3]

"劫"的概念使这种组织相当清楚地与白莲教的传统联系在一起,但这种联系却从未出现于山东的团体之中。由此,我认为金钟罩与白莲教在早期的确存在着某种关系,这种关系仍然活跃在 19 世纪末的某些团体的信仰系统中。不过,在山东,有关史料表明,这种关系已变得相当脆弱。我们再看不到白莲教仪式的关键因素:崇拜"无生老母",对劫的准备,或对弥勒出世的信念。从这点看来,大刀会已不属白莲教。金钟罩和大刀会的职能及所关切的问题在本质上是军事性的——他们的"邪教"仪式完全是为了躲避刀枪。如果在清代中叶,这种刀枪不入对那些准备迎接弥勒出世(或者迎劫)的人来说特别具有吸引力的话,那么,到了晚清,由于用火器武装起来的匪帮活动日益猖獗,对那些仅仅要保自家、护乡里的老百姓来说,"排枪排刀"的武艺就显得十分重要。

---

[1]《山东义和团调查资料选编》,第 12—18 页。

[2] 山东大学的两位教授对这两种观点各自作了最好的辩护:路遥在《论义和团的源流及其他》(《山东大学文科论文辑刊》第 1 辑,1980 年,第 37—38 页)争辩(大刀会)与教派间的关系;徐绪典的《义和团源流刍议》(同上,第 24—25 页)持论相反。

[3] 裕禄光绪十八年十二月初三奏,《义和团源流史料》,第 126—128、128、131—132 页。

苏鲁边界地区

大刀会的发源地是鲁西南和横穿江苏边界的徐州府的北角。根据我们简单考察过的山东地理(第一章),此地并非一个完全贫困的地区。尤其是,曹县和单县的大刀会据点,都位于地势略高的地带,可免遭经常在黄河南北水道之间的洪水泛滥。此地大面积植棉历史悠久,因而商业的发展已达到相当水平,这与曹、单两县到大运河之间的交通便利不无关系。①

如果不是由于某些严酷的政治地理因素,只要给予洪灾适当的控制,该地区就可相当繁荣:鲁西南地区的南部分别与江苏、河南接壤(再往南仅 50 千米就是安徽),其西边是直隶。这一地区的行政地理由于鲁西南拥有大量飞地(参阅图 4-1 大刀会活动的心腹地带鲁、苏、豫三省交界地区示意图)而变得更加复杂。有些小小的地域处在它们所属的县境以外的地方。在第五章我

图 4-1 大刀会活动的心腹地带:鲁、苏、豫三省交界地区示意图

----

① 黄泽苍:《山东》,第 231—233 页。

们还将进一步讨论这种地缘政治上的异常现象,但现在我们只需指出,这是边界地区之所以特别难以治理的又一原因。在这里,匪徒和私枭可轻易越过边境,溜到邻近管辖地区,从而逃避追捕。这里出现的问题非同一般。首先,与中国(或在这件事情上与其他任何地方)的大部分省界不同,这里的边界不是山峰、大河之类的自然屏障,而是在开阔的平原上。相应的也就没有对轻易越界活动的物质阻碍。并且,与大部分丘陵地带的边界不同,这个平原人口稠密,经济繁荣,大量的商业运输在此往返。与此相应,不法之徒也就有着大量的犯罪机会。这样,边界地区的动荡不安和处于洪灾贫瘠间的畸形繁荣造成了这一地区独特的政治经济形态:食盐走私、鸦片种植等非法经济活动猖獗,盗匪成风,并产生了以地主为真正首领的严密村社组织结构。

在鲁西南无法无天的社会中,山东以习武著称的美德转而变为暴力文化的流行。该地区人们的火爆脾气和好斗精神至今仍被中国人时常提起。德国传教士对当地居民的描述反映了人们的普遍看法:"比别的地方的人更坚毅、勇敢、诚实,但另一方面,也更粗暴鲁莽。"[1]另一位传教士注意到,"他们令人畏惧,因为他们具有喜好寻衅的气质和好斗倾向,争吵、喧闹和械斗是山东每天都有的事,特别是在曹州府"[2]。日本的观察者对相邻的兖州作了相似的报道:"不管走到城里何处,都很难看到有不发生争斗的地方。"[3]

---

[1] 薛田资:《韩理神甫的一生》,第35—38页。

[2] 托伦:《山东传教团》,第31页。

[3] 《支那省别全书·山东》,第294页,关于曹州的另一份报告,见第327页。若有人认为这种批评只是反映了外国人的偏见,请看姬桂芬致姚松云,1899年10月13日,《山东近代史资料》第3分册,第191页。彭虞孙光绪二十五年八月二十六日(1899年9月30日)奏,《教务教案档》第6辑第1册,第443页。

毫不奇怪，这一块难以驾驭的地方在 19 世纪中叶的叛乱中
101 特别难控制。当 1850 年太平军和捻军先后进入这一地区时，地
方民团进行了自卫。但不久民团就开始滥用自己刚刚获得的权
威，与此同时，一个名叫长枪会的对立组织出现，其成员到 1860
年已增至 5 000 人。各色人等，包括许多匪徒，都参加了这个组
织。而当捻军再次发起攻击时，大部分人集体加入了叛乱。① 甚
至在 1870 年，山东的大部分地区已归平静，这里还有小股骚乱。
有个名叫朱振国的人，以行医为生，他声称自己是明代皇室后裔。
1876 年，当一场旷日持久的大旱袭来之时，朱振国揭竿而起。穷
人们纷纷聚集到他的麾下。他坚持了近一个月，后来由于下了一
场透雨，其徒众散伙回到各自能耕种的土地上，起义失败。②

我们在第一章已经考察过盗匪活动及其作为鲁西南社会结
构中一部分的漫长历史。现在，我们需要看看 19 世纪 90 年代的
独特社会状况。在这个边界地区，私盐贩运长期以来就已成为其
经济贸易的一部分。③ 但是，鸦片生产在很大的程度上只是 19
世纪 80、90 年代以来的事。当然，最初将鸦片带入这一地区的是
对外贸易，在整个 70 年代，镇江（在大运河航线上，这一地区使用
镇江为其港口）"在鸦片贸易方面除了上海数第一"④。到 80 年

---

① 《长枪会匪记事》，《山东近代史资料》第 1 分册，第 262—268 页。
② 《菏泽县乡土志》，第 13 页。这个事件也是对不加鉴别地使用口头史料的危险的一
  个提醒，因为有些叙述将大刀会作为这个叛乱的参加者（见《山东义和团调查资料
  选编》，第 7 页，第 33 页），其中一位将大刀会的主要领袖刘士端说成是这个事件的
  领导者之一，而国内的一些历史学家利用这种史料作为刘士端反封建倾向的证据，
  也缺少说服力（见《山东义和团调查资料选编》编者前言，第 1 页；路遥：《论义和
  团》，第 38 页）。
③ 裴依理：《华北的叛乱与革命》，斯坦福：斯坦福大学出版社 1980 年版，第 60—62
  页，104—107 页。
④ 《中国海关总税务司》第 2 卷，1879 年，第 79 页。

代末,市场上地方的鸦片制品明显增多,因而鸦片输入开始下降,徐州更加严重。① 在 90 年代早期,砀山县(1896 年大刀会的重要起义均发生在此)的鸦片制品,在北方城市中是位于河南鸦片之后的最受欢迎的产品。② 然而,所有这些都不会对外国的鸦片贸易带来损害,因为正如海关早在 19 世纪 70 年代就已报告的:"(从镇江运至)山东的鸦片增长极为瞩目。北方贸易之所以如此大幅度增长,其中一种解释就是,那些由于种植普通谷物歉收而挨饿的人们,现在却因种植鸦片而变得富裕起来。"③鸦片生产扩展的速度在 90 年代大大加快,因为国际银价的下跌增加了进口的费用,据一份相当谨慎的估计数字显示,在徐州府,有十分之一的土地是被用来种植罂粟的。④

在以习武和向权威挑衅为俗的鲁西南地区,随着鸦片种植的扩张,随着中国政府因腐败、叛乱及外国侵略控制而日益衰弱,到 90 年代,这一地区的盗匪活动已达到如瘟疫般流行的程度。在 *102* 有些地方,自然灾害频仍,特别是砀山县,那里的盐碱和风沙严重威胁着农民的生计。⑤ 当中日甲午战争爆发、地方卫戍部队开赴前线时,"成群的盗匪开始肆无忌惮地进行抢劫和恐吓"⑥。传教士们报告说,规模更大、为数更多的匪帮甚至敢在光天化日之下拦路抢劫。⑦ 在 1895 年的《清实录》中,累累皆是大股匪徒袭击

---

① 《中国海关总税务司》第 2 卷,1889 年,第 159 页。
② 《中国海关总税务司》第 2 卷,1891 年,第 22 页。
③ 《中国海关总税务司》,1875 年,第 135 页。
④ 李文治编:《中国近代农业史资料》第 1 辑,北京:生活·读书·新知三联书店 1957 年版,第 459—462 页。
⑤ 贵筠光绪二十一年五月二日奏,户部题本,第 2649 号;赵舒翘,光绪二十三年二月十六日奏,同上,第 2663 号。
⑥ 爱德华兹:《山里人》,第 95 页。
⑦ 薛田资:《韩理神甫的一生》,第 90 页。

苏、鲁、豫边境沿线的报告，清帝发布十万火急的谕令，责成地方官立即加以镇压。① 时曹州知府为满人毓贤（1899年义和团运动猛烈爆发的时候他升任山东巡抚），在镇压土匪的过程中，他显得特别卖力，简直不分青红皂白。由于他扮演的此种角色，《老残游记》给了他一个"曹州屠夫"的恶名。②

我们对这种盗匪活动本质的了解还远远不够。有关文献几乎一成不变地来自"官方"，我们很难辨别出这些盗匪活动在多大程度上符合埃里克·霍布斯鲍姆的"社会匪帮"的范畴。所谓社会匪帮是指在急剧的商业化和阶级两极分化时期致力于对社会的不公正进行原始抗议的人们。很清楚，匪徒们不在本村抢劫，亲缘邻里关系再加上当地受惠于抢劫所得这样一个事实，使我们有理由假设匪徒们在一定程度上可以得到其乡邻心照不宣的支持。因此，有些村庄被看作"匪巢"。匪徒的袭击变质为村庄之间的纠纷，就是很自然的事情。③ 而传教士们则往往因为匪徒们呼吁保护而卷入纠纷，关于这点，我们已经在讨论山东的圣言会时涉及过。然而，同样的事情也发生于江苏边境的法国耶稣会。他们的教区史上记载了这样一件令人瞠目的事件。有个传教士被诱骗到一个臭名昭著的匪巢，劫匪们对他殷勤照料，并提供保护。当他到邻村布道时，他的住宅就成了当地土匪进行有利可图的大

① 《清实录》（光绪朝）卷363，第1—9页，14页；卷365，第1、9页；卷367，第4页。
② 刘鹗著，哈罗德·谢狄克译：《老残游记》，伊塔卡：康奈尔出版社1952年版，第45—70页。又见李秉衡光绪二十一年五月一日（1895年6月23日）奏，《清实录》卷369，第1—2页，《北华捷报》卷56，1896年1月24日，第123页及卷56，1896年1月31日，第165页。
③ 薛田资：《韩理神甫的一生》，第71、90页；《在华二十五年》，第73页；《北华捷报》卷62，1899年1月16日及2月20日，第61、289页。

规模赃物交易的大本营。[1]

这一几省交界处的混乱环境当然要求村庄内部的高度团结， [103]
而这种团结往往以地方强人为中心。这里也确实充斥着有权有
势的乡曲豪绅——这与鲁西北地区鲜见这种人物的情况形成强
烈的对比。与鲁西北不同，这一带的富庶足够维持稳固的地主所
有制和一个强有力的士绅阶层。第一章已经提到这一地区地主
所有制在数量上巨大的程度，但同样重要的是这种地主所有制的
"质量"。与长江下游的金钱交易关系颇重的地主所有制相比，苏
鲁边界的地主所有制中佃户和地主之间有着强烈的人身依附关
系。尽管剥削很严重，但他们之间却体现了一种不同寻常的"主
客"或"主仆"关系。日本农业经济学家天野元之助描述了直到
20 世纪 30 年代还存在的曹、单两县地主所有制中的"封建"残留
细节，如：洗衣、送礼、拉车、梳棉、警卫。地主常常要求佃户定期
贡鸡，作为交换，佃户在新年可以得到二至三盘馒头。地主的权
力非常之大，以至人们说"他们有官差，没官肚子"[2]。佃户像牲
畜一样被役使，有些人竟被称作"牛工"[3]。

江苏省界的情形与此极为相似。有位传教士报告了他在
1898 年赈济饥荒时对一位"望人"访问：

> 我们可以说说他的城堡。城堡四周环绕着深深的护沟，
> 坚固的墙壁，两个方形塔楼足有四层楼那么高，雄踞于他的
> 青砖宅舍之上。他的花园，亭子，以及珍奇花草也许是这一

---

[1] 勒劳：《苏州，中国的教区》第 1 卷（1882—1931），蒙特利尔：拜勒斯明出版公司
1955 年版，第 195—197 页。我应该感谢加里·台德曼给我提供了这份材料的复
印件。

[2] 天野元之助：《山东农业经济论》，第 206 页。亦请注意曹县的佃户和农业雇工担任
守卫工作，见刘鹗：《老残游记》，第 47 页。

[3] 《单县志》(1929 年)卷 1，第 42—43 页。

带最美丽的。在乡邻中,他是一个真正的绅士,"他一声咳嗽,立即有半打人站立侍候"。在他的门口每天有上百个邻居恭领施舍。他尽管拥有六百英亩土地,但今年却也够穷的了,所以他的贴身仆人的孩子显得面黄肌瘦。①

这类地主的富裕证明,该地区有足够的剩余财富来供养其绅士阶层拥有的珍奇花草等奢侈品。但那些用堡垒护卫的宅院——与我们想象的苏州园林中彬彬有礼的中国绅士如此不同——又反映了这一地区的另一种面目,即它极不安全。另一位传教士这样描述安徽省境的形势:

> 这个地方,在中国以无法无天的匪徒乐园而闻名。这里的居民像是生活在封建的城邦中,高墙和深沟护卫着家宅与财物,没有人外出时不带上火枪或长矛,几乎所有值钱的交易都在武装保卫下进行。②

因此,19世纪90年代大刀会成长壮大的社会环境可以概括成:繁荣足以维持一个强大的地主阶级,但就整个地区而言却是贫困的——特别是那些洪灾或盐碱严重的地区。其经济在很大程度上建立在非法活动上——特别是贩卖私盐和种植鸦片——这只能使这个边界地区无法无天的状态更形加剧。地方的绅士们长期以来龟缩在高墙环卫的庄园中,建造日益精巧的工事,防备着不断增多和装备精良的匪帮。但是,当中日甲午战争爆发,清廷卫戍部队征调,造成盗匪活动空前高涨时,人们就需要采取更加有效的自卫方法,而这正是金钟罩所明确允诺的。

①《江苏通讯》《北华捷报》卷60,1898年5月30日,第929页。
②《北华捷报》卷58,第836页。

金钟罩

新的刀枪不入之术是由一位姓赵的人带到鲁西南的。此人来自西部某地——极可能是直隶省,也许是河间府。到单县之前,他曾在鲁西南其他一两个地方停留过。当时的记载称这第一位师傅为"游方道士",但他在单县定居之后,似乎是在烧饼刘庄做长工[1],他何时至此我们尚不能明确。当时的文献记载说,刀枪不入仪式是直到1894年才传入这里的[2],但有些口述史料说赵是在1896年起义的几十年前已经至此,而且在那场骚乱开始之前就已离开。[3] 看来赵的确未卷入大刀会的任何军事行动:他从未在任何现存的官方记述中出现过。因此,他扮演的角色只是一位师傅。政治、战略领袖(村庄中固定不变的成员)与武术、仪式专家(通常是外地人)相互分离的现象并不罕见。在20世纪与大刀会类似的组织红枪会中,我们还可以看到同样的现象。[4] 既

───────────────

[1] 苏玉章口述,《山东义和团调查资料选编》,第23页,提到赵的名字叫赵金环,并说他来自河间,在阳谷住下。万光炜口述,《山东义和团调查资料选编》,第7—8页,证实了这种说法的主要内容,并说赵做了雇工。台德曼《地缘政治的范围》,第29、32页)发现了德国当时的资料,提到赵的名字是赵天吉,这个名字为北京新发现的档案所证实(程啸、朱金甫:《〈义和团档案史料续编〉初探》,第11页)。徐州道台阮祖棠没有提到名字,他说这种新的武术的创始者来自河南归德(刘坤一光绪二十二年六月十八日奏,《教务教案档》第6辑第1册,第150—151页)。关于道士的出处,见李秉衡光绪二十二年五月十二日奏,《教务教案档》第6辑第1册,第144页。

[2] 刘坤一光绪二十二年六月十八日奏,《教务教案档》第6辑第1册,第150—151页。

[3] 据山东大学调查原稿(单县),刘孔洁(刘士端的儿子)说他的父亲在起义前20年就从赵学武;万光炜说赵在1896年前50年就到了那里(同上),参见《山东义和团调查资料选编》,第7—8页。

[4] 田中忠夫:《革命中国农村的一个实证研究》,东京:众人社1930年版,第242—245页。

然赵仅是传授武艺,地方官员也就没有理由注意这个组织了。事实上,在一个地方领导集团崛起之前,这样的组织甚至并不存在。

但赵到底教了些什么?是邪教里的吞符念咒,抑或仅是拳术?我们在前面至少已提到19世纪早期金钟罩和白莲教之间关系脆弱,以及地方传说中将大刀会与坎卦派联系起来,或认为大刀会不过是坎卦派的武装。然而,对现存少量的有关金钟罩仪式的资料,我们需要更加仔细地加以研究。虽然口述史料说赵在白莲教起义失败后逃往山东——可以推测这是1861年在鲁南发生的事,我猜测他只是一个武师,他与起义可能有的任何瓜葛都与宗教信仰无关。① 但这并不意味着他传徒授艺的活动毫无宗教色彩。徐州道台给我们留下了关于其仪式的非常完整的记载:

> 其习法时,贫者不收贽仪,有力者以京钱六千为贽。夜半跽而受业,燃灯焚香,取新汲井水供之,以白布画符箓。其符字鄙俚不经,有"周公祖,桃花仙,金罩铁甲护金身"等字样。传艺者并不能书,或不认字,多遣人代书之。另授以咒,诵咒焚符,冲水令其跪饮。即于灯上吸气遍吹其体,复以砖棍排击之。诵咒三夜即能御刀,谓诵久即火器亦不能伤矣。大致略似运气之法,气之所至,猛击一刀,可以不入,而稍一顿挫,则仍饮刃也。愚民无知,惊为神术。②

几乎所有关于金钟罩仪式的记载都与此相似。他们强调念

---

① 《山东义和团调查资料选编》第6、7页。我对赵与白莲教的关系的怀疑因两方面原因而加深,这种说法缺乏细节情况,同时其来源不是当地的农民,而是其材料来源不详的山东省博物馆,以及单县政协的一位委员。他们的观点都很可能受到政治的影响。

② 《阮祖棠禀》,引自刘坤一光绪二十二年六月十八日奏,《教务教案档》第6辑第1册,第151页。

咒和吞符,然后进行排砖排刀的基本武术训练。当时的另一份资 ¹⁰⁶

料将大刀会的迅速传播归因于它"运其全身功夫以达刀枪不入之

境,故又名金钟罩、铁布衫或无影鞭"①。口述史料的说法与此类

似。他们强调通过对身体的击打来造成抗拒伤害的能力,同时诵

念非常简单的咒语。因此,大刀会武术训练的精髓正是至今尚在

中国武术家和杂技表演家中流传的硬气功或功夫之类的东西。

　　正是大刀会的咒语和符箓使它和这一地区的其他武术流派,

如大红拳区别开来。② 咒语被看得尤为庄重,对此有严格的保密

规定。"子不告父,父不告子。"③在打仗时,他们胸前穿着大红护

身兜肚。④ 他们至少拜一位神祇即"真武神"(或叫真武帝,也叫

玄天上帝)作为其祖师。⑤ 有人注意到这一点,并将大刀会与白

莲教联系起来,因为据说 1774 年的山东王伦起义,也崇拜真武

帝。⑥ 但真武帝是中国民间宗教中非常普遍的崇拜神祇,特别保

护地方免遭盗匪袭击。⑦ 在对祖师的崇拜上,大刀会似乎宁愿保

留民间宗教的一贯精神,而抛弃某一教派的个别传统。

　　我看到一种相当普遍的咒语,虽然它也充满着通常含糊不清

和模棱两可的语言,但它避开了专门的宗教性内容。相反,它呼

吁众多的神力帮助他们达到刀枪不入之境:

---

① 《山东时报》(1896 年 9 月 11 日),《山东近代史资料》第 3 分册,第 183—184 页。

② 见《山东义和团调查资料选编》第 14—18 页所引的许多记录。

③ 高世才口述,《山东义和团调查资料选编》,第 15 页。高以前是大刀会的成员。参
　　阅宋崇星,山东大学调查原稿,郓城。

④ 刘汉臣口述,《山东义和团调查资料选编》,第 17 页;亦见刘山地、杨建邦口述,山东
　　大学调查原稿,郓城。

⑤ 楚风云口述,《山东义和团调查资料选编》,第 56 页;梁迁春口述,同上,第 17 页;陈
　　华臣等口述,同上,第 13 页。

⑥ 佐藤公彦:《乾隆三十九年王伦清水教叛乱简论——义和团研究入门》,《一桥论丛》
　　卷 89,第 96 页。关于王伦,参阅韩书瑞:《山东起义》,第 39 页。

⑦ 杨庆坤:《中国社会中的宗教信仰》,第 152—155 页。

法官请到符神位,铁宗神灶保护身。

弥陀训字镇三边,铁盔铁甲穿铁衣。

金顶铜塔石头封,刀剁斧砍一脚踢。①

我们看不到什么当时的证据证明大刀会信仰降神附体之术,而这却是 1899—1900 年义和团仪式的中心内容。很多来自曹、单两县大刀会参加者的口述史料,都没有提到过这样的仪式。我在 1980 年访问这一地区时,遇到一位大刀会主要首领的孙子,他在抗战期间协助重建大刀会组织,好跟日本人作战,他肯定,降神附体不是大刀会仪式的组成部分。② 因此,尽管大刀会与早期的教派活动及后来的义和团运动之间都有着显而易见的联系,但是 19 世纪 90 年代的大刀会在信仰体系和仪式两个方面均与它们有着重要的区别。在本质上,大刀会是一个武术团体,它靠简单的符咒帮助习武者作功运气,提高武艺。

赵师傅定居在靠近曹县的东界,一个只有 60 到 80 户人家的烧饼刘庄里,他在那里的得意门生是刘士端。依照中国家庭习惯,刘士端在 1896 年的年龄为 43 岁③,他受过相当程度的教育,

① 李兴红、秦雅敏(音译):《关于"大刀会"首领刘士端的部分情况》(1980 年访问单县时读到的手稿)。

② 情况的提供者是刘惠民,刘士端的孙子。在山东大学已出版的调查材料(《山东义和团调查资料选编》,第 17 页)里偶然有两处关于"下神"的资料,但都是由起义时最大不过 10 岁的人提供的,他们相对来说受过一点教育,所以,可以认为他们提供的情况可能建立在他们在别处读到的关于义和团的资料上,或是有关后来采用了义和团的仪式的大刀会的资料。不管怎样,这种"下神"与降神附体是不是一回事还全然不清楚。最后,有一个否定性的证据:第 68 页注③中《义和团源流史料》所引德国的资料描述了鲁西南地区"猴王"降神附体的情况。这份资料出版于 1907年,在大刀会骚乱之后不久,是由一个对大刀会颇为熟悉的人薛田资——大刀会曾试图杀害他——撰写的。如果大刀会也有降神附体的仪式,那么薛田资应该在他许多著作的某一本中提到它。

③ 1980 年 11 月 25 日与刘惠民的会谈。

在 7 岁到 20 岁之间上学念书。虽然他参加过生员考试,但从未通过,后来他捐了个监生,从而厕身于绅士阶层最底层中。他是一个望族的族长,拥有百亩以上的土地,在这片土地肥沃的地区,这是一份相当大的产业,这里一般人家往往靠每人两亩地过活。在受完学业回家之后,刘士端扮演起地方守护者的角色,他以慷慨闻名,家中过客往来不断。①

他在 30 多岁时,拜赵姓为师,学习金钟罩。到了大约 19 世纪 90 年代早期,他开始从本村和邻村召集信徒。这时,最为荣耀的事莫过于成为本村大刀会的首领。与刘士端的情况相似的人很多。史料记载最多的是曹得礼,单县曹楼人,家中富有,其时年过三十。曹楼村几乎所有的男子都加入了大刀会。曹家是该村的首户,他的祖父一代有地 300 亩。但不断分家使曹得礼的财富远远少于他的祖父,曹本人大概有田 50 亩,这仍能使他过上舒适的生活——当然他还享有其家族早年兴旺而留传下来的荣耀。② 108
彭桂林,大李集人,是刘士端的另一位学生,也是一个有财产的人,拥有 100—200 亩地,而且还有一个极其富有、据说有 2 000 亩以上土地的舅舅。③ 在曹县周庄,大刀会领袖是寨主周允杰。④

在山东大学的调查资料中,关于以上著名大刀会首领和成员

---

① 刘孔洁,刘士端的儿子,以及刘清月提供的情况,《山东义和团调查资料》第 8、9 页;与刘惠民的会谈;李秉衡光绪二十二年五月十二日(1896 年 6 月 22 日)奏,《教务教案档》第 6 辑第 1 册,第 144 页。
② 曹景文,曹得礼的孙子,提供了非常详细可信的情况,《山东义和团调查资料选编》第 8—9 页;蔡京勤(同上,第 9 页)认为曹得礼的土地在 50—60 亩之间;崔贵子(同上,第 8 页)认为是 33 亩。有趣的是县城的一个人说曹得礼是一个拥有 100 亩土地的地主——也许这不真实,但还是与许多大刀会首领的情况相符(张日书,山东大学调查原稿,单县)。
③ 姜智叶、范连中,《山东义和团调查资料》,第 28 页。
④ 董某,《山东义和团调查资料选编》,第 31 页。

的叙述,基本上是前后一致的。"大刀会的内部组织是很复杂的,"一个农民说,"首要的团体是地主和富农。他们参加是为了对付匪徒。"①因为大刀会的目的是要防备日益蔓延的盗匪之患,那些拥有财产需要保护的人加入其中就是很自然的了。"大刀会与匪徒不同,参加大刀会的多是有地的人,地主也参加。很穷的人没有参加,因为他无地,无家可保。同时参加大刀会得每天烧香,得费十多文钱,穷人交不起这些钱,所以没有参加"②。但也有不少资料揭示由于佃户对地主的人身依附,所以他们也被拉入了这个组织。"参加大刀会的是地主、富农多,很穷的人不参加。但种地主地的佃户则参加,为的是地主叫他们学了金钟罩给地主看家。"③据刘士端的儿子说:"参加大刀会的,贫富都有。穷人参加,为的是给地主看家,并且从地主那里得到吃喝。"④最后还有一位资料提供者对大刀会的阶级构成进行了在我看来最有说服力的分析:"参加大刀会的有富裕中农、富农和小地主。大地主不屑学金钟罩,他们叫佃户学。参加大刀会的多数是佃户。大刀会的组织多半为富农或富裕中农这部分人所掌握。"⑤

我对最后这段史料的唯一补充是在那些控制大刀会的成员名单上加上"小地主"——他们在大刀会的领导阶层上可能占首位。事实上,大刀会的领袖们如果不完全相同,也非常近似于1896年《敬上单县遵札议办团练章程》的作者。我们在前面已引

① 侯拱北,山东大学调查原稿,郓城(菏泽)。
② 蔡京勤,《山东义和团调查资料选编》,第20—21页。李兆祥说穷人不参加大刀会,因为他们买不起吃的和刀枪(山东大学调查原稿,单县)。
③ 苏玉章口述,《山东义和团调查资料选编》,第22页。
④ 刘孔洁口述,《山东义和团调查资料选编》,第22页。
⑤ 吴梦周口述,《山东义和团调查资料选编》,第19—20页。为了强调农民参加了反基督教的大刀会这样的进步运动,以与国内的一般偏好保持一致,此书编者重新编排了这份材料的句子,将第三句放到第一句。我将其次序恢复原貌。

用过这份文献。文中对大地主的横行霸道、残酷对待佃户和雇工，他们的自私，以及短视到不肯向邻人和亲属提供借贷的批评，听起来就像是一个怀有温和想法的小地主，希望用各种方法来对付日益蔓延的盗匪活动以维护村庄治安的声音。在这份公开的纲领里，所建议的办法是建立传统的"民团"，但在 1895—1896 年，远较"民团"普遍并卓有成效的防盗组织是大刀会。

大刀会、盗匪和官员

1895 年春天，苏鲁边界沿线的盗匪活动已相当严重，以至引起了清帝的关注，部分原因是朝廷唯恐正在与日本人作战的中国部队运送的弹药遭到截击。具有典型意义的，也许是关于大股匪帮活动的第一份报告，然后是金钟罩抗击土匪的报告，不是出自喜好强调其属地安靖的地方官员，而是清廷的监察御史。他们特别担忧金钟罩和铁布衫的"邪术"[1]。不过，朝廷继续强调盗匪活动的危险性，命令山东巡抚李秉衡"剿除"[2]匪徒，但对金钟罩只是"寻求驱散之方"[3]。当时，这一地区的地方官是曹州知府毓贤，他不久即被提升为管辖整个山东南部的道台（译者注：兖沂曹济道）。毓贤对清廷下谕剿匪的命令反应积极。到 6 月份，李秉

---

① 见佐藤公彦：《义和团运动的初期面貌——基督教活动和大刀会》，第49—50 页。

② 光绪二十一年三月一日（1895 年 3 月 26 日）上谕，《清实录》卷 363，第 1 页。

③ 光绪二十一年三月四日（1895 年 3 月 29 日）和四月一日（4 月 25 日）的上谕引述管廷献和蒋式芬的奏折，《清实录》卷 363，第 4 页；卷 365，第 1—2 页。在第二份上谕中，朝廷的确命令"根除"邪教，但这只是答复蒋式芬关于姓刘的首领（可能是刘士端）曾领导了一次对河南睢州的攻击的报告。因为在第二个月，李秉衡报告说，这次攻击不是由刘，而是由叫作"谢五瞎子"的匪徒领头的，李可能认为应效法从前，对被称为教匪的人采取宽大为怀的态度（李秉衡光绪二十一年五月一日奏，《义和团源流史料》，第 130—131 页）。

衡就报告说毓贤逮捕了数百名匪徒,并处死了数十人。有关口述史料生动回忆了毓贤衙门外面木制的囚笼,俘获到的歹徒被囚禁在笼中,直至饥饿衰竭而死。①

剿匪胜利的功劳不能全算在毓贤一人身上,其他地方官员在当时也忙于组织民团②,大刀会由此转为合法的乡村防卫力量,在剿匪中成为强有力的同盟者。关于大刀会的做法,徐州道台留下了这样一份详细的报告:

> 其时曹方苦盗,官民交倚为重,一习其术则贼不敢侮。遇有抢案,则会中人聚抄贼巢,必获贼而后已。初尚送官惩治,嗣以送官后必照案办理,不能尽杀,众心不快,后遂获贼即杀,不复送官。

随后,大刀会逐渐从与官方密切合作进而僭取官府职能。尽管认识到这一点,这位道台还是称赞大刀会成员勇敢高尚的精神,除在维护治安期间要求供给食物之外,他们不索取其他报偿。如果被俘获的匪徒要求宽恕,他会在当众写下不再重犯的诺言后被释放。道台声称,这一切都是奇迹:"近年菏泽、城武、单县、定陶、曹县等处,直无一贼,皆赖大刀会之力。"③

对大刀会的行动,清廷官员如果没有公然鼓励,也是相当容忍的。虽然毓贤后来声称:"本司前在曹州府任内,以其迹邪术,

① 李秉衡光绪二十一年五月一日(1895年6月23日)奏,《清实录》卷369,第1—2页;《山东义和团调查资料选编》,第75—77页。又见刘鹗《老残游记》第44—70页对笼子和毓贤的残酷的描写。
②《单县志》(1929年版)卷4,第5—6页。
③《阮祖棠禀》,引自刘坤一光绪二十二年六月十八日(1896年7月28日)奏,《教务教案档》第6辑第1册,第151页。

严行禁止。"①但事情的真相无疑更接近于 1898 年山东巡抚的报告:"地方官以其亦不滋事,虽经出示禁止,而相沿已久,亦不敢操之过蹙。"②当地的人们对这类模棱两可的欺人之谈亦心领神会。不过由于清廷 1895 年初发布了上谕,地方上也就有必要发布文告禁止大刀会。但地方官员们还是在其行动中表示对它的鼓励:"适大刀会获匪送府,嘉其勇于捕盗,重犒鼓励。会中人物感之,乐于助官捕盗。"③

当刘士端捉到了臭名昭著的匪首岳二米子时,官方对大刀会更加赞赏。甚至有谣传说(我相信这是假的)刘士端被赏给三品顶戴。④ 正是通过诸如此类的行为,群众了解了官方的态度,而毓贤当然是定下这一官方基调的人。因此,口述史料清楚地记 *111*载:"毓知府发布告示,说我们应该学大刀会打土匪。"⑤

地方官的这种态度并不出于意料。他们奉命镇压盗匪,而大刀会能对他们的努力提供强有力的支援。而且,大刀会组织的社会构成也难以形成任何威胁:它的领导即是村庄中的头面人物,长期以来官府就是依赖这些人的支持以维持乡村秩序。甚至在声言禁止大刀会的邪术时,毓贤还注意到"良善殷实之家,亦多学

---

① 张汝梅光绪二十四年五月三日(1898 年 6 月 21 日)引毓贤禀,《教务教案档》第 6 辑第 1 册,第 240—241 页。
② 张汝梅光绪二十四年三月二十一日(1898 年 4 月 11 日)奏,《教务教案档》第 6 辑第 1 册,第 222—223 页。
③《阮祖棠禀》,光绪二十二年六月十八日,《教务教案档》第 6 辑第 1 册,第 150—151 页。
④《阮祖棠禀》,光绪二十二年六月十八日,《教务教案档》第 6 辑第 1 册,第 152 页报告了这个谣传。
⑤ 刘昌如和张宗奋的口述,山东大学调查原稿,郓城(菏泽)。还可以在这些调查涉及的其他人的评论中发现类似的评论(例如,单县的万光炜),但遗憾的是此书编者却着意于刻画毓贤(可能是因为他得到的反革命的声誉)作为大刀会的残酷镇压者的形象(《山东义和团调查资料选编》,第 6 页)。因此这些评论均未被收进出版的资料选编中。

习,为保卫身家之计"①。李秉衡还注意到,在捉拿匪徒并将他们递送官府时,大刀会与正统的民团首领进行合作。② 徐州道台注意到,"绅士亦与往来"③。善良、殷实、拥有财产的村民(实际上是中国的自耕农)在盗匪横行的乡村寻求对自己家庭的保护,地方官员怎么能对他们的行动加以禁止呢?

于是,大刀会在1895年到1896年期间明显壮大起来,它的活动也更加公开化。1896年春天,在单县县城附近的一座庙里,大刀会举行了祖师诞辰的盛大庆典。在四天的时间里,两台戏同时上演,显示出大刀会的巨大成功。④ 像往常一样,戏将整个边界地区的人们吸引而来,从而为各村大刀会之间加强联系提供了理想的机会。根据地方的口头传说,毓贤伪装成算命先生来看戏,以暗察大刀会不断增长的势力。许多资料甚至说他被人认出抓住,然后被释放。⑤ 如果这些资料可信的话,这位知府当然未能观察到大刀会势力增强的情况——虽然他定会对他们的势力留下深刻的印象。作为大刀会势不可挡蔓延的最后一个证据,作为动乱将至的信号,这里让我再次援引徐州道台阮祖棠的报告:

> 潜滋暗长,党类日繁。但在本处绝不掠财奸掳,人皆推

① 张汝梅光绪二十四年五月三日引毓贤禀,《教务教案档》第6辑第1册,第240—241页。
② 李秉衡光绪二十二年五月十二日(1896年6月24日)奏,《教务教案档》第6辑第1册,第144页。
③ 阮祖棠禀,《教务教案档》第6辑第1册,第152页。
④ 《阮祖棠禀》,《教务教案档》第6辑,第152页;《山东时报》(1896年9月11日),《山东近代史资料》第3分册,第183—184页;《山东义和团调查资料选编》,第10—11页。祖师生辰是在三月初三。
⑤ 刘清目、吴元汉、张起合口述,《山东义和团调查资料选编》,第9—10、12页,以及其他人提供的情况,见单县调查资料的原稿。

其仗义,争归附之。乡村大户多有雇以保家,甚至营县局²卡亦有招募防卫。因之蔓延传习愈结愈盛,东省最众,豫省次之,皖又次之。徐郡与东省壤地相接,近亦有入其会者,共约两三万人之多。①

另外有人估计他们的人数高达 10 万。② 现在看来如此众多的大刀会成员之间并没有任何统一的号令来维系。确切地说,每个村庄的大刀会都有一个首领(一般是来自这个村的望族),他可以通过私人关系或师徒关系与别村的首领建立联系。正是通过这些关系,那些有若干村参加的主要剿匪活动才有可能组织起来。虽然组织松散,但大刀会仍具有足够的力量,他们或迟或早会在社会中引起动荡。因此,他们和当时在苏鲁边界另一种快速增长且独立的力量天主教会发生冲突,就完全不是偶然的。

大刀会与天主教

当我们探索农村自卫组织与基督徒之间暴力冲突的起源时,始终不要忘记那些激起农民参加的特殊的地方问题,同时也要注意全国和省内的政治局势,以及在这种形势影响下的政府官员及独立的政治力量,在中国这就是士绅阶层或外国传教士。当大刀会在 1895—1896 年成为苏鲁边界最有影响力和最为活跃的力量时,在全国范围内正是外国和基督教势力专横跋扈的时代。1895年夏天发生了成都骚乱和古田大屠杀之后,外国人提出撤换或贬

①《阮祖棠禀》,《教务教案档》第 6 辑第 1 册,第 151 页。
②《山东时报》(1896 年 9 月 11 日),《山东近代史资料》第 3 分册,第 183 页。

黜清廷的高官,他们这些空前的要求均得到了满足,有了这种先例以及清政府在中日甲午战争中表现出明显的衰弱,西方列强开始在教案问题上对中国进行更富有侵略性的压迫。其中,德国人表现得最为显著。他们对 1895 年 6 月底发生的一次骚乱事件表现得蛮横无理,当时安治泰主教再次试图在兖州取得一个永久性住地。德国驻京公使发出的威胁达到一个新的高度,他对兖州事件作出反应时警告总理衙门:"如果贵国政府不能有力地镇压(这些骚乱)并给予(基督教徒)更多的保护,我的政府将别无选择,只得自己设法去保护他们。"①

我们已经看到,随着外国教会权威的与日俱增,皈依基督的中国人和基督教包揽词讼的案件不断增多。因此,我们可以想象,伴随着基督教传教士成功而来的巧合绝非偶然。两种势力都是对中国衰弱的反应。天主教会势力的增长削弱了国家的力量,它一方面保护教民,反对国家的治安力量,另一方面施加影响包揽词讼。而与此同时大刀会则对地主安全承担起政府不能承担的责任。这两种势力都是对清政府在中日甲午战争中软弱无能的反应。因此,他们最终发生的冲突并不出乎意料。

在考察政治冲突的一般原因之后,我们必须回到引起事物发展变化的特殊原因上来。在这里,我们能发现大刀会从反盗匪转向反洋教的种种原因。当了解到天主教会在苏鲁边境一带的传教方式以后,我们就不难发现一个简单的事实,那就是盗匪摇身一变成了天主教徒:

———————————

① 布兰德光绪二十一年八月十八日(1895 年 10 月 6 日)奏,《教务教案档》第 5 辑第 2 册,第 604—605 页。关于兖州事件,请特别参考《教务教案档》第 5 辑第 2 册,第 590—591、595—596 页。

大刀会在光绪二十年打过岳二米子，因岳二米子有三千多人没吃没穿的，抢富户的东西，所以大刀会打他们。大刀会把岳二米子平后，岳二米子的人因怕富人捉拿，都信了天主教。①

引起冲突的另一个原因是天主教徒对大刀会的刀枪不入提出了疑问："天主教徒不相信大刀会员能避刀枪，指为妄诞，会众就因此与天主教作敌……"②这两个组织都各有其重要的宗教信仰，天主教徒对一切"异教"信仰的厌恶更使二者变得势不两立。*114* 因此，他们都站在纯粹的宗教立场上，互相威胁着对方。大刀会的成功自然会使人们不再相信天主教徒所说的"异教"神祇的无能；反过来从心理角度来看，中国人一向讲究"信则灵"，天主教徒对金钟罩的吞符念咒、坐功运气大加怀疑，鄙视其精神支柱，削弱其信仰的力量。

这些因素当然是大刀会和基督教势力冲突的原因，但当我们仔细观察那些引起争斗的具体事件时，就会重新看到一幅画面，其中最引人注目的方面是对权力、势力和地盘的争夺。只有一份文献上记载了一个直接涉及刘士端及他的门徒曹得礼与基督教徒发生的冲突。它发生在 1896 年 2 月的单县、曹县和城武县交界处。其时，一个名叫郝和升的药商（郝是山西客民）想在阴历年底收完旧账，就去向一个叫吕登士的教民讨债。吕登士想拖延，于是双方发生一场争吵。吵架中，郝和升指责吕登士利用其基督徒的身份赖账。吕登士的一个叫吕莱的亲戚加入了争吵，指责郝

---

① 苏玉章的口述，《山东义和团调查资料选编》，第 22 页。
② 《山东时报》1896 年 9 月 11 日，《山东近代史资料》第 3 分册，第 183 页。参阅薛田资：《在华二十五年，1893—1918》，第 78 页。

和升是白莲教成员。郝和升回敬说吕莱加入了新近设立的一个天主教团体以掩盖他曾做过盗匪的历史,经人劝解后遂散。但是吕莱不肯善罢甘休,他找到当地教派教师东昌人张连珠,声称郝和升侮辱了基督教。张连珠立即召集一伙基督徒,持械去郝和升处寻衅,但没有找到他。

第二天是邻近李海集的集日,郝和升前去赶集。张连珠集合了他的人马跟在后面,郝闻讯躲了起来。后听说大刀会首领曹得礼也来赶集,郝和升就出去找他并请求保护。曹得礼当即答应下来,召集了一些他的人,并在一个药店的前面遇到了张教师。药店的老板怕发生争斗,连忙将这两位首领带到里边,劝他们平息争端,大事化小。但这场争吵已吸引了一大群因忙于置办年货而前来赶集的人。这位张姓教师显然认为如果让这场由他挑起的争端平息下去,他将大丢面子。于是他联络了城武县天宫庙镇的另外一个教师,准备打架。

天主教徒给曹得礼送信约期,曹接信后即与刘士端取得联络,并各自集众前往天宫庙。但在路上他们被当地防营哨弁和寨主以及城武县令拦住。这三人都劝曹得礼和刘士端不要鲁莽行事。同时,一个碰巧在该营的德国传教士在场,听到后亦认为张连珠多事。第二天,双方被劝说相互道歉,此事乃告平息。但这件事情从此使大刀会和天主教陷入直接冲突:天主教会关于其教堂受到损坏的报告夸大其词(地方官员们发现查无实据),致使德国公使前往总理衙门交涉。因此,有必要重申对大刀会的禁令,清廷在 2 月份贴出有关通告,这正好在春节后不久。[1]

---

[1] 李秉衡光绪二十二年五月十二日(1896 年 6 月 22 日)奏,《教务教案档》第 6 辑第 1 册,第 140—146 页。这份很长的奏折包括了曹县、单县和城武县县令的报告,以及候补知府秦浩然微服私访的报告。

这件事之所以值得非常注意恰因它起因甚微,事过之后,双方显然都在摩拳擦掌。这一次,械斗是避免了,但代价却是双方埋下了更深的火种。李海集上的争吵使基督徒大丢面子;但大刀会也因重新恢复的禁令而深受其苦。那场争吵的主要后果无疑是使双方阵线分明,这一切都在预示着另一次冲突事件发生已为时不远了。

1896 年 6 月起义

不管是对匪徒还是对天主教徒的战斗,大刀会取得成功的关键在于他们并不受治于行政区划的限制。当官方的镇压力量因不能(或不愿)进入另一个行政区而行动受阻时,大刀会却可以自由出入各地。无论它的权力还是势力都超越了官僚体制下的行政区域。当曹县争端使大刀会活动陷入低潮时,邻省江苏边界又重起事端。

法国耶稣会士在几省交界的砀山和丰县的活动虽只有短短 6 年,且远离徐州主教区,但在其辖属的 48 个教区中,是最活跃、最有希望的。[①] 在 2 月份,当山东境内大刀会与基督教的摩擦日益增长,江苏的基督教徒也面临着由一些心怀不满的下层绅士们 *116* 挑起的事端。红色揭贴上警告说:"洋人前来秘密建立白莲教庙堂",并宣布"所有绅士(上等人)都暗自决定制止这一罪恶企图"。尽管出现了三两个虚声恫吓的暴民和未能实现的对当地基督教首领的"缉捕"令,但当县令前往禁止对教民的攻击时,事态很快

---

① 勒劳:《苏州》,第 180、206、209、211—212 页。

就平息下去。①

其后不久,暮春时节,争端再起。事件的起源是庞姓和刘姓家族对东滩一带土地所有权长期不息的争吵。东滩地处庞家林和刘堤头两村之间,而且显然沿着黄河故道,因故道就从两村之间流过。起先,这里是曲阜孔氏的家业,没有官税,每年只需向业主贡奉鹅鸭之类。从捻军起义时起,官绅的这种要求似乎不再得到履行。推测起来,大约与社会失序和黄河在 1855 年改流北道有关。黄河改道后,以前的河地不再适于放养家禽。但就一般的农耕而言,这里的淤土却特别肥沃,随着这块官地的被弃,千亩良田的所有权很简单地就归于最有势力的人物。据一位被访的农民说:"附近谁有势力谁就可以霸占耕种。"②但事实上,单枪匹马的农民很少有这种力量,所以斗争实际上是在相互竞争的家族之间进行,各由殷实的地主们领头。另一位被访者的说法可能更有道理:"农民租种,谁有势力就向谁交租。"③

直至 19 世纪 90 年代,庞姓无疑是该地区最有权势的家族,但到 1892 年,庞姓原来的族长去世之后,其势力渐衰,庞三杰变为这一族的头人。他当时只有 20 多岁,相当年轻,但他受过一点教育,曾潜心习武(箭术精良),并且通过了武科生员考试。有了功名,再加上至少有 300 亩土地的遗产,庞三杰显然是一个具有相当实力的人物。然而,他还未到无以匹敌的地步。因为,当时和他争地的刘堤头刘氏家族已经奉教,并以此来支撑他们对东滩土地的要求。起初,庞三杰失多得少,为了加强其势力,他加入了大刀会,以抗衡刘氏地主。1896 年 6 月,当刘家闯到东滩抢收小

117

---

① 勒劳:《苏州》,第 173—175 页。
② 苏贵房口述,《山东义和团调查资料选编》,第 25—26 页。
③ 张日书口述,《山东义和团调查资料选编》,第 23 页。

麦时,冲突爆发。①

6 月 3 日,庞三杰率领大约 60 名大刀会员前去焚烧刘堤头的小教堂,但事情并未闹大,因此 6 月 7 日在那里与砀山县令一起调查情况的法国神父只将之视为一般族仇,并根据事先确定的撤离计划离开了。按照那位传教士的要求,县令曾试图登门拜访庞三杰以平息事态,但未找到他,于是就写了一封信,委托当地绅士转交给他,信中建议如果他与山东人发生争吵,那么他就应在山东解决——在边界那边和平解决。这当然是一个古怪而难以理解的建议,因为县令必定知道这场争端是在当地两个家族之间进行的。不过庞三杰的确到了山东——但不是去了事,而是去求援。他的山东之行似乎引起了小规模的仇教事端。② 但庞三杰木人所挂念的是江苏这边的事。在召集了大约 100 名山东大刀会员住在传教士称为"采邑"的庞家林之后,庞三杰于 6 月 16 日袭击传教士的主要驻地砀山县的侯家社(因传教士已退走,当时那里已无外国人)。这一次当地的各种社会渣滓都参加了大刀会,他们洗劫了村庄,并警告说山东人马一到,还会有更多的麻烦。③

庞三杰一伙将侯家庄围了 5 天,并以此为基地,劫掠骚扰附

① 勒劳:《苏州》,第 176 页;《山东义和团调查资料选编》,第 23—26 页。李秉衡光绪二十二年六月二十四日(1896 年 8 月 3 日)奏,《义和团档案史料》上册,第 4 页。李秉衡的奏折令人费解地将庞称为匪徒,这显然是个错误。庞的地产甚至比这里所说的还要多。一份未刊的口述史料(苏贵房的口述,山东大学调查原稿,砀山、沛县、丰县)说他有 8 000 亩地。
②《德国公使函》,光绪二十二年五月二十一日,《教务教案档》第 6 辑第 1 册,第 149 页。
③ 勒劳:《苏州》,第 176—179 页。县令这封奇怪的信可能是用来迷惑传教士的,为当地传教士格恩 1896 年 6 月 22 日给哈夫勒(Havret)的信所引述,《苏州》,第 179 页引用了这封信。

近 15 个村庄的教民。未信教者虽然没有遭抢劫,但富裕的大户也不得已向大刀会队伍奉献了牲畜、食品、衣服,而且据说还有鸦片。与此同时,地方官员很快行动起来保护在砀山和丰县的外国传教士,将他们及其钱财等物疏散到防守坚固的麻清堡垒。6 月

118 21 日,庞三杰回到山东,并在那里劫掠单县教民的家,捣毁他们的家产,烧毁天主教薛孔楼洋学。几天之后,其人马增至千余人,在前往另一个主要传教士住地——丰县戴套楼的路上,他们又袭击了砀山教民们的家。村里的人都逃之夭夭,但至少有一位村民为泄私愤而乐于为大刀会指出谁家是教民,这伙人焚烧了 94 家教民的房子。然后他们又回到侯家庄,将那里的许多建筑物付之一炬。[1]

到此,庞三杰发现自己正面临难关。他把苏北一带教徒的东西几乎烧掠一空。目标灭尽之后,食物来源即刻成了问题,江苏的官员们此时也动员起来,他肯定意识到一支相当规模的军队正向北开来对付他。此外,山东大刀会的领袖们准备在何种程度上帮助他亦不明朗。刘士端显然同意派他的弟子彭桂林前去领导支援庞三杰的山东大刀会人员。但刘士端本人及其主要助手曹得礼却安然置身事外——也许是因为 2 月份与官府的摩擦使他们有所收敛。庞三杰需要为其队伍提供食物,所以他转回山东,向地处苏鲁边界上的马良集进军。这支队伍已夹杂不少非大刀

---

[1] 勒劳:《苏州》,第 177—180 页;刘坤一,光绪二十二年五月二十五日(1896 年 7 月 5 日)奏,《义和团档案史料》上册,第 2 页;李秉衡光绪二十二年六月二十四日奏,《义和团档案史料》上册,第 4—5 页。《阮祖棠禀》,引自刘坤一光绪二十二年六月十八日奏,《教务教案档》第 6 辑第 1 册,第 152 页。勒劳、刘坤一和阮祖棠认为大刀会成员的数目大约有 1 000 人;李秉衡说是 400—500 人。《北华捷报》上的一份含糊的报道说,徐州道台提到过 3 000 这个数字(《北华捷报》卷 57,1896 年 7 月 17 日,第 107 页)。

会成员的人，它的纪律不久就崩溃了。6 月 29 日，他们劫掠了一些盐店，一个卖京货的小店，以及一个小官衙。为此，当地的民团武装加入了赶来镇压庞三杰的一队官军之中。大刀会员在单县东南一带疏散，他们偷窃谷物、马匹，并寻找别的补给。这支队伍中大刀会高层首领彭桂林被从徐州派来与地方民团合作的军队逮捕。其他大刀会员试图营救他，却在最后一役中陷于失败。在关于此役最详细的记载中，提到仅有 2 人死亡，18 人被捕，余者或疏散隐匿或返回家乡。军队和地方民团乘胜追击，另有 13 人于 7 月 1 日在单县被捕。①

冲突到此结束，但切记这次事件的范围非常狭小。法国耶稣会士的记载仅提到对侯家庄和戴套楼 2 个主要传教士住地以及另外 16 个村庄中教民家所受的攻击。在 6 月 26 日，他们仅得到 _119_ 地方官们拿出的 2 000 串钱损失费的赔偿，这是在最后一次战斗发生之前。② 山东的德国人提交了一份详细清单，包括他们 17 个村中小教堂所受的损失如：房顶损坏，窗户打破，圣坛被偷，以及薛孔楼被烧毁的 119 间教民的茅屋。要求偿还损失共值 12 020 串现钱，安治泰受到德国公使的不断训斥，其后，他以获赔

---

① 勒劳：《苏州》，第 180 页；李秉衡光绪二十二年六月二十四日奏，《义和团档案史料》上册，第 4—5 页。刘坤一个更为粗略的报告说在第一次战斗中（6 月 29 日）有 100 多个"匪徒"伤亡，第二天又有 80—90 人伤亡（光绪二十二年五月二十五日奏，《义和团档案史料》上册，第 2 页）。虽然李秉衡说仅有 2 人被杀死的报告不全面，但据他后来更详细的报告来看，刘提到的数目不可信。关于这次事件的口述史料，见《山东义和团档案史料选编》，第 25—27 页。

② 勒劳：《苏州》，第 184—186 页。值得注意的是，传教士对在徐州及几个县城取得居住地比对赔偿更为关心——作为这次协议的结果，他们的这种努力取得了成功。

偿 10 000 串制钱的条件解决了此案。① 在整个事件中无论是中国还是外国教民都没有伤亡。② 大刀会只是在对教会及其财产的示威性攻击中一显身手。他们肯定是有意避开了对教民性命的威胁,因为如果他们想这样做,一定不难找到牺牲者。北京朝廷仅将此事记录在案是颇有道理的。如果读一下这一时期的《实录》,我们就会看到,在直隶、东北地区,以及两广边界地带,"匪患"与这里同样严重。1895 年和 1896 年在陕西和甘肃发生的回民起义使得清廷不得不从京畿调董福祥部镇压。和回乱对国内安稳造成的威胁相比,苏鲁边界大刀会的任何所为都显得无关紧要了。③

当我们理解了事件发生的背景和过程之后——它的影响微小且传教士反应相对温和——我们才能了解官方反应的重要性。在山东平定大刀会的责任留给了已升任为按察使的毓贤和新任兖州道台的锡良。冲突结束后,大刀会的两个主要领袖——刘士端和曹得礼——依然逍遥法外;甚至事件的肇端者庞三杰,也逃脱了逮捕。山东的主要任务是逮捕刘士端和曹得礼,而整个过程极为简单易行。7 月 7 日,曹县县令派民团首领曾广寰前去邀刘士端赴会。这两人是朋友,在剿匪中曾长期合作。于是刘士端跟他前往并马上遭到逮捕。毓贤审问之后便将其斩首。单县县令

---

①《海靖致总理衙门》,光绪二十二年十月六日(1896 年 11 月 10 日),《教务教案档》第 6 辑第 1 册,第 164—166 页;李秉衡光绪二十三年二月十九日(1897 年 3 月 11 日)奏,同上,第 186 页。关于中德协定的进一步讨论见本书第 148—187 页,此事以德国公使要求对安治泰赏戴花翎以表彰他接受这种解决的好意而告终。
② 勒劳:《苏州》,第 187 页。
③ 散见《清实录》(光绪朝)卷 369—396。

用同样的方式将曹得礼诱捕，锡良主持了对他的审判和处决。[1]
这两位领袖的死似乎表明了他们出奇的天真。但这也反映了大 120
刀会领袖与民团首领，与他们地位相当的乡村士绅以及地方官员
之间亲密和相互信任的关系，在镇压盗匪的活动中他们曾长期合
作。值得回忆的是，刘士端和曹得礼都避免直接卷入 6 月的事
件[2]，所以他们可能认为自己没有什么好怕的——或许他们是被
召去主持某些有关解散大刀会的事宜。还有可能，他们像日本的
农民抗议运动的领袖一样，为他们认为正义的事业前去牺牲自
己。不管是什么原因，他们去了，并且死了。大刀会也与他们一
起告终。它的成员停止集聚演练其仪式和武术。于是，该地区遂
告平静。[3]

　　当然，大刀会并未完全消失。我们在下一章将会看到，1897
年，大刀会会员卷进了杀害两名德国传教士的巨野事件；1898 年
有谣传说大刀会在鲁西南边界进行活动。最后，1900 年，当华北
官方对反洋教活动普遍予以容忍时，大刀会在郓城与菏泽重新复
活。但是，此时大刀会活动的地区已大大改变，而且即使在这时，
大刀会的中心地带曹县和单县依然保持着平静。正如刘士端之
子所言："刘士端被杀后，大刀会就没有什么活动了。"[4]

---

① 李秉衡光绪二十二年六月二十四日（1896 年 8 月 3 日）奏，《义和团档案史料》上
　册，第 5 页。《山东义和团调查资料选编》，第 29 页。据说是一个当地绅士领人去
　逮捕的，而且他还反对宽恕大刀会首领的观点［《单县志》（1929 年版）卷 12，第
　25 页］。
② 事实上刘从未为难过离他家仅数步之遥的高庄基督徒。正如刘的一位追随者所解
　释的："他们从未欺负我们。"高世才的口述，山东大学调查原稿，单县。
③《山东义和团调查资料选编》，第 29 页；《山东时报》，光绪二十二年八月五日和十月
　二日，《山东近代史资料》第 3 分册，第 184、302 页。
④ 刘孔洁口述，《山东义和团调查资料选编》，第 33 页。

如果说大刀会在鲁西南的悄悄消亡多少有些令人惊讶，那么边界那边江苏大刀会的最后解体则简直令人大吃一惊。像山东一样，官府将所有注意力都集中在了其首领庞三杰上。官府发出了一道将他缉捕斩首的命令；他的哥哥被投入了监牢；其大部分土地被充公；地方绅士们接到指示去观看他的"采邑"的毁灭。但绅士们却犹豫不决，说他们害怕大刀会的报复，县令也声称他找不到庞三杰的藏身之所——尽管大多数人都相信，他安然地躲在家里。然而巨大的压力使庞氏家族不得安宁，1897 年 4 月，18 个村庄的庞姓首领在一起商讨对策。几天后，他们交给当地法国传教士多尔神父(Father Doré)一份有 4 000 多人的庞氏宗族的名单，他们希望皈依天主教。下一个星期天，多尔神父的教堂被三四百个庞姓人挤得水泄不通，其中包括庞三杰的双亲和儿子。庞

121 氏长者像对待"地方长官"一样，向教会提出几条简单要求，作为对庞氏宗族皈依的交换条件。他们仅要求饶了庞三杰的命，让他与家庭平安度日，放了他的哥哥，允许他们保留宗祠，部分宗祠将用作教堂或学校。

多尔的上司格恩(Gain)神父，将此事报于道台，说他认为这样解决比山东那种"砍掉有影响的头"的方法要好得多。不用说，道台不能明确表示赞同。因为毕竟有一道逮捕和处死庞三杰的上谕。但他保证将庞三杰的哥哥从监狱放回，并建议如果庞三杰自己隐藏一段时间，官府自然就很难逮捕他。有了这个承诺，协议就达成了。庞三杰离开家里一段时间，然后就越来越长地住在家里，并且不久就恢复了社会地位。他开始参加教义问答，并与多尔神父频繁见面。1897 年秋天，大刀会的威胁随着巨野事件而重新复活，庞三杰只身前去保护正在长途旅行的主教通过教

区。这就是事情的结局。[1]

总的说来,边界两边的教会对冲突的解决都感到高兴,但江苏的耶稣会似乎更加欣喜若狂。庞氏家族的皈依是一次巨大的成功,结果不可能比这再好了。不过更为根本的是,以斗争胜利者的面目出现证明了他们对地方官员有效的影响。正如我在前面曾强调过的,皈依基督与基督教会有效运用其势力紧密相联,因此,越来越多的人投向教会是难免的。在谈论1896年事件的后果时,徐州主教区的历史记载非常坦率:

> 如果打官司的人在法庭上遇到困难,如被征收过量的租税,因遗产而争吵,或遇到别的威胁,而他们没有足够的钱财收买法官,那么还可以求助于教会,它伸张正义而不索取任何东西。但人们必须是教会的成员才可以向它求助。因此马上在各个地方,有20个、30个、40个家庭和整个整个的村 *122* 庄,要求入教。1896年6月,当大刀会在徐州得势时,新入教的人数是3 550人。在1897年6月,就有10 000人;1898年是17 000人,次年26 000人,1900年闹义和拳时,则超过20 000人。[2]

皈依洋教的基本原因和动力再次得到证明。但它只是更大的社会冲突将要来临的预兆。

这种冲突迫在眉睫,但在本章结束之前,我要回到大刀会起义最有意义的方面:即它引人注目的和平结局。随着正好30个

---

① 勒劳:《苏州》,第201—207页。这个故事,为有关传教士的报道所证实,似乎证明了毓贤关于大刀会成员(显然是在山东)加入了基督教的说法。张汝梅光绪二十四年五月三日(1898年6月21日)奏折所引,《教务教案档》第6辑第1册,第240—241页。

② 勒劳:《苏州》,第200—201页。

"不法之徒"的被捕和处死,山东的大刀会被镇压下去了。[1] 据传教士们记载,江苏采取了更紧的法律管束。边界两边的官员都强调宽大为怀。在接到一道要他"派队伍速往镇压,如敢抗拒,即就地剿除"的上谕后,李秉衡故意强调结尾部分的条件短句,他答复说:"是圣主如天之仁,原不欲概行诛殛。"[2]表达得更明白的是徐州道台提出的公式:"只论其匪不匪,不论其会不会。"[3]这句话照搬在 1900 年清廷的教令之中。一般看法认为这暗示着清政府容忍由直隶向北京发展的义和团运动。

对 1899—1900 年的义和团运动来说,逮捕和处死少数首领无法阻止他们。但这在 1896 年镇压大刀会时却起了决定的作用——因为它是一种由乡村地主士绅强有力控制的组织,并且与地方官员和民团势力也有密切关系。对这样的组织,逮捕首领和遣散胁从的传统方法非常有效。大刀会仍然属于乡村社会结构中的一种组织,因而对政府所示的警告尚能作出反应,而 1899—1900 年的义和拳却与此迥异。他们的热情不会因临时处死少数人而遭受挫折。

---

[1] 李秉衡光绪二十二年十一月九日(1896 年 12 月 13 日)奏,《教务教案档》第 6 辑第 1 册,第 170—171 页。

[2] 光绪二十二年五月二十三日(1896 年 7 月 3 日)上谕;李秉衡光绪二十二年六月二十四日奏,《义和团档案史料》上册,第 1,5—6 页。

[3]《阮祖棠禀》,引自刘坤一光绪二十二年六月十八日奏,《教务教案档》第 6 辑第 1 页,第 152 页。

第五章　巨野教案

那是万圣节——1897 年 11 月 1 日之夜。3 名德国圣言会传教士，薛田资、韩理和能方济（Francis Xavier Nies）在巨野县张家庄的传教士住地相聚。这是薛田资的布道地，离济宁约有 25 千米。另外两人是前来拜访的。由于韩理对自己工作进展缓慢而深感沮丧，薛田资要他休息一下。那天晚上 3 个人尽力打起精神，唱着他们孩提时代的歌曲，由薛田资用齐特拉琴伴奏，并练习第二天要做的安魂弥撒。入寝之前，薛田资将他的卧室让给两位客人，自己则住到仆人的房间。大约在午夜前 1 小时，忽然枪声大作，院子里布满了火把。大约二三十个手持刀枪的人径直冲到薛田资的住处破门而入，将能方济和韩理用乱刀砍死。他们显然意识到当地的那个传教士不见了踪影，于是便冲向圣器收藏室，并搜遍整个教堂，寻找薛田资。但他们还没来得及搜查仆人的房间，村内教民便前来保卫，这伙人随即消失在夜色之中。①

这就是巨野事件。虽然不是原因，但它引发了从根本上影响中国历史进程的一系列事件。5 天后，德皇威廉听到这次凶杀事件，立即将德国东亚海军舰队派去占领了地处山东半岛南岸的胶

---

① 薛田资：《韩理神甫的一生》，第 119—123 页；《在华二十五年，1893—1918》，第 82—85 页。《巨野教案调查》，《山东近代史资料》第 3 分册，第 30—33 页。

124 州湾。列强争夺租借地由此开始。随后几个月内,俄国就攫夺了位于辽东半岛的大连和旅顺口;英国要求租借山东半岛北岸的威海卫,并提出协议,租借香港对面的新界99年,不得将长江流域让给他国,以保证使其成为英国的势力范围;日本也签署了一个相似的协议,使福建成为它的势力范围;与此同时,法国划中国西南地区为其势力范围,租占了广东省的广州湾。一个人们长期担心的进程——就是中国人说的"瓜分"——现在已经开始。

事件起因

莫名其妙的是,这个重要事件的起因被弄得模糊不清。长久以来,德国人一直寻找借口攫取胶州湾,所以当巨野事件发生后,他们全神贯注于夺取港口,并从中国榨取他们所希望的其他特权。对究竟是谁、为什么杀了那两个传教士,他们倒很少追究。地方官员则立即行动起来,逮捕了9个流浪汉和地痞,并将其中两个处死抵罪;但没人相信他们就是那个犯罪团伙的成员。薛田资就根本不相信。根据后来调查的关于这个事件的口述史料判断,巨野的村民们也不相信。① 这种草率处置的后果是,人们从未进行认真的调查,以追究这次杀害传教士的原因和具体证据。

以毓贤为代表的政府立场的主要弱点,是它宣称一群盗匪为凶杀元凶。但除了薛田资卧室里的一点衣物失窃外,没有任何抢

---

① 薛田资:《韩理神甫的一生》,第130—131页;《在华二十五年,1893—1918》,第90—92页;《山东近代史资料》第3分册,第27—45页。不幸的是,总理衙门档案中最能说明官方立场的文献,在《教务教案档》中却付诸阙如,令人费解。所能看到的只是廉立之、王守中所编《山东教案史料》(济南:齐鲁书社1980年版)中一份单件总理衙门奏折,见该书第187—189页。

劫的证据,而且中国盗匪极少使用暴力,特别是对外国人。因此
可以肯定这次凶杀是对德国传教士蓄谋已久的攻击。

　　找到巨野村民们要杀死德国神父们的一般性原因并不困难。
当地老乡曾暗示,在郓城南部不远的韩理主管的教区是这次攻击 125
的目标。① 我们在第三章曾简单地提到过,韩理干预词讼,必定
树敌颇多。他本人也十分难以相处,甚至他教区内的教民也向他
"造过反"②。

　　不过,巨野事件的目标更可能是薛田资。他是本地的传教
士,而且当晚那些人径直冲到他的卧室。据薛田资说,那些进攻
者找不到他时甚至喊出他的名字。这肯定是可信的。就连薛田
资本人的自传也揭示了他让人生厌的个性,和他交往的人心生杀
机也不足为怪。薛田资典型地体现了圣言会派的好斗精神。他
的自传第一行就写道:"1893 年 9 月 29 日,我在施泰尔(Steyl)收
到布道十字架,它立刻成为我为上帝而战的武器与旗帜。"他的种
族歧视是不加掩饰的,那年年末当他到达上海时,他使用了如下
字眼来描述其所见:

　　　　一个全新的世界出现在我们面前。眼睛细长的中国人
　　像蜂群一样围着码头——趾高气昂的商人们穿着沙沙作响
　　的绫罗绸缎,可怜的苦力穿在身上的褴褛破衣遮不住他们肮
　　脏的身体。我们进入这天朝之国的大门时发现(中国人)没
　　有信心,他们用狡诈、骄傲和藐视,来回答我们探寻的目光。

他发现中国官员懒惰(并且)因循,中国食物常常"难以下咽"。由于
忘记带上叉子和匙子,他在旅途中曾被迫"使用两根短棍"吃东西。

_____

① 《山东近代史资料》第 3 分册,第 32 页。
② 薛田资:《韩理神甫的一生》,第 109 页,参考第 78 页。

这样一个人难以适应中国的生活。对他来说，传教士的经历是"一个悲伤和痛苦的锁链……精神的监牢"，使他产生一种"被弃和思乡的感觉"。薛田资在施泰尔受到的训练就是要使他能适应这些，但丝毫没学如何与中国人和平相处。而宁可"受苦，殉难，为信仰而死——这就是我们心灵的愿望"①。如果我们说这种传教士在故意给自己制造困境有些过分的话，那么对他们那种以死为荣的信念我们确应认真看待。能方济神父曾写信回家道："我不止一次向上帝祈祷，要求殉难的荣耀，但很可能它将不会恩赐于我。上帝认为我的血不够红，它仍然搀（掺）杂着现世的尘土。"②

绝对可以肯定，薛田资冒犯过很多人。关于巨野教案的口述史料讲到除了一般的传教士干涉讼案、无事生非、欺压乡民以及敲诈勒索盘剥贫民外，还特别指出薛田资强奸了 10 多个当地妇女。③ 不管确切与否，这种指责反映了人们对薛田资的看法。至今仍不清楚的是，他究竟触怒了谁或哪个团伙，以致引起了人们的杀机。根据薛田资个人的叙述，其中有一点与一个口述历史调查相符，这就是遵照圣言会的宗旨，薛田资也将曹家庄为数众多的前白莲教成员在他的教堂注册。但他拒绝该村的头领入教，因为据说此人曾从邻镇偷窃并杀死了一头牛。他的拒绝引起了不少人的反感。同时，因为新入教的都是这个村最富有的家庭，他们入教便拒绝给村里的节日提供例行的物品，使乡民的反感更为加剧。村庄的首领试图强迫教民交纳，但这不过导致了教民对地方官员更深的敌意和抱怨。薛田资相信，这位首领后来就加入了

---

① 薛田资：《在华二十五年，1893—1918》，第 7、9、20、25、34 页。
② 薛田资：《韩理神甫的一生》，第 140 页引。
③《山东近代史资料》第 3 分册，第 29—30 页。

大刀会,并领导了对教堂的攻击。①

　　一些当地人的回忆与这个故事相符,许多人认为在某种程度上,大刀会成员卷入了巨野教案。这里的大刀会在刀枪不入的仪式以及其他细节上与苏鲁边界的大刀会是否相似还不完全清楚。但给人的印象是,这个团伙以向传教士复仇为目的,借用了大刀会的名字和声望,对其仪式和教义并不多加注意。同时大多数人似乎都倾向于一些从前的盗匪也参加了这次对传教士的攻击。在口述历史调查中,有几个人都提到一个名叫刘德润的人。刘德润以前是个盗匪,他一直在寻机报复逮捕并拷打过他妻女的县令。对他来说,一次大教案只是断送这位县令仕途发达的手段。②

　　以上这些就是我们所能知道的引发巨野教案的缘由。也许,这个地区一些特别令人厌恶的传教士(特别是薛田资)积怨太多。这种积怨由于村内村外的争端而更加复杂。最可能的是,传教士 *127* 的敌人发现,与其他不法分子(对其中有些人来说可能没有比与地方官为难的愿望更使他们动心的了)结盟,并采用前些年因反基督教而声名显赫的大刀会的名义是很方便的。这次事件的缘由无疑是复杂和模糊的。但对传教士和德国政府来说,这是天赐良机——并且他们完全知道如何利用它。

德国的反应

　　1897 年的德国是一个急不可耐地寻找机会以逞强世界的民

---

① 薛田资:《韩理神甫的一生》,第 127—128 页;《在华二十五年,1893—1918》,第　79—90 页。参考《山东义和团调查资料选编》,第 39—40、43 页。
② 《山东近代史资料》第 3 分册,第 32、42、44 页。R. F. 约翰斯顿:《华北的狮与龙》,　第 58 页,有另一种关于报复县令之说。

族。在过去 10 年间,德国的经济增长突飞猛进,其经济实力在欧洲大陆上跃居首位;在暗中它还成为英国在国际贸易方面的头号对手。德国在中国的地位反映了它新生的经济力量:其贸易额紧追英国之后居第二位,在海运和金融方面它也同样引人注目。1890 年德华银行成为第一个非英国的在华外国银行。但当时的德国仍然没有足够的军事实力来保护它的经济扩张。在那样一个时代,甚至连虔诚的自由主义者马克斯·韦伯也承认"只有强权,只有赤裸裸的武力才能解决外国市场问题"①。特别是 1890年阿尔弗雷德·马汉(Alfred Mahan)的《制海权对历史的影响》一书出版后,海军可以提供"赤裸裸的武力"以保护世界市场就成为帝国主义时代约定俗成的常识。

19 世纪 90 年代初,德国海军滑到了世界第 5 位,远远处于德国在世界经济体系中的地位之下。主要由于当时海军大臣铁毕子(Admiral Alfred Jirpitz)的努力,建立了与德国商业利益一致的有效联盟,使其获得生机。威廉二世对德国的光荣作出了更富有野蛮精神和种族主义的反应,在 90 年代中期成为海军决定论的一个举足轻重的信徒。在中国,德国海军最迫切需要的是一个燃料供应基地,但铁毕子却相当灵活地将他寻求该基地的计划与为了经济开拓而需要港口的一般计划合二而一。德国在 1895年 10 月就向中国提出了关于海军基地的要求,但直到第二年,当铁毕子访问中国并考察了有可能建港的地点之后,德国海军才决定,山东半岛的胶州湾正是他们企求已久的地方。

里希特霍芬(Richthofen)早在 1882 年的山东游记里就指出了胶州作为深水港的吸引力及优点,其中山东可观的矿物资源出

---

① 引自朗格:《帝国主义外交》,第 429—439 页。

口肯定是选择该港的决定性因素。但对德国圣言会的存在，铁毕
子也没有忽视，它是选择该港的另一个有利因素。安治泰曾长期
呼吁采取"强有力的行动"以在山东的官员和人民之中赢得对德
的尊敬。而且德国公使海靖（Heyking）提出的以胶州作为合适
的赔偿来弥补安治泰在兖州遭遇困境的建议，似乎也来自安治
泰。于是铁毕子建议将胶州湾辟为港口时曾特别提到，德国对该
港的占领将使他们与鲁西德国传教士的联系方便起来。此举有
明显的政治动机，因为天主教议员对海军议案投了他所需要的至
关重要的赞成票，因此 1898 年 3 月该议案的最后通过赢得他们
的支持就并非偶然了。①

　　到 1896 年 11 月，德国已基本决定开口向清政府要胶州湾，
于是，海靖开始在北京寻找借口以挑起事端。德国方面唯一感到
犹豫的是中国先前曾向俄国作出承诺，允许俄国船只在此港过
冬，同时也流传着关于俄国对该港有着长期设想的谣言。但当德
皇 1897 年 8 月访问圣彼得堡时，他满意地得知沙皇的要求并不
认真。从而当巨野教案在 11 月 6 日传到柏林时，威廉二世为"绝
好的机会"终于到来而兴高采烈。德国人把他们将向该港派出军
舰以便占领的意图通知了沙皇，而沙皇则回电"不予赞成也不加
非难"，这就决定了该港的命运。随后，俄国人对沙皇的草率默许
表现出疑虑，这使德国外交部对是否提出永久占据该港踌躇起
来。但威廉二世决心维护德国的权力，但他的决心需要支持，当
时碰巧正在柏林的安治泰主教则乐意提供这种支持。早在 11 月
7 日，安治泰就拜访了德国外交部，强调他希望德国"现在就利用

---

① 舒勒克：《德国在山东》，第 1—30 页；朗格：《帝国主义外交》，第 429—439 页。舒勒
　克关于德国政策与夺占胶州的研究是这里许多讨论的基础。

这个机会占领胶州"。几天之后,安治泰会见了德皇本人,他强调说:"这是德国在亚洲谋取地盘以确立我们曾失去的威望的最后机会……不管付出什么代价,我们在任何情况下都不能放弃胶州。它在经济发展和工业方面都有前途,这种前途比今天的上海更大,也更有意义。"①

129　　面对德国人的这种野心,清政府显得极其无力。就像经常发生的其他教案一样,这次总理衙门又是在中国地方官员报告情况之前,于 11 月 7 日先从德国大使那里听到了这个消息。朝廷对未来当然早有预料,因为皇帝训斥山东巡抚李秉衡反应迟钝时,曾强调过这将给德国提供其期待已久的借口,以便它攫取一个港口。② 随后在 11 月 14 日,德国军舰开进了胶州湾,中国守军一枪未放就撤走了。第二天,李秉衡报告了这次进攻,并敦促朝廷作战:"衅自彼开,非与之决战不可。"他建议在曹州增募五营兵力,并将德国人赶出去。③ 但朝廷立即否定了李的建议。新募的军队在战斗中将无所助益:"敌情虽横,朝廷决不动兵。"④几天之后,朝廷再次答复李秉衡的争辩:"洋人举动,全在势力。力不能胜,必受大亏。"它还指出,山东的士兵尽管很勇敢,但最近在同日本人的战斗中还是一败再败。⑤

---

① 引自舒勒克:《德国在山东》,第 33 页。
② 光绪二十三年十月十六日(1897 年 11 月 10 日)上谕,《清实录》卷 410,第 10 页。
③ 李秉衡光绪二十三年十月二十一日(1897 年 11 月 15 日)奏,《义和团档案史料》上册,第 9—10 页。李秉衡在曹州募兵的建议似乎是奇怪的,因为那是离胶州最远的一个府。我的猜测是,他想起了那个地区的大刀会会员。但这确是募兵的好地方——考虑到这个府在武勇上的声誉——而且李秉衡对曹州的偏爱可能仅仅反映了一个募兵者的偏爱而已。
④ 光绪二十三年十月二十三日(1897 年 11 月 17 日)上谕,《义和团档案史料》上册,第 10 页。
⑤ 光绪二十三年十月二十六日(1897 年 11 月 20 日)上谕,《清实录》卷 411,第 17 页。

中日甲午战争之后,清廷海军覆灭,军队混乱,清廷的财政因支付赔款而全然匮乏,因此朝廷根本没打算要运用武力与德国对抗。它依靠传统的所谓"以夷制夷"政策,才在一败涂地于列强之后,仍然保持其疆土完整,这部分是因为欧洲列强的均势制约着任何一个列强寻求过分的优势。当日本要求将辽东半岛作为它的战利品时,俄国、德国和法国就联合起来迫使它退回去。两年后的今天,中国再次指望俄国会帮助她火中取栗。因为俄国以前曾取得在胶州过冬的权力,所以这种前景的出现也并非全无可能。但前面所提沙皇给德皇威廉的电报已大大削弱了俄国的作用,而且不久之前德国还曾说服俄国最好去为自己另夺取港口。到 12 月份,俄国人在旅顺和大连取得他们的不冻港就已成定局,对俄国来讲,这里比胶州更方便,因为它们可以与西伯利亚铁路 ¹³⁰ 联结起来。随着此类事件的发生,抢夺租借地及其产生的严重的后果,就已不可避免了。①

攫夺胶州的冲击

德国夺取沿海海军基地和在其"势力范围"内独霸路权和矿权的行动,对中国国内政治产生了巨大的冲击。列强在瓜分狂潮下的这些关键性军事和经济的争夺,终于引发了 1898 年光绪帝所推行的"百日维新"运动。尽管戊戌维新很快流产,但 20 世纪头 10 年许多实际政策的基调还是由他们定下的。不过如果认为在有关全局的考虑上,鲁西农民也会与这些改良派采取同样的看

---

① 朗格:《帝国主义外交》,第 445—480 页。俄国从支持中国人反对德国到自己寻求租借地立场的转变,在其公使同总理衙门的谈话中表现得非常明显。见《清代档案史料丛编》第 3 辑,第 162－181 页。

法,那就大错特错了。当然,胶州处于遥远的山东半岛,而且由德国人勘察矿山和铁路引起的对立乃至暴力冲突事件,也均发生在远离义和团兴起的地区。因此,德国人的侵犯对义和团兴起的"直接"影响比人们料想的要少。但这并不意味着就完全没有影响,德国人行为的"间接"影响不容忽视。

如上所述,德国人一直在中国沿海寻求港口,所以巨野教案是借口而非原因。攫取胶州这一借口本身却相当重要,在它精确的程式中,我们可以看出帝国主义侵华逻辑的关键一步。在11月6日致沙皇的电报中,德皇威廉说他正"派遣一支德国舰队前往胶州,因为它是唯一可以作为对付强盗的基地的港口。我有义务向德国天主教表明,他们的传道团在我的保护之下确实很安全"①。在所有以前的教案中,尽管列强也经常用其炮舰外交来示威,但这些措施的目的都只是迫使中国政府将所谓反教民者绳之以法。但现在外国列强将自己去镇压中国的反洋教活动,德国提出的利用胶州湾作为"对付强盗的基地"这种说法,就反映了这一点。

131   这是一个新的起点,当然也是对中国主权的严重威胁。其实,德国政府在安治泰的狂热压力下,早已朝这个目标前进了一段时间。在1895年10月,德国公使曾就兖州的骚乱威胁说中国对教徒保护的失败,将使"我的政府除了自己设法保护以外别无选择"②。这也是海靖与中国政府商讨解决巨野教案过程中一再重申的辩论方针。德国公使曾要求中国政府保证永不发生类似

---

① 拉尔夫·A.诺仁:《胶州租借地》,伯克利:加利福尼亚大学出版社1939年版,第29页。

②《海靖致总理衙门》,光绪二十一年八月十八日(1895年10月6日),《教务教案档》第5辑第2册,第604—605页。

事件,对此总理衙门大臣给予了极为诚实的答复,说清廷自然希望能制止这类事件,而且也愿意在其权力范围内尽一切努力防止类似的事件发生,但曹州委实是一块极难控制的地方,所以不可能"担保"不再发生进一步的事件。海靖回答说:"因为中国无法担保此类事件不再发生,我们的军舰才停泊在胶州,并可以协助你们处理这种事情。"中国方面的反应当然是:"此系中国内政,无庸贵国干预。"①但帝国主义的新逻辑显然使列强干涉其他国家内政的行动变得相当合理。威廉二世在 12 月 16 日送别他的兄弟率领另一支舰队前往中国时所发表的讲话中,对这种逻辑进行了可能是最好的表达:

> 向那里的每一个欧洲人,向德国商人,而且,最重要的,向那些我们身处其国不得不去对付的外国人表明,德国人米歇尔已经拿起了他的盾牌,上面装饰着帝国的鹰徽,坚定地站在大地上。任何向他请求保护的人将永远得到保护……但如果有谁企图伤害我们,侮辱我们的权力,那么,你们应按上帝的意志挥着拳头前进,在你们年轻的额头上扎上桂冠,全德国将无人嫉妒你们。②

正是在这种甚嚣尘上的威胁声中,中国政府答应了传教士提出的最过分的要求。在济宁和曹州城及在传教士遇害的村庄,政府将出资建立大教堂,并在门上铭刻:"钦建天主教堂。"同时中国政府还要在巨野、菏泽、郓城、单县、曹县、城武和鱼台等鲁西南的县份为传教士修建住宅。这些县中的 5 个县令全被撤职,1 个被

132

---

① 《海靖与恭亲王等人谈话备忘录》,光绪二十三年十一月九日(1897 年 12 月 2 日),《清代档案史料丛编》第 3 辑,第 173 页。
② 引自朗格:《帝国主义外交》,第 459 页。

参劾;道台调任;知府和军队首领被革职留任。最后也最引起争议的是巡抚李秉衡,他已被擢升为四川总督,正在山东等待他的继任者,他不但失去了他的新职位,连降两级,且不准日后再莅大员之任。[1]

对李秉衡的处罚是前所未有的。1895 年,四川总督刘秉璋也因省会成都发生过一些反教暴动而被调任。但刘秉璋对事件负有直接责任,可能在骚乱初起时故意玩忽职守,没有为外国人提供保护。[2] 不过在李秉衡身上却不可能罗织如此罪名,德国人对他的指控流于一般,认为由于他对教民长期一贯的敌视,造成了危及教民的环境。

毋庸置疑,李秉衡对传教士干预世俗持有强烈敌意,对他们所吸收的教民的品质亦大加蔑视。1896 年,在大刀会骚乱的尾声,李秉衡注意到,"自西教传入中国,习其教者率皆无业莠(游)民,借洋教为护符,包揽词讼,凌轹乡里"。他们利用教会逃避诉讼,逃避地方官,逃脱麻烦,践踏法律。"久之,民气遏抑太甚,积不能忍,以为官府不足恃,惟私斗尚可泄其忿。于是有聚众寻衅,焚拆教堂之事"[3]。李秉衡分析确切,并提出只有严格禁止所有传教士干预讼案,地方官员才可能依其是非曲直而定夺教案。他对德国人的干涉,对传教士们就大刀会一事所提的过分要求,以及对他们进入兖州的要求,一贯持反对态度,因而引起了德国传

---

① 光绪二十三年十二月二十三日(1898 年 1 月 15 日)上谕,《清实录》卷 413,第 13—14 页;总理衙门同日奏折及光绪二十四年一月十一日(1898 年 2 月 1 日)上谕,廉立之、王守中:《山东教案史料》,第 194—195 页。

② 光绪二十一年八月十一日(1895 年 9 月 29 日)上谕,《清实录》卷 374,第 9 页;韦尔勒:《英国、中国与反教会骚动,1891—1900 年》,第 82—86、90 页。

③ 李秉衡光绪二十二年六月二十四日(1896 年 8 月 3 日)奏,《义和团档案史料》上册,第 6 页。

教士和驻京公使对他的长期仇恨。①

李秉衡对传教士干涉的执拗抗拒和他后来与像刚毅这样的极端守旧派的联系，以及他在 1900 年对前来镇压义和团的八国联军的强烈抵制，使他获得了顽固派的名声。② 李秉衡的保守主义是肯定无疑的。鉴于甲午海战中国败于日本，光绪帝 1895 年敕谕改革，李秉衡上奏折反对修建铁路、矿山、邮局、印刷纸币，以及反对推广西式教育。他提出厉行节约，消除腐败。③ 考虑到中国面临的严峻问题，很难说这是一个开明的建议。不过就连外国观察家也不得不承认，尽管他对吸收西方事物的改革持反对态度，但他是一位大胆而诚实的官员，他在山东对根除腐败的所作所为，使其前任相形见绌。《北华捷报》一位记者身份的传教士在报道李秉衡的时候以"一位清官"为标题，承认他"对外国人，对西化的变革抱不友好的态度"，但作者还是观察到，"他似乎是一个完全诚实的人，反对官衙中的一切欺骗和渎职行为，渴望尽其所能给山东带来清廉的政治"④。甚至当对他阻碍西化改革的抱怨变得普遍时，西方新闻报道仍称赞他"非同寻常的诚实和节俭"⑤。李秉衡最根本的成就一是削减了行政费用，二是有效治

①　见例如李秉衡光绪二十二年十一月十九日（1896 年 12 月 23 日）奏，及海靖光绪二十二年十二月三日（1897 年 1 月 5 日）函，《教务教案档》第 6 辑第 1 册，第 170—171 页；李秉衡光绪二十一年九月二十三日（1895 年 11 月 9 日）、光绪二十二年二月二十六日（1896 年 4 月 8 日）奏，《教务教案档》第 5 辑第 2 册，第 620 页；第 6 辑第 1 册，第 133 页。《海靖 1896 年 12 月 2 日与总理衙门的会谈》，《清代档案史料丛编》第 3 辑，第 173 页。

②　关于天主教方面的观点，见《拳祸记》，《山东近代史资料》第 3 分册，第 207—209 页。

③　李秉衡：《李忠节公奏议》卷 10（辽宁，1938 年版），光绪二十一年九月十六日，第 3—10 页。

④　《北华捷报》卷 56，1896 年 5 月 15 日，第 755 页。

⑤　《北华捷报》卷 58，1897 年 6 月 18 日，第 1091 页。

理了黄河水道。巨野教案发生后,德国公使质问为什么这样一个无能的官员会被擢升为未来的四川总督,总理衙门官员翁同龢和张荫桓回答说:"李抚台历办河工,岁省百十万;又为户部筹款,岁亦十余万,不得谓非无力,所以升官。"①

对鲁西的一般百姓来说,李秉衡是位不可多得的好巡抚,这不仅因为他最大限度地制止了洋教的跋扈,而且他还为建立一个廉洁的政府、节约衙门开销、治理黄河而辛勤地工作。这样一位"清官",在一个外国列强的坚决要求之下便不得再莅高官要职,尽管没有任何证据表明他对巨野教案负有责任,这是外国指控者权力之大的一个可怕而可悲的见证。

不用说,那些外国人对巨野教案的这种结局大多高兴——而且这种兴奋并非限于德国人。大英帝国在中国的瓜分中比任何强国都会失去更多;但其驻京公使窦纳乐爵士,还是为德国人的行为而喝彩。"这对我们自己人民的安全将产生最好的效果,指望中国政府在保护传教士和制止排外运动方面履行自己的职责看来无望,除非像德国人那样向中国政府施加压力。"②在鲁西南地区的美国传教士博恒理在信中写道:"德国政府值得全世界所有正直的人们钦佩。"作为占领的结果,"住在中国的外国人都感到极大的宽慰……其在山东的直接后果是加强了各种形式的传道工作……我们欢迎德国人的魄力和德国人取得的进展"③。

毫无疑问,对德国人的欣赏是有其坚实基础的。在上一章的

①《与海靖会谈备忘录》,《清代档案史料丛编》第3辑,第171页。海靖的答复既刻薄又准确:"我恐怕他没有存够钱来赔偿我们。"

②《窦纳乐致索尔兹伯理》(1897年12月1日),引自韦尔勒:《英国、中国与反教会骚动,1891—1900》,第102页。

③ 博恒理:《德国传道团在山东》,无日期(1898年春),美国公理会传教档案,16.3.12.第191号。

结论部分,我们提到了苏北大刀会事件的结局导致了外国干涉的加剧和史无前例的皈依天主教的浪潮。李秉衡在山东巡抚任内实行的平衡政策避免了形势过分有利于教民。但随着李秉衡和这个地区大批官员的调任以及胶州湾的占领,地方官员得到的教训已明白无误:必须不惜一切代价保护教民的利益。临清传教士注意到:"巡抚的垮台使官员们充满了恐惧。"作为对传教士的善意和官员们自己躲避教案的证明,布告被"广为传播"①。青州的一个传教士说新任巡抚张汝梅发布通告,对传教士的优待是我们以往所不能企及的。② 威县的另一个传教士注意到:"(抢夺胶州)最显著的效果是给外国人带来的显赫,一种令人不忍看到的显赫。(中国)官员们时下似乎对任何与外国人有关的纠纷都胆战心惊。"③

德国人急不可耐地要利用他们现已取得的影响。巨野教案之后,圣言会的传教士们形成了一种习惯,即他们将遇到的一切困难都归咎于大刀会。其意图是明显的,拿张汝梅的话来说,他们"藉词鼓荡,欲使德兵深入内地"。其结果也同样可以预见:地方官员向后退缩,袒护教民,对争端的公正调解已不可能。张汝梅对可能形成的局面举了一个生动的例子。在汶上县靳家庄,出现了一场对于村庙所有权的争端。在混战中,一个教民被打伤,而德国传教士派人送信给县令,说这人已被杀死。但当县令赶到现场,却发现他只是受了"极轻微的伤"。传教士又准备了一份有20名肇事"罪犯"的名单,这些人都立即跪下并乞求入教。传教士于是将他们称为"好人",并说不再控告他们,而另外拿出5名

135

①《北华捷报》卷60,1898年3月14日,第409—410页。
②《北华捷报》卷60,1898年2月14日,第227页。
③《J. A. 菲奇报告》(1898年1月),"长老会",缩微胶卷,第213盘。

"犯罪"村民的名单。这几个人赶紧向教民交出了 170 吊钱作为赔偿，传教士于是又派人证明这 5 人没有罪，但另外 7 人却有罪。该县令于是请当地团绅出为调处。传教士要求罚这个村子 900 吊钱，县令急于了结此事，除如数筹钱外，又命令给教民加摆十桌酒席，于是此事方告终了。①

教民比以往更狐假虎威，有恃无恐。如圣言会韩理神父的传记所说："两位神父之死的另一种结果，是教民异乎寻常的增加……异教徒们乞求入教，向我蜂拥而来，数目如此之多，以致无法全部接纳他们……不久，整个教区都出现了这种情况。"②这一地区对此有些嫉羡的新教教士，对这种过程完全理解："天主教信仰的影响几乎在这片土地的每一个角落都能感受到。大批的人们向他们蜂拥而去，以取得各种形式的'帮助'，主要是因为他们拥有比新教教士更多的'权能'。"③

很清楚，基督教民已赢了另一个回合。他们给清廷官员带来了前所未有的羞辱。德国教团的保护者现在已在山东取得了一个自己的基地，一个可以由之出发对任何胆敢伤害其传教士或教民的人进行惩罚的基地，官员们似乎无法抗拒。但是，并非所有的人都愿意这么轻易地接受失败，因此，冲突将持续下去，并将逐步升级。

---

① 张汝梅光绪二十四年三月二十一日(1898 年 4 月 11 日)奏，《教务教案档》第 6 辑第 1 册，第 222—223 页。
② 薛田资：《韩理神甫的一生》，第 131 页。
③《莫约翰济宁来函》(1898 年 5 月 12 日)，"长老会"缩微胶卷，第 214 盘。

第六章　冠县梨园屯："义和拳"的兴起

义和拳最早见于 1898 年春清朝关于冠县梨园屯教案的文献记载。这年秋天，大批拳民以义和拳的名义聚众攻打了邻村教堂。他们旗帜上的口号是"扶清灭洋"。由于冠县义和拳与 1899—1900 年席卷华北平原的义和团运动有着相同的名称和口号，所以长期以来一直被认为是整个义和团运动的起源。早在 1900 年 2 月，一家天主教报纸这样描述了义和拳的起源：

> 该组织具有五种名称：梅花拳、义和拳，红灯照、金钟罩以及通称的大刀会……它起源于屡次拆毁梨园屯教堂的冠县十八魁。近年发展迅速，现几乎席卷山东全境，其目标是灭洋人，除洋教。[①]

在大刀会向义和拳的转变中，冠县教案似乎起了关键性的作用。下面我们将详细考察这一地区的历史，并探讨冠县教案究竟起了什么作用。

[①]《汇报》光绪二十六年正月二十二日（1900 年 2 月 21 日）第 2 期，第 153 号，第 422 页，载《山东省志资料》第 2 期，1960 年，第 118 页。参考《裕禄致袁世凯》，光绪二十五年十二月九日（1900 年 1 月 9 日），林学瑊：《直东剿匪电存》卷 1，第 60—61 页。学者戴玄之在《义和团研究》中论证说明义和拳起源于这一地区。

背　景

　　冠县位于鲁西边界地区,大约在济南的正西。正如宋代一位地理学家所述,当地人民长期以来一直以"气勇尚义"著称。县志引用的其他早期史料表明,冠县土壤贫瘠,使人们只能维持简单的农村生活方式,培养出寥寥无几的秀才。该县盛产棉花,以纺织业闻名;但大多数纺织品只供家庭消费。当地生产水平低下,人们除维持生计之外所剩无几。据县志统计,1829 年,冠县居民(其人口与清政府统计数相仿)在扣除课税、肥料和劳动成本之外,人均只有 2 担粮食。然而,偏僻和贫穷并不总是有利于社会秩序,据说人们的"愚直"性格很容易被异端邪说引入歧途;他们会坚定不移地信仰各种邪说,即使在教派领袖被逮捕以后,也不会动摇。到 19 世纪 30 年代,新县志的修志者为人们丧失了宝贵的纯朴民风扼腕叹息:"少年类任侠,自喜酒食交欢,借党报仇。"①

　　19 世纪中期,这些所谓的侠客与白莲教徒联合,参加了鲁西最重要的一次地方起义,即第二章所述的宋景诗起义。然而,破坏性更大的是太平军北伐期间于 1854 年攻下冠县县城,和 1863 年捻军领袖张宗禹洗劫了该城。② 清军防不胜防,无力保护这一带免遭如此大规模的进攻。县城理应由 1 名千总、7 名骑兵和 26 名步兵防守。但是,到光绪年间,即使是这支兵力不能再弱的部队也遭裁减,只剩千总 1 人、副千总 1 人、骑兵和步兵 8 人。因

---

① 《冠县志》(1934 年版),第 126—133 页。
② 《冠县志》(1934 年版),第 720—721、1367—1376、1558—1573 页。

此,县府只好自行募兵,组建起一支约 20 人的县级武装队伍。[1]
这样,清代中期镇压起义和平定地方骚乱的任务便落到了地方团
练身上。他们取得了某些暂时的成功,县志曾给团练领袖立传,
为他们歌功颂德。但是这个地区士绅的力量还不够强大,清朝最
后 100 年间,只出了 2 名举人[2],因而无力建立孔斐力在其著作
中所详细描述的、像长江流域那种完善的团防体系[3]。

我们可以这样客观地概括冠县的特征:地理位置偏僻,政治
统治薄弱,军事防御无力,不安分的人口在不断增加——他们或
参加教派起义,或参加保护公益的地方团防组织。这些特征在梨
园屯小镇周围一带地区体现得尤为明显。尽管 19 世纪末 20 世
纪初这一带实际上包括 24 个村,但它被称为十八村。这是一片
孤悬山东境外、地处直隶境内、为冠县所辖的独立地区(或名"飞
地"、插花地),离冠县县城 100 余里(约合 50 千米)。位于这块插
花地北边的是两块临清和丘县管辖的飞地。直隶所辖的曲周和
鸡泽两县"犬牙交错"地分布在飞地以南(参阅图 6 - 1　冠县飞
地地区图示)[4]。梨园屯一位农民描述了梨园屯四面邻县的所辖
范围:

> 就俺庄来说,东二里、西十里都是威县地,西北十二里是
> 丘县地,北十二里是南宫地,南十二里是鸡泽地,向东南十五

---

① 《冠县志》(1934 年版),第 237—238 页。
② 《冠县志》,第 336—337 页。
③ 孔斐力:《中华帝国末期的叛乱及其敌人:军事化与社会结构(1796—1864)》,马萨
　诸塞州剑桥:哈佛大学出版社 1970 年版。
④ 有关这些插花地及其所辖村庄数目(官方划定为十八村)的史料记载,参见中国社
　会科学院近代史所编辑的《山东义和团案卷》,济南:齐鲁书社 1980 年版,第 138、
　461 页。"十八村"具体包括哪些村庄,口述历史记载表明,当地村民的看法存在分
　歧,参考《山东义和团调查资料选编》,第 261—264 页。

里是临清地，靠南十里就是曲周地，西五里有广宗地三顷，离
冠县城百三十里。①

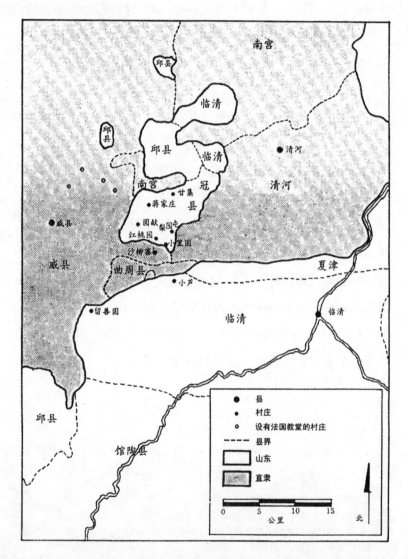

图6-1 冠县飞地地区图示

---

① 高警世口述，《山东义和团调查资料选编》，第262页。

威县(其境内有许多这样的插花地)县志记载,这一政治地理
上的特殊情形由来已久,以致人们无法察考其渊源①,这一带的
其他县志也没有对这些插花地作任何说明。综合各县志对该地
区行政沿革的记载,我估计这些插花地在南北朝(420—589 年)
时期即已存在,当时这是一块各方激烈争夺的地区,以后在行政
区划上又经历了一系列变化。② 不管起源如何,由于插花地的存
在,对这一地区的管理变得非常困难。下引冠县志的记载为证:

> (这块插花地与县城内地)地势远隔,风俗攸殊。盗匪充
> 斥,民教杂处。孤悬(山东和冠县)境外,隐然独立一小邑,控
> 制既鞭长而莫及,治理亦梗塞而不通。③

当地居民与教民发生冲突后,告诉县令:"从前府县迭次招抚,预   139
定日期,俟许可后,方敢入境。"④

正如冠县县志所载,这一带除了有教民外,还是盗匪的天然
避难所。从 19 世纪末期以来,其情况便是如此。据这些插花地
正北南宫县的一位官员禀报,尽管山东发生洪涝灾害,盗贼从山
东境内流窜到十八村一带,但 1894 年和 1896 年他两次回家省亲

---

① 《威县志》(1929 年版)卷 2,第 15 页。
② 关于这些插花地行政区划的变化,参见《东昌府志》卷 1,第 3—15 页;《广平府志》
卷 2。1980 年 6 月访问这一地区时,我亲耳听到了当地居民的解释,他们的解释也
许是非常可信的。他们说,古时有个县官逃到冠县十八村,他在这里成功地镇压了
当地的骚乱。这样,十八村一带就划归冠县管辖。
③ 《冠县志》(1934 年版),第 103 页。参见林传甲:《大中华直隶省地理志》,第 259—
260 页。
④ 曹倜:《古春草堂笔记》,载中国社会科学院近代史所编《义和团史料》上册,北京:中
国社会科学出版社 1982 年版,第 268 页。

140　时,发现十八村这一带平安无事。可是到了 1899 年初,抢劫及匪盗活动急剧增加。盗匪劫贼装备良好,竟敢在光天化日行凶抢劫。因而,被盗贼杀死杀伤的人数增加。如有个村庄一村就有 7 人被杀。有些盗贼甚至攻打镇子的商店。由于风险太大,商人不敢经商,市场一片萧条。① 正如 19 世纪最后几年中盗匪活动确实增加了,那么前几年形势大概不会如此平静。1895 年,临清一位传教士在信中写道:1895 年,大运河西岸决堤,使这一地区遭到严重破坏。但是,即使没有这场洪灾,"每年整个地区在冬季几个月中仍受盗贼侵扰,强盗或骑马,或步行,强行抢掠财物"。由于"各衙门均有盗贼的耳目,一旦要采取镇压行动,他们便去通风报信"②,所以,要肃清盗匪就变得非常困难。

不过,不仅衙门的某些下层官员同情盗匪,老百姓在某种程度上也支持他们,所以这种边界地区的"匪盗活动"显然具有社会性。报道最多的案件是拦路抢劫、打家劫舍、绑架阔人。③ 一般的农民不会受到这类活动的骚扰。相反,如果盗匪回老家分赃,其家乡的许多农民亦能从中获利。1899 年,冠县一个名叫常花五贵的人,似乎成了当地人们心目中的英雄。他曾聚众几十人四出抢掠,返回驻地时开锣唱戏。县府兵力薄弱,对他无可奈何。但是后来他为了从一名过路官员的丫鬟手上取下手镯,竟把人家

---

① 孙超华光绪二十五年正月三十日(1900 年 3 月 1 日)奏,明清档案《军机处录副奏折》,光绪二十五年:75/6。南宫所隶属的冀州可能是盗匪活动最猖獗的州之一。《清实录》(光绪部分)曾反复提到该州:卷 367,第 8 页;卷 370,第 3、10—11 页;卷 373,第 13—14 页;卷 438,第 13 页。

②《临清通讯》《北华捷报》卷 56,1896 年 3 月 20 日,第 445 页;卷 56,1896 年 1 月 17 日,第 84 页。

③ 参见《北华捷报》,卷 56,1896 年 5 月 1 日,第 445、679 页;卷 57,1896 年 11 月 27 日,第 918—919 页;卷 58,1897 年 2 月 26 日,第 341 页。

的手给剁了下来,令官方忍无可忍,因而调来全部兵力对付他。①

由于绑架、盗匪活动和拦路抢劫盛行,当地本来就不发达的商业自然遭到破坏。据《冠县志》载:在清代中期,十八村尚有 4 个集市。到 1830 年,县志提到其中两个集市已废弃,只剩梨园屯和干集。干集是这块插花地的行政和文化中心,也是人们纳税的地方,并建有书院,县志中提到的大多数下层士绅也居住在这里。② 到 1934 年,两个荒废的集市重新繁荣起来(其中一个成为当地的重要镇子),另外又出现两个新的集市,总共 6 个集市。不过,自 1830 年以来的一个世纪中,这种复苏的原因并不十分清楚。但是,考虑到该地区动荡不安的局势和晚清大运河(位于十八村东南 46 里处,为主要的运输通道)运输的衰落,19 世纪 90 年代这里大概没有发生过实质性变化。③ 即便如此,与冠县的其他地区相比,这一带仍素称殷富。毫无疑问,富有有助于当地人形成强烈的独立意识。④

冠县,尤其是十八村以守旧而闻名,使得这一带与世隔绝,脱离了变革的主要潮流。20 世纪 30 年代,冠县仍盛行缠足;人们对于新学堂与现代科学几乎没有热情,识文断字者只占 10%。义和团运动过去后,十八村一带人们的这种态度一点没变,强烈反对将当地的一座寺庙改成新式学堂。⑤ 旧习俗在这一带阴魂不散,我们在考察当地人们反对西方宗教传入时应牢记这一点。

──────────

①《冠县志》(1934 年版),第 1577 页。

② 见《冠县志》(1934 年版)第 880、889、915—916 页。县志提到插花地的 6 名知名人士中,有 3 名来自干集(又名中心集)。其他 2 名地位稍逊,记载只称其"孝顺和正直"。

③《冠县志》(1934 年版),第 222—224 页。

④ 曹倜笔记,《义和团史料》上册,第 267 页。

⑤《冠县志》(1934 年版),第 151、1454—1456 页。

秘密教派活动史

大家记得,我们在第二章讨论秘密教派的历史时曾在一些地方提到过冠县。毋庸置疑,这个偏僻县份也存在很多异端教派。一份关于义和拳的最早文献资料曾提到,1779 年,冠县有位姓杨的人似乎演练过义和拳,但证据并不确凿。[①] 1861—1863 年间,冠县成为宋景诗起义的一个中心,参加起义者有白莲教徒。这两件事均发生在冠县境内。值得注意的是,我们在讨论金钟罩时曾提到一位来自插花地十八村干集的道士张洛焦,他从当地另一个镇子固献镇的一位村民那里学会了离卦教中白莲教的符咒。[②] 因此,可以肯定,教派活动和习武练拳长期以来就盛行于冠县境内及其十八村。

据县志记载:从晚清到民间,教派活动与日俱增。人们认为这些信徒并没有什么危险,称他们为"善男信女"。不过,这段时间内除了白莲教外,还出现了青帮红帮、黄沙会和圣人道等教派。[③] 地方史把这些秘密宗教的流行归因于冠县地理位置的偏僻、教育水平的低下和正统士绅的稀少,这无疑是非常正确的。而这些因素又使义和团拳民成为攻打教民的主心骨。但是,我们不应草率地将这些拳民与过去的秘密教派相联系,因为与其他各地相仿,秘密宗教与基督教教民之间存在着极为密切的联系。

①《义和团源流史料》,第 23—25 页。
② 那彦成嘉庆二十年十一月二十日奏,载《义和团源流史料》,第 84—85 页。在这则奏折中,"固献"被写成"固贤",但是奏折中关于干集和张洛焦担任神父的王世公村(被误写为王士公村)的资料表明,教派活动和习武练拳确实在冠县境内及梨园屯一带存在(固献、干集和王世公村均在这块插花地之内)。
③《冠县志》(1934 年版),第 152—153 页。

教 民

无须赘言,清政府的软弱无力,尤其是对这些偏僻插花地的薄弱统治,不但有利于异端教派的存在,也有利于天主教的侵入。这个地区的天主教传教士按照中国的行政区划来划分传教区域:法国耶稣会士负责直隶境内,意大利方济各会修士负责山东的插花地。法国耶稣会士队伍庞大,梨园屯西北十千米威县所辖的四个邻近村子内均住有它的教士。这四个村的村民几乎都皈依了天主教。1898 年和 1900 年两次发生民教冲突时,教会都因拥有大炮和大量枪支弹药,成为保护教民的坚固堡垒。① 1890 年,主管十八村教民的意大利传教士定居在梨园屯东北约五十千米的武城,并以此作为传教基地。在以后的十年中,他们派神父常驻在梨园屯南约七千米临清境内的小芦。传教士在这些地方取得了巨大成功。到 1900 年,24 个村子中至少有 11 个村建有小教堂。②

关于这些教民的来源,流传着一个家喻户晓的故事。一位农民在回忆法国耶稣会教民的增长时这样描述道:

> 早在光绪年间,白莲教在这一带活动。县官派兵捕拿他们。法国的"梁"神父告诉大家:"我是传教士,谁愿加入天主教会,请举手。我保证你们平安无事。"几名白莲教徒举手加入了天主教会。这样,官兵就没敢逮捕他们。③

① 郭栋臣口述,《山东义和团调查资料选编》,第 275 页。
② 张曜光绪十六年四月初四奏,《教务教案档》第 5 辑第 1 册,第 464—465 页;《冠县知县禀》,光绪二十六年十月初十,载"山东义和团案"卷,第 453—454 页。
③《山东便览·赵三多》,第 11—12 页。

事实上,梨园屯的耶稣会也是这么发展的。尽管口述历史调查存在着某些大同小异,但是有一件事确曾发生过,即在宋景诗起义后,一名曾参加起义的村民被捕。村中一位当时身份尚未公开的教民说服这名村民的家属去找天主教神甫,并加入教会,要求教会帮忙把人救出来。村民家属照着去做了,果然获得成功。这样,其他一些村民纷纷仿效,迅速加入教会。到义和拳案发时,镇中大约有 20 户加入了天主教会,其中大多是王姓人家。①

梨 园 屯

梨园屯村相当大,约有 300 户人家②,所以我们称它为"镇"。镇上每月逢五逢十都有集市。该镇住户姓氏繁多,其中阎姓人家占 40%,王姓人家占 20%,高姓人家占 10%,除此而外还有其他小姓人家。即使这些大姓住户,也不都是同祖同房;亲属关系似乎不是影响该镇团结或分裂的重要因素。镇子里有一些固定的店铺,除了定期的大集外,每天实际上还有些小集,供人们买卖蔬菜和其他地方产品。除了村子较大和具有商业职能外,梨园屯与华北平原的许多村子没有多大区别:农民住的是土墙茅屋,以种田、小本生意和纺织(尤其是妇女)为生。农作物以小麦、黍、高粱和棉花为主。由于土壤肥沃,几乎年年丰收,通常每亩年产黍200 斤,小麦 100 多斤,我听说丰年有时亩产小麦达 500 余斤。

可想而知,这种繁荣程度使镇中出现了较大的社会分化。该镇共有 4 000 亩土地,最富的一家大约拥有其中的 300 亩,至少

---

① 于忠海、高警世口述,《山东义和团调查资料选编》,第 254—257 页;张曜光绪十六年四月初四奏,《教务教案档》第 5 辑第 1 册,第 464—465 页。

② 张曜光绪十六年四月初四奏,《教务教案档》第 5 辑第 1 册,第 464—465 页。

有 6 户人家分别拥有 80 余亩。一些大户将部分土地出租,但更为普遍的是雇佣长工和短工。在这个经济圈子的最底层,是少数无地的家庭,他们之中的大多数人只好出卖劳动力、受雇做短工;除此而外的绝大部分家庭只拥有三四亩土地,靠从事各种副业补 *144* 充农业收入。最重要的副业是贩卖蔬菜、水果、豆腐、窝窝头以及其他各种物品。大约有 20 户人家以此为生。①

村镇的相对繁荣也产生了一个势力可观的下层士绅阶层。他们的影响虽不在县衙门之上,但就该镇的偏僻地势而言,其在当地的地位是不能低估的。从他们与教民的冲突中,我们可以断定:梨园屯至少有贡生、文生、武生及监生 6 名。他们并不一定都出身富裕之家。事实上,他们其中的一位只有约 15 亩地,除了在干集书院教书外,他还与家人一起耕地种田。

干集书院是整个插花地的文化中心,一般只招收 20 至 30 名学生,考试合格的毕业生可以从此出人头地。干集还是国家财政与这块插花地之间的枢纽——人们到这里缴纳赋税(一般每亩高达制钱 500 文)。加上士绅领导的团防主力也驻扎在这里,所以在这块插花地,干集毫无疑问是文化、政治和军事中心。②

---

① 1980 年 6 月 10 日梨园屯访问记。《山东便览·赵三多》(第 13 页)和《山东义和团调查报告》(第 38—39 页)根据 81 岁村民于忠海 1960 年提供的情况认为,28 户地主拥有村中 80％的土地。据说最大的地主占地 3 000 余亩。访问期间我问过还健在的最年长的村民(大约七八十岁),他们认为上述说法是很可笑的。我在书中提供的数字来源于他们从记事时起对于忠海提到的地主占有土地情况的回忆。

② 《梨园屯访问记》,《山东便览·赵三多》,第 3—5 页;《山东义和团调查资料选编》,第 255—256 页;郭栋臣:《义和团之缘起》,《山东义和团调查资料选编》,第 333 页;《冠县志》,第 880 页。

民教争端

在梨园屯中央、东西干集的正北边,有一排坍塌的低矮房屋,这里是玉皇庙和义学的旧址。据传说,玉皇庙建于 1861 年。在 19 世纪 60 年代的一次起义中被毁坏,以后一直失修,其存在非常短暂。此时,镇中教民迅速增加。到 1869 年,大家商定:教民与村民应分掉寺庙的地基和用以维持寺庙和义学的 38 亩土地。三名街会首与地保达成一项协定,并由 12 名街会首签了字;协议规定:教民分得 3.91 亩寺庙房宅地,38 亩农田分成 3 股,划归信仰"华教"的村民。这项协议经常遭到反对。事实上,在协议上签过字的一些街会首后来似乎成了士绅中带头反对协议的人。争论的焦点是玉皇庙这排建筑物到底归谁所有:玉皇大帝毕竟是中国民间宗教诸神中地位最高之神,是不应该轻易被废弃的。在 1873 年和 1881 年,冠县县令韩光鼎采取临时措施:在承认很难赶走教民的情况下,只好允许教民暂时借用这块地基;一旦购买到新地基,建好教堂,便让教民退还地基。

然而,传教士不愿意离开梨园屯中心地区去修建教堂,要求执行最初的协定。1887 年,一名方济各会修士带来砖瓦,企图拆除旧有建筑物,在其地基上修建一座专门的教堂。可开工后没几天,下层士绅中的两名监生——刘长安和左见勋便带领一伙愤愤不平的村民,赶走了教民,并用其砖瓦原料重新修建玉皇庙。县令只好再次干涉,时任县令者为汉军旗人进士出身的何士箴——一位冠县历史上最受欢迎的官员。何士箴曾三次出任冠县县令,1887 年是他第一次任职的中期。1889—1894 和 1896—1898 年他又两度任冠县县令;在他任上,梨园屯每有纠纷,他都要过问处理。他精力充沛,信奉儒学,作风保守,非常适合管理这个地区。他推崇儒家教育,亲自评阅冠县考课试卷和筹集资金为地方学堂修建新校门和照壁。他还致力改革滥征税款、惩治衙门内的腐败官员,禁赌博驱娼妓;当他最后一次离职时,冠县人民为他立了一块纪念碑。[①]

何士箴亲自到梨园屯,查明教民的建堂工作确实受到了破坏。于是,刘长安受到惩罚,被革除了监生;新庙被拆,财产重归教民。但是,1888 年当何士箴的任期结束时,最后协定仍未达成。继任的县令无力解决此案,何士箴奉命重返冠县。他请冠县一位年长的士绅居中调解,达成一项协议。教民同意将教堂所占庙基归还该村为庙;刘长安等答应另购地基来修建教堂。何士箴和新任县令每人捐出白银 100 两,资助新教堂。这样,从县令和梨园屯村民的角度看,此案算是解决了。[②]

但是,意大利传教士及其法国护教者拒绝接受这个裁决。他们声称,教民已将庙基转让给传教士,只有传教士而不是中国的教徒,才有资格签订一项权威性的协定。何士箴坚持自己的立场,认为这是村中信教与不信教的中国人两派之间的争端。既然村中教民已非常满意,他将不与外国神父见面。这期间,村民持有庙基,与教民相安无事。随后长江流域发生了 1891 年教案,清政府颁布敕令,硬行要求处理所有重大教案(参见本书前三章)。1892 年 2 月,法国驻北京公使利用这一敕令,企图再次推翻地方

> 146

---

① 《冠县志》(1934 年版),第 455—461、648—649、723—724 页。
② 《法国公使李梅致总理衙门函》,光绪十五年十一月初八(1889 年 11 月 30 日),《教务教案档》第 5 辑第 1 册,第 458—460 页;张曜光绪十六年四月初四(1890 年 5 月 22 日)奏,《教务教案档》第 5 辑第 1 册,第 464—466 页(其中包括何士箴的禀报)。郭栋臣:《义和团之缘起》,《山东义和团调查资料选编》,第 327—328 页;《山东义和团调查报告》,第 46 页。

已达成的协定。这一次外交压力很大,不可抗拒。地方官员告诉村民,他们再也无能为力。① 从此,帝国主义统治的时代开始了。

在法国提出抗议后,东昌知府立即下令重审梨园屯旧案。裁决可想而知:庙基还归教民。由冠县县令何士箴捐白银 200 两、铜钱 1 000 吊,另择地基修建新庙。但是,教民企图报仇,要求惩办长期阻碍他们活动的村民。这样,民教冲突升级。有人(史料记载只称他为"无知愚民")从临清请来了道士魏合意。魏合意把地方团练(士绅活跃分子左见勋在 1892 年和 1900 年曾两次担任过团练首领)②的枪械移存到玉皇庙,以图保护寺庙,抵抗教民。地方政府为了使事情圆满解决,以官方的权威作出了积极反应。当地道台亲率县令何士箴、东昌知府、临清知州和直隶所属威县、曲周和清河三县县令一行前来视察庙基,并邀请当地士绅,向他们晓以利害。显然,他们想通过向教民让步来维持和平。他们说服士绅解散追随者,拆除寺庙,将旧庙基归还教民,并提供资金在其址上重建教堂。协定似乎又一次达成,这次是教民取得了全部的胜利。③

到此为止,该镇的士绅显然一直是抗教的领导者。他们曾坚持最初的协议,并为此从县级上诉到知府,最后上诉至省。其中三人因大胆责问府台没有保护遵纪守法的村民的权利,而被监禁了 6 个月。无须说,这样一笔诉讼的开支是很大的,有几个人为此变卖了财产以支付这笔费用。刘长安还被褫夺了监生。这些人的努力毫无疑问得到了赞扬,在当地人们的回忆中,这 6 位主

① 于忠海、李老申、李继曾口述,《山东义和团调查资料选编》,第 254—255 页。
②《冠县知县的禀》(1900 年 6 月 11 日),《山东义和团案卷》,第 447 页。
③《法国公使李梅致总理衙门函》,光绪十七年十二月十六日(1892 年 1 月 15 日),《教务教案档》第 5 辑第 1 册,第 522 页;福润光绪十八年五月初六日(1892 年 5 月 31 日)奏,同上,第 528—529 页;郭栋臣:《义和团之缘起》,《山东义和团调查资料选编》,第 327—328 页;于忠海口述,《山东义和团调查资料选编》,第 254—255 页。

要的士绅首领被称为“六大冤”[1]。但是他们的权威与赋予他们
地位的政府是密切相联的,他们所能起的最大作用就是为老百姓
“打官司”。到1892年,所有这些努力皆遭失败,因为这些小士绅
无法与传教士相抗衡。当清朝官员1892年清楚地向士绅声明不
得再滋生事端后,他们只好予以默认。这样,领导这场斗争的任
务便落到了年轻易变的一代人身上。

十 八 魁

　　教民重得旧庙后,便开始修建教堂。但他们很快遭到一些年
轻穷苦村民的袭击,这些人后来被称为十八魁。据载,教民躲在
教堂里,以石头和枪炮进行抵抗。这更加激怒了进攻的村民,他
们猛攻教堂,打伤了几名教民。一些人逃到武城的传教士住处,
甚至一时不敢回家耕地。结果双方形成了僵局,并一直持续了好
几年。无论是村民建庙还是教民建堂,另一方都进行干扰,将其
拆毁。最后东昌知府洪用舟命令双方都停止修建,直到达成一项 *148*
新的协定。[2]

　　此刻举起反抗大旗的十八魁包括哪些人呢? 据当时人描述,
十八魁的名称和人数得名于十八村。戴玄之认为,他们代表了十

① 郭栋臣:《义和团之缘起》,《山东义和团调查资料选编》,第 327—328、333 页;张兰
　亭、高元昌(一士绅领袖之子)口述,《山东义和团调查资料选编》,第 255—256 页。
② 郭栋臣:《义和团之缘起》,《山东义和团调查资料选编》,第 327—328 页。对此更全
　面的解释见《赵三多资料》,第 4、7—9 页;张汝梅,光绪二十四年十月初四(1898 年
　11 月 17 日)奏,《教务教案档》第 6 辑第 1 册,第 279—280 页;《F. M. 蔡平致 J. 史密
　斯》(1892 年 5 月 16 日),美国公理会传教档案,16. 3. 12,第 18 卷,第 18 号;F. M.
　蔡平声称,“一些”教民在这次事件中被杀,郭栋臣注明“王瘫子”死于 1892 年。但
　是我怀疑《教务教案档》所载的一人之死会引起更多传教士的抗议,“王瘫子”与
　1897 年被杀的王太清情况相同(见下面的论述)。

八村的团防。① 但是口述历史和文献资料都否定了这一观点。事实上,他们是梨园屯的年轻农民。他们大都贫困异常,自愿承担保护寺庙财产的任务。他们的首领是相对年长、红拳派技艺高超的武术高手阎书勤(33 岁)和被人称为高小麻子的高元祥。阎书勤只拥有四五亩地,因此不得不靠做小买卖或轧棉花来增加收入。他的两个兄弟(也是十八魁的成员)给人扛活为生。高元祥不过有十亩地,也以加工和贩卖谷物赚钱。只有一个叫阎明监的人是大地主,拥有百余亩土地。十八魁中至少三人没有土地,其他人只拥有小块土地,靠小买卖或其他副业增加收入。② 在 1898 年民教冲突后,法国公使提供了一份与口述历史调查极为相符的十八魁成员名单,说他们"都是破落户"③,临清的基督教传教士称他们"理所当然非常贫困,是一些社会渣滓"④。

对于传教士来说,这一团伙当然是村中的地痞流氓,毫无疑问,他们之中许多人之所以在士绅放弃斗争后坚持斗争,恰恰是因为他们没有什么可失去的。他们是一个意志坚决的团体,甚至

①《洪用舟禀》,张汝梅光绪二十四年四月二十九日(1898 年 6 月 17 日)奏,《教务教案档》第 6 辑第 1 册,第 238 页;戴玄之:《义和团研究》,第 15—16 页。
②王怀龄、于忠海、张老和口述,《山东义和团调查资料选编》,第 259—260 页;于忠海口述,《山东义和团调查资料选编》,第 46—47 页。这些口述历史资料,详细列举了十八魁的名单及其大多数人的财产和职业情况。1900 年起义之后,当清廷开始没收起义者的财产时,发现阎书勤和高元祥两位首领没有财产,在冠县十八村三个村庄居民所占的 140 亩土地中,他们只占有其中梨园屯的 3.196 亩土地[《冠县知县奏禀》(1900 年 12 月 1 日、1901 年 2 月 3 日),《山东义和团案卷》,第 455、464 页]。据阎书勤的哥哥阎书堂供,阎书勤 1898 年为 39 岁[载张汝梅光绪二十四年十月初二(1898 年 11 月 15 日)奏,《教务教案档》第 6 辑第 1 册,第 270—271 页]。
③《法国公使致总理衙门函》,光绪二十四年五月二十七日(1898 年 7 月 15 日),载《教务教案档》第 6 辑第 1 册,第 245 页。值得注意的是,当戴玄之撰书试图证明义和团起源于团防时,并非不知道这则文献。他故意忽略这一证据,这使人们对他的方法产生某些疑问。
④《临清通讯》,《北华捷报》卷 60,1898 年 3 月 21 日,第 465 页。

当高元祥 1895 年被判监禁两年时,他们也并未因此罢休。[①] 但是,这个团体人少力薄,他们自知不能长期抗拒教民,需要联盟,因此便投奔当地最有名的武术大师。这位大师名叫赵三多,居住在梨园屯西南约十里威县所属的一个拥有 300 户人家的大村——沙柳寨村。

梅 花 拳

赵三多又名赵洛珠,他传授的是梅花拳。梅花拳的历史至少可以追溯到康熙年间,当时一个来自河南华县名叫杨炳的人传授 149 梅花拳,此人曾以第三名的成绩通过了朝廷的武举会试,在京城禁军服役。他的一个徒弟正好赶上 1813 年八卦教起义,而这次起义的最大战役就发生在华县。这位徒弟名叫唐恒乐,曾有一段时间教授义军一名军事领袖冯克善学梅花拳。这件事,再加上因涉嫌起义而被捕的另一个人也曾提到过梅花拳,导致一些人把梅花拳与白莲教的活动联系起来。[②] 但最值得注意的是,当冯克善的师傅唐恒乐得知他加入白莲教时,便警告他,如果他确实加入了白莲教,就不再认他为自己的徒弟。白莲教起义终于爆发以

---

① 于忠海口述,《山东义和团调查资料选编》,第 260 页;阎老文,《山东便览·赵三多》,第 22 页。

② 李世渝在《义和团源流试探》一文中,在自始至终把这些资料与 19 世纪 90 年代冠县教案联系起来方面,作了最全面的尝试,见《历史教学》第 2 期,1979 年,第 20—21 页。路遥也在这方面作了全面的尝试,见《义和团运动初期斗争阶段的几个问题》,载《中国近代史论文集》,北京:中华书局 1979 年版,第 676—677 页。韩书瑞在《千年王国起义》第 31 页提及梅花拳是白莲教延续下来的派别之一,这显然是根据《义和团源流史料》第 73 页的二手资料。

后,唐恒乐和其他几名门徒站在政府一边,帮助镇压起义。[①] 这一点相当清楚,即当时的梅花拳纯粹是一个武术派别,它与任何造反的人或秘密教派都没有特殊的关系,有时它甚至为政府卖命。

关于 18 世纪和 19 世纪初梅花拳的性质,我们一无所知。但是关于光绪时代的梅花拳,则有非常清楚的口述历史调查。操练梅花拳主要是为了身心健康和自卫。练梅花拳的人也没觉得这种拳具有政治意义。练功分内功和外功,前者包括烧香治病;后者是严格意义上的武术。但是内功和外功都跟画符念咒、降神附体或刀枪不入的仪式没有关系。唯一具有宗教色彩的活动,是给民间宗教诸神如孙猴子或"沙僧"等烧香磕头。[②] 在反教民的梅花拳成员开始自称为"义和拳"后,所有这一切仍然保存下来。这对于我们理解义和团运动的发展史具有非常重要的意义,因为它意味着,尽管"义和拳"这个最终名称来自冠县,但冠县却不是构成义和拳特色的那些仪式的发源地。[③]

关于梅花拳的性质和目的,东昌知府写道:

> 直东交界各州县地处边疆,民强好武,平居多习为拳技,各保身家,守望相助。传习既众,流播遂远。豫晋江苏等省

150

[①] 据唐恒乐供,嘉庆十八年十二月十六日和嘉庆十八年十二月二十六日,载《义和团源流史料》第 2 册,第 63—64 页;可参见第二章中对此问题的讨论。

[②] 王均口述,《山东义和团调查资料选编》,第 279 页;郭栋臣口述,同上,第 264—265 页;侯景春口述,同上,第 267 页;刑东春口述,同上,第 267 页;衣老全口述,同上,第 267 页。

[③] 值得注意的(虽然很少提及)是,关于冠县拳民的当时文献资料都没有提到刀枪不入的仪式。提到刀枪不入的唯一文献资料是 1934 年出版的《冠县志》(第 1574—1576 页),但是,这肯定是因为混淆了 1897—1898 年的义和拳与 1899—1900 年席卷华北的义和团所致。事实上,当拳民 1900 年返回这一地区时,有些人似乎带来了新的仪式(于忠海口述,《山东义和团调查资料选编》,第 268 页)。

亦即转相传授。声令广通。历年春二三月,民间立有买卖会场,习拳之辈亦每趁会期传单聚会比较技勇,名曰亮拳,乡间遂目为梅拳会。①

根据这一说法,"梅花拳"的名称来自拳民活动最集中的季节,即春天庙会上的拳术表演。当然,这个团体并没有固定的摆会,但拳民总在赶集天摆会练拳,并往往事先给邻村传帖通知。此外,"一般是好年景,割了麦子以后,有了闲工夫就经常摆会"②。

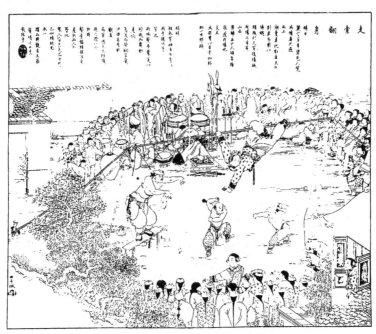

插图 1　拳术与杂耍表演。"来自江湖的拳术和杂耍职业艺人"春天会表演讨生活。

(引自《点不斋画报》,35,GX 11 1885)

----

① 《洪用舟禀》,张汝梅光绪二十四年四月二十九日(1898 年 6 月 17 日)奏,《教务教案档》第 6 辑第 1 册,第 236 页。

② 张老和口述,《山东义和团调查资料选编》,第 265—266 页。参见张汝梅光绪二十四年五月十二日(1898 年 6 月 30 日)奏,载《义和团档案史料》上册,第 15 页。

151　我说过,当地最著名的梅花拳首领是赵三多。据当时人叙述,赵三多自称是当时梅花拳8代门徒中的第5代。尽管这种说法并不完全可信,但它的确说明,赵三多是一位资历较深的拳师。[①] 他能数出大约2 000名徒子徒孙,其中许多人是各县衙门班房的皂役,这使他在和地方政府打官司中有了可靠的帮手。赵三多出生于1841年[②],当十八魁投奔他时,他约有五十五六岁,已是一位有些影响的人物。关于赵三多的财产情况,说法不一。有人对冠县知县说赵三多有400亩土地,并开有一间小铺,而所有的口述历史调查都认为他是一位顶多只有10亩地的贫苦农民。他出生于当地小有名气的家庭,因为他的祖父是一位生员。对资料的认真分析表明,赵三多出身于相对贫寒的士绅家庭,其经济地位当时已没落到只比大多数农民稍好一点的处境。[③]

---

① 曹倜:《古春草堂笔记》。如果杨炳确实是康熙年间梅花拳的创始人,这表明到赵三多时,梅花拳已有35代,这是非常不可能的。参见下面口述历史关于梅花拳到此时只经历了十七八代的描述。此说似更可信。

② 骆承烈:《赵三多、阎书勤领导的义和团反帝斗争》,提交给山东历史协会的论文,1979年5月(引用了赵三多家乡附近发现的一块匾牌)。

③ 县令曹倜说,他了解到的情况是由他的一名属下提供的,这名属下是从拳民首领"高老六"处获得情况的(载《义和团史料》上册,第268页)。曹倜的回忆可能有夸大错误。赵三多的文书郭栋臣毫不含糊地坚持认为赵三多是一位贫苦农民,参见《郭栋臣的亲笔回忆》,载《山东大学文科论文集》1980年1月,第155—156页;《义和团之缘起》《山东义和团调查资料选编》,第332页。阶级背景问题在国内(尤其对于赵三多的后代)是一个非常重要的问题。当地公安局在1977年做了一次调查,再次一致确认赵三多的贫寒处境,尽管值得引起人们注意的是,在调查的11名农民中,有7名是赵家人。他们说,村里的赵老汉拥有三四百亩地,他是赵氏家族的另一支。曹倜的耳目可能把这人与赵三多(赵洛珠)搞混了(陆景琪1977年12月20—21日的《调查笔记》,作者曾借给我看)。关于划分阶级成分的利害关系在国内是如此重要,人们对于选择文献资料证明阶级成分必须持非常谨慎的态度。因此,我倾向于认为县令是弄错了。然而考虑到赵三多在当地享有很高的威信,他同样不可能只是一名贫苦的农民。最可信的是1899年一位传教士的报道,称他为"小地主"[韦茨沃尔德,载《杰西信東》(1900年1月19日),见R. G. 蒂德曼:《从政治地理的角度看华北乡村的集团暴力(1868—1937)》,第34页]。

虽然赵三多的经济地位下降,但这并不意味着他的社会地位与大多数农民相同。他以慷慨义气闻名,喜欢打抱不平,在民教纠纷中为村民说话,这提高了他在当地的声望。毫无疑问,在很大程度上正是因为他有正直仗义和抵制教民错误行为的声望,十八魁才去投靠他。但是,赵三多最初并没有接受他们,因为他不赞成他们的鲁莽行为。他不愿意自己的家庭和名誉受到损害。一个有些影响的人物当然要担心这一点。他的徒弟对他施加了压力之后,赵三多才同意做十八魁的师傅,把他们的斗争当作自己的斗争。①

烽烟再起

关于赵三多究竟是何时卷入梨园屯斗争的,我们尚不清楚。但他的第一个重要行动是在 1897 年春天,其形式是梅花拳最常见的春天亮拳比赛。1897 年 4 月,在教民重新开始为修建梨园屯教堂筹集砖瓦木料时,赵三多在梨园屯镇上举行了一次大比武。尽管他们有意回避明确的反教民行动和口号,但这次比武的目的却是想大大炫耀一下自己的力量。② 几天之后,一场大规模的冲突爆发了。教民们先躲在当时正在建的教堂中,接着 4 月 27 日,有 500 或 2 000 名各种各样的人攻打并占据了这块争论已久的地方。教民们进行反抗,其中许多人受伤,一人重伤。

① 郭栋臣,《山东义和团调查资料选编》,第 269—270 页;《义和团之缘起》,同上,第 328—329 页。
② 郭栋臣在《义和团之缘起》中记载这次比武是在光绪二十二年二月二十二日(1896 年 4 月 4 日)举行,载《山东义和团调查资料选编》。但是其回忆录的早期手稿认为比武的时间是在 1897 年春,这更符合文献记载(郭栋臣:《赵三多资料》,第 11 页;亦见第二部分,第 3—4 页)。

教堂被毁,教民的家被洗劫,所有教民及眷属都逃离了这个地区。①

其时,梨园屯村民及梅花拳占了优势。在地方力量的这场较量中,他们明显获胜,冠县县令何士箴也比较同情村民的斗争,山东巡抚李秉衡像往常一样,做了最大努力以防止洋人因偏袒教民而向地方施加压力。到1897年秋,当局签署了一项新协定。这项协定表明,村民及其拳民取得了完全的胜利。官方给教民另置地基,并提供修建教堂的砖瓦木料。旧地基归还村民。在官方致洋人的信函中,说地基已归官府,将用作全村村民的义学。但事实上,它是用来重建了寺庙,并在寺庙竣工时,举行了盛大的典礼和演出来庆祝。②

但好景不长,寺庙在旧基上重建不久,就有两名德国传教士在巨野被杀。德国人借机占领了胶州;巡抚李秉衡被革职,山东省内教民的权势骤增。传教士利用清政府当时要求不惜一切代价避免冲突的敕令,以报复心理再提旧讼。梨园屯教案的地方协

---

① 《临清通讯》(1897年4月30日),《北华捷报》卷58,1897年5月14日,第863页;法国公使致总理衙门函,光绪二十三年六月二十七日(1897年7月26日),《教务教案档》第6辑第1册,第192页。应该注意的是,《北华捷报》认为梅花拳是白莲教的"后继者",但是由于前述原因,我很难接受一点。事实上,似乎是教民为了使其对手信誉扫地,总是试图把他们与白莲教联系起来。考虑到许多教民皈依者的背景,这是非同一般的曲解。即使在口述历史资料中,通常也是教民把义和拳与白莲教联系起来。参见胡德庆、胡秀兰口述(这两人都是夏津人),《山东义和团调查资料选编》,第292—293页。《北华捷报》的记者也声称有3名教民被杀,但是该报第59卷,1897年11月24日,第1129页对此却作了修改。临清天主教医院(教民逃到这里进行治疗)的报道,证明了教民受伤确实非常严重(E. R. 瓦格纳:《临清站医院工作年报》,1897年5月,见美国公理会传教档案,16.3.2,第15卷)。
② 郭栋臣:《义和团之缘起》,《山东义和团调查资料选编》,第329页。《临清通讯》,《北华捷报》卷59,1897年10月8日、1897年12月24日,第654—655、1129页;总理衙门光绪二十三年十一月二十九日(1897年12月22日)和光绪二十三年十二月二十三日(1898年1月15日)奏,《教务教案档》第6辑第1册,第195、197—198页。

定,又一次被远离这个偏僻小镇的政治压力所推翻。意大利主教否决了 1897 年的协定,并施加压力,迫使官方不久便拆毁寺庙,将庙基归还教民。①

随着 1897—1898 年冲突的加剧以及优势从拳民转到教民,梅花拳内部发生了重大变化。当时一个叫姚文起的人与赵三多联合了起来。姚文起是直隶广平人,四处流浪为生。他曾在临清西边一村庄中作陶工,并在直东交界梨园屯西南的留善固镇传授拳术,后来移居沙柳寨,并在那里居住了一年左右。姚文起在梅花拳中比赵三多高一代,赵三多称之为师,但他的影响却赶不上他的"学生"。然而,姚文起却使斗争发生变化,他甚至介绍进来一些以反清闻名的新成员。② 梅花拳的某些师傅开始担心。"别的拳师曾劝赵三多不要听姚师傅的话,'他野心很大,别闹出乱子来,我们的祖师自明末清初授业至今,已有十六七代了,文的看书,给人治病,武的练拳,强壮身体,从没有过叛乱的事'"③。有

153

────────────────

① 张汝梅光绪二十五年三月二十一日(1898 年 4 月 11 日)奏,《教务教案档》第 6 辑第 1 册,第 222 页。应该强调,张汝梅把这一点与德国占领胶州更明确地联系起来。

② 关于姚文起,见《裕禄奏禀》,光绪二十四年十二月十二日(1899 年 1 月 23 日),《教务教案档》第 6 辑第 1 册,第 301 页。李九子、任老同口述,分别见《山东义和团调查资料选编》,第 314、317—318 页。对整个事件颇有研究的郭栋臣坚持认为,早期拳民在 19 世纪秘密会党传统的影响下,是主张反清复明的。他的部分论述是关于与一盲道士住在一起的两名永年拳民的,他们被姚文起引导参加了斗争。这一点至少是可以相信的,但是我们没有理由相信他们的信念会影响整个拳民组织。一种更不可信的说法是,郭栋臣继续以赵三多的名义发布反清内容的文件,是清军中的一名医生说服赵三多将其口号从"除清灭洋"改为"助清灭洋"。没有其他证据证明冠县拳民曾经反清,郭栋臣所说的赵三多是"暗中"反清,既无法证实,又对评价赵三多领导的这场运动的政治目标没有多大作用(郭栋臣:《赵三多资料》,第 3、16、47 页;第 2 册,第 4 页。其中部分重载于《山东义和团调查资料选编》,第 313—314 页;郭栋臣:《义和团之缘起》,《山东义和团调查资料选编》,第 328、334—335 页)。不过郭栋臣的论述,仍成为国内某些史学工作者关于初期冠县拳民反清论点的依据(例如山东师范学院:《山东义和团反帝爱国运动》,载《义和团运动六十周年纪念论文集》,北京:中华书局 1961 年版,第 98 页)。

③ 李九子口述,《山东义和团调查资料选编》,第 315 页。

一段时间,赵三多还听从这些劝告,但是当冲突激化后,他发现干与不干自己都不能得到解脱。最后,梅花拳的其他首领同意赵三多独立行动,但不准使用梅花拳的名义。因此他被迫给反教拳民取了一个新名——义和拳。①

义 和 拳

如上所述,梅花拳和义和拳的传统至少都可以追溯到 18 世纪。尽管早期资料没有将二者相提并论,但到 19 世纪 90 年代认为二者同出一辙的观点却很流行。早在 1897 年 6 月,就有意大利方济各会的文件断言,这两个派别是相同的。② 据东昌知府说,"梅花拳原名义和拳",只是在 1898 年初,当官员威胁梅花拳民如果他们再聚众滋事,就将加以逮捕以后,梅花拳才又回到了义和拳的旧称。③ 一位知情人说,拳民自称为义和拳,但外界仍称他们为梅花拳。④ 上述解释与东昌知府认为梅花拳源于春天亮拳、"乡间目为梅拳会"的观点是相吻合的。

有一点很清楚,即与义和拳相比,梅花拳的发展从未被官方禁止过,而义和拳则常被人与异端邪术联系起来。在晚清,广为流行的梅花拳自卫也好,定期比武亮拳也好,都从未引起官方的

---

① 同前;郭栋臣:《义和团之缘起》,《山东义和团调查资料选编》,第 334—335、264—265 页。清朝的奏折强调官府对梅花拳的禁止以及要求赵三多解散梅花拳是梅花拳易名为义和拳的原因。《洪用舟禀》,张汝梅光绪二十四年四月二十九日(1898 年 6 月 17 日)奏,见《教务教案档》第 6 辑第 1 册,第 236 页。

② 《德马尔希致施阿兰》(1897 年 5 月 31 日),摘自法国公使馆档案,载台德曼:《从政治地理的角度看华北乡村的集团暴力》,第 34 页。

③ 《洪用舟禀》,张汝梅光绪二十四年四月二十九日(1898 年 6 月 17 日)奏,《教务教案档》第 6 辑第 1 册,第 236 页。

④ 张老和口述,《山东义和团调查资料选编》,第 265—266 页。

怀疑。可见"梅花拳"这个名称相对安全,其大多数师傅也都希望沿用此名。当政府开始对梅花拳采取行动时,他们便逼迫赵三多及其反教联盟采用另一名称。显然,这不仅仅是名称的问题。它 154 表明该地区最主要的拳术派别梅花拳,不会作为一个组织参加反教斗争。在很短的一段时间里,梅花拳允许赵三多及其众多徒弟在反教斗争中使用梅花拳这个名称。但是,现在这个时期已经结束。坚持反教斗争的这个团体变得更加出格,更难以控制,别说它受不了梅花拳严格的师徒关系的约束,就是赵三多也不怎么管得了他们了。

不论义和拳过去的历史或它与梅花拳的关系如何,在某种意义上说,在1897—1898年它已自成一派。既然1898—1900年整个反教排外运动是在它的名义下进行的,我们就有必要考察一下这个名称的含义。长期以来,西方习惯地将"义和"译为"正义与和谐"①。显然民间使用这一名称时,"义"是关键。有位官员的奏折错误地把它当作"义民会"②。义和拳的"义",显然是指中国武术传统中的英雄好汉们非常珍重的义气,它体现为忠诚、正直和大公无私的利他主义。"和"可以理解为"和谐"或"团结",几乎与同音异义词"合"的意思相近。③临清一位传教士把"义和拳"

---

① 《新编剑桥中国史》第11卷第2册,第117页体现了这个习惯称法。这与施达格称义和团为正义与和谐的团体是吻合的。关于该专题的第一本像样的英文学术著作,见施达格:《中国与西方》,纽黑文:耶鲁大学出版社1927年版,第134页。谭春霖将该术语译为"正义和谐的拳师"(《拳乱》,第36页),这与维克多·珀塞尔所说的"正义和谐的拳民"(《义和团起义的背景研究》,第163页)是一致的。

② 张汝梅光绪二十四年四月初三日(1898年5月22日)奏,《义和团档案史料》上册,第14页。洪用舟的禀报对此作了纠正。载张汝梅光绪二十四年四月二十九日(1898年6月17日)奏,见《教务教案档》第6辑第1册,第236页。

③ 见魏有学,《山东义和团调查资料选编》,第266页。

译成"联合起来的拳民"①,英国公使正确地描述道:"这个名称所包含的意思是,这个团体的成员将联合起来进行正义的事业,如有必要,他们将使用武力。"②当时冠县义和拳实质上是联合起来、对基督教会侵占梨园屯寺庙表示愤慨,要求伸张正义的拳会组织。

此外,应当指出,"义和"这一名称在这一带曾经被使用过。19 世纪 60 年代,为对付捻军,在直隶南部组建团防时,威县建立了三支团防:城南的"志和团"、城东的"配义团"和城北的"义和团";后者可能来源于这一地区的义和保和义和营两个村的村名。这几支团防在 1870 年前后被解散,后来因这一带盗匪活动猖獗,在 1896 年又重新组建了这三支团防中的最后一支,并仍由原首领赵老广(一个文生员)指挥。这个赵老广与赵三多毫无关系,但赵三多的一位堂兄(也是一名生员)是"配义团"的副团长。然而据此就说 19 世纪 90 年代的义和拳是从这些团防组织发展而来的,是没有根据的,尽管这些团防组织与赵三多手下的拳民之间关系友好,而且事实上有些团防士兵练的是赵式风格的拳术。③

当 1897—1898 年教民再度提出无理要求时,一个称为义和拳的广泛反教联盟便出现了。其中最激进最胆大的是"大刀"阎书勤领导的梨园屯十八魁。他们极为自然地对夺取寺庙的斗争最热心,对教民寸步不让。后来更有像姚文起那样更亡命的人。

---

① 《H. P. 帕金斯致康格》(1899 年 11 月 25 日),载《美国外交文书》(1900 年),第 83 页。
② 《窦纳乐致索尔兹伯里》(1900 年 1 月 31 日),载《英国议会文书》"中国"(第 3 号)1900 年,第 13 页。参照《山东义和团调查资料选编》中的口述历史记载(认为"义和"意指"同心")和《义和团》第 2 卷,第 183 页北京的一位学者的观点。
③ 郭栋臣:《亲笔回忆》,第 155—156 页。参见路遥:《论义和团》,第 49—52 页。路遥和郭栋臣都看到了我没看到的《威县志》(1923 年版),该志提到了这些团防组织。

姚文起的做法,令梅花拳中保守的领袖们望而却步。赵三多曾给这个组织带来声望,他出身于一个没落的小士绅家庭,是一位拥有几百名徒弟的著名拳师,以敢于仗义执言而闻名乡里。赵三多在他的那些小士绅和团防首领朋友中起到了联络作用,因为这显然是他生活的社会圈子。在较为发达的地区,这种联盟不会成什么大气候。但是在这个偏僻的边界地区,地缘政治的混乱导致正常的政府统治如此薄弱,以致来自不同地区的朋友、门徒和志同道合者之间的这种松散联盟能产生极大的能量,联盟成员之间的联系,肯定比官府各个行政区之间的联系更为密切有效。拳民要逃避官府的镇压,只需隐藏在位于各省县边界的"三不管"地区,官府就对之无能为力。这个新的拳民联盟,是教民的死对头。

1898 年:教民的胜利与拳民的解散

法国人在赢得梨园屯教案胜利的过程中,要求罢黜深受人们爱戴的县令何士箴,[①]于是 1898 年初,何士箴被迫辞职。他的继 [156] 任是一位政绩平平的江苏生员曹倜。曹倜曾捐过贡生,在省上候补。由于这一地区长期骚乱,没人愿冒仕途被毁的危险到冠县做官。在济南谒见了知府洪用舟和巡抚李秉衡的继任张汝梅后,曹倜到职上任,并立即前往十八村插花地带的干集,随行者只有一

① 《吕班致总理衙门函》,光绪二十三年十二月十五日(1898 年 1 月 7 日),《教务教案档》第 6 辑第 1 册,第 196 页。

名书吏和两名差役。①

这一带的气氛相当紧张。继德国占领胶州湾和清政府饬令全省保护洋教之后,临清的传教士得意地报道说,德国的行动有助于医治中国之最大弊病——夜郎自大,这一行动正在产生良好效果。但是,他们同时也承认,在梨园屯一带,"成百上千的同情者一直都在唆使当地的谋反者,并到处宣扬要举行一次总起义,对所有的教民将格杀勿论"②。东昌知府的禀呈与以上报道相符,"本年(1898年)正二月间(光绪二十二年正月至三月),谣传要来洋兵。梅拳再次遂又麇聚。以致远近惊惶,民教震恐"③。据曹倜所言,当他到达干集时正逢集场,处处可见拳民,"短衣带刀,填塞街巷,其混乱情状,触目皆然"。梨园屯的大多数教民都已逃离此地。

曹倜的首要任务是缓和紧张局势,但这并非轻而易举。他住在干集书院,向询问他的人保证,愿和平地解决此教案,并邀请当地人派代表次日与他会面。但是没有一人前来。于是,曹倜召集学生考课,以茶点相待,并亲为阅卷,优者给予奖励。可是他所知仍甚有限。十天后,他承认他仍不了解拳民的内情。最后,曹倜设法收买了一个名叫高老六的拳民,每天给钱五千,让他探视拳民的活动情况;通过高老六,曹倜了解到,赵三多是拳民的主要首

---

① 《冠县志》,第724—725页。曹倜:《古春草堂笔记》,载《义和团史料》上册,第267—268页。曹倜的记述写于事件发生很久以后的1927年。他的叙述非常夸张,不完全可信,有些地方甚至是错误的。比如他记载大多数活动发生在梨园屯镇,而从他提到的书院和征税看,很显然他是在干集。不过,通过其他资料纠正,其记载仍不失为关于1898年事件的珍贵资料。

② H. P. 帕金斯:《临清站年终报告》(1898年4月30日),美国公理会传教档案,16.3.2,第15卷。

③ 《洪用舟禀》,张汝梅光绪二十四年四月二十九日(1898年6月17日)奏,《教务教案档》第6辑第1册,第236页。

领。曹倜还了解到,赵三多与当地一位团防首领杨昌浚来往密切。于是,曹倜便召见杨昌浚,并威胁他,如不将赵三多带来,就把他本人抓起来。然而,杨昌浚无法说服赵三多来投诚。赵三多的拒绝是有道理的,因为他现在是几省都悬赏缉拿的人,他怀疑曹倜对他的赦免在冠县以外的其他地区是否有效。最后,尽管曹倜的继续留任使拳民不得安宁,但他的使命似乎以失败而告终。许多拳民担心县令肯定不是一人前来镇压,唯恐洋枪队埋伏附近,夜里"不敢回家,避匿大户空屋之中"①。

157

1898 年 2 月,知府洪用舟开始亲自负责解散拳民的工作,他的办法很明确。官员们这会儿终于认识到,在赵三多与下层活动分子十八魁之间存在着明显的社会、政治差别。此外,洪用舟还进一步了解到,赵三多与十八魁的首领阎书勤甚至并不属于同一门派。赵三多的梅花拳以集市亮拳比武著称,而阎书勤的红拳则专门为富裕人家保镖护院。② 再者,赵三多从未热心接收十八魁做徒弟。这样,就出现了一个洪用舟可以充分利用的缺口。

2 月 28 日,洪用舟宣称,阎书勤是头年春天杀害教民的凶手,他亲率一伙兵勇到梨园屯捕拿阎书勤。洪用舟在上报的奏折中称:他杀死一名拳民,打伤了阎书勤,据说阎书勤身负重伤,奄奄一息,被同伙救走。显然,这不过是欺人之谈。事实上,士兵同情拳民,只对阎书勤放了空枪,放他逃走。然而其后梨园屯毕竟

---

① 曹倜:《古春草堂笔记》,载《义和团史料》上册,第 267—268 页;《临清通讯》(1898 年 3 月 4 日),《北华捷报》卷 60,1898 年 3 月 21 日,第 464—465 页。曹倜的记载接着描写他如何成功地解散了拳民。但是《北华捷报》却清楚地记载曹倜最初单枪匹马的努力遭到了失败。《教务教案档》的文献记载和口述历史都强调主要是知府洪用舟最后解散了拳民。因此在下面所引用的曹倜的叙述中,我假想他正陪同洪用舟执行另一项使命。

② 肖老泰,《山东义和团调查资料选编》,第 267 页。

被占领了，寺庙也被拆毁。虽然这时所有的教民早已逃得无影无踪，避难于天主教的布道团里，但庙基还是重判给他们。至此，梨园屯教案算是暂时得以解决。不过，洪用舟仍然要面对拳民余众这个更为棘手的问题。在这一点上，他不得不谨言慎行，因为"惟该处与直境毗连，犬牙相错。地方拳民团众势颇固结，未便操之过蹙，激生他变"①。

158   显然，赵三多仍然是局势发展的关键所在。洪用舟最终同当地团防首领商定，以完全保证赵三多的安全诱使他去干集会谈。赵三多在干集受到隆重热烈的欢迎，然后知府"传到拳首赵三多剀切开导，晓以利害。即将梅拳解散。并令毋再传单聚会，自罹法网"②。关于官员如何明确地向赵三多晓以利害，冠县县令曹倜给我们留下一段大致可信的记载："汝家道殷实，儿孙成立，汝何不图自保身家？纵令徒众滋事，且杀人放火另有其人，汝何必为他人作傀儡乎？"③赵三多供认，由于在梨园屯教案中他误收徒众，使一些不守规矩的人混进了他的组织，但是，现在教民污辱他为"罪魁"，他不得不和徒众纠集以自保。当山东官员答应提供保护时，赵三多怀疑他们的保证在他本人家乡直隶是否有效。最后，东昌知府会同临清知州、冠县、威县、曲周三县县令答应，只要赵三多解散拳民，就保护他的安全。官府甚至亲至沙柳寨赵三多家中，在他家门中挂了一块"廪生"匾牌。作为回报，赵三多召集

---

① 张汝梅光绪二十四年三月二十一日(1898 年 4 月 11 日)禀，载《教务教案档》第 6 辑第 1 册，第 221 页。关于允许阎书勤逃跑的诡计，可见郭栋臣的《义和团之缘起》，载《山东义和团调查资料选编》，第 329 页。
② 《洪用舟禀》，张汝梅光绪二十四年四月二十九日(1898 年 6 月 17 日)奏，见《教务教案档》第 6 辑第 1 册，第 236 页。
③ 曹倜：《古春草堂笔记》，载《义和团史料》上册，第 269 页。

他的徒众于干集书院前的十字路口会聚,命令他们解散。①

正如我们已经看到的,直东边界这一带拳民的构成极其复杂,赵三多也无法完全控制局面。此外,还存在着一些其他使局势不稳的因素,其中之一便是新调来防守梨园屯和其他重要据点的军队。《北华捷报》早在 3 月的报道说:"留守的官员和几名士兵惹了麻烦。几个当兵的滋事生非,抢掠财物,人们愤怒而起,扣留了官员,不拿出银两赔偿他们的损失就不让走。"②整个春天,关于驻防这一带的山东部队胡作非为的报告一直不断,许多人为了安全而逃到了城里。③ 4 月,附近大明府的科举榜上出现了一则告示,其中有如下的警告:

> 告示:有鉴洋人逾越禁规,各省志士约于四月十五日杀洋人,烧洋房。心有二意者皆为洋人与品行不端之女人。见帖而未广告者亦然。仅此,勿需多言!④

159

显然,对于悄无声息地解散反教民队伍,某些人不愿就此罢休。

这场冲突的另一方面,是传教士希望最大限度地从瓜分租界的高潮中得到一些好处。他们不再满足于夺取庙基修建教堂,还坚持逮捕和惩办肇事者。当洪用舟试图与意大利传教士谈判偿

---

① 曹倜、李继曾,《山东义和团调查资料选编》,第 272 页;张兰亭、任老同口述,分别见《山东义和团调查资料选编》,第 255、272 页;《临清通讯》(1898 年 3 月 4 日)、《北华捷报》卷 60,1898 年 3 月 21 日,第 464—465 页。据最后这则资料记载,洪知府答应给予赵三多"整个这一地区无人享有的名誉和财富"。这无疑是夸张,却基本上反映了洪知府所采用的手段。

② 《临清通讯》(1898 年 3 月 18 日),《北华捷报》卷 60,1898 年 4 月 4 日,第 570—571 页。

③ 参见《教务教案档》第 6 辑第 1 册,第 115 号、117 号,第 86 页;第 125 号,第 90—91 页;第 274 号,第 250 页中的各种禀报。

④ 伊索内:《义和拳时期赵家庄的教民》,《中国与锡兰》上册,第 106—108 页。这些传单也记载于张汝梅光绪二十四年四月二十九日(1898 年 6 月 17 日)奏,《教务教案档》第 6 辑第 1 册,第 237—238 页。

款一事时,后者甚至拒绝讨论赔款问题。对于反教力量来说,这是一个明显的信号,即直到他们被捕受惩之前,其对手绝不会善罢甘休。不过在传教士和中国官方的立场上有着一个共同点,即十八魁已成为解决问题的焦点。他们梦寐以求的是逮捕阎书勤,特别是十八魁。当这年春末教民在冠县十八村的另一个村庄遭到骚扰时,他们指责的不是梅花拳或义和拳,而是十八魁。① 这样一来,1898 年春天前后,赵三多和拳民的联盟核心组织,似乎不再引起他们的注意。

这给官员们采用另一种方法对待这些"本分"的拳民提供了机会,即吸收他们加入团防。早在 1895 年,由于甲午战争中部队的调防,使得许多地方防御脆弱,朝廷命令当时的山东巡抚李秉衡重新组建地方民团。② 1897 年 2 月,朝廷批准了保守派官员徐桐关于建立乡团的奏折。③ 当时中日战争的大笔赔款,使清廷的财政大出血,裁减军队成为解决国家财政危机的一条途径。因而在盗匪活动日增的形势下,民团就成为维持社会治安的必要力量。在山东,巡抚张汝梅非常重视组建民团。1898 年 6 月,他上奏说,他正檄行各属,办理保甲团防。巡游途中,他于 7 月来到了距梨园屯插花地十几里的临清。④ 到年底,朝廷表扬了他在这方

① 《法国公使照会》,光绪二十四年四月二十六日(1898 年 6 月 14 日),《教务教案档》第 6 辑第 1 册,第 234—235 页;张汝梅光绪二十四年四月二十九日(1898 年 6 月 17 日)奏,《教务教案档》第 6 辑第 1 册,第 237—238 页。专门论述十八魁的类似资料,可参见《教务教案档》第 6 辑第 1 册,第 232—234、243—245 页。
② 《清实录》卷 366,光绪二十一年四月十八日(1895 年 5 月 12 日),第 6 页。
③ 《清实录》卷 412,光绪二十三年十一月二十五日(1897 年 12 月 18 日),第 15 页。
④ 张汝梅光绪二十四年五月十二日(1898 年 6 月 30 日)奏,《义和团档案史料》上册,第 15 页;《临清通讯》(1898 年 7 月 18 日),《北华捷报》卷 61,1898 年 8 月 1 日,第 204 页。

面成功的努力。① 尽管这些民团的目的主要是对付土匪,但是在与教民的争端中,张汝梅的确看到了他们所能起的作用。5 月他上奏:

> 臣前派委员分赴各属,会同地方官清查保甲,举办乡团,原欲清弥盗源,亦藉以调和民教。②

不过,张汝梅并没有天真到如此地步,以至于相信民团在拳民与教民的争端中会保持中立。他的部属早已发现赵三多与当地民团首领来往密切,张汝梅本人也在一个月前的奏折中提到"拳民与民团"是两个紧密相关的组织。因此,张汝梅 6 月 30 日引起争议的奏折,并不是一时心血来潮的想法:

> 如任其自立私会,官不为理,不但外人有所藉口,并恐日久别酿事端。查北方民俗刚强、好勇斗狠是其固习。此项拳民所习各种技勇,互有师承,以之捍卫乡间,缉治盗匪,颇著成效。应请责成地方官,谕饬绅众,化私会为公举,改拳勇为民团,既顺与情亦易钤束,似于民教两有裨益。③

为了支持他"改拳民为民团"的主张,张汝梅在奏折中编造事实,提出直东边界的拳民源于 19 世纪中期名为"义和拳"的民团。这则奏折,为戴玄之(最初是施达格提出)关于义和团源于官方民团的观点提供了最主要的证据。④ 我希望前面的论述足以表明

---

① 《清实录》卷 431,光绪二十四年十月十二日(1898 年 11 月 25 日),第 12 页。
② 张汝梅光绪二十四年闰三月二十八日(1898 年 5 月 18 日)奏,《义和团档案史料》上册,第 13—14 页。
③ 张汝梅光绪二十四年五月十二日(1898 年 6 月 30 日)奏,《义和团档案史料》上册,第 14—15 页。
④ 戴玄之:《义和团研究》;施达格:《中国与西方》,第 129—146 页。佐佐木正哉《义和团的起源》,载《近代中国》第 2 卷,1977 年 7 月,第 124—125、132—134 页)和路遥《论义和团》,第 49—52 页)对戴玄之的观点进行了最有力的驳斥。

这个观点是错误的。张汝梅在奏折中的主张,是出于政治上的需要,以此证明把可靠的拳民编入地方民团是正确的。编造的历史与我们毫无关系,但是将拳勇改组成忠实的民团成员的建议却很重要。张汝梅的奏折表明,这个想法是来自藩司张国正和臬司毓贤。鉴于毓贤早期支持鲁西南的大刀会,不难理解,他为什么主张把拳民编入既可抵抗土匪又可制约教民的民团。

至于有多少拳民被实际编入民团,我们一无所知。在夏天农忙季节,不可能有很多人被编入民团。这当然也是由于农忙时大家都忙于农事,无暇顾及反教斗争的缘故。[1] 有一点可以肯定,即赵三多的活动在此时并不积极。到底他是被金钱和地位所收买,还是像当事人辩护的那样[2],认为他不过是隐藏了起来(或许甚至离开了这一带),我们不得而知。在此应该提请注意的是,1896 年大刀会起义后地方官与苏北庞三杰所达成的协定。由于地方上无权赦免庞三杰,便同意只要他隐藏一段时期,就停止追捕。官方很可能与赵三多达成了同样的非正式协议。不论 1898 年夏天的休战是如何形成的,这种平静都不能长久维持下去。

1898 年秋:爆发与镇压

巡抚张汝梅处理冠县教案的主要谋士是臬司毓贤。由于残酷镇压了 1896 年大刀会起义,毓贤善理教案的名声日噪。通观毓贤在山东的经历,大家就会知道,他是根据自己在鲁西南的经验来处理梨园屯拳案的。这是他政策致命的缺陷。1898 年在直

---

[1]《临清通讯》,《北华捷报》卷 60,1898 年 6 月 27 日,第 1、113 页。
[2] 郭栋臣:《义和团之缘起》,《山东义和团调查资料选编》,第 329 页。《赵三多资料》对这一问题更早的解释是,赵三多这时北行进入了直隶中部。

东边界一带，拳民活动所造成的破坏也许相对轻微，但是由于有几名教民被杀，事件的性质必然比 1896 年严重得多。所以分析其政策失败的原因就尤为重要。大刀会一直是一个纪律相对严明的组织，其核心仪式秘密，师徒关系明确，而且完全掌握在乡村士绅手中。所以，如果这个组织的活动以抵御土匪为主，毓贤便对它睁一眼闭一眼，而在其行动超出界限时，便通过斩蛇斩首的办法来终止它的活动。

在冠县，官府把赵三多和地方民团首领看成是和平解决问题 162的关键。他们所实行的方法是：设法同拳民达成一项协定，然后他们将协定贯彻到底，并由赵三多主持仪式将拳民解散，随后就可以把他们编入民团。问题是，该地区的拳民是一个比鲁西南大刀会复杂得多的组织，赵三多的权威起不了什么作用。有些门徒，像阎书勤，根本不是出自梅花拳一门。连赵三多本人也为梅花拳的其他首领所迫脱离了梅花拳，所以他根本不可能依靠其作为梅花拳资深师傅的声望来服众人。十八魁和流民窑工姚文起在其中扮演的角色说明，乡村士绅的领导地位毫无保障。政府当然希望把赵三多及民团与这些人分离开来，以便集中力量镇压十八魁。如果这一地区像鲁西南一样，有豪强地主和严密的村社组织，地主能将其佃户编入大刀会，那么上述方法可能奏效。但是直东边界一带的情况并不如此。不过这一方法一年后在鲁西北实行得比较有效。尽管如此，它仍远未取得完全的成功。

秋季收割结束后，谣言开始流传，说山东官员正计划扩大逮捕①。谣言或许是准确的，因为在 9 月 28 日巡抚张汝梅收到总

---

① 《姚文起口供》，裕禄光绪二十四年十二月十二日（1899 年 1 月 23 日）奏，《教务教案档》第 6 辑第 1 册，第 301—304 页。谣言是阴历九月（阳历 10 月 15 日至 11 月 13 日）传出的。

理衙门的电告,告诉他处理梨园屯案件已万事俱备,只差逮捕反教民首领了。大约在 10 月,有两人被捕,即阎书勤的哥哥和十八魁的另一成员、34 岁的佃农阎士和。[①] 在这种背景下,一队士兵驻进了临清小芦的传教士住处,越过边界进入直隶。可能在搜查村子的过程中,拿走了赵三多家乡沙柳寨村的一些牛肉。[②] 仅此一点就足够激起那些激进的拳民了。他们相信,教民要争到底,因而便采取了攻势。在这一决定中起带头作用的是窑工兼拳师姚文起。他的流浪生活使他从家乡广平府来到临清,最后到沙柳寨,并在那里居住了一年左右。但是,姚文起需要赵三多的帮助。当后者表示不愿给予帮助时,姚文起便与十八魁在 10 月 25 日夜绑架了赵三多和他的全家,并胁迫他率众进攻。[③]

163

在以后的几天中,在插花地的各个据点和南部沿山东边界与直隶境内,聚集了几百拳民。沙柳寨的拳民首先向北出击,在 26 日攻打了位于梨园屯西北一个村庄的教民,并毁坏两户教民的房屋。[④] 其后几天,更多的拳民动员起来,向南运动。他们经过居住有许多教民的红桃园,毁坏了小里固村的一座教堂和几间房屋

---

① 张汝梅光绪二十四年十月初二日(1898 年 11 月 15 日)奏,《教务教案档》第 6 辑第 1 册,第 270—271 页。这则文献并未注明逮捕的时间,但从上下文看,它发生在十月末战事爆发之前。

② 《山东巡抚致曹州镇台》,光绪二十四年九月十四日(1898 年 10 月 29 日),山东巡抚档案,载《筹笔偶存》,第 711 页;《王培映电告》,光绪二十四年九月二十日(1898 年 11 月 3 日),林学瑊:《直东剿匪电存》上册,第 3—4 页。

③ 《王培映电告》,光绪二十四年九月二十日(1898 年 11 月 3 日),林学瑊:《直东剿匪电存》上册,第 2—4 页;姚文起口供,《教务教案档》第 6 辑第 1 册,第 301—304 页。后者认为赵三多是 10 月 26 日被绑架的。

④ 曹倜、临清知州王寿明禀,张汝梅光绪二十四年十二月五日奏,《教务教案档》第 6 辑第 1 册,第 297—298 页。这则禀奏根据曹倜的调查,认为拳民攻打的是陈家庄。郭栋臣认为拳民攻打的是与陈家庄毗邻的蒋家庄(《山东义和团调查资料选编》,第 270 页)。郭栋臣还声称,一名皈依的教民被杀。这不大可能,因为传教士并没有这样说。

（红桃园和小里固均位于冠县插花地），然后继续向南，进入山东边界和直隶境内。^①　与此同时，谣言四起；拳民计划从狱中营救囚犯，最可能的是阎书勤的兄弟和十八魁中另一个被捕的成员。^②　拳民从支持他们的村民处借来四五十匹马；他们举着旗帜，旗上写着口号，一名法国传教士将口号译为"从清灭洋"^③，一位美国人译为"举清灭洋"^④。实际上它是"扶清灭洋"或"助清灭洋"（支持清朝消灭洋人），这也是后来在义和团运动中最普遍使用的口号的首次出现。^⑤　但是，清廷显然不能容忍这种"支持"，官员急忙从山东临清和直隶大举调集军队。

　　然而，使用武力并不是政府的上策。据直隶政府禀报，冠县、丘县和威县三县县令会同高级官员的代表：

　　　　谕饬三县团总绅董前往开诚布公，晓以利害，向拳民极力劝谕。赵洛珠（即赵三多）随向姚洛奇（即姚文起）合拳众们当场叩头亦请解散。该拳民等深知悔悟，即于十七八日纷

----

①《曹倜、临清知州王寿明禀》，张汝梅光绪二十四年十二月五日奏，《教务教案档》第6辑第1册，第297—298页。这两则资料都反映了南进运动的情况。张汝梅的奏折认为，攻打小里固的时间是10月30日。《王培映电告》[光绪二十四年九月二十日（1898年11月3日），林学瑊：《直东剿匪电存》上册，第3—4页]对拳民团体的南移运动作了详尽的描述，但他所说的龙上固肯定是处于直隶边界、临清所辖的大村庄（集镇?）留善固的误称。

②《王培映电告》，光绪二十四年九月二十日（1898年11月3日），林学瑊：《直东剿匪电存》上册，第2页。

③ 伊索内：《义和拳时期赵家庄的教民》，载《中国与锡兰》上册，第106页。

④《E. E. 艾肯致贾德森·史密斯》（1898年11月10日），美国公理会传教档案，16.3.12，第17卷，第71期。参照关于《一面支持政府的旗帜》的报道[《临清通讯》，《北华捷报》卷61，1898年11月21日，第950页]。

⑤ 郭栋臣，《山东义和团调查资料选编》，第313页；《义和团之缘起》，第329页记载了关于旗帜上口号的两种说法。

纷解散回家。①

后来,当为赵三多辩护的人回忆此事时,否认赵三多曾听从了士绅呼吁他解散拳民的请求。② 但事实上,史料记载与赵三多的谨慎态度和他对卷入梨园屯斗争再三犹豫是完全吻合的。

164 春天拳民的解散,至少带来了夏天的宁静。但是这一次解散刚开始就没成功。当拳民回家时,一部分人经过红桃园,在那里遭到了教民的"恶言攻击"。姚文起和一些更激进的拳民对此非常愤怒,在 11 月 2 日夜重又聚集起来。第二天清晨,大约有七八十名拳民攻打了红桃园的教民,焚毁教堂和 7 间房屋,并杀死二三名教民。然后,他们沿着教民集中的村庄向威县县城北部移动。但是那里的法国传教士,已在四个大村中组织了一支庞大的装备精良的民团,其人数多达 477 人。由于民团的明显优势,拳民在 11 月 3 日转而进攻第三口村。教民家被劫掠烧毁。11 月 4 日,清廷兵勇重又聚集,攻打候魏村的拳民,打死 4 人,捕获包括姚文起在内的 19 人。第二天,姚文起被斩首,头颅悬挂在红桃园

① 裕禄光绪二十四年十二月十二日(1899 年 1 月 23 日)奏,《教务教案档》第 6 辑第 1 册,第 301—302 页。参见《道台王培映致裕禄的奏禀》,光绪二十四年九月二十三日(1898 年 11 月 6 日),林学瑊:《直东剿匪电存》上册,第 7 页;《张汝梅致裕禄》,光绪二十四年九月二十一日(1898 年 11 月 4 日),林学瑊前引书上册,第 5 页。在和平解散拳民的努力中,曹倜急切要求不要派遣更多的部队到这一带,他甚至声称,10 月 30 日小里固事件只不过是一个教民焚烧了自己的房子,企图挑起事端[《冠县县令禀报巡抚》,光绪二十四年九月十七日(1898 年 10 月 31 日),山东巡抚档案,载《筹笔偶存》,第 689 页]。曹倜于 11 月 2 日报道说拳民已被解散(《筹笔偶存》,第689 页)。
② 郭栋臣《山东义和团调查资料选编》,第 270 页。官员的禀报确实非同寻常地保护赵三多,所以回忆人的陈述或许存在疑问。使我相信裕禄奏禀的一点是,他的禀报提到大明府的军事指挥官留下一些骑兵,在拳民解散后返回其营房。如果拳民没有解散,部队肯定不会离开这个地区。我认为,官员没有理由编造一个说明他们行动迅速的故事,以证实已经恢复了平静。

示众。①

这场战斗标志着 1898 年骚乱的结束,但是,官员和部队都不希望利用他们压倒的军事优势对付反教民队伍。在 11 月 4 日的战斗中,许多士兵直接朝天放枪,尽力避免打伤拳民,而且并没有花费大力去追捕继续向南逃跑的残存拳民。回到直东边界,赵三多再次成为首领。当官方许诺赦免除赵三多以外所有的拳民时,各村士绅都来劝本村人回家。赵三多再次解散其徒众,北行潜入直隶中部。② 与此同时,政府"将安分拳民编入民团,悉善联络"③。

插花地拳民的活动并未就此终止。两位最重要的首领——极端谨慎的赵三多和十八魁中的活跃分子阎书勤——仍潜逃在外。1900 年,在义和团席卷华北平原大部分地区、朝廷制裁他们的排外活动以后,这两人又出来活动——赵三多仍在冠县插花地的老地方,阎书勤则沿大运河东岸向北进入武城。这两队人马的分散行动表明,赵三多仍然希望与他那些胡来乱搞的同伙保持距离。1900 年秋,阎书勤被捕,并被解到临清处决,赵三多并未努力搭救。④ 赵三多的活动生涯仍未结束,他再次隐藏起来。1902 年夏天,当武举景廷宾带领当地民团抗议政府大旱之年未给广宗

165

① 裕禄光绪二十四年十二月十二日(1899 年 1 月 23 日)奏,《教务教案档》第 6 辑第 1 册,第 301—304 页(这则资料认为逮捕了 15 人);张汝梅光绪二十四年十二月五日(1899 年 1 月 16 日)奏,同上,第 297—298 页;《王培映电》,光绪二十四年九月二十七日(1898 年 11 月 10 日),林学瑊:《直东剿匪电存》上册,第 10—11 页;伊索内:《义和拳时期赵家庄的教民》,第 106—113 页。

② 郭栋臣,《山东义和团调查资料选编》,第 270—271 页;《义和团之缘起》,同上,第 329—330、335 页;李九子,同上,第 272 页。

③《王培映电告》,光绪二十四年九月二十七日(1898 年 11 月 10 日),林学瑊:《直东剿匪电存》上册,第 10—11 页。

④ 郭栋臣,《赵三多资料》,第 39—40 页。关于 1900 年这些战斗的口述历史记载,可参见《山东义和团调查资料选编》,第 275—308 页;郭栋臣:《义和团之缘起》,同上,第 330—332、335—337 页。关于这方面的文献资料,可参见《山东义和团案卷》,第 138—140、354、375—377、379—382、449—451、462 页。

县减少赋税时,他又露面了。这一次赵三多参与的是带有明显反政府色彩的起义,因而导致了他的最后毁灭。由于另一武举的出卖,他被逮捕,最终饿死狱中。他的头颅被斩下悬挂于威县城外。这样,经过几年的动荡不安,早期的拳民领袖之一——赵三多,结束了他波折起伏的一生。①

不过,上述事件已超过我们主要论题的时间范围。在1898年骚乱的次年,十八村又恢复了平静。1899年11月,一位新教传教士报道说,他在拳民最早出现、但现今戒备森严的村庄——很可能就是梨园屯——受到了"诚挚的欢迎"②。其时,义和团已迅速发展到鲁西北以外,而这一带却又恢复了平静。现在我们要问的关键问题是,发展到1898年的冠县教案,对于义和团运动在其他各地的兴起起了多大作用? 这不是一个轻而易举就能回答的问题。

争夺梨园屯寺庙的长期斗争,在以前关于义和团的研究中受到很大重视,本书又对此进行了相当详细的论述。这是因为,这场斗争毫无疑问是:"义和拳"作为反洋教活跃分子登上历史舞台及其主要口号"扶清灭洋"出现的开始。许多学者将此两点视作义和团运动始于冠县梨园屯的确凿证据,这是可以理解的。在某种意义上,这种论述无疑是正确的。冠县十八村在1898—1899年名噪一时,他们持久的反教斗争的故事,广泛出现在官方奏折和市井闲谈中。毋庸置疑,1899年"义和拳"的名称在鲁西北被

---

① 郭栋臣,《山东义和团调查资料选编》,第308—309;《义和团之缘起》,同上,第331—332页。

② 《F. H. 蔡平致贾德森·史密斯》(1899年11月23日),美国公理会传教档案,16.3.12,第18卷,第64期。也可参见E. A. 艾肯:《临清站年终报告》(1899年4月30日),同上,16.3.12,第16卷。

采用,正是由于冠县拳民给这个名称所带来的声望。

　　但是,名称的采用并不意味着组织的扩散。可以肯定组织的扩散从未发生过——因为冠县和鲁西北义和拳的仪式完全不同。冠县义和拳并没有刀枪不入的仪式,没有降神附体,没有画符念咒,他们的习拳几乎不存在任何宗教内容。不用说,正是由于它 *166* 缺乏类似异端宗教习俗的成分,才使得官方对待这些拳民总是如此宽大,而且愿意吸收他们加入民团。他们在集市公开亮拳比武,是最无秘密可守的拳民。这些无疑有助于他们得到官方的认可,默许他们持续了那么多年反教民斗争。恰恰是这些斗争提高了他们的声望,并传到鲁西北。但我们并不能藉此来说明以后义和团运动的性质和内容。回答这一问题必须从其他方面下手。在探讨义和团运动源流之前,我们应首先着眼于 1899 年事件发生时社会政治的大背景。因为此时的山东已是山雨欲来风满楼。

第七章　风暴云结

　　1898 年 1 月 22 日是中国的旧历新年。午后时分,日全食遮暗了北京城的上空。这可不是吉兆,首都处于一派"普遍忧郁与沮丧"的气氛中。[1] 凶兆不全因天象而起。对租借权的争夺正全速展开,列强们似乎在从容不迫地完成"瓜分"。中国已不复其往昔容颜,1898 年的事件业足以清楚地表明此点。

　　就在冠县插花地上的拳民与教徒间的紧张关系转为一场地方性暴力冲突之际,在全国范围内,中国遭受了另外一场政治斗争的冲击。这正是光绪帝推行"百日维新"和耽于幻想的改革家康有为影响隆及朝廷的那一年。康有为提出一种将儒家今文经学与西式近代化杂糅一处的独特混合体,他设法从儒家经典中寻找合理依据,以推行类似日本明治维新那样的君主立宪和在国家支持下的近代化的根本性变革。朝廷颁发了一道道谕旨,号召改革科举制度,强调经世之学;整编陆海军,使之近代化;设立农工商局;成立译书局;扩大向皇帝上书的权利;裁撤闲散机构;以及其他一些次要的事务。对许多保守派官员来说,这些改革走得太快太远了。于是,9 月 21 日,他们发动政变,西太后重新执掌了政权。光绪帝遭到幽禁,康有为脱逃流亡,他在北京的一些最忠

168

---

①《赫德致金登干》(1898 年 1 月 23 日),《总税务司在北京》第 2 卷,第 1149 页。

实的弟子和伙伴即"六君子"被捕遇难。

发生在朝廷的这些戏剧性事件,引起了北京、通商口岸及各省城有关人士的关注。许多人认为,在经受了对日战败和列强争夺租借权的震惊之后,中国终于从昏睡中惊起,并开始着手一项全面深入的革新计划。早在 1895 年,康有为就曾诱使一批高级官员加入了他所组织的短命的强学会。到 1898 年,类似的研究会如雨后春笋般在一些大城市发展起来。在通商口岸,中国的新闻业也突然成熟。1895 年,中国仅有 12 家报纸和 8 种期刊(后者全部与传教有关),而 3 年后已增至 20 家报纸和 35 种杂志,并且,几乎所有报刊均"倾向自由"①。当这些报纸其中一家的编辑、康有为的大弟子梁启超受邀去湖南主持一所新式学堂的时候,该省遂成为省级水平上最杰出(也是最激进)的改革榜样。到 1898 年春,湖南的改革引起该省豪绅的激烈反对。如同北京一样,保守派在政治上取代了激进派,改革突变为反动。

尽管这些事件在相当程度上主宰了 1898 年的历史研究,但是,我们不应因此就以为各省只是简单地对首都的政治摇摆作出反应。在山东,激进派的改革从来没有实现。该省所关注的是财政、捐税、自然灾害和此起彼伏的盗匪活动等传统问题——还外加一个新的威胁,即德国人盘踞青岛。之所以需要强调山东问题所具有的明显的地方特性,是因为人们常将义和团起义简单地看作是朝廷领导下的改革转向反动高潮时的表现。然而,义和团运动最终爆发的背景并不在于清廷新出现的保守派,而是在于山东自身所日益增长的危机,以及新任巡抚毓贤处理危机的政策上。

---

① 包克私:《本地的报业》,《北华捷报》第 61 期,1898 年 10 月 17 日,第 736—738 页。

山东的改革

当然,山东也进行了一些近代化改革。其中要首推连接上海与天津的电报线。它于 1881 年穿过鲁西,并连通济南、济宁和泰安支线。电报线基本上沿大运河铺设,直接穿越后来义和团活动地区的心脏地带。特别值得注意的是,无任何证据表明百姓反对或抱怨该地区的风水遭到破坏。[①] 在 19 世纪 80 年代 90 年代期间,电报线扩展到府治和许多县城,同样也没发现百姓对此反对的证据。[②] 电报在山东顺顺当当地被接受表明,当地群众认为引进源自外国的技术不会产生多大威胁。诚然,电报在加快官员们对日益严重的义和团危机的反应速度上起了绝对重要的作用。通讯的近代化在 1897 年扩展至邮政业,中国海关当时设想,首先在通商口岸间开通国内邮政业务,随后逐步扩成网络,纵横交错串联内地。[③]

山东另一项仅有的重大改革成果,是在济南城外建造了一座兵工厂。该厂于 1876 年竣工。尽管兵工厂也修理甚至装配一些洋枪,但它主要是大量生产弹药。在 1897 年至 1898 年间,受德国在胶东半岛的威胁,兵工厂进行了一次大规模的扩建。[④] 但那实际上属于山东"自强运动"的范围。早在 1895 年至 1896 年间,保守派巡抚李秉衡就反对私人在胶东开矿,声称开矿无利可图,

---

① 《海关贸易报告册》第 2 卷,1881 年,第 4、25 页和地图。
② 张玉法:《中国现代化的区域研究》下册,第 500—502 页。
③ 《北华捷报》第 58 期,1897 年,散见各处;张玉法:《中国现代化的区域研究》下册,第 495—497 页。
④ 张玉法前引书,上册,第 385—390 页。

注定失败,大批目无法纪的矿工将失业,从而可能引发骚乱。[①]
即使是在 1898 年改革猛烈的日子里,山东也很少有重大改革的
迹象。朝廷发布的一道呼吁将庙宇改为学堂的上谕就在这里引
起了一场大风波。山东为此也做了些改革的准备,然而,北京的
保守派重握权柄后,这一切便立即化为乌有。[②]　山东在行政上作
出的唯一变动,是 1898 年 9 月成立了一个外务局,负责处理对德
关系、有关新租借地的边界问题、海关、矿山、铁路及传教事务。[③]
变革毋庸置疑来到了山东,但是它来得太慢了。该省首先关注的 170
仍属特别传统的事务,其中,最突出的是财政与自然灾害。

政府的财政危机

山东在清朝曾一直是一个出产有余的省份,其税收大于支
出,因此该省每年能够拿出约 120 万两白银,援助中央政府和贫
困省份。[④]　该省从 19 世纪 90 年代初以来向户部的报告显示:

---

① 李秉衡:《李忠节公奏议》卷 10,光绪二十一年十一月十一日(1895 年 12 月 26 日)
　和光绪二十二年一月二十四日(1896 年 3 月 7 日)奏,第 26—29 页(总第 798—803
　页);卷 11,第 1—3 页(总第 853—857 页)。
② 见《北华捷报》,第 61 期,1898 年 8 月 22 日,第 339 页;《教务教案档》第 6 辑第 1
　册,第 260—262、266—268 页。
③ 张玉法:《中国现代化的区域研究》上册,第 321—322 页。
④ 有关这段时期山东省预算的系统统计数字很少,我只好从几种资料中重现这一
　数字。张曜在 1891 年呈递的一道奏折里(光绪十七年六月十六日,户部题本,
　第 2619 号),开列出山东输送北京和其他省份的税款为白银 1 091 000 两,其
　中,山东省至少拖欠了部分款额。1895 年李秉衡奏报说,豁免的一半资金仅够
　支撑月耗 20 万两的山东防卫所需 3 个月[《李忠节公奏议》,光绪二十一年九
　月十二日(1895 年 10 月 29 日)奏折,卷 10,第 2—3 页(总第 749—751 页)]。
　李秉衡报告中所显示的 120 万两的数字与张玉法书中(上册,第 341—342 页)
　引用的统计数相同,该书显示,1892 年的地方支出为 1 202 717 两,1895 年的
　地方支出外加豁免的上交款项;其总额为 2 378 571 两。

除有些年份需要额外开支用以抑制黄河的洪水泛滥外，在履行呈交款项的义务上，它几乎从未打过折扣。① 甲午战争改变了所有这一切。首先，政府为保卫这一具有战略意义的省份增派了军队，供养他们需额外开支。② 山东的官方预算总额约为 320 万两白银③，为加强海防，省内新增了 100 万两的开支，因此，在 1894 年，清廷允许山东把往常上缴北京和输往其他省份银两的半数留作自用。④ 当 1895 年甲午战争结束时，山东可以遣散大批士兵以节省军费开支。然而，由于日军继续占据着威海卫和俄德两国对将会成为潜在海军基地的胶州虎视眈眈，山东实际上削减的国防开支很有限。其次，该省每年还需拿出 39 万两白银，用以偿还巨额对日战争赔款，这是一笔沉重的负担。⑤

其结果是，在 19 世纪的最后几年间，历任山东巡抚经常借口

---

① 例如：请参见户部光绪十九年四月四日（1893 年 5 月 19 日）奏，户部题本（农业），第 25 号；李秉衡光绪二十二年十一月二十二日（1896 年 12 月 26 日）奏，户部题本，第 2659 号；还有张玉法：《中国现代化的区域研究》上册，第 341—343 页。

②《李忠节公奏议》，光绪二十三年六月十六日（1897 年 7 月 15 日），卷 15，第 4—5 页（总第 1111—1114 页）。

③ 张曜光绪十七年六月十六日（1891 年 7 月 21 日）奏，户部题本，第 2619 号；福润光绪十八年十一月十九日（1893 年 1 月 6 日）奏，户部题本，第 2630 号；李秉衡光绪二十二年十一月二十二日（1896 年 12 月 26 日）奏，户部题本，第 2659号。这些数字与张玉法书中引用的数字（引自《万国公报》和 1903 年的一道奏折，见该书上册，第 341—342 页）严重不符，对我来说简直无法解释。张书中的材料所报 1892 年的岁入为白银 1 570 492 两，外加 67 902 担粮食；1895 年的岁入为白银 2 585 338 两。当然，官员们低报岁入的现象很正常。但是，我们认为，他们的上报至少应保持一致。当他们未如此做时，按照逻辑，正如我这时采用的方法，我们只得被迫接受大一点的数字。

④《李忠节公奏议》卷 12，光绪二十二年四月一日（1896 年 5 月 13 日），第 3—4 页（总第 907—909 页）。

⑤《李忠节公奏议》卷 12，光绪二十二年七月十日（1896 年 8 月 18 日），第 22—24 页（总第 945—949 页）。

财政上无力清偿债务，请求朝廷减免他们上缴中央的款项。李秉衡甚至公然反对为西太后在圆明园重建嬉游园林而动支匮乏的财源，大肆铺张。① 但是，这个时期政府开销（尤其是国防开支）的增加已无法避免。有证据表明：为支付这些开销，政府在农民身上增加了新负担。当政府以"昭信股票"的形式筹集资金来偿付赔款时，山东有些地区强行按亩摊派，因此民众怨声载道。② 1897 年，政府提高了盐税，以筹集一笔 30 万两的增加款额。③ 在临清地区，知州曾因征税有功而受嘉奖，于是，当 1895 年粮食歉收后，他拒不接受按惯例削减捐税的请求。结果是，至 1896 年初，该州西部灾区的农民据报处于"犯上不驯的状态"。用一位当地传教士的话来说："造反的势头四处可见……它从微细处显示：倘若中央政府企图向人民身上转嫁沉重负担去偿付战争债务，那它将承担什么样的后果。"④

　　19 世纪 90 年代银价持续下跌，它推助了预算平衡，并将负担转嫁给纳税农民。在天津，1891 年 1 两白银可兑换 3 286 文制钱，这大致相当于 19 世纪 80 年代的水平。而到了 1898 年春，1

171

① 《李忠节公奏议》卷 12，光绪二十二年四月一日（1896 年 5 月 13 日），第 1—3 页（总第 903—907 页）。有关其他声称国库空虚的言论，请参见《清实录》卷 388，第 8 页；山东巡抚档案，电报档，山东巡抚致总理衙门，光绪二十五年六月十七日（1899 年 7 月 24 日）；山东巡抚档案，外发电报档，第 168 号，巡抚致刑部(?)，光绪二十五年十一月十九日（1899 年 12 月 21 日）。

② 光绪二十四年七月五日（1898 年 8 月 21 日）上谕，《清实录》卷 423，第 4 页。

③ 《李忠节公奏议》卷 14，光绪二十三年二月十二日（1897 年 3 月 14 日），第 8—9 页（总第 1057—1060 页）。

④ 《临清通讯》（1896 年 1 月 24 日），《北华捷报》，第 56 期，1896 年 2 月 21 日，第 275 页。

两白银还值不到 2 200 文制钱。① 在山东,农民以铜钱支付地税,
其兑换率以按铜钱贬值时订定的为准。1896 年,鉴于鲁东豪绅
抱怨那里征税兑换率高达每两 5 800 至 5 900 文制钱,李秉衡在
全省将兑换率划一为每两 4 800 文。② 李秉衡将此举描述为减轻
税务负担,但是,鲁西那边的情况却并非如此。在那里,用白银核
算的税款兑成铜钱交纳,兑换率仍大约高于市场的两倍。而在山
东全省,由于银钱兑换率在 19 世纪 90 年代末继续下跌,土地持
有者们发现,他们所交纳的税是按一种价值不断升值的通货订算
的。实际上,农民的纳税额在一年年地增加。可以预料,其代价
是农民生活水平日下与民众的普遍不满。

　　银价下跌是帮助地方与省级官员应付庞大的国防和赔款开
支的一个重要因素:征税获得的铜钱可以在市场上换取数额较多
的银两,银两是法定的国家偿债货币。但是,由于国际银价下跌
而带来的幸运并非没有代价。胥吏与士兵们发现,他们以银两为
准的薪饷不敷养家糊口。有权有势的官员们则找到了营私舞弊
的现成机会。由于应付的税款是固定的,而银价下跌造成税收增
多,因此,他们便将二者之间的差额中饱私囊。③

172　　平衡全省预算的另一主要办法,是尽可能地遣散大批腐败、

①《海关贸易报告册》第 2 卷,1898 年,第 31 页;第 2 卷,1899 年,第 32 页。此二手资
料所提供的 1898 年的兑换数字为 2 080 文,但这显然是另外一种不同银两的兑换
率,因为该报告所提供的 1892 年的数字为 3 100 文,而所呈报的 1898 年的数字为
3 263 文。假定两种银两的兑换率不变,根据 1898 年数字,1899 年的数字应为
2 189 文。
②光绪二十二年五月二日(1896 年 6 月 12 日)上谕,《清实录》卷 390,第 26 页;李秉
衡:《李忠节公奏议》卷 14,光绪二十二年七月二十八日(1896 年 9 月 5 日),第 1—2
页(总 1043—1045 页)。《茌平县志》(1935 年版)卷 7,第 6 页(总第1075 页)。
③《临清通讯》,《北华捷报》,第 60 期,1898 年 2 月 21 日,第 273 页;第 60 期,1898 年
6 月 27 日,第 113 页。

老弱和缺乏训练的旧式军队,削减军费预算。在清朝末年,山东主要有5种类型的军队:一、绿营军。全部编制包括抚标在内共17 148人,队伍最为庞大。二、驻德州、青州的"满洲八旗兵"。三、驻德州、临清及靠近胶东半岛顶部的屯军。四、巡防黄河、大运河的河标和运河营。主要职责是防洪与修坝。五、按照19世纪中叶地方武装的模式而招募的勇营。[1] 八旗兵用一位史学家的话来形容是:"士气低落……贫穷且嗜吸鸦片。"[2]然而,遣散他们以节省开支在政治上不足取。1897年,政府裁撤了驻扎在德州、临清人数不多的屯军。不过,若想大量节支必须削减绿营军和勇营。

1897年,李秉衡报告说,由于甲午战争期间紧急征兵,山东海陆防军的总兵力达到3万余人,但是,他已经遣散了16 000名勇营士兵和1 900名绿营军中的练军。[3] 李秉衡建议,应当在未来5年内再减员50%。1898年,张汝梅奏报说,裁员已完成30%,由于担心1898年黄河洪水泛滥后可能爆发骚乱,余下20%士兵的遣散计划被迫临时中止。[4] 不过,通过所有这些裁军的实施,大幅度节支的目的实现了。李秉衡曾奏报说1895年的国防开支总额为200多万两白银,而到了1899年末,毓贤在呈交

---

① 张玉法:《中国现代化的区域研究》上册,第379—383页。

② 刘广京:《西北和沿海面临军事挑战》,《剑桥中国史》第11卷,第205页。

③ 李秉衡:《李忠节公奏议》卷15,光绪二十三年六月十六日(1897年7月15日),第4—5页(总第1111—1114页)。

④ 光绪二十三年三月四日(1897年4月5日)上谕,《清实录》卷402,第3—4页;光绪二十四年三月三十日(1898年4月20日)和光绪二十四年九月二十四日(1898年11月7日)上谕,《清实录》卷416,第21页;卷430,第12页。不过,当1899年冬袁世凯担任巡抚时,他似乎是完成了计划好的裁军50%的工作,因为在1901年他报告说从1870年至1900年间共裁军10 318人,这就意味着1895年后裁减了50%的军队(张玉法:《中国现代化的区域研究》上册,第382页)。

的有关山东军费开支的详尽报告中说,该年度的开支总额仅为146万两。①

毋庸置疑,许多裁员行动只不过是做些纸样文章:有的士兵早已死去,没有递补,而他们的名字却保留在花名册上,由军官倾吞其薪饷。在这种情况下,裁员只是裁个名字。而另外有一些士兵则年老体衰或嗜吸鸦片,他们无论是于国防还是社会治安皆毫无用处,早就该裁掉了。② 还有,裁减军队必然削弱政府在鲁西地区的控制力。而在海防上,政府并未试图节支,即便有也是很少。③ 由于德国人占据着胶州,不可能在半岛上削弱军事力量。这样,节支就全部来自内地军队与河标及运河营。鲁西和鲁南地区因此造成动荡不安,其后果实属难免。当1898年初鲁南地区的地方军队被予遣散之时,驻沂州的传教士发现,他们的处境危

① 李秉衡:《李忠节公奏议》卷12,光绪二十二年八月二十八日(1896年10月4日),第33—34页(总第967—969页);毓贤致户部,光绪二十五年十月二十七日(1899年11月29日),山东巡抚档案,外发电报档。由于毓贤的报告指明了义和团起义正式爆发时山东兵力布防情况,因而值得用表格归纳一下:

单位类型	人数	年费用(银两)	人均费用
八　旗	2 130	129 100	60.6
沿海防勇	11 130	508 000	45.0
内地治安军	7 300	317 000	43.4
河　标	11 853	221 600	18.7
运河营	3 800	178 000	46.8
军官薪饷,工匠、军火和建筑	—	110 000	
总　　计	36 213	1 463 700	

② 光绪二十四年一月三十日(1898年2月20日)上谕,《清实录》卷414,第21页。
③ 李秉衡1896年的奏折和毓贤1899年的奏折(见注①所引)中开列的海防费用,大致都为白银50万两。

险,"除了这个带有几名文书与一名打伞人的小军官外,没有一个保护者"①。当 1899 年拳民骚乱事件不断增加之时,巡抚一再注意到,防军在内地的分布是多么稀疏。② 裁减河标使看守堤坝的人员骤减,从而导致了 1898 年黄河泛滥的灾难(参见下文)③。最后,全面裁军不仅削弱了"治安"队伍,而且抛出大批"散勇",这些人除了在犯罪和劫掠活动中运用其军事技能外,别无什么本领。④

这便是 1897—1898 年间人们对组建民团重新发生兴趣的历史背景。由于全面削减军费开支和集中剩余资金供给近代化国防军队的需要,以往主要由绿营军扮演的维持治安的角色便要由地方组织的民团承担。需要着重强调的是,保守派与维新派都赞成此项政策。在北京,除保守派大臣徐桐曾于 1897 年 12 月敦促组建民团外⑤,维新派大臣张荫桓甚至是康有为本人也赞成以地方民团作为国防军的基础。⑥ 在山东,温和派巡抚张汝梅和其继

---

① 《沂州府通讯》,《北华捷报》,第 60 期,1898 年 4 月 18 日,第 659 页。这份报告讲到了遣散士兵充当"团练"一事,但是,从选择的时间和上下背景来看,他们很可能是"防勇"或绿营兵。

② 毓贤光绪二十五年五月二日(1899 年 6 月 9 日)、光绪二十五年十月一日(1899 年 11 月 3 日)和光绪二十五年十月二十九日(1899 年 12 月 1 日)奏,《筹笔偶存》,第 4、38—40、45—48 页。

③ 1895 年,李秉衡报告说,这一年他派出军队到沿海抗洪[光绪二十一年三月二日(1895 年 3 月 27 日)上谕,《清实录》卷 363,第 2 页]。

④ 《清实录》,光绪二十四年十二月十日(1899 年 1 月 21 日),卷 435,第 14 页。村松祐次对此作过比较详尽的论证,见《义和团的研究》,东京:岩南堂 1976 年版,第 10—14、45—49 页。从毓贤概括 1899 年头三个季度死刑执行情况的奏报中,我们可清楚地看出,在 31 名死犯中,有 23 人属于"流勇"[清单,光绪二十五年八月二十八日、十月二十五日和十二月二十三日(1899 年 10 月 2 日、11 月 27 日、1900 年 1 月 23 日)收,《军机处录副奏折》,光绪二十五年,第 75—76 号]。

⑤ 《清实录》卷 412,光绪二十三年十一月二十五日(1897 年 12 月 18 日),第 15 页。

⑥ 郭廷以:《近代中国史事日志》下册,第 1019 页;罗荣邦:《康有为传记和专题论丛》,第 112 页。

任者保守派毓贤都鼓励组织民团。[1] 然而,毓贤并不是对任何民
团组织都不加鉴别地加以支持。1899 年夏,他指控诸城县的两
位士绅"倚势作威,纠众挟制官长,强索民捐积谷钱文"[2]。毓贤
后来被控将拳民组成民团抵抗洋人,而意味深长的是,驻沂州的
美国传教士们却相信,毓贤之所以指控诸城县的士绅,是由于后
者企图用他们的力量抵制德国在山东半岛上修筑铁路。[3] 无论
这一特别报告是否属实,事实很明显,即:19 世纪 90 年代末组建
民团的行动并非是由保守派分子策划的排外阴谋的一部分,其想
法得到了所有政见各异的官员们的支持,目的是在削减军事开支
预算的同时,保持社会的安定。

174

自然灾害与内乱

由于黄河横穿鲁西平原,该地区屡遭洪涝之苦。而另外有些
时候,整个夏季都滴雨不降,农田干枯,无水灌溉,土壤板结开裂,
大片土地荒芜,农民无法耕种。像这样的自然灾害,造成华北平
原上的农民生活维艰,朝不保夕。但是,农民们并非一直被动地
接受命运的捉弄。从汉代的赤眉军到清代的捻军,历次重大自然
灾害常伴随着震撼现存统治秩序根基的大规模起义。19 世纪末
年,山东及江苏、河南、直隶的边界地区再次遭受洪涝并发生饥
荒,这对义和团起义的影响是显而易见的。

---

[1] 有关张汝梅这方面的情况,请参见本书第六章;关于毓贤,请参见《清实录》卷 453,
光绪二十五年十月二十四日(1899 年 11 月 26 日),第 11 页。

[2] 光绪二十五年六月六日(1899 年 7 月 13 日)上谕,《义和团档案史料》上册,第
30 页。

[3]《沂州通讯》,《北华捷报》,第 63 期,1899 年 8 月 14 日,第 325—326 页。

在山东南部鲁、豫、苏三省的交界地带，灾难开始最早，持续时间最长。到1898—1899年冬，它在河南引发了一场声势浩大的地方起义。该地区的主要问题是洪涝。由山东山区南下的河流，将河水全部倾泻在这一沿黄河南线地势同样低洼的地区，经常淹没大片农田。在这一动荡不安的边界地区，自然灾害与民众疾苦必定会壮大为数业已甚众的匪徒队伍。1896年，一场海啸袭毁了苏北沿海地带的海州。另外，连绵的暴雨使苏北内地洪水泛滥，一名传教士为此写道："其结果是，拦路抢劫蔚然成风，乡民中胆大妄为者纷纷上路去弥补田里的缺欠。"①

翌年，苏北的年景同样不好。两年来，在一片与山东接壤、面积为200英里（约合518千米）的地区内，庄稼受灾严重，物价飞涨，"从1834年的大饥荒以来，食品的价钱从未有过这么高"②。违法活动日增，"武装歹徒简直是四处潜行"③。在靠南一点儿的清江浦，传教士们报告说："在外国人未到该镇的十年间，抢劫事件从未像现在这么多——四邻一片恐怖。"④尽管鲁南地区1897年也同样受灾，如沂州府报告说小麦歉收和"道路与村庄抢劫事件增长惊人"⑤，但是，那里的情况仍比江苏好些。然而，这只是吸引了日后将成为累赘的难民群。1897年冬，住在那里的外国人报告说："在本季，道路上通常挤满了南下逃荒者，然而，今年的迁徙方向发生了逆转，成千上万个不幸家庭皆打算会聚北上。"⑥

175

---

① 《清江浦通讯》，《北华捷报》，第57期，1896年11月27日，第919页；《北华捷报》，第57期，1896年9月18日，第475页。

② 《苏北通讯》，《北华捷报》，第59期，1897年10月22日，第740页；布政司景星等光绪二十三年十月二十二日（1897年11月16日）奏，户部题本，第2640号。

③ 《苏北通讯》，《北华捷报》，第59期，1897年12月24日，第1129—1130页。

④ 《清江浦通讯》，《北华捷报》，第59期，1897年12月24日，第1130页。

⑤ 《沂州府通讯》，《北华捷报》，第59期，1897年10月1日，第617页。

⑥ 《沂州府通讯》，《北华捷报》，第59期，1897年12月17日，第1083页。

1898 年,灾情丝毫未有缓解。所有迹象表明:一场持久性的大饥荒正在出现。"孩子们不是被卖掉就是被丢弃"①。一切可用来充饥的东西都被吃掉了:"榆树皮被扒光,低矮处的柳叶被采下,甚至毛虫和蜗牛也被抓来吃掉。"②危机引起中央政府的急切关注。政府一直担心,饥荒将造成人民破坏性的失所流离和盗匪活动的猖獗。③ 但是,国家预算资金极为匮乏,难以资助耗资庞大的解救计划,并且,由于中央豁免了灾区的捐税,地方政府也没有可供支配的资金。形势如此令人绝望,以至于苏北的一名县令为了节俭经费,在 1898 年 2 至 10 月间下令处死了该县监狱关押的 284 名囚犯。④

在 1898 至 1899 年间,鲁西南也开始受灾。那里的难民会合苏北难民,一道开始了年复一年的沿大运河南下的长途艰难跋涉。这是一条"死亡与悲惨之路"⑤。在首次爆发 1898—1899 年排外袭击事件的鲁西南地区,传教士们报告说:由于干旱和病虫害,庄稼几乎颗粒无收。⑥

在此形势下,一些过激行为几乎不可避免。从 1898 年初开始,发生了几起有案可稽的事件。其中一起事件是:有一伙人从山东越界进入江苏,袭击了一座村庄,抓走 30 名因借粮发生纠纷的村民。不过,在这类动荡不安的边界地区,发生此种事件并不特别令人惊讶。而山东的这支人马是峄县县令率领的(不久,他

---

① 《苏北通讯》,《北华捷报》,第 60 期,1898 年 4 月 18 日,第 660 页。

② 《苏北通讯》,《北华捷报》,第 60 期,1898 年 5 月 30 日,第 929 页。

③ 《清实录》中曾反复提到此事,参见该书卷 417,第 7、15 页;卷 421,第 3—4 页;卷 433,第 2 页;卷 435,第 10—11 页。

④ 《苏北通讯》,《北华捷报》,第 62 期,1899 年 1 月 30 日,第 170—171 页。

⑤ 《W. N. 克罗泽报告》(1899 年 5 月 4 日),"长老会",缩微胶卷,第 212 盘。

⑥ 《伊维廉报告》(1899 年 12 月 23 日),"长老会",缩微胶卷,第 213 盘。

就因据伪报行事被解职)。实质上,这是一起"官匪"的实例。它清楚地表明,政府已失去对动荡不安的边界地区的控制,政府只不过是地方社会的一个工具,而非管理者。①

　　1898 年夏季,发生了一起更为严重的事件。来自河南夏邑县的盐枭童振清,在一种颇为传统、裴依理称之为"劫掠性"的反叛动机下,于鲁、苏边界揭竿而起。童振清率领一支三四百人的队伍北上,他们举着上写未详说明的"悖逆字样"的小红旗,"抢劫粮食牲口,陆续送回吃用"。这无疑是对该地区赤贫状况所作出 *176* 的传统式反应。然而,童振清添加了一个新内容,这在对列强争夺租借地的冲击仍感到眩晕的官员们来说特别头疼:他宣布,他的目标是"打洋学"。实际上,据说他向北直插山东的一个原因,就是想联合大刀会。但是,这一努力失败了。山东与河南的军队很快将童振清围困在单县南部边界上的一个小镇,逮捕了他和其他一些人。政府处死了其中的 12 人,并将余人遣散。②

　　童振清的短暂起义因含有排外的内容而显扬,但是,这一带最为壮烈的起义,要数爆发于皖北涡阳县原捻军老巢的起义。起义显然是由政府企图镇压食盐走私而引发,且很快壮大为一场由一个名叫刘疙瘩的人领导、有几万人参加的起义。③ 义军首领长期沿皖、豫、鲁边界活动,不久,他们包围了位于义门集的原捻军营垒。饥民成百上千地加入其队伍。很快,涡阳县的大部落入义

---

① 《清实录》,光绪二十四年二月二十三日(1898 年 3 月 15 日),卷 415,第 15 页。
② 张汝梅光绪二十四年六月十七日(1898 年 8 月 4 日)奏,光绪二十四年七月二十九日(1898 年 9 月 14 日),《义和团档案史料》上册,第 17—19 页;《山东巡抚致曹州镇总兵方致祥》,光绪二十四年六月十一日(1898 年 7 月 29 日);《和致河南布政使景星》,光绪二十四年六月十三日(1898 年 7 月 31 日),山东巡抚档案,电报档;《筹笔偶存》,第 702—703 页。
③ 《苏北通讯》,《北华捷报》,第 62 期,1899 年 1 月 30 日,第 171 页。

军之手。义军宣布了北上山东的计划,恐怕他们还是想去联合大刀会。与此同时,在邻近的江苏省砀山县,另一支义军队伍也竖起一面上写"一副灭天主教徒对联"的旗帜起事。① 对该地区来说,这无疑是最大的威胁,其严重性远远超过了1896年的大刀会骚乱。但是,政府从周围省份调集了绝对优势的兵力,到1899年1月底,即起义后的一个月内,就将起义镇压了下去。老百姓为此遭受了巨大的物质财产和生命损失。②

尽管边界这边的山东省没有发生像涡阳起义那样严重的事件,但毫无疑问,在相同条件下,该省也同样会出现大批起义者。1898年夏,山东巡抚张汝梅报告了一起发生在鲁南兰山、费县两县交界处的事件:

> （鲁、苏边界）向为盗贼出没之区。本年春间,雨泽愆期,粮价昂贵,又值各路裁并营伍,外来散勇积匪……勾结无业游民……啸聚数百人,携带洋枪器械,向附近村庄以借粮为名肆行劫掠,勒索马匹枪械子药。③

就像对付河南的童振清起义一样,盗匪活动一旦威胁过大,政府就把其镇压下去。然而,歹徒们的胆子似乎愈来愈大。在1899年7月末这个多事季节——其时青纱帐遍布路旁,为铤

177

---

① 《苏北通讯》,《北华捷报》,第62期,1899年2月9日,第247页。
② 有关此次起义的最完整报道是裕长、刘坤一和邓华熙光绪二十五年一月三十日(1899年3月11日)的联名上奏,见《军机处录副奏折》,光绪二十五年,第9号主件。在同一处档案的附件中还附有刘坤一的一道奏折[光绪二十五年九月七日(1899年10月11日)]。《清实录》中有几处可供参考:卷435,第13、15页;卷436,第3—4页;卷437,第12—13页。有关死亡和破坏余殃的报道,见乔治·金医生的描述,《北华捷报》,第63期,1899年7月17日,第131—132页和《W. N. 克罗泽的记载》(1899年5月4日),"长老会",缩微胶卷,第212盘。
③ 张汝梅光绪二十四年五月十二日(1898年6月30日)奏,《义和团档案史料》上册,第16页。

而走险者提供了现成的掩蔽——发生了一起最令人震惊的事件。曾于 1898 年协助捕获童振清的参将岳金堂,被一伙他正在单县追剿的匪徒伏击并杀害。匪徒们敢向清军直接挑战,这确非常人所为,敢杀死一名重要的地方官员就更为少见了。因此,该事件清楚地表明,连年的自然灾害和政府因裁军而变得愈加衰弱,二者相加,使得地方官员处在一种极易遭受武力袭击的境地。[1]

　　发生在鲁、豫、苏交界地带的所有这些骚乱的确不是些小乱子,然而,比起 1898 年的黄河洪灾所造成的破坏,它们则要逊色得多。由于夏季连降暴雨,黄河水位陡升。8 月 8 日,黄河在寿张决口。凶猛的洪水向东、南两个方向奔涌,吞没 400 座村庄,在席卷过郓城之后,泻入大运河。但是,这段决口仍不足以缓解下游堤坝所受的压力,因此,济南以下的黄河南堤再度决口。浩浩洪水扑向东北方,吞噬了 1 500 座村庄,淹没一片面积约为 2 600 平方英里的地区。最后同时也是灾难最为严重的是,黄河北堤又在东阿决口,洪水涛涛,随即形成一个大湖,伸延的湖面穿过茌平县(不久那里的"神拳"便活跃起来)。洪水还淹没了鲁西南 3 000 多平方英里的农田,然后流入大海。共有 34 个县受灾,上百万人被迫抛弃家园,到堤坝或是所有能发现的高地上寻求避难[2](参阅图 7-1　1898 年黄河水灾图)。

---

[1]《毓贤致刘坤一》,光绪二十五年六月二十七日(1899 年 8 月 3 日),山东巡抚档案,外发电报档,第 177 号;《毓贤致总理衙门》,光绪二十五年七月四日(1899 年 8 月 9 日),同上,第 194 页;毓贤光绪二十五年七月二十二日(1899 年 8 月 27 日)奏,《军机处录副奏折》,光绪二十五年,第 75—76 号。

[2]《清实录》,光绪二十四年七月六日(1898 年 8 月 22 日)卷 423,第 7 页;《方法敩的报道》,《北华捷报》,第 61 期,1898 年 12 月 12 日,第 1081—1082 页。

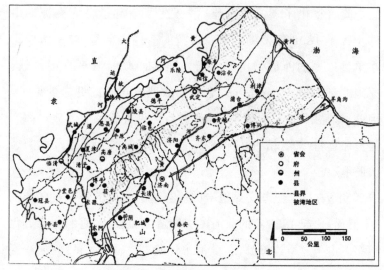

图 7-1 1898 年黄河水灾图

《北华捷报》的记者将此称之为"自从 40 多年前黄河改道回山东以来受淹面积最广、灾害最大的一次洪水",和"世人记忆中最可怕、最悲惨的事件"①,他们并没有夸大其词。南游济宁和北至恩县庞庄与济南之间的外国人纷纷报告说,大水一望无际,人们分不清哪儿是河流哪儿是田野。② 在黄河北岸的许多地区,秋作物实际上颗粒未收。由于大雨连绵,一直下到 9 月份,洪水减退极慢。从洪灾开始后有整整 3 个月,很多农民依然挤在堤坝上,他们一直靠吃树叶、树皮和野草为生。③ 另外有些人则以家庭或村组为单位,动身到较为富裕的地区乞讨过冬。他们通常

---

① 《威县通讯》,《北华捷报》,第 61 期,1898 年 11 月 7 日,第 858 页;《青州通讯》,《北华捷报》,第 61 期,1898 年 9 月 26 日,第 583 页。

② 薛田资:《在华二十五年,1893—1918》,第 96—98 页;博恒理:《玛丽·波特传》,第 29 页。

③ 《博恒理的报道》,《北华捷报》,第 61 期,1898 年 11 月 7 日,第 872—873 页;《北华捷报》,第 61 期,1898 年 12 月 19 日,第 1156—1157 页。

"保持自尊,举止得体",坚称他们是"逃荒",而非"讨饭"①。

导致这一人类灾难尤其悲剧性的事实是:1898年的洪灾并不是另一次简单的自然灾害,它还有着人为的和政治上的原因。在山东巡抚任内,李秉衡一直谨慎地关注着黄河堤坝的养护。在他汇集成册的奏折中,充满了有关准备对付夏季洪峰及弹劾下级官员疏于防溃甚至挪用公款的论述。根据一位监察御史的奏报,李秉衡一年中常有6个月的时间用在防洪上,在他莅职期间,没发生过任何重大的洪灾。相比之下,其继任者张汝梅从没花费一天时间来治理黄河大堤。李秉衡曾储备了足以对付四次黄河涨水用的稻草及其他材料,但是张汝梅在一次大水中就把它们用完了。② 而当洪水确实来临之际,这位巡抚在组织有效救援上表现得出奇的缓慢。③

当然,在1898年,张汝梅还有大量其他值得担忧的事情,特别是德国人盘踞胶州。由于外国的威胁(还有其他自然灾害和遣散士兵而引起的对社会治安的威胁),1898年的整个夏季张汝梅都在省内巡阅,但他视察的不是堤坝,而是地方民团。列强争夺租借权引起的危机将他的注意力从一名山东巡抚传统所关注的事务中转移了开来。然而,同样确切的是,恰恰是像李秉衡这样保守性强的官僚,才最有可能致力于像防洪这样的工作。排外倾向不太明显的官员或许更能有效地处理帝国主义的不断威胁,但是,他们未必能全

① 《方法敛的报道》,《北华捷报》,第61期,1898年12月12日,第1081—1082页。

② 胡孚宸光绪二十五年三月七日(1899年4月16日)奏,《军机处录副奏折》,光绪二十五年,第52—53号。

③ 《清实录》卷433,光绪二十四年十一月四日(1898年12月16日),第3—4页;卷433,光绪二十四年十一月七日(1898年12月19日),第8页;卷436,光绪二十四年十二月二十二日(1899年2月2日),第10页。曾有人警告张汝梅:黄河上游出现了不同寻常的高水位。参见:《陕甘总督电》,光绪二十四年六月五日(1898年7月23日),《筹笔偶存》,第700页。

身心地致力于对鲁西农民来说至关重要的事务,那就是驯服黄河。

然而,张汝梅对洪灾所应负的责任不只是孰先孰后的问题。

180 当有人指控他治河不利时,朝廷下令,要对他有关任人唯亲和贪赃枉法等行为进行全面调查。尽管这个调查跟所有例行调查一样避重就轻,但也确实发现了足够的证据,证明他任人唯亲、庇护贪赃的下属。因而,1899 年春,张汝梅被罢官降级。①

另一名因这次特大洪灾受到牵连的官员是张上达。他是前济南道台,1897 年李秉衡将他撤职,理由是他主持河务时有贪污行为。但是,张上达与天主教传教士的关系很好,在 1898 年初,由于冠县骚乱的关系,法国人坚持要求他复职。他最终还是官复原职。他获得了一切职权,其中,防洪是他的首要任务。尽管调查者没有发现他应对 1898 年洪灾负责的任何证据,但是,他们被迫承认,张上达的名声"极坏"。人们普遍认为,正是这位由于外国人坚持而官复原职的官员玩忽职守和贪污腐败,才造成了此次巨大的洪灾。于是,他被撤职查办。②

---

① 《清实录》卷 435,光绪二十四年十二月四日(1899 年 1 月 15 日),第 4—5 页;卷 441,光绪二十五年三月二十日(1899 年 4 月 29 日),第 4 页。对腐败行为进行如此裁决是常有之事,并且常伴有政治上的动机。因而,具体到张的案件,就似在情理之中。经过一段比较短暂和平庸的官场生涯之后,张捞取了大笔钱财,在 1898 年,他购买了 10 万银两的昭信股票,并为救解饥荒捐献了 1 万两白银——由于他慷慨解囊,他的三个儿子都被封了官[《京报》,1898 年 10 月 22 日,译文见《北华捷报》,第 63 期,1899 年 10 月 30,第 871 页 1899 年 10 月 30 日]。他与谨慎俭朴的李秉衡无疑形成了鲜明对比。

② 《清实录》卷 403,光绪二十三年三月二十三日(1897 年 4 月 24 日),第 6 页;卷 425,光绪二十四年七月二十四日(1898 年 9 月 9 日),第 6 页;卷 435,光绪二十四年十二月六日(1899 年 1 月 17 日),第 6—7 页;卷 441,光绪二十五年三月二十日(1899 年 4 月 29 日),第 5 页。关于法国施加压力,请参见发《毕盛的照会》,光绪二十四年四月十一日(1898 年 5 月 30 日),《教务教案档》第 6 辑第 1 册,第 232—233 页;张汝梅光绪二十四年六月七日(1898 年 7 月 25 日)奏,同上,第 248—249 页;《总理衙门电示》,光绪二十四年四月十二日(1898 年 5 月 31 日),《筹笔偶存》,第 687 页。

倘若把官员亲外与不能胜任河务管理相提并论,认为两者之间存在着某种必然的联系,不免有点儿滑稽可笑。但是,张汝梅在治理黄河上远没李秉衡勤奋与成功,则是不可否认的事实。因此,当张汝梅由于治河不力而被撤职查办时,朝廷在某种程度上是以李秉衡为样板去搜求人才的。正是出于这些考虑,导致了 1899 年春满族保守派官员毓贤命中注定地受命接替张汝梅。[1]

义和团兴起过程中的山东历史表现了西方历史学家经常关注的一种历史现象,即历史潮流的相遇(conjuncture)。相遇这个概念是指遵循不同发展规律的历史进程的相遇。在这一有着历史纪念性的帝国主义的十年间,中国的维新派和保守派以各自不同的方式,对来自西方及日本的史无前例的威胁,作出了不同的反应。当列强对租借权的争夺威胁到中国的主权与领土完整之时,维新派提出一项按照西方模式实行经济、社会和政治近代化的意义深远的方案,其目的在于使中国免受帝国主义的威胁。而另一方面,保守派则担心,来自西方的异端思想及制度将会损害 181 清帝国和儒家传统文化。双方都承认,帝国主义的挑战是当今压倒一切的问题。

不过在另一方面,从山东,尤其是从乡村百姓看来,他们所面临的问题则颇为不同。虽然帝国主义的入侵加剧了山东地方各种矛盾的激化,特别是新出现的国防和赔款的急需引起了政府的财政危机,但是,山东省官员所面临的基本问题仍然是非常传统的,即自然灾害和民众骚乱。处理这些问题最有成效的人员与

---

① 关于毓贤的治洪才能和它们在其获任上所起的作用,请参见:《清史列传》卷 62,李宏生的论文《毓贤与山东义和团》中有引用,见该文第 1 页。清史编纂委员会编:《清史》第 7 册,台北:"国防研究院"1961 年版,第 5058 页。

措施都是传统式的。李秉衡也许保守和排外,但正是他强有力地清除了腐败,并有效地治理了黄河。地方民团对于捍卫国家也许无用,但长期以来它一直是抑制地方骚乱最为有效的组织。因此,针对山东本身的特殊问题,朝廷于 1899 年春指派保守派的毓贤来入主山东。毓贤的任命不应被视作国内维新派与保守派之间斗争的一部分。毓贤过去曾长期在山东为官,选择他是为解决该省特殊的问题,而不是保守派与维新派在对待帝国主义的不同政策上相互争执的结果。具有悲剧意味的是,刚刚大权在握,毓贤马上面临了一系列来自占据着胶州的德国人的新威胁。当其奉命来处理自然灾害与地方骚乱这些古老问题之时,这位新任巡抚发现,他必须先处理新出现的帝国主义问题。

1898—1899 年的外国侵略

列强争夺租借权的斗争,在中国对外关系史上开创了一个新纪元。在解决巨野教案的协议书中,清廷基本上全盘接受了德国的要求,其中包括在大范围内惩治地方与省级官员。很多人仅是因有"排外"的想法而丢掉了官职。德国攫取胶州和随之而来的俄、英、法、日等国划分"势力范围"的行动,使列强面临着或是完成"瓜分",或是利用其新的影响向软弱无望、四分五裂的清廷提出新要求的地位。

形势之所以危急,恰恰因为它是从未出现过的新情况。几十年来,欧洲列强在世界范围内就贸易、权势和领土展开了竞争。中国的主权与领土完整原以为不可侵犯,但是,甲午战争却以割让台湾和辽东半岛而告结束,从而打破了这一原有的假想。只因俄、德、法的干涉,迫使日本将辽东半岛归还中国,才使得中国的大陆部分暂时保持了完整。然而,列强争夺租借权的斗争结束了中国的短暂喘息机会,它们究竟在新建立的"势力范围"内有多大的野心尚无人知晓。

在1899年,经济利益绝不成为问题。贸易对各方来说都很兴旺,中国海关的年度报告从未如此乐观:"在1899年间,中国的对外贸易增长惊人。外商与本地商人几乎在各个行业都创利甚丰……本年度打破了以往各年的纪录,表现出史无前例的增长。"增长有相当一部分是在北方,那里,新建的京汉铁路已开通至保定,沿线出现了"从前连做梦都未想到过的贸易繁荣"①。

但是,铁路沿线并非一切太平。这主要是因为外国人与董福祥指挥下的回民军队发生了冲突。面对新生的外国威胁,1899年夏,清廷把董福祥召到京畿地区,以加强北京的防卫。7月,在前往执行新任务的途中,董福祥的甘军破坏了设在保定的教堂。随后,在9月30日中秋节那天,北京分别发生了三起小规模袭击外国人的事件。列强迅速召来援军,加强使馆的保卫。但是,这只能加剧局势的紧张,并促使甘军和铁路工人之间在卢沟桥发生另一起事件。尽管有头脑的外国人并未将此当回事,但是,10月23日北京流传起谣言,说"军队将于明日起事,届时,在京的所有外国人都将被消灭,中国的复兴之日就要到来"②。终于,列强提出要求:甘军必须调离京畿地区。清政府不得不接受外国人的这一最后通牒。外国人对哪怕微不足道的排外事件都不容忍的态度日益增长,这使清廷不可能自由地筹划北京的防卫。然而,外 *183*

①《海关贸易报告册》第1卷,1899年,第1页。
②《赫德致金登干》(1898年10月23日),《总税务司在北京》第2卷,第1175页。

国人对甘军的抗议理所当然地使许多中国人相信,保卫北京恰恰需要甘军这类人。①

1899 年初,问题的重心从京畿地区转移到了列强新近获得的外国租借地上。2 月,俄国军队在辽东因税务纠纷屠杀了 47 名群众,并打伤 51 人。下月,为报复德国人在鲁西南所遭到的小规模骚扰,德国军队发动了一次惩罚性远征。其后在 4 月,由于接管香港新界所引起的纠纷,英国军队屠杀了几名中国人。② 在所有这些事件发生的过程中,意大利人决定加入争夺租借地的行列,他们要求得到位处浙江沿海的三门湾。意大利派出军舰威胁中国。在山东,中国军队处于戒备状态,以防意大利人夺取山东半岛附近的岛屿。③ 清廷此次不想被区区的意大利人所吓倒。3 月,来自北京的观点认为:"据大家说,中国人此次很可能不惜一战,而不去妥协。"④11 月,朝廷发布一道态度明确的上谕,警告各省官员,如果战事降临,"'和'字一字,不但不可出于口,并且不可存储心"⑤。

1899 年,中国各地的形势皆趋紧张。在北京,像赫德这样洞悉敏锐的观察家们清楚地看到,暴风雨来临前的乌云已满布天

---

① 《赫德致金登干》(1898 年 11 月 13 日),《总税务司在北京》第 2 卷,第 1177 页。关于围绕着董福祥所发生的整个事件,见施达格:《中国与西方:义和团运动的起源和发展》,第 108—112 页;村松祐次:《义和团的研究》,第 19—20 页;《康格致海约翰》,1898 年 10 月 1 日、1898 年 11 月 3 日及附件,《美国外交文书》,1898 年,第 226—239 页;《清实录》卷 420,第 6 页;卷 429,第 13 页。

② 郭廷以:《近代中国史事日志》下册,第 1040、1042、1043、1044 页。

③ 《毓贤致裕禄》,光绪二十五年十月一日(1899 年 11 月 3 日),《筹笔偶存》,第 38—40 页。

④ 《赫德致金登干》(1899 年 3 月 19 日),《总税务司在北京》第 2 卷,第 1191 页。

⑤ 光绪二十五年十月十九日(1899 年 11 月 21 日)上谕,《义和团档案史料》上册,第 37—38 页。关于意大利的要求和清廷的反应,参见施达格前引书,第 114—127 页;村松祐次前引书,第 55—56 页。

空。5月28日,赫德写信给他在伦敦的代理人说:

> 我一直在为中国出现的动乱担心——我无法告诉你我
> 是多么心急如焚。英国在九龙的所作所为业已非常令人气
> 愤,而俄国对通至北京的铁路的要求则不啻晴天霹雳,德国
> 在山东的活动及军事行动也已惹怒广大民众,忧虑之情正四
> 处蔓延……每千人中必有大批暴民,而他们自己政府软弱无
> 力(正如外国人的侵犯所显示)的证据将纵发其天生的粗暴
> 性。他们不去看外国人身上的先进文明,而只是简单地将其
> 视为另一伙暴民。他们投下赌注,准备趁乱利用政府的软弱
> 来大捞一把。有些中国人说,骚动与叛乱很快就要来临——
> 暴徒们将消灭他们遇到的所有外国人——不管后果如何,各
> 省定将纷起效尤,随之将要出现无政府状态和流血事件。若
> 干年后,工商业将全部不复存在,西方将如何应对呢?①

义和团运动最后没这么严重(也并非是简单的"暴徒"行为),
但是,我们不能否认,赫德对危机已迫在眉睫的觉察还是相当准
确的。

德国人在山东

184

上述这一国内背景很重要,因为帝国主义是对整个国家的威
胁,官员们是国家官僚机器的组成部分,他们不仅要对地方问题,
而且要对国家问题作出反应。但是,义和团是一场地区性的运
动,并且它起源于山东,因而,我们必须着手找出山东所面临的新

---

① 《赫德致金登干》(1899年5月28日),《总税务司在北京》第2卷,第1197页。

的帝国主义威胁,这也就是德国人的威胁。德国的行动从一开始就表现得侵略性十足和专横跋扈。德国人企图从他们的新势力范围内捞取所有一切好处,并且不愿受条约规定细则或国际法准则的束缚。早在 3 月 6 日中德条约签订之前,这个欧洲强国就表示,它将干涉全省的官员任命。2 月 22 日,德国公使递交了一份最后通牒,限清政府 48 小时之内撤换兖州道台,否则,德国将自行用武力驱除。清廷很快就屈服了。① 这类行动有效地震慑了地方官员,以至于他们惧怕对德国的恶行提出抗议。作为迫使中国屈从其要求的手段,德国军队曾占领位于胶州湾东北不远处的即墨县城。在占领期间,他们亵渎了孔庙中供奉的神像。这自然触怒了当地士绅,但是县令和巡抚两次否认曾发生任何的毁坏。直到朝廷颁发了一道措辞严厉的上谕,强迫调查此事,这才揭露出神像被毁事件及官员对此隐匿不报的内情。②

在胶州湾租借地的直属地区建立德国的行政机关,自然要重新测量土地、修改税收记录和强行征购殖民地机关所使用的土地,因而,冲突的发生势所难免。当冲突发生之时,德国的判决既迅速又严厉。1899 年 2 月,几名测量人员遭人驱逐,这时,德国立即派出一支海军小分队,没收了涉嫌的 12 个村子的牲畜,村民们提出抗议,有两名村民在随后爆发的冲突中被枪杀。③

然而,德国的活动并不限于胶州地区。租借地刚一到手,他们的勘探人员便呈扇形出发,踏遍全省,寻找可供开采的矿藏。巡抚张汝梅抗议道:根据条约规定,只有中德公司在拟议中的铁

---

① 郭廷以:《近代中国史事日志》下册,第 990 页。
②《清实录》卷 417,第 5、9 页;卷 418,第 1 页、9—10 页;《筹笔偶存》,第 685—687 页。
③ 舒勒克:《帝国主义和中国的民族主义:德国人在山东》,第 63 页。

路沿线(该线将连接青岛与内地)的 30 华里以内,即山东中部山脉的南北两侧,才有权开矿。由于铁路线仍未铺设,德国公司没按条约要求邀请中方参加,因此,张汝梅坚持应当停止勘矿。可是,他没有得到北京政府的应有支持。而德国人不管是对巡抚还是对条约都不屑一顾。①

对我们所要论述的题目来说,鲁南沂州附近的活动最为重要。1898 年 3 月,德国临时代办从北京前往青岛,途中经过这一地区。当他身着全套军礼服沿途列队行进时,人们对他的描述是"令人生畏"。一名德国铁路代理商随后于 4 月份接踵而至②,并且,前来找煤的勘探人员一直源源不断。一位美国传教士报告说,"德国辛迪加的代理商整天和我们在一起",接着,他补充道,他们通常住在德国天主教传教会里,因而,在当时人的眼中突出了传教士与外国经济渗透间的密切关系。③

鲁东南的反洋教事件

我曾多次强调过基督教与西方帝国主义之间的关系。只要西方列强扩大了他们在中国的"权力",基督徒们就会步其后尘。在冠县,由于德国采用强制手段解决了巨野教案,那里皈依基督教的人数及教会的专横都随之不可避免地增长起来。对这整个

① 舒勒克:《帝国主义和中国的民族主义:德国人在山东》,第 87—90 页。
②《沂州府通讯》,《北华捷报》,第 60 期,1898 年 5 月 16 日,第 841 页。
③《方伟廉报告》(1898 年 10 月 5 日),"长老会",缩微胶卷,第 214 盘;参见《沂州府通讯》,《北华捷报》,第 61 期,1898 年 8 月 15 日、11 月 21 日,第 292、949—950 页。当然,当地方官们提出传教士和西方经济渗透存在联系时,这些布道者们肯定怨气冲天。在新任沂州知府提议把"西方列国用布讲教义为手段窥刺其他国家"作为乡试的考题时,美国传教士立即提出抗议[《沂州府通讯》,《北华捷报》,第 60 期,1898 年 3 月 7 日,第 364 页]。

地区的洋教徒来说，1898 年是个好年景，他们正吉星高照。一名在苏北的新教传教士对中国政治和宗教的记述可算是不刊之论。他在 1898 年底描述道，在始终存在人口过剩、自然灾害以及"无以言表的官场腐败"的负担下，农民的生活又增添了一个新威胁：

> 而今，天主教神甫及其教徒又成为老百姓受压的另一个新来源。众所周知，外国神甫的行为举止，一般说来，或多或少地是仿照中国官员的作风。本地人吃了很多亏以后了解到：这些神甫代表着权力……行动的总则看来是，中国人只有当一名天主教徒，才能获得代表西方权力的外国神甫的保护。若遇邻里纠纷，诉讼案件的处理方对他有利，而对他不走运的邻里不利。①

这当然不是个新问题，但是到 1898 年为止，外国列强已如此深入地遍及中国，一个新阶段似乎已经来临。同样的模式肯定适用于鲁南地区，然而，该地区的民教冲突具有一种重要的新花样。兖沂曹济道彭虞孙同德国人的关系非常亲密。② 他在一篇冗长的报告中分析了 1898 年至 1899 年间民教冲突事件，指出："此案（巨野教案）结后，教堂日增，教民日众，教焰亦日炽。"

接着，彭虞孙讨论了招致人们恶感的特别原因，即教会对不信教的村民滥用收取罚金的习俗。起初，这种做法没什么不寻常：中国人喜欢通过私下磋商来解决地方争讼，以避免到官府衙门打官司既花钱又费事。双方常达成协议，由判定有错的一方支付一笔罚金。当教民起先采用这种做法时，他们索罚的是做祷告

①《苏北通讯》，《北华捷报》，第 62 期，1899 年 1 月 9 日，第 17 页。
② 1897 年，当德国人要求撤换姚锡赞时，他们请求任命彭虞孙代替姚的职位（郭廷以：《近代中国史事日志》下册，第 990 页）。

跪的芦席。由于芦席价廉,人们常能交纳,并无怨言。接着,教民开始索罚筵席,正如彭虞孙所解释的那样:"夫乡曲间排难解纷,杯酒合欢,风犹近古,初罚筵席,民尚曲从。"其后,这种一直受到欢迎、以重新和睦邻里和重申公共准则为目的的筵席,被教民们变为一种仪式,以向公众展示他们自身的优越地位和权势。有时,他们干脆不要筵席,而收取"折席",即一次筵席所花费的银两。这种做法不仅取消了筵席的所有社会功能,而且还为索取钱财的不断升级大开了方便之门。有时,教民选罚筵席,但须在教堂内举行。神甫常责令受罚的"肇事者"为教民跪着献食,同时击鼓鸣放鞭炮,以示其威。由于将象征村社团结的仪式改变为分开炫耀教会权势的场面,鲁南的天主教徒正在激起民众的强烈不满。①

　　正当德国占据胶州、德国勘探人员源源不断开来、鲁东南及苏北正遭受饥荒并引起人们忧虑之际,加上这种新出现的教民的专横霸道,结果必定是发生地区骚乱。不久,地方民众便开始反击,在 1898 年底和 1899 年初,反洋教事件很快在整个鲁南由东向西地蔓延开来。这一连串大大小小的事件为与此同时正在鲁西北高涨起来的声势浩大的义和团运动提供了一个重要背景。鲁南的骚乱被镇压后不久,义和团运动便转入了公开化。但是,鲁东南的反洋教事件本身不属义和团运动的一部分:在这段时间内没有练拳者卷入教案的记载。这也并不令人意外。在鲁东南沿海地区,尤其是日照,乡绅的势力强大,最重要的教案均发生在那里。用一名德国传教士的话来说:"此地比西部更注重学业,日

①　彭虞孙光绪二十五年八月二十六日(1899 年 9 月 30 日)奏,《教务教案档》第 6 辑第 1 册,第 443—444 页。参见张汝梅光绪二十五年三月三日(1899 年 4 月 12 日)奏,《教务教案档》第 6 辑第 1 册,第 327—328 页。

照的学生在乡试中一直表现得最出色。"①从该地区武举与文举的比率低于省内其他地区来判断,东南和南部山区的习武传统很弱。因此,该地区的反洋教事件属于传统的类型——通常表现为由地方乡绅进行幕后操纵,冲突经常发生在村庄或家族之间。

当巨野教案的幸存者、恣肆狂妄的德国传教士薛田资1898年11月初在日照集镇街头卷入一场口角纠纷时,冲突看来已经爆发。薛田资显然进行威胁,除非交出一名据称是迫害教民的人,否则他将召请德国军队。于是,便引发了一场骚乱。暴民们将他绑架,并扣押了几天,让他受了点儿皮肉之苦。与此同时,位于日照与莒州交界处的美国基督教长老会的教民遇袭:他们的教堂被焚,有几户人家遭到劫洗。这两起案件很可能是教民启的衅。美国传教士们确信,袭击他们的人来自最近刚被索罚过一次公开筵席的村庄。即使是在向美国公使求助之时,他们也承认,他们自己的教民"在几起事件中多少也有些错误"②。同样还是这几个美国传教士,他们认为,德国天主教圣言会的教民陷于困境,是其激起民愤的必然结果,"百姓们反对天主教徒的侵略乃情理之中"③。

但是,反洋教事件的迅速蔓延也还由于当时流行谣言说,西

---

① 薛田资:《在华二十五年,1893—1918》,第99—100页。

② 《查尔斯·基利、华莱士·法里斯和威廉·查尔方特(方伟廉)致美国领事福勒(烟台)》(1898年11月29日),《美国外交文书》,1899年,第155页。

③ 《查尔斯·基利报告》(1899年1月9日),"长老会",缩微胶卷,第214盘;参见《伊维廉报告》(1899年4月7日),同上,缩微胶卷,第213盘。关于薛田资自己戏剧般地描述他遭绑架的情况,请见《在华二十五年,1893—1918》,第99—113页。可是,对此次事件的起因,薛田资绝口不谈,令人奇怪。关于事件的起因,见张汝梅光绪二十五年二月一日(1899年3月12日)、光绪二十五年三月三日(1899年4月12日)奏,《教务教案档》第6辑第1册,第316—319页、327—328页。

太后在北京发动政变后曾颁布过一道上谕,号召驱除洋人和洋教徒。[①] 事实上,谣言纯属捏造,因为西太后在政变后不久实际发 188 布的两道上谕,其内容是强调保护传教士和防止再惹麻烦。[②] 但是,谣言的力量与其准确与否毫无关联,在此情况下,谣言正好加深了人们对德国人在青岛露面的忧虑,以及对教民专横行为的普遍愤怒之情。

在整个 11 月和 12 月份,袭击教徒尤其是人数更为众多的天主教徒的事件向东缓慢地蔓延至莒州、沂水和兰山。其后,1 月份沉寂了一段时间,接着于中国的旧历新年过后又重新展开,向南扩展到郯城,并进而向东蔓延至费县。尽管大多数事件似乎只涉及骚扰、劫掠以及偶尔焚毁教堂和房屋的行为,但另有一些事件则相当严重。在所有事件中,共有 13 名基督徒死于非命。[③] 袭击的浪潮在遏制天主教影响方面极为奏效。这影响是自从德国攫取胶州湾以来一直扩展着的。驻沂州的美国人写道:德国人

---

① 方伟廉在 1898 年 11 月 16 日所写的一封信中转述了这条谣言,见《北华捷报》,第 61 期,1898 年 12 月 5 日,第 1058 页;《基利、法里斯和方伟廉致福勒领事》(1898 年 11 月 29 日),《美国外交文书》,1899 年,第 155 页;《海靖致总理衙门》(引述安治泰的话),光绪二十四年十二月一日(1899 年 1 月 12 日),《教务教案档》第 6 辑第 1 册,第 292—293 页;《汇报》,光绪二十五年十月二日,见《山东省志资料》,1960 年第 2 期,第 132 页。

②《清实录》卷 428,光绪二十四年八月二十一日(1898 年 10 月 6 日),第 1 页;卷 429,光绪二十四年九月二日(1898 年 10 月 16 日),第 2 页。

③《毓贤致总理衙门》,光绪二十五年五月十五日(1899 年 6 月 22 日),《筹笔偶存》,第 7 页;《筹笔偶存》,第 36—37 页,一件无日期的奏函报告了伤亡人数。有关这些事件的大多数资料均来自驻沂州的美国传教士的报道,美国驻京公使在与德、法使馆官员核实之后断定,这些报道所依据的是"被本地教民夸大的传言"[《康格致海约翰》(1899 年 2 月 8 日),《美国外交文书》,1899 年,第 154 页]。参见《美国外交文书》,1899 年,第 154—178 页;"长老会",缩微胶卷,第 214 盘;《北华捷报》,第 61 期,1898 年 12 月 5 日、1898 年 12 月 24 日,第 1058、1189 页;第 62 期,1899 年 1 月 23 日、1 月 30 日、2 月 20 日、3 月 20 日、4 月 3 日、1 月 17 日,第 115、169、288、478、580—581、669—670 页。关于天主教方面的参考资料,参见索伦:《天主教传教山东史》,第 47—49 页。

"若想在他们的势力范围内保持威信,必须要做出些对大局有决定性影响的非常之举"①。

1899 年的德国入侵

圣言会主教安治泰也赞同德国应该采取有力措施。当遭绑架的传教士薛田资获释之后,山东德国圣言会的第二号人物福若瑟立即赶往日照,迅速了结此案。可是,安治泰却拒绝承认其副手所达成的协议。他坚持索要 25 000 两白银的赔偿费,来为薛田资养伤并在该县建造一座教堂。而当地方官府同意安治泰的索求之后,德国驻京公使海靖却拒绝接受。于是,安治泰便开始耍起了两面派花招。刚好此时正在青岛疗养的薛田资在德国天主教报纸上发表了煽动性文章,安治泰便借机敦请海靖和德国胶澳殖民地总督叶世克(Paul Jaesch)海军上校直接派兵干涉,教训一下中国人。但安治泰从未告诉叶世克他已通过谈判解决了日照案件。② 到了 3 月份,由于鲁南的骚乱事件仍在继续,安治泰终于使叶世克相信需要发动一次讨伐行动。于是,后者派出三人到沂州附近地区进行侦察。3 月 22 日,在兰山县,这三人被一伙好奇的、也可能怀有敌意的人围住。这几个洋人开枪打死三人,后经村长出面干涉,中止了冲突,他们带着行李逃脱。尽管伤亡

189

---

① 《沂州府通讯》(1899 年 1 月 10 日),《北华捷报》,第 62 期,1899 年 1 月 30 日,第 169 页。
② 舒勒克:《帝国主义和中国的民族主义:德国人在山东》,第 94—95 页;薛田资:《在华二十五年,1893—1918》,第 115—120 页;《教务教案档》第 6 辑第 1 册,第 292—293、301、305、311 页。

都在中国人一方,但是,德国抓住此事为借口,发动了军事干涉。①

3月29日,在得到柏林的批准后,叶世克从青岛派出两支部队。部队在东南海滨登陆后,其中一支快速挺进内陆,抵达兰山事件的发生地,将39座房屋用大火夷为平地,随后返回海滨。第二支部队由传教士薛田资引路,占领了日照县城,并要求圆满解决一切悬而未决的教案。当一伙德国士兵在一起事件中又射杀了一名村民之后(该事件据中国人说起于德国士兵企图强奸遇害人的妻子)②,他们最终才于5月25日撤回青岛。临行前,德国人从日照抓走5名乡绅作为人质。与此同时,安治泰奔赴济南进行谈判,以求全面解决在他的鲁南主教区里发生的所有教案。③

传教士与帝国主义的联盟显然已经达到一个新阶段。在19世纪90年代,欧洲列强动辄诉诸炮舰外交,强迫清政府作出有利于传教士和教民的裁决。但是,在此之前,外国人还是一直依靠清朝官员履行协议来间接地行使权力。德国攫取胶州之后,列强们则更愿自己直接行使权力(参见第五章)。德国人相信,他们对山东的经济渗透与传教事业的成功紧密相关。叶世克写道:他之

---

① 舒勒克前引书,第96页;张汝梅光绪二十五年二月二十四日(1899年4月4日)奏,《教务教案档》第6辑第1册,第323页。

② 关于此次强奸未遂和谋杀案件,参见《教务教案档》中大量的信函往来,见该书第6辑第1册,第356—362、375—377、425—431页。

③ 舒勒克:《帝国主义和中国的民族主义:德国人在山东》,第96—98页。关于兰山事件和德军入侵日照的中文档案,见《义和团档案史料》上册,第21—24页;《教务教案档》第6辑第1册,第330—347页、364—371页。关于谈判解决此案的情况,参见《筹笔偶存》,第7—9、12—13、15—17、25—26页。在"山东巡抚档案"中还有大量与此次传教士案件和德国入侵事件有关的来往电文,但是,大批电文已在整理出版的信电中出现过了。

所以赞成军事远征,"更多地是由于我们的经济利益,而非传教士"。而海靖则认为,前者是建立在后者成功的基础上:"随着我们在山东经济事业的发展,我们必须在本地人中间造就一批'门徒'……而这些基督教民是我们选用门徒的最好来源……因此,对反对他们的暴行与企图驱逐他们的做法,我们决不能袖手旁观。"①

190　　这便是 1899 年 4 月 1 日毓贤作为新任山东巡抚履职时的背景。清政府之所以选择他,是因为他比其前任便适合处理自然灾害与内乱的问题。然而,这些问题已不再是影响该省稳定的主要威胁,现在的问题是如何控制德国人及其盟友教民。

毓贤的作用

毓贤在义和团运动的发展与壮大中所起的作用,是研究这段历史中争议最大的一个问题。由于明确认识到毓贤的保守甚至是排外的观点,西方学者(和某些日本学者)的研究因袭了当时传教士和外交官报道的看法,认为他是支持义和团的一个关键人物。用这种解释中最极端的看法来说,毓贤几乎成了义和团运动的始作俑者,而拳民本身不过是一群迷信无知、受人操纵的农

191　　民。② 在 1949 年前,中国的义和团研究提出了类似的解释。然而,显然是针对这些观点,中华人民共和国的义和团研究皆不约而同地提出了毓贤早期在镇压曹州盗匪和 1896 年大刀会起义中

---

① 两处皆引自舒勒克前引书,第 95 页。
② 例如:参见徐中约在《剑桥中国史》第 11 卷中对义和团的论述,见该书第 118—119 页;有关日本学者作此类似论述的,参见村松祐次:《义和团的研究》,第 89—90、123 页;尤应参见佐佐木正哉的《义和团的起源》,第三部,第 174—177 页。

所起的作用,并同时将他描绘成一名义和团运动的凶残镇压者。① 在这两种性质截然不同的观点之间,还有一些其他的看法。但是,在毓贤的作用上,人们依旧未能取得共识,这个问题不易解决。

当仔细思考这位满族巡抚所采取的政策时,我们总会碰到这样一个难题,即:当1899年12月由于外国压力毓贤被迫去职之后,他极为明显地成了一个义和团事业的辩护人。当时有大量各式各样的二手资料记载称:在1899年至1900年冬,毓贤曾竭力劝说在京的满族保守派王公大臣们相信,义和团是一支可用来阻止外国人干涉中国事务的力量。② 同样,正是由于保守派的支持,毓贤于1900年3月被任命为山西巡抚。在山西巡抚任上,他于1900年夏清朝对外国列强宣战之后,怂恿建立起了义和团组织,并执行了一项残酷的反洋教和排外的政策。其中最著名的事件是:7月9日,他把44名外国传教士家庭的男女老少邀至省城后围捕,并将他们处死。不久,他又将一名地方县令解交的7名传教士也屠杀了。尽管他为自己的行动辩解,说这在平抚民众对

① 关于这方面比较成熟的观点,参见路遥:《义和团运动初期斗争阶段的几个问题》,《中国近代史论文集》下册,第683—684页。引人注目的是,在1980年召开的济南义和团运动史国际学术讨论会上,有三篇论文一反这一早期观点,对毓贤支持义和团大加称赞(陈在正:《论义和团运动时期的毓贤》;李宏生:《毓贤与山东义和团》;亓长发:《论毓贤》)。陈和李的观点给人印象尤为深刻,但是,他们的观点不禁又将我们引回了一种非常接近于西方权威观点的阐释——这种西方观点的产生,部分是由于不加批评地依赖外国人和教徒的材料,其中,最重要的一部是《拳祸记》,见《山东近代史资料》第3分册,第209—214页。
② 盛宣怀光绪二十六年九月二日(1900年10月24日)奏,《义和团档案史料》下册,第727—728页;袁世凯与兄袁世廉书,无日期(1900年底),《山东近代史资料》,第3分册,第226—227页;《景善日记》,中国近代史资料丛刊,《义和团》第1册,第60页(但是应参见珀塞尔在其论著《义和团起义:背景研究》第272—284页中对有关这份资料真伪问题的论述);罗惇融:《拳变余闻》,载《庚子拳乱资料》,左舜生编(台北再版本,无日期),第109—110页。

外国阴谋的担忧上必不可少,但同时也暴露了他的残暴无知,以为就此可以将外国人逐出中国。[①] 因此,很自然地,当 1900 年 8 月八国联军占领北京以后,毓贤差不多是出现在列强所开列的"通缉要犯"名单的最前端。这样,1901 年 2 月 13 日,作为谋求和平的部分代价,西太后被迫下令把他处死。[②]

由于毓贤 1900 年的举动,人们自然而然地就会认为他一贯狂热排外,并可能支持像义和团这样的反洋教力量。但是,1900 年夏清廷已经向列强宣战,用毓贤在这一时期所采取的政策来回过头解释他 1899 年的所为,就违背了历史研究的原则。至于 1900 年毓贤替义和团去游说满族王公的有关报道,则全都是二手材料,具体内容模糊不清,很可能有政治上的动机。尽管这些报道也具有它一定的合理性,但无论如何,它们所描述的是一位在 1899 年底因列强压力而仕途中道夭折的官员的行动。我个人认为,毓贤在山东巡抚任上所采取的政策必须依据 1899 年的记载作出判断。幸运的是,这部分记载非常完整,它揭示了在不断变换的社会背景下,毓贤的政策是如何随之逐步发展的。他政策的缺陷在很大程度上是出于误解,而不是怨恨的产物。

毓贤是满族正黄旗人,曾捐过监生。他的父亲在广东做过小官。大概是仰仗其家庭的富有,1879 年,毓贤捐了个山东候补知府的职位。尽管毓贤在 1899 年曾提到已在山东居官 20 年,可实际上直到 1889 年他才首次补了实缺,被任命为署理曹州知

[①] 参见毓贤在光绪二十六年六月十四日(1900 年 7 月 10 日)的奏折中讲述他此次行动的事实报道。《义和团档案史料》上册,第 281 页。

[②] 上谕指控他在山东巡抚任内妄信拳匪邪术,至京为之揄扬,在山西戕害教士教民多名[光绪二十六年十二月二十五日(1901 年 2 月 13 日)上谕,《义和团档案史料》下册,第 939 页]。

府——两年后该职获实授。在曹州知府任上,毓贤因镇压盗匪有功而初露锋芒——回顾起来,他的成绩之所以引人注目似乎是由于手段残忍,而不是由于其取得成功。我们业已考察过毓贤在此段时期的经历:他先是支持大刀会打击盗匪,随后,当大刀会转而猛烈反对教民时,他又镇压大刀会,并处死了其首领刘士端(参见第四章)。毫无疑问,毓贤正是凭着他当曹州知府时所树立起的声誉而身起名耀的——这种声誉便是行政上讲求实效、廉洁并能迅速地(纵然有时是残忍的)伸张正义。早在大刀会起义前的 192 1895 年,他被擢升为统辖整个鲁南地区的道台,衙署设在兖州。翌年,他升任该省的按察使。1898 年,他在张汝梅属下当了不长时间的署理布政使,之后,他于同年秋被调出山东,到湖南就任同一职位。可能是在他抵履湖南之前,又被重新任命到江苏担任军职。后来,他又奉命返回山东,依照 1899 年 3 月 13 日的上谕,接替巡抚张汝梅的职务。[1]

　　毓贤的全部官场生涯基本上都是在山东度过的,他尤为熟谙骚动不安的鲁西南地区所面临的问题。事实上,根据他 1896 年处置大刀会的经验,在担任按察使之时,他就成了该省处理武术团体与教民冲突的专家。1898 年春,清政府就是派他去调查有关曹州大刀会重新活动的情况的。他发现,关于大刀会的报道毫无根据。他指责天主教徒滥索罚金或筵席,随意诬告其对手为大刀会,从而引起了事端。他的这份内容详尽的报告并无明显的仇外倾向,其中有一段甚至建议天主教教士最好还是学一下同伴新

---

[1] 李宏生:《毓贤与山东义和团》,第 1—2 页。我曾特别指出,李宏生在出色地概括毓贤早期生平简历时所犯的唯一错误,是他沿袭《清史稿》的说法,称毓贤是一名汉军旗人。各种《缙绅全书》都清楚地写明,毓贤是满族人。

教教士所采用的方法。① 此后不久,毓贤向朝廷初步报告了对付冠县义和团所面临的困境,报告中有建议将梅花拳收编为地方民团的内容,这在后来引起了争议(参见第六章)。

如上所示,毓贤得以就任巡抚,靠的是他颇负盛名的强硬有效的行政管理,以及他以前防治洪水的成功(这是张汝梅失败的关键所在)。驻济南的美国传教士们不得不承认,山东人印象中的毓贤是"一位执法公正、令窃贼盗匪心惊胆战的官员"。1898年大灾过后,窃贼与盗匪确实在与日俱增。② 但是,德国人对毓贤上任则颇为不满,他刚获任命,德国驻京公使马上提出了抗议。③ 从毓贤这一方来看,他对德国人也颇多怨辞。在履任的头一天,他便向圣上奏报了德国人袭击兰山和日照一事。在事件发生后不久,他曾路过沂州府(兰山为该府的辖县),他评述道:虽然民众面对德国的侵略在耐心忍受,但不要以为他们会"束手待毙"④。

从他到任那一刻起,毓贤便被卷入由德国采取新的激进政策而引发的危机中,首先必须解决的当然是沂州案件。当扣作人质的乡绅被带离日照时,安治泰立即前往济南商谈解决方案。安治泰强迫毓贤接受苛刻的赔偿条件,而毓贤试图要求赔偿中国人因

---

① 《张汝梅上奏中所引用的毓贤报告》,光绪二十四年五月三日(1898 年 6 月 21 日),《教务教案档》第 6 辑第 1 册,第 240—242 页。亦参见张汝梅光绪二十四年三月三十日(1898 年 4 月 20 日)和光绪二十四年闰三月二十八日(1898 年 5 月 18 日)奏,《义和团档案史料》上册,第 12—14 页。

② 《济南通讯》(1899 年 4 月 10 日),《北华捷报》,第 62 期,1899 年 5 月 8 日,第 814 页。

③ 《海靖致总理衙门》,光绪二十五年三月十三日(1899 年 4 月 22 日),《教务教案档》第 6 辑第 1 册,第 347 页。《北华捷报》也反对此项任命,见该报第 62 期第 814 页(1899 年 4 月 17 日)。

④ 《毓贤致总理衙门》,光绪二十五年三月二日(1899 年 4 月 11 日),山东巡抚档案。

德国人侵所蒙受的生命财产损失却遭到安治泰的拒绝。6 月末，
该案终以中国赔款白银 77 820 两获得解决。[1] 谈判进行当中，在
高密县境内德国人修筑的通往济南的铁路沿线，骚乱正开始酝
酿。德国人与村民发生冲突，他们不断提出抗议，最后直接采取
了行动。6 月，德国派出海军陆战队占领了高密县城。7 月 5 日，
为报复一座开了几枪、用栅栏围护起来的村庄，德军杀死了 13 名
中国人，打伤 8 人。[2] 与此同时，在登州附近，德国人举行了一系
列登陆演习。这使得毓贤一直摸不清他们的真实意图，并非常担
心中国在该地区防御的薄弱。[3]

　　针对德国的这些挑衅行为，毓贤一贯的态度是：如果德国可
以就教民蒙受的任何财产损失和每名德国人所遭到的任何威胁
或微小伤害要求赔偿的话，那么，中国将也有权就兰山、日照、高
密以及德国人横行的其他地方的人员伤亡与财产损失要求赔
偿。[4] 毓贤显然相信，中国应当像德国对待我们那样反其道而治
之。他建议，总理衙门应指示中国驻柏林公使，要求德国更换其

---

[1]《毓贤致总理衙门》，光绪二十五年五月十五日和 5 月 28 日(1899 年 6 月 22 日与 7
月 5 日)，山东巡抚档案；毓贤光绪二十五年六月十日(1899 年 7 月 17 日)奏，《义和
团档案史料》上册，第 30—31 页。

[2] 舒勒克：《帝国主义和中国的民族主义：德国人在山东》，第 104—111 页；《葛之覃、
张承燮致毓贤》光绪二十五年五月十八日(1899 年 7 月 6 日)，第 42 号，《毓贤致总
理衙门》，光绪二十五年六月三日(1899 年 7 月 21 日)，山东巡抚档案，第 91 号。
"山东巡抚档案"里有大量关于铁路沿线骚乱事件的往来电文，但是这两份报道可
能最为重要。亦参见《筹笔偶存》，第 9—12、20—21、30—31 页。

[3]《毓贤致总理衙门》，光绪二十五年四月十八日(1899 年 6 月 6 日)，山东巡抚档案，
第 23 号；光绪二十五年五月二日(1899 年 6 月 20 日)，《筹笔偶存》，第 3 页。

[4] 特别请参见：《毓贤致总理衙门》，光绪二十五年五月十五日(1899 年 6 月 22 日)、
光绪二十五年六月十日(1899 年 7 月 17 日)和光绪二十五年六月九日(1899 年 7
月 16 日)奏，《筹笔偶存》，第 7—8、17—18、21—22 页；毓贤光绪二十五年六月二十
日(1899 年 7 月 27 日)奏，《教务教案档》第 6 辑第 1 册，第 403—407 页。

驻青岛的军事官员。① 显然,这种办法注定失败。德国人根本没把中国人放在眼里,认为中国人的价值比他们要低得多。他们也不想因惩戒战场指挥官而降低其在山东的影响。结果显而易见,到 1899 年夏季,山东的局势极其紧张,有许多复杂问题期待解决。然而,它们仍须静候时日。7 月中旬,毓贤启程赴黄河沿岸视察堤坝,一直到 9 月 7 日,他才返回济南。②

济宁的"红拳"

正当毓贤与德国人之间的冲突在几处同时交手之际,1898 年年底从日照县爆发的一系列教案则势如破竹地继续向西蔓延。德国对日照与兰山的入侵,平息了该地区的骚乱。但是,随着德国人所施暴行的消息广泛传播,人们对传教士与教民的愤恨日益增长。毓贤在 7 月份从鲁西南报告说:"各处绅民对德人无故杀戮纵火咸怀恨意。"③这些消息、谣言和不满情绪从一个城镇潮水般传到另一个城镇,其传播者无疑是商贾、小贩及每年从鲁南地区大批逃难的流民和找工作寻救济的短工。但是,另一些消息传播者则更为直接地是由德国侵略造成的。1899 年秋末,驻临清的传教士们报告说,有"一群奇特的由中产阶级和小农组成的家庭大军"经过此地,他们来自与德国租界交界的地带,穿过鲁南

----

① 《毓贤致总理衙门》,光绪二十五年六月三日(1899 年 7 月 10 日),山东巡抚档案,第 92 号。
② 7 月 18 日,毓贤致电叶世克,称他不能前往会晤德方代表,协商高密教案,因为他正启程去视察黄河(外发电报第 95 号),在 7 月份此后的日子里,这一借口又重复了几次。毓贤在光绪二十五年八月三日(1899 年 9 月 7 日)致总理衙门的第 104 号函件中宣布了他的返归。见山东巡抚档案。
③ 《毓贤致总理衙门》,光绪二十五年六月十九日(1899 年 7 月 26 日),山东巡抚档案,第 174 号。

后目前正经此地向西前往山西，以逃避令人厌恶的西方人。①

鲁南地区最后一场严重骚乱爆发在济宁和邻近的嘉祥县。这里是个骚乱滋生地。它的东面直接与巨野即 1897 年教案的发生地接壤。当时，济宁是德国天主教圣言会教区主教的所在地，嘉祥随之变为传教士活动的一个新的重要场所。② 济宁州可能管理不善。在 1899 年晚些时候，该州知州就因酒醉上公堂、随意抓人并向因歉收而希望免税的村子榨取钱财（当地人称此举为"买灾"）遭到弹劾。③ 在 1899 年，该地的经济状况并不太糟，但也由此吸引了众多来自鲁南边界附近灾区的难民，反而造成了社会治安的恶化。兖沂曹济道彭虞孙在一篇引人注目的奏报中详述了诸多新出现的、变幻不定的复杂因素中的关键成分。④

彭虞孙首先指出，自巨野教案以来，天主教徒更加专横，特别是他们日益喜好用罚款和罚筵席的手段向对手称王称霸。⑤ 正是由于这种对教民行为的愤恨，刺激了拳会组织的兴起：

195

　　此红拳等会之所由起也。曹州大刀会由来已久，恶其名不雅驯，改称红拳、义和、诀字、红门等会，名目繁多。练习技

---

① 《临清通讯》(1899 年 11 月 24 日)，《北华捷报》，第 62 期，1899 年 12 月 18 日，第 1212 页。

② 薛田资：《在华二十五年，1893—1918》，第 93 页。

③ 吴鸿甲光绪二十五年十二月二十一日(1900 年 1 月 21 日)奏，《军机处录副奏折》，光绪二十五年，第 75—76 号。弹劾未获成功，据查知州汪望庚只在一个案子中有"专擅行为"(《清实录》卷 457，第 7—8 页)。

④ 彭虞孙光绪二十五年八月二十六日(1899 年 9 月 30 日)奏，《教务教案档》第 6 辑第 1 册，第 443—446 页。该文件在有关山东省的档案中非常独特，因为它是一位道台直接向总理衙门呈递的奏报。道台照惯例由巡抚代为奏报，但是在本案中彭显然与毓贤存在着分歧，这驱使他采取非同寻常的步骤，直接向中央政府倾诉他所担忧之事。

⑤ 有位长老会传教士特别指出了某些新教教徒采用这一习俗的做法，并表示他对此持反对意见[《J. A. 菲奇的报道》(1899 年 11 月 27 日)，"长老会"，缩微胶卷，第 214 盘]。

艺,其术以立誓盟神、不贪子女财帛、吞符念咒能避枪炮刀兵为炫人要诀。文词鄙俚,荒诞不经。阳谓自卫身家,阴实寻教构衅。各属随地传习与村塾同。惟其浅近易学,故能煽惑愚民,捷如桴鼓。

济宁地区拳会组织的卷入,使这段时期的反洋教运动明显有别于1898年至1899年冬春之季在鲁东南所发生的教案。由于济宁地区毗邻大刀会早期活动的地点,彭虞孙把这些拳会组织同大刀会联系起来至少还有点道理。但在其他记载中,该地区除红拳外并未提到过任何别的拳会组织。我猜测,彭虞孙之所以将义和团也包括进来,是因为该组织一年前曾在冠县大出过风头。他提到的另外几个名字可能是红拳的俗称或别名。红拳显然是济宁骚乱事件中最为重要的新成分,但是彭虞孙对其起源的解释并不一定可靠。红拳是一个自成体系,与大刀会迥异的流派。

根据口述历史记载,很明显,红拳一般不举行像吞符、烧香或念咒这样的宗教仪式,他们也不演练刀枪不入。相反,他们是一个严格的武术流派,这个武术流派长期以来活跃在苏鲁边界附近的乡村里。[1] 不过,早在1897年左右,至少是苏北地区的一些拳会举行了合并。一些大刀会成员采用红拳或大红拳的名称组织起来,其目的与先前一样是为了抵御盗匪活动。该地区的盗匪活动在境内连年发生灾害后已变得十分猖獗。这些苏北拳民们举行的仪式同大刀会颇为相像:入会者每人须交2 000文铜钱给师傅,并呈上一张上写"祖师老爷之神位"的黄纸。他们在纸上胡乱写些符咒,将之焚毁吞食,

196

---

[1] 李相田、苏玉章、刘昌如和梁迁春口述,《山东义和团调查资料选编》,第14—17页。

并在牌位（大概是祖宗牌位）前烧香，然后就习练"接神"的气功。① 拳师的地位似乎很重要，由于他们与该流派的祖先有着特殊关系，他们的权威受到保障。该流派的等级制组织原则就这样通过其仪式的性质而得到加强。

在济宁地区新活跃起来的拳会组织中，提到姓名的首领有两人，他们皆为外方人士。头一位名叫邵士宣，一个被官方认为是"莠民"的人。邵士宣来自苏北丰县。据史料记载，早期大刀会与红拳的合并便是在那里举行的。把拳术传入济宁地区的很可能是他。② 第二位首领是来自巨野县的革勇陈兆举，毫无疑问，这是个军队精简的直接受害者。当时，传授新拳者都属四处漂泊、不务正业的"社会边缘人士"。他们辗转流离于城镇之间，是一些在以定居生活为主体的小农社会边缘靠非法活动为生的流浪汉和小贩。他们传授新拳迅速取得成功，在整个鲁西南可谓"一呼百应"。

按照彭虞孙的说法，第二个关键因素是地方民团的组建。我们已经看到，自从 1898 年张汝梅首倡举办民团以来，民团一直受到官员们的鼓励，并由于 1898—1899 年间盗匪活动的兴起而更加获得了存在的理由。他认为，在济宁地区，举办民团实质上为拳民们组织有效的反洋教活动提供了一个便利的掩蔽物，这种说法恰如其分：

---

① 《益闻报》(1897 年 6 月 30 日和 1897 年 7 月 7 日)，第 1686 号、1688 号。我要感谢路遥教授为我提供了这份材料。

② 另外，彭虞孙和汪望庚(济宁知州)提供了一份报告，称邵士宣来自萧县[光绪二十五年五月二十八日(1899 年 7 月 5 日)，山东巡抚档案，第 51 号]——但是，所有报道都同意，该流派是从江苏传播开来的。毓贤提供的邵氏的名字叫邵玉环，见毓贤光绪二十五年六月十九日(1899 年 7 月 26 日)奏，《教务教案档》第 6 辑第 1 册，第 402 页。

时奉文举办团练,当轴韪其义举,不加深察,一视同仁,意谓寓兵于农,正可备御侮之选,故有练习技勇保卫身家例所不禁之示。小人得逞其志,何所惮而不为! 地方官讳莫如深,揣摩风气。积年之巨奸大憝难保不溷迹其中,良莠不齐,真伪莫辨,不知安分习艺者,百中之二三? 大率无业游民,依草附木,藉讹教为鱼饵,恃入会为护符,蔑法营利……始则三五结党,继则百十成群,持械横行。

形势危急到就要堕入霍布斯所描述的那种夙怨无尽和教族争斗的世界。"市井乌合,势不能枵腹相从"。于是,这些拳民便找茬勒索钱物,绑架敲诈赎金和纵火打劫。教民纷纷逃离家园,而窝藏他们的平民也因此受到攻击。拳民们靠当地供应给养,"居则供酒食,行则索糇粮"——这或许能反映出拳民们的反洋教事业所获得的民众支持比彭虞孙情愿承认的要广泛得多。同时,私设公堂的现象经常发生,以致拳民与教民间的界线也被宿仇积怨所抹杀:"更有教民挟嫌暗结拳会以倾害同类图泄私恨者。"①由于官府缺乏有效的行动,以镇压日益扩展的暴力行为,彭虞孙写道:他"诚恐今日隐患,不在外侮,而在内讧"。

这显然是彭虞孙最为担忧之事,也是他非同寻常地奏报朝廷的原因。他特别指出,他曾屡次向上司(可能是毓贤)通报局势的危险,但一直未能得到应有反应。接着,彭巧妙地恳请,官方应对拳众采取比较连贯一致的(显然是更为强硬的)政策:"乃宦场积

---

① 尽管这一指控可能看来有点牵强,但是毓贤却又重复了两次[《毓贤致裕禄》,光绪二十五年七月十七日(1899 年 8 月 22 日)到,林学瑊:《直东剿匪电存》卷 1,第 22—23 页;《毓贤致总理衙门》,光绪二十五年六月二十三日,山东巡抚档案],第 192 号。有一位新教传教士称,天主教徒们使反洋教团伙转而反对新教教徒,以此希望对北京朝廷施加更多的外国压力(《莫约翰的报道》(1899 年 9 月 7 日),"长老会",缩微胶卷,第 214 盘)。

习,以迎合为工。大府之意见参差,僚属之奉行泄沓,上下扞格。"非常明显,地方官从巡抚那儿得到了暗示,即巡抚并不愿对拳众采取强硬政策。因此,作为该地区道台的彭虞孙觉得无权控制对境内安定所构成的诸多威胁,他向朝廷呼吁:命令毓贤对拳民采取强硬手段。[1]

　　彭虞孙的奏报是有关义和团活动扩散到鲁西南的一篇关键性文件。他的分析指出了教民不轨行为的挑衅与义和团在官方准许的团练保护伞下扩展活动的情况,其文公允可信。他直接暗示,在容许拳众扩展活动上,毓贤的态度起了很大作用。这就迫使我们要认真看待传教士对这位满族巡抚的各种抱怨。然而,我们也必须听听毓贤一方是怎么说的——这不单是由于我们相信"兼听则明",而且还因为这一次毓贤的政策甚为奏效。到夏季快要结束时,他已将鲁西南的红拳平息,并恢复了该地区的安定。这种安定的局面一直持续到 1900 夏清朝向列强宣战为止。[2]

198

毓贤的义和团政策

　　1899 年春天,济宁地区的天主教徒开始经常受到一批自称是大刀会的团伙的骚扰。[3] 但是,暴力活动的大规模升级是在 6

---

[1] 彭虞孙和毓贤之间失和,而具有讽刺意味的是,就在彭虞孙长篇大论地上奏圣上的前几个月,毓贤还为彭虞孙进行辩护,因为有人指控彭虞孙亲昵外国人,他甚至抵制了建议重新将彭任命到另一个地区就职的一道上谕。毓贤光绪二十五年五月二日(1899 年 6 月 9 日)和光绪二十五年五月二十六日(1899 年 7 月 3 日)奏,《义和团档案史料》上册,第 25—27 页。

[2] 甚至到了 1900 秋,在济宁的一位华人牧师还报告说,尽管还有许多惊恐之言,但那"十之有七是假的",该地区已"完全平静"(《邢玉福(音译)致 Z. H. 劳克林》,无日期,"长老会",缩微胶卷,第 214 盘)。

[3] 《莫约翰的报道》(1899 年 9 月 7 日),同上,第 214 盘。

月份,并引起了传教士和德国驻京公使的抗议。安治泰在报告中指出:"会匪甚至宣称,他们是在依照山东巡抚的命令行事。"①这种指控在 1899 年来说并不新鲜。3 月份,即在毓贤莅职之前,一名与教会关系密切的县令就告诉沂州的美国传教士说:"自巡抚以下(若不是以上的话)有个谅解,即当着传教士的面要说好听的话,但在平息骚乱或解决教案方面别做任何事情。据传出的消息说,不管在什么场合,教民都将被视作肇事者。"②正如我们所看到的,在 1898—1899 年冬,鲁东南的老百姓就普遍相信,朝廷已经颁布过一道上谕,批准了他们驱逐外国人的做法。但是,济宁教案是拳会首次声称他们的行动得到了官方准许,因此,驻北京的德国官员们立即提出抗议,他们以其惯用的虚张声势的言辞暗示:德国可能会因此而被迫保护自己的传教士,甚至驱除毓贤下台。③

毓贤在对德国报告的答复中否认了某些案件,但是他也承认了大量的其他小小不言的案件,主要是村民向教民反攻倒算,罚他们置办筵席。④ 到 7 月底,毓贤报告说,邵士宣和陈兆举率领下的红拳造成了较为严重的问题,他已四处张贴告示,禁止此类

---

①《德国代办致总理衙门》,光绪二十五年五月十八日(1899 年 6 月 25 日),《教务教案档》第 6 辑第 1 册,第 382 页。

②《查尔斯·基利的报道》(1899 年 3 月 27 日),"长老会",缩微胶卷,第 214 盘。到夏季,该官员被迫辞职,原因显然是他对骚扰教民的那些人处置过于严厉(《沂州通讯》,《北华捷报》,第 63 期,1899 年 7 月 24 日,第 170 页)。

③《德国代办致总理衙门》,光绪二十五年五月十八日(1899 年 6 月 25 日),《教务教案档》第 6 辑第 1 册,第 383 页。总理衙门立即将这一德国的威吓电示了毓贤(《总理衙门致毓贤》,光绪二十五年五月十八日,山东巡抚档案,第 29 号)。

④ 毓贤光绪二十五年五月三十日(1899 年 7 月 7 日)奏,《教务教案档》第 6 辑第 1 册,第 383、386—388 页。

活动,并派兵"惩首解从"①。7 月 22 日,毓贤本人则在视察河防 199
工程的途中临时改道亲赴济宁。在那里,他和彭虞孙、济宁知州
及三名事发县的县令举行了会谈。此次会谈显然极为重要,因为
毓贤在关于这次会谈的报告中所讲到的主题差不多在以后所有
有关拳民骚乱的报告中都得到了反映。

毓贤电告北京道:问题的关键在于,教民欺压普通村民,驱使
后者被迫以习拳来自卫。这与 1895 年间最早出现的大刀会的经
历颇为不同。大刀会起先是为抵御盗匪,只是到了后来才抵御起
教民。但是在冠县插花地,这种区别则不大。在那里,愤愤不平
的村民纷纷求助于梅花拳来保护寺庙,使之免受教民的侵害。总
而言之,在强调村民们最初求助拳会为自卫性质的同时,毓贤也
坦白承认有三种问题因之出现:有时,"拳匪"混迹当地团练,挑动
暴民,强迫教民归还其收取的罚金。"亦有教民暗结拳匪,偷取教
会粮物私分"。最后,更有一些恶匪假托拳会之名袭击教民和
平民。②

很显然,毓贤基本上同意彭虞孙的分析。这并不令人惊讶,
因为彭虞孙是毓贤在济宁召与商谈的高级官员。他们在解释上
的差异主要是程度大小的问题。毓贤觉得那不过是些小规模的
骚乱事件,而彭虞孙则认为是"内讧"的隐患。毓贤尤其不愿承认
迫害教民是无缘无故的。早在该年春季,他甚至如此宣称:"委无

_____

① 毓贤光绪二十五年六月十九日(1899 年 6 月 27 日)奏,《教务教案档》第 6 辑第 1
册,第 402 页。参见《筹笔偶存》,第 19 页。应特别指出的是,彭虞孙承认这恰恰是
毓贤的政策。因此,双方对这一事实并无争议,他们只是在惩首解从是否足以解决
问题上有争议[参见彭虞孙光绪二十五年八月二十六日(1899 年 9 月 30 日)奏,
《教务教案档》第 6 辑第 1 册,第 445 页]。
② 《毓贤致总理衙门》,光绪二十五年六月二十三日(1899 年 7 月 30 日),山东巡抚档
案,第 192 号。将此比较一下《毓贤电裕禄》,光绪二十五年七月十七日(1899 年 8
月 22 日)到,林学瑊:《直东剿匪电存》卷 1,第 22—23 页。

虐待教民情事。此奴才服官事省二十余年,耳闻目睹,知之甚确者。"①不过,两位官员大体上都同意,问题的核心是:一般村民针对巨野教案后教民专横跋扈作出的防卫性反应、新拳会的出现、"不法"分子的混入和地方团练中吸收进不服管教的拳民分子。两位官员间真正的分歧,是在他们所建议的对付这种新隐患的补救办法上。

两人都是在清廷政策仍不确定的背景下采取行动的。正如我们看到的,在1898—1899年间,董福祥的甘军和意大利索要租借权的事件而引发的紧张局势,使清廷在抵制各种新出现的外国侵犯行为上态度变得颇为强硬。但是,朝廷同时也急于抚缓毓贤对外国人的明显厌恶之情。当德国占领日照后,朝廷发布了一道密谕,警告他:"如果一味蛮横,固不得事事忍让,无所底止,尤不得稍涉孟浪,衅自我开。"②一个月之后,朝廷同意毓贤重新起用一名他任曹州知府时曾一起共事但遭到弹劾的军官。不过,朝廷警告毓贤,此人对于交涉事件"素未深谙",毓贤本人要尽力顾全大局,"毋得偏执成见"③。朝廷显然是怀疑毓贤对交涉事件的判断力,所以,这位满族巡抚的义和团政策不论是归因于何种影响,都不应看作是当时以西太后为首的朝廷里反动倾向的简单反映。④

---

① 毓贤光绪二十五年三月二十一日(1899年4月30日)奏,《义和团档案史料》上册,第24页。

② 光绪二十五年三月一日(1899年4月11日)上谕,《义和团档案史料》上册,第22页。

③《清实录》,光绪二十五年四月五日(1899年5月14日)。

④ 在这方面,我不同意舒勒克书中的解释(见《德国在山东》,第92—93页),也不同意所有权威性史学著作中过于简单化地把义和团的兴起与满族保守派官员主揽朝纲联系起来的观点。

插图 7－1　教会的制裁

（原图说明：牧师们把这个小偷捆在柱子上，在太阳底下烤了几天。这种由基督教会直接插手法律的例子是相当典型的。引自亨利·A. 弗兰克：《华北漫游记》，纽约，1923 年）

　　毓贤所采取的政策，其中心点含有两个主题，即：一、必须准许村民组织起某种势均力敌的力量，以与天主教堂的势力相抵；

二、必须使用统一标准一同打击平民和教民的侵略行为。关于头一个主题,毓贤清醒地觉察到,帝国主义日益增长的对华压力与新出现的民教冲突,二者间有密切关系:

> 奴才窃维东省民教不和,由来已久,缘入教多非安分良民。在二十年前,平民贱视教民,往往有之,并未虐待教民也。迨后,彼强我弱,教民欺压平民者,在所多有。迩来,彼教日见鸱张,一经投教,即倚为护符,横行乡里,鱼肉良民,甚至挟制官长。①

在有关济宁教案的奏报中,毓贤一再谈论的题目,便是抱怨教民常擅自妄为——他们不仅强索罚金,而且甚至抓走那些反对他们的人,将其关押在教堂,直到收到罚金为止。② 拳民们私设公堂,或向教民收回其强索的罚金,不过是顺应民心,对教民蛮横乡里、私下审判作出的反应罢了。在这一点上,毓贤声称,拳民们只收回无理索取的罚金,他们"从未取人一物。偶有一二无知少年负气而取物作质者,亦必立刻请人送还"③。有时,拳民只是满足于炫耀一下武力——他们在教堂附近练拳,甚至将教堂作拳场。④ 只要拳民们将自己限定于这些防卫性活动范围之内,即仅作为天主教会自治权力的制衡,毓贤就准备对其采取宽容态度。他在8月份通报直隶总督道:"敝处访闻既确,凡安分者自保身

---

① 毓贤光绪二十五年三月二十一日(1899年4月20日)奏,《义和团档案史料》上册,第24页。
② 毓贤光绪二十五年八月二十一日(1899年9月25日)奏,《教务教案档》第6辑第1册,第438—439页。
③ 毓贤光绪二十五年十一月十九日(1899年12月31日)奏,《教务教案档》第6辑第1册,第479页。
④ 《毓贤致总理衙门》,光绪二十五年六月二日(1899年7月9日),山东巡抚档案,第90号。

家,原不禁止,若真有捉人勒赎抢掠无忌情事,亦即派队查拿。"①
这的确是毓贤所遵循的政策。因此,在9月份,他才会报告捕获、
审讯和处决红拳首领陈兆举的情况(陈甚至对非教民都发动袭
击,这显然超出了所能容忍的范围)。此外,在寿张,官军还杀死
两名"会匪",并在邻近几个县捕获十余人。② 当拳民们越出自卫
的合法范围时,毓贤显然准备严厉镇压。③

　　毓贤政策所含的第二个主题,是他深信应将反洋教事件拿到
德国在该省四处活动的背景下去加以衡量。他痛苦地意识到,反
洋教事件的有关报道经常明显地夸大其辞,事件的危机一旦过
后,即使是传教士们也很愿承认这种事实。济宁与嘉祥的情形显
然如此。有一篇关于济宁教案的详细报告根本就未披露财产损
失情况,报告只是连篇累牍地揭露了勒索教民钱物(即所称的收
回罚金)的事件,以及大量教民捏造的谎言。④ 嘉祥教案严重程
度则大不相同,通常都是些极小的事情,不过是些家族内部因部

---

① 《毓贤致裕禄》,光绪二十五年七月十七日(1899年8月22日),林学瑊:《直东剿匪
　电存》卷1,第22—23页。
② 毓贤光绪二十五年七月六日和八月二十一日(1899年8月31日和9月25日)奏,
　《教务教案档》第6辑第1册,第425、438—439页;《毓贤致总理衙门》,第200号;
　《毓贤致济宁知州汪望庚》,第201页,两件日期皆为光绪二十五年七月十七日
　(1899年8月22日),山东巡抚档案。
③ 毓贤后来声称,当鲁西南的事件失去控制时,他曾8次出示晓谕,禁止"设厂习拳"
　[光绪二十五年十一月四日(1899年12月6日)奏,《义和团档案史料》上册,第39
　页]。"山东巡抚档案"中的往来电文证实了这一点——电文显示,在6月末,毓贤
　经常派遣军队去镇压和驱散拳民。
④ 事实上确实发生了9起教案,尽管在其中5起案件中教民所支付的勒索金额比其
　声称的要少。有7起案件教民从未支付"罚金";有9起案件从未发生过;还有5起
　案件并未牵扯到教民或没有造成损失。毓贤依据济宁知州报告的上奏,光绪二十
　五年十一月十九日(1899年12月31日),《教务教案档》第6辑第1册,第478—
　484页。亦请参见:《筹笔偶存》,第12,688页。

分人入教而引起的复杂纠纷。① 在商谈解决这些教案时,传教士并没有伤亡情况的报道,这比起德军在兰山、日照、即墨和高密屠杀的中国人来,简直黯然失色。毓贤的司法常识告诉他,如果他对犯有小规模骚乱教民罪的拳民坚持严厉制裁的话,那么,德国按理也得赔偿他们的军队行动所造成的损失。② 但是,帝国主义逻辑与任何抽象的法律不发生联系,因此,毓贤对德国所施暴行的控告自然全部落了空。

至于驻山东的德国人,自从鲁南发生教案后,他们并不特别倾向收敛其行动。10 月,三名德国人在泰安附近把一名未给其让路的中国马车夫赶至路旁,当此人提出抗议时,他们将之殴打致死,随后扬长而去。不论是毓贤还是当地民众,对德国人拒绝考虑予以赔偿都表示气愤。③

毓贤真正关注的是量罪处罚,这使得他极不愿意采取彭虞孙所赞成的那种比较严厉的反义和团的政策。但是,他同样关注,在变幻莫测的形势下,不能过于草率地作出反应,从而激起更大的骚乱。正如他在 7 月初所说的:"该地拳民为数甚多,当地官员

---

① 在一起案件中,一名教民和他的侄子因为一只他们共享使用权的船的所得收入而发生纠纷。有三起案件涉及高家海村高姓成员之间的冲突。毓贤光绪二十五年七月一日(1899 年 8 月 6 日)奏,《教务教案档》第 6 辑第 1 册,第 402、418—423 页。

② 毓贤光绪二十五年六月二十日(1899 年 7 月 27 日)奏,《教务教案档》第 6 辑第 1 册,第 403—407 页;光绪二十五年六月十日(1899 年 7 月 17 日)奏,《义和团档案史料》上册,第 32 页。其他一些官员响应毓贤的坚决要求:应用相同的砝码来衡量中德双方的人员损失。参见张汝梅光绪二十五年三月十五日和三月十七日(1899 年 4 月 24 日和 4 月 26 日)奏,《教务教案档》第 6 辑第 1 册,第 348—349、349—355 页(后一道奏函包括一封关于这一问题致德国亨利亲王的信);胡孚宸光绪二十四年二月十日(1898 年 3 月 2 日)奏,《义和团档案史料》上册,第 11 页。

③ 毓贤光绪二十五年九月十九日(1899 年 10 月 23 日)和光绪二十五年九月二十四日(1899 年 10 月 28 日)奏,以及克林德的答复,光绪二十五年九月二十六日(1899 年 10 月 30 日),《教务教案档》第 6 辑第 1 册,第 455—456、463—466 页。

恐激起事端,不敢贸然行事。"①由于一再遣散军队造成了地方防御的削弱和鲁南地区大量饥民对社会治安构成了潜在威胁,毓贤的行动非常谨慎。他力劝拳民们解散,或让其加入乡绅控制下的团练,仅将有明显犯罪行为的人加以逮捕。其结果在安治泰主教8月初写的一份报告中留有这样的记载:多亏巡抚的保护,济宁现已恢复平定。② 在邻近地区,骚乱仍持续了一个多月,但不久也停止了。向西蔓延的骚乱最后导致曹州大刀会死灰复燃,他们越过边界,到直隶境内骚扰教民。毓贤的政策还是较为宽大,但直隶当局则迅速动用武力,到10月份,该地区也恢复了平静。③

基本情况是:在平息鲁南地区的所有这些骚乱过程中,毓贤的政策发挥了效用——正如其政策在早期平息大刀会中所发挥的作用一样。教民蒙受的财产损失很小,而且在毓贤任内,不管教民也好,外国人也好,都未有人员死亡。该地区的拳民被驱散,整个鲁南地区的社会安定得到恢复并持续下来。为何会产生如此的结局呢? 我确信,答案在于该地区的社会结构与拳会的性质。同1895—1896年间大刀会活跃之地曹县与单县地区一样,济宁地区农业繁荣。若是有区别的话,那里乡绅地主的势力甚至比曹州的还要强大。尽管拳民们能加入团练,但控制权仍保持在乡绅的手中。因此,德国传教士曾就此点声称:煽起民教纠纷的是"济宁的乡绅与团练首领"④。同样,有一位活跃在直隶边界地

────────────────

① 《毓贤致总理衙门》,光绪二十五年六月二日(1899年7月9日),山东巡抚档案,第90号。

② 《总理衙门致毓贤》,光绪二十五年七月一日(1899年8月6日),山东巡抚档案,第162号。

③ 参见林学瑊:《直东剿匪电存》卷1,第15—26页。

④ 《总理衙门致毓贤》,转递一封安治泰的抱怨信,光绪二十五年五月二十九日(1899年7月6日),山东巡抚档案,第59号。

区的曹州大刀会首领,他的身份也是一名附生。① 毓贤采取的宽大说服政策之所以奏效,正因为它针对的是这样一个群体。

然而,也有一些拳会控制在像陈兆举这样的革勇手中。对他们,必须采取一项更为有力的政策,甚至包括暴力镇压。由于这些人是这片稳定繁荣的农村中的外来户,多数当地人愿意把他们作为牺牲品。此外,该地区红拳的仪式仍未超出早期大刀会吞符和在祖宗牌位前烧香的范围。仪式的宗教性基本上还属于等级制统治,即拳民首领的权力降自祖先。一旦毓贤成功地擒获其首领,驱散下属就比较容易了。1896 年对付刘士端的情形便是如此,1899 年对付陈兆举的情形同样也是如此。

事实上,人们几乎完全可以想象毓贤对自己成功地对付1899 年夏的危机而感到的那种怡然自得的样子。他肯定也觉察到了在鲁西北另一伙拳民——神拳正开始举事。但是,他无疑会深信,目前他已验证过的方法同样可用来对付他们。这次他不能再错了。

外国的反应:德国与美国

在本出戏中扮演主角的,除了中国人外,还有外国人,鲁南教案对他们产生的影响,跟对毓贤产生的影响同样重要。令人惊讶的是,经历这次事件后,德国的态度有些收敛。赫德从北京报告说:"德国人不想让山东再出现任何动荡,他们发现,炫耀武力耗资太昂贵了。"②驻柏林的海军上将铁毕子对此所作的反应尤为

---

① 《大名道台庞鸿书电》,光绪二十五年七月十六日(1899 年 8 月 21 日),林学瑊:《直东剿匪电存》卷 1,第 21 页。
② 《赫德致金登干》(1899 年 6 月 4 日),《总税务司在北京》第 2 卷,第 1198 页。

重要。铁毕子时任海军大臣,他是德国海军发展和胶州殖民地建
立的主要设计师。1899 年初的事件促使他相信,传教士对德国
发展势力范围是一个"严重的威胁"。他写信给胶州总督叶世克
说:"毫无疑问,山东的骚动一般来说是由天主教传教士,特别是
中国教民的挑衅行为引起的。"尽管传教士应该受到良好的待遇, [205]
但是,"这还没到(胶州)总督成为其手中盲目工具的地步"。

更为重要的是,铁毕子向叶世克保证,他与外交部都同意,从
今往后,德国将"只要求保障自己公民的权益……这不包括中国
教民"。使馆将不再"即使是在形式上为遭受伤害的教民(提出)
赔偿要求……大家能否少讲些武装干涉"。当了解到是安治泰拒
绝叶世克所提议的解决日照教案的办法而催请采取了三四月份
的征讨行动时,铁毕子尤为气愤。他表明了决心:驻胶州的德国
军队不应成为"传教士们的临时雇员"①。

这样,到 1899 年秋,不仅毓贤采取的政策平息了鲁南地区的
红拳,而且在该地区活动的德国传教士也接获通知:德国政府并
不欣赏他们的这些破坏性活动。结果,鲁南没有成为中外冲突的
爆发地。

不幸的是,到 1899 年秋,其他地方又出了乱子。虽然毓贤镇
压了鲁南的红拳,但还有鲁西北的"神拳"。"神拳"活动在德国的
势力范围之外,在那里传教的是意大利天主教传教士(受法国保
护)以及主要由美国人组成的新教牧师。美国人更重要些,因为
他们同样受到了鲁南教案的影响。当华盛顿最后着手解决鲁南
事件并做出回答时,其反应与柏林大不相同。美国国务院不但没

---

① 《铁毕子致叶世克》(1899 年 6 月 27 日),引自舒勒克:《帝国主义和中国的民族主
义:德国人在山东》,第 101—103 页。

有约束其地方代表,反而训斥了康格(Conger)公使,因为他没有要求惩办发生反洋教事件的地区的地方官①,这样,就在鲁西北正发生危机和驻庞庄的美国传教士开始叫嚣外国应进行强有力干涉之际,康格接到指令,指令鼓励他要大胆放开手脚,保护传教士和他们的中国教民。这样,出现大规模骚乱的各种因素到1899年秋皆已具备。"神拳"将燃起运动之火,不久它将燃遍整个华北平原。

---

①《代理国务卿阿尔维·A.艾迪致康恪》(1899年8月24日),《美国外交文书》,1899年,第175—176页。

第八章　神　拳

当地方官员和清廷将注意力集中在鲁南一带反洋教事件上时,鲁西北又逐渐蔓延起另一种拳术。有个自称为"神拳"的组织,发展已有些日子,它的成员多来自黄河北岸平原上的贫困村庄。神拳的仪式与鲁南一带拳会的仪式大相径庭。它首先包含了"降神附体"这么一种套数。至少在 1899 年初,他们就开始集合在反洋教的旗帜下,不久便以冠县民团"义和团"的名字来命名他们的组织。这个拳会毫无秘密可言,他们公开在地方集市上招收徒弟,并时常借用村中的拳场比武练拳。"神拳"的宗教仪式,来自通俗小说和戏文的诸神,其名称和组织原则都为后来的"义和团"所具有。所以直到此时,"真正"意义上的义和团才算出现。

"神拳"的活动范围大致呈菱形,其北面和西南以大运河为界,其东南以黄河为界,东北则以济南至德州的铁路线(神拳活动时期此线尚未建成)为界。茌平县是神拳活动最重要的中心,从这里,反洋教的信息不断传至高唐、恩县、平原、禹城和长清各县。

这一带一马平川,坐落在黄河冲积平原上。康熙年间修的《茌平县志》用四个字概括了该地区的特点:"地薄民贫。"[1]特别

---

[1]《茌平县志》(1710 年版),第 123 页。

是低洼地区,由于排灌相当不易,土地盐碱化程度很高。① 然而人口密度却未因此而降低。美国公理会教士明恩溥曾对恩县教区做过一个粗略估计,其居民太约为每平方英里 531 人。② 稠密的人口和贫瘠的土地带来的只能是贫困,大多数人民处于极端贫困的状态中。明恩溥写道:"他们非常贫穷、衰弱,以致要花极大的力气才能将狼从门口赶走。"③这里一直靠天吃饭,如果春季无雨,冬小麦就很可能歉收;而秋季农作物则全部仰仗七、八两个月的雨水。《平原县志》说:"非得雨则种植不出。"④两季的干旱就足以毁掉一个家庭。而干旱及其他自然灾害已成为这里的家常便饭。乾隆年间的《平原县志》相当完整地记录了清初一百年间发生在这里的自然灾害,计有旱灾 16 次,水灾 6 次,其他各种灾荒 6 次,几乎每三年就遇灾一次。⑤

如此不稳定的自然生态环境,意味着这里每隔一段时间,就会有大量的人口外出逃荒,躲避天灾人祸。清军入关曾使这里人口急剧下降,其后的太平军北伐及捻军起义,都在不同程度上造成人口数量的减少。地方志认为这一地区人口下降的主要原因在于逃荒,而不是死于战乱。由于这些历史原因,该地区人民以往习惯于遇灾荒或兵乱就离乡背井,比一般人所想象的农民社会具有多得多的流动性。《平原县志》对此有一段一针见血的描述:他们"素咎窳偷生,少蓄积,故遄逃颇易"⑥。

土地盐碱化程度较低的地区适于棉花生长,特别在恩县、高

---

① 黄泽苍:《山东》,第 182—184 页。书中几次提到这一带地面低洼存水的问题。
② 明恩溥:《中国人口估计》,《教务杂志》卷 24 第 1 期,1893 年 1 月,第 29—30 页。
③ 明恩溥:《动乱中的中国》第 1 卷,第 11 页。
④《平原县志》(1749 年版)卷 3,第 20 页。
⑤《平原县志》(1749 年版)卷 9,第 8 页。
⑥《平原县志》(1749 年版)卷 1,第 13 页。

唐、茌平一带,植棉相当普遍。所以当地所产土布和棉纱受进口机制纱的影响甚大,不能扩大其在华北的市场。民国年间的《茌平县志》曾记载了由于进口外国棉纱,当地很多妇女失去了赖以谋生的手段①;据《高唐乡土志》载,早在 1906 年,进口的外国棉布就多于出口的土布②。明恩溥也记录了进口棉纱对庞庄一带 *208* 老百姓造成的破坏性结果。

联结北京和长江下游各城市的"官路",正南正北直穿过此地。这条"官路"北起德州,经过恩县、高唐、茌平各县城,一直朝黄河边上的东阿县延伸下去。虽然很难与大运河相比,但在津浦线修建之前,官路也有相当的官员、客商流量。③ 这一带平原上的小商贩、脚夫、巫婆神汉、短工及其他各色人等,由于天灾人祸而离乡背井,也是这条大道上的过往常客。不久我们将会看到,神拳由茌平向平原发展,亦借助了官路这一便利条件。

从整个地区来讲,这里商业并不发达。棉花是唯一主要的经济作物,而出口地区也仅限于济南和胶东半岛一带。④ 除棉花外,很少有其他重要的商品。地方市场,包括交通干线上较大的集镇,大多数外地人看来也与农村相差无几,茅草屋顶处处可见,人们多以农业为生。⑤

土地贫瘠、商业落后,使当地大地主很少。据《中国实业志》1930 年代的统计,这一带自耕农占农村人口的比例为:恩县占 95％;茌平占 90％;高唐占 78％;长清占 75％;平原占 66％;禹城

---

① 《茌平县志》(1935 年版)卷 9,第 2 页。

② 《高唐乡土志》(1906 年版),第 135—138 页。

③ 《茌平县志》(1935 年版)卷 2,第 49—50 页;卷 9,第 2 页。

④ 《高唐乡土志》,第 135 页。

⑤ 有关平原县的描述可参考《支那省别全志:山东省》,第 243 页;黄泽苍:《山东》,第 177—178 页。

占 63％。即便对自耕农占百分比相对较低的平原和禹城来讲，这也不意味着地主经济的发达，相反这两县的雇工占人口比例较高，均达 10％左右。① 根据山东大学历史系的口述历史调查资料，该地区的大地主一般拥有七八十亩土地，雇工种地。在茌平住家的两个农民说："这里没有占地百亩以上的大地主。"②

由于农业和商业基础落后，这里无法供养一个悠闲自得的士绅阶层。零散的士绅稀疏地分布在华北平原这一贫穷的地区。在义和团运动爆发之前的半个世纪，该地区只有长清县出了十几个举人，而其中的大多数皆出自长清县黄河以东的富裕地区。据《茌平县志》载，该县 16 世纪还存有几名绅士，但自清军入关以后就再没有恢复过来。直到 1770 年间才出现了仅有的一名进士，而留名于其时的大多不过是些生员、私塾先生、医生及行伍之类。③ 这一现象恐怕在整个地区都很典型。④ 当然，造成 19 世纪末茌平士绅薄弱还有另外一个原因。

1882 年，茌平遭大水，但知县仍要收缴常租。这一无视百姓疾苦的行为引起了一场短暂（亦不成功）的抗租运动。不久又出现了抵制 1885 年乡试的传单。这一建议得到了响应，开考乡试时竟无一人前去应试。知府大怒，扬言要以禁乡试 10 次来报复这次侮辱。后来有 10 人被诱前去应考，此事才算告一段落。但

---

① 《中国实业志：山东省》，第 53—57 页。
② 丁汉臣、闫瑞甫口述，《山东大学调查纪录原稿》，茌平县（1960 年），第 22 页。
③ 《茌平县志》(1935 年版)，第 388—468 页。
④ 《高唐乡土志》，第 67—68 页。这一分类推测是根据 1905 年传统的分类表计算出的。其中士的阶层占 3.4%（农民 87%，手工业者 1.3%，商人 8.4%），这个数字要是包括所有文武生员在内，大概就会接近全国的平均数（见张崇礼，《中国的士》）。1749 年版的《平原县志》(卷 3，第 4 页）载有 622 名男性成年（占总人口数的 3.76%）由于其功名（生员或更高）而免交税。这些数字表明虽然在省级和全国的考试中屡受挫折，但在地方上，这些低级的士仍享受着一定的待遇。

其后 20 年,茌平县竟未出一个举人,有人注意到这 20 年正好举行了 10 次乡试。[①] 这么一来,茌平——这个神拳活动最重要的地方,其持有功名的乡绅人数大大减少,而候补官缺者更被远远地排斥在外。

缺少一个强有力的士绅阶层的"教化"领导,此处居民并不具有儒家风范。康熙年间《茌平县志》形容这里百姓"民性素称强悍,且惧法"。他们的嗜赌成风以及特别引起我们兴趣的民间宗教,亦为世人所知晓。[②] 民国年间的县志又说当地居民"易斗",对外来的挑衅极好意气行事,而这些恰恰就是该地拳民的性格写照。[③] 18 世纪中叶《平原县志》也曾用同样的口吻描述了当地居民:"一言不合,辄挥拳大诟,赴县喊冤。"[④]

210

当然,鲁西村民的好斗性格不能看作是对清朝构成的固有威胁。但是回忆一下我们在第二章图三(图略)表格中山东各县文武举人的比率,或许有些好处。图中表明这些正统武举比率最高的鲁西各县,正是神拳出现的地方。

鲁西北的民间秘密宗教

鲁西北的自然与社会状况,可以说是产生秘密宗教的理想温床。这里时常发生天灾人祸,又缺乏一个有力的士绅阶层来强调儒家正统的伦理观念,因此很多农民便转向这种或那种秘密宗教,以寻求宗教或个人精神上的安慰。其中不乏被秘密宗教的

①《茌平县志》(1935 年版)卷 11,第 2—3 页。
②《茌平县志》(1710 年版),第 117—118 页。
③《茌平县志》(1935 年版)卷 2,第 20 页。
④《平原县志》(1749 年版)卷 2,第 13 页。

"平等语言"和"道德为本"所吸引的人,而这些观念如理查德·石(Richard Shek)所言,正存在于民间秘密宗教中。① 自然,参加者中也有某些政治倾向激进的人。② 我们已几次提到秘密宗教与反洋教拳会的关系,这里所要论及的是鲁西北秘密教派与神拳之间可能存在的任何关系。其中某些主题我们已相当熟悉,特别是秘密教派成员转而加入洋教一事。但这一地区也出现了一些新的现象可以说明二者间存在的关系。

如我们在本书第二章所提,虽然秘密宗教、拳民及农民起义之间的关系复杂多变,但对秘密宗教来说,它始终遵循着一条合乎逻辑的规律,即在起义失败和官府对异教严厉镇压之后,去寻求一种非政治的解脱。本章所述的各种秘密宗教,在19世纪末叶正处于这样一种情势之下。但也有例外,如1882年在茌平白莲教造反,有几十个白莲教徒,骑驴打鼓,手持菜刀长矛起来造反。他们刚一起事,就被衙门的走卒镇压下去。这次造反虽然也引起了官府的注意,但老百姓中间流传下来的歌谣却说明了起义的悲喜剧性质:"你别怕,我别笑,吴官屯的白莲教;没抬枪,没大炮,杆子枪,切菜刀。"③除了这一例外,总的来讲有如当时传教士所指出的:"中国北方秘密宗教的政治目标已大部分消

---

① 理查德·石:《不经造反的劫变说:华北的黄天教》,载《近代中国》8卷3期,1983年7月,第322、329页。

② 詹姆士在《山东的秘密宗教》中(第196页)写道,我发现"某些(秘密宗教)好像完全是政治性的",而有些"如果不完全是,也基本上是以宗教为主的"。

③ 杨广泰口述,见《山东义和团调查资料选编》,第129页。有关这一问题又参见同书第128—129页。《茌平县志》(1935年版)卷11,第3页;《清实录》卷147,第12—13页;《北华捷报》,1882年9月6日;台德曼:《地理政治的划分》,第26页及注⑦⑧,其中引用了我未见到的传教士对茌平白莲教情况的记录。

失了。"①

随着鲁北 1887 年至 1888 年的大灾,加入各种秘密宗教者人数蜂起。教派成员一如传教士所谈,皆抛弃"旧有信仰",甚至焚烧庙宇中的神像(显然是为了惩罚它们)。"各式秘密的或公开的宗教教门纷纷设立,他们盲目地寻找着他们没有找到的好东西。"②这一带的秘密宗教与其他地方的虽然没有显著不同,但它们亦有值得注意的自身特点。

首先是秘密宗教仪式和教义中表现的一种不可避免的"大众化"倾向。在前面(第二章)我们已注意到这一过程,即白莲教随着 1813 年八卦教起义被官府镇压之后,这一"大众化"倾向就是一不可避免的副产品。到 19 世纪末,这一倾向更加明朗化。许多教门的首领都长于法术,如撒豆成兵、呼风唤雨、骑凳当马等。③ 1882 年茌平吴官屯造反就使用过这些招数。④ 其中最引人注意的还是在他们的信仰中增加了大量来自戏文小说的神,特别是《封神榜》,给神拳提供了众多可以转世的神祇。⑤ 毋庸置疑,有些秘密宗教徒追求一种更为纯粹的白莲教传统,但 19 世纪末很多民间教派则更接近北方农村的传统文化。

第二,即是各教派领袖常以治病救人作为吸收徒众的手段,这一点神拳也不例外。庞庄的一个传教士曾描述过一个名叫李 *212*

---

① 博恒理:《山东的秘密宗教》第一部分,《教务杂志》卷 17 第 1 期,1886 年 1 月,第 3 页。艾约瑟曾特别提到德州地区的"白莲教不存在任何政治上的重要性,完全是宗教性的"(《华北的秘密宗教》,《教务杂志》卷 17,第 7 期,1886 年 7 月,第251 页)。
② 怀定关于平原一带的文章,1878 年 7 月 18 日,"长老会",缩微胶卷,第 200 盘。
③ 徐博理:《中国的社团》,第 163—164 页。
④ 杨广泰:《山东义和团调查资料选编》,第 129 页。
⑤ 博恒理:《山东的秘密宗教》第一部分,《教务杂志》卷 17 第 1 期,1886 年 1 月,第 4 页;第二部分,卷 17 第 2 期,第 71 页。

大肚子的为人治病的事,他写道:"不久他就在治病的同时开始传教,并教授八卦拳。很容易就吸引了不少信徒。"①由于人们普遍相信精神与肉体合一,因而传教与治病也就自然而然地合二为一了。那么秘密宗教领袖以"医卜"为名实行传教,也就相当合乎逻辑了(虽然并不完全相同,人们也会注意到该地区的美国传教士常在治病时宣扬他们的宗教信仰)。

最后应该提到的是1869年茌平一次失败的离卦教起义及其重要意义。一个叫孙上汶的人自称倡导了离卦教。他备有大旗,打出"替天行道""杀富济贫"的口号。前者后来为本地的神拳所采用。他以治病救人和哄抢盐店为号召来召集徒众。特别引人注目的是,每当孙上汶下令时,都妄称"假神附体"②。虽然巫师跳神在山东民间医术中相当普遍,但在秘密宗教中却并不流行。不过至少这一次"假神附体"被离卦教所采用,有着甚为相同的做法,即在行医治病同时又宣称降神附体。

以上的论述并不说明秘密教派与神拳具有相同的组织源流。相反的是很多资料都表明秘密教派与洋教有着更加密切的组织关系。例如恩县美国公理会教区即是受庞庄白莲教邀请而建立起来的,他们去天津寻找该教会的保护以逃脱衙门的迫害。而这些代表,正是已故李大肚子的信徒,这件事使我们了解到秘密宗教、神拳和洋教之间的复杂关系。③

213　　李大肚子原籍大约为河南,会占卜。用美国公理会博恒理的

① 博恒理:《现代山东的先知者》,《教务杂志》卷18,第1期,1887年1月,第15页。
② 丁宝桢同治八年十一月九日奏,《义和团源流史料》,第118页。
③ 博恒理:《现代山东的先知者》,见前引《教务杂志》,第12—21页。又见明恩溥:《农村教区一瞥》第一部分,《教务杂志》卷12,第4期,1881年7月—8月,第248—250页。

话说,这些"稀奇古怪,五花八门"的东西都来自南边。李大肚子先知先觉,极具神力,这些功夫均来自他藏于巨腹之中的第三只眼。前面提到,他的教门既行医治病又提倡习练八卦拳。1861年前后,李大肚子对洋教又发生兴趣,当时正好是英法联军获胜、清廷受辱之时。他引用天主教教义,创立"四字经"。临死前又告诫其弟子说,西方教士来时要追随他们,因为他们有真谛在身。

李大肚子的遗言并未落空,首先吸引传教士来恩县的就是他的一个弟子。但是李大肚子本身没有训练出一个能替代他的教派传人。按照一般宗教的传统,父死子继,李大肚子先是考虑他的儿子。[①] 不过这个年轻人仅仅"精通拳术,学到的只是其父教义中容易掌握的那部分",对于宗教教义部分并不热心。因此父子二人越走越远。由此而来的是教派中的"文""武"分离,所以李大肚子死后,这一教派也就自行解散了。[②]

李大肚子及其教派的短暂历史并非少见,这种"文""武"分派在秘密宗教中普遍存在。庞庄的传教士对此多有描述。博恒理曾经写道:文场着重"存神养气,而武场则讲究踢腿打拳,习念咒语,焚香画符等等"。以习武练拳为主的教派对宗教教义兴趣不大,但比起宗教色彩更浓的"文场"教派来说,他们的徒众相对要多。[③]

根据传教士的记载,现在比较清楚的一点是,由秘密宗教转

① 关于这一派习练的实例及分析请参考韩书瑞:《造反之间的联结:清代秘密宗教家庭的关系网》,《近代中国》卷 8 第 3 期,1982 年 7 月,第 337—360 页。
② 博恒理:《现代山东的先知者》。
③ 博恒理《山东的秘密宗教》第一部分,《教务杂志》卷 17 第 1 期,1886 年 1 月,第 7 页。又见明恩溥:《农村教区一瞥》第一部分,《教务杂志》卷 12 第 4 期,1881 年 7—8 月,第 246—247 页。

214 而加入洋教的人多来自以宗教为主的教派。秘密宗教的教规和信仰很像基督教《新约全书》中的"最后审判",他们具有几乎所有宗教信仰中所包含的重要方面:如严禁烟酒;尊崇女性神祇(无生老母)为其最高神;相信死后的彼岸世界以及劫变思想等;对他们来讲,基督信仰至少并不陌生。① 而当秘密宗教中武场的一派分裂出去,另树一帜之后,他们所吸引的成员也与先前不同,我们至今也未见到有材料说明这些成员转入洋教。

历史是由极为复杂的社会现象构成的,我们不可能用某种简单的公式去概括历史事实,认为民间秘密的宗教中尚文的教派后来都皈依了洋教,而尚武的一方都转而成了神拳。事实远非如此简单。不可否认的是许多洋教徒都来自秘密教派,而神拳的来源却多种多样。不过关于鲁西北的民间秘密宗教我们至少有以下几点结论:他们尊奉的神祇庞杂,且多来自民间戏文小说中的神怪及历史上的谋臣武将;降神附体;行医治病以及习拳练武。这些不久就成为神拳中不可缺少的组成部分。而这些组成部分很难说是秘密宗教所独具的。简单地概括起来,我们认为神拳是山东平原地区通俗文化的产物,而民间秘密宗教是这种文化的一个重要组成部分。

鲁西北的洋教

在讨论神拳的兴起之前,首先应该提及的是他们不共戴天的敌人——洋教。在鲁西北地区活动最广、势力最大的洋教就是驻

---

① 传教士们经常提出这些观点,特别参见博恒理:《山东的秘密宗教》第二部分,《教务杂志》卷 17 第 2 期,1886 年 2 月,第 66—69 页。

恩县庞庄的美国公理会。1880 年在庞庄正式建堂之前,曾有公理会传教士陆续由天津到此访问,特别是在 1887 年至 1888 年大灾之中。1880 年,由传教士兼作家明恩溥及传教医师博恒理主持,庞庄公理会正式建立。最初的教徒多来自当地的秘密宗教成员和大灾之中受过赈济的;但由于皈依宗教的目的不纯,因此很多人在 19 世纪 90 年代早期转而加入天主教,或者干脆退教。[①]医疗工作不久就成为庞庄教会最关心的一件事了,当地老百姓据说对"耶稣的神力"印象颇深。[②] 虽然如此,入教的人数依然增长缓慢。从初建会时的 300 人(均为恩县人)到义和团起事时止,只增加到 631 人。[③] 其中绝大部分集中在恩县。茌平教堂直到 1897 年至 1898 年间才建立,初创时教民只有五个老年妇女,其 *215* 中一人当了 50 年左右的秘密宗教成员。[④]

　　相比之下,鲁西北地区天主教教民人数众多,而当时的反教情绪也大部分针对他们而来。他们的具体人数及分布情况难以明确说明。该地区的天主教徒统属驻济南的意大利方济各会,而在神拳的直接发祥地区并未驻有该会神父。距神拳老家最近的天主教驻地为禹城的韩庄和武城的十二里庄,意大利传教士从那里出发在周围一带巡回传教。根据口述历史调查,平原县可以数出的教堂有 14 座;茌平有 17 座。虽然大多数教堂不过是由民居改建而成,在神拳活动最为活跃的这两个地区里,教堂的数量仍

① 《庞庄教堂报告》(1892—1893),《庞庄教堂年报》(止于 1894 年 4 月 1 日),全部登载在美国公理会传教档案,16.3.12,14 卷。

② 《威廉姆医院年报》(1890 年),同上,13.3.12,14 卷。

③ 明恩溥:《农村教区一瞥》第二部分,《教务杂志》卷 12 第 5 期,1881 年 9—10 月,第 342—343 页;《北华捷报》卷 59,1897 年 10 月 15 日,第 696—697 页。

④ 《博恒理致明恩溥》(1898 年 1 月 24 日、1899 年 1 月 13 日),美国公理会传教档案,16.3.12,20 卷,第 185 号、192 号。

然是相当可观的。①

鲁西南的情况迥然不同,像鲁西北那样整个大村子集体入教的情况极为少见。大多数情况下,贫苦村民是为了借款方便或是依仗教会势力捞些好处而入的教。② 另一种常见的情况是,新移居至此或某些与村中掌权势者相左者,需要教会支持而入教。口述历史调查中记录了一些类似实例。③ 但入教之后,这些教民在村中往往更加孤立,甚至有不准教民使用村中水井的记载。④

虽然这类教民在村中孤立,但他们一旦在教,便有了靠山。据口述历史调查,对教民的不满多在他们包揽词讼,横行不法,动辄就要摆席赔礼。有个典型的例子是一个雇工要他的主人给他摆席。⑤ 与山东其他地方相同,这类情况到 19 世纪 90 年代末发展到了白热化程度:教民人数激增而且愈加无法无天。教民横行乡里的例子比比皆是,这里无须一一列出。下面应该讨论的是反洋教的神拳及其源流。

神拳的宗教仪式及来源

鲁西北的神拳最早出现于黄河以西的长清境内,其时约在1896 年前后。由于黄河阻隔,远离长清县城,这些最早的习武练

<hr>

① 《山东大学调查纪录原稿》,平原县;张书谱口述,同上,高唐县;《我县近代史》(茌平县文化局手稿),第 52—53 页;李维诚光绪二十五年八月二十五日奏,《山东义和团案卷》,第 3 页。
② 马希成、李言和、刘治帮、王文荣口述,《山东大学调查纪录原稿》,《平原县》,第 30、45、63 页;张振北等口述,《山东义和团调查资料选编》,第 101—103 页。
③ 李昭、粟廷甲、张安道口述,《山东大学调查纪录原稿》,《平原县》,第 10、36、60 页。
④ 李明英口述,同上,平原县,第 7 页。
⑤ 朱元泽口述,同上,茌平县(1960 年),第 109 页。《山东义和团调查资料选编》,第 97—112 页记录了很多指责抱怨洋教徒欺压百姓及违法之事。

拳者又从未滋闹生事,很长一段时间不为官府所知。由于缺乏官方记载,给我们研究神拳的早期历史及分布情况带来了很大困难。因此这部分研究不得不完全依靠山东大学历史系所做的口述历史调查资料。根据被调查者的年龄,神拳的出现最晚不超过1896—1897年,而且几乎同时就传到了荏平境内。通常情况下,历史学家很少根据口述历史调查资料来确定60年以上的历史事件,但这一事件的发生日期之所以准确,在于1898年黄河发过一次大水。大多数被调查人都对大水记忆犹新,均反映神拳初起于发大水的前一年多。[①]

早期的神拳并不反对洋教。他们提倡一些普通而又简单的道德准则,例如"孝敬父母,和睦家乡",这些信条在北方的秘密宗教中长期流行,它们直接来自明太祖的圣谕和清顺治时的六谕。神拳还宣扬"酒色财气不能贪",尊老爱幼等。[②] 行医治病显然为习拳练武的重要部分之一,也正因为如此,许多人加入了神拳,以"看病行善"。当然也有简单为了"看家守院",不受人欺负而练习神拳的。[③]

[①] 大多数资料已刊在《山东义和团调查资料选编》里,见第85—92页,在《山东大学调查纪录原稿》中我也看到一些未刊资料,所说的神拳出现日期与《山东义和团调查资料选编》中相同[例如《山东大学调查纪录原稿》,荏平县(1960年),第21、30、53页对王学成、杨兆宽、徐光业、徐光林、徐光杰的访问记录]。最早的日期在1893—1894年之间,少数提到1894—1895年;大多数认为是1896—1897年,特别是关于黄河发水前几年的提法。

[②] 见《山东义和团调查资料选编》,第192—194页,提到了同样或略有不同的口号。进一步参考资料见《山东大学调查纪录原稿》,荏平一节中对李希汗、朱永才、李庆江的调查。

[③] 见《山东义和团调查资料选编》,第96—97、120、202页。在平原的调查中特别强调看病的重要性,见魏清臣(第42页)、侯善全(第3页)、李锦之(第17页)、马振甲(第19页)、任金间(第20页)。晚一点的史料请见《山东义和团案卷》第146—147页,第341页所载"济南府禀,光绪廿六年六月十一日到";"陵县禀,光绪二十六年十月二十八日到"。

关于神拳早期活动的回忆都集中在这种自卫或行善的活动上，其宗教仪式也简单无害，并无所谓的越轨行为。他们公开在村庄中开设拳场，习拳比武，与很多秘密宗教如大刀会等只在夜间活动、谶语秘不告人等等迥然不同。由于这种公开性，即使未入拳会者也能一饱眼福，使我们得以拥有不少关于神拳宗教仪式的口述资料。

神拳的宗教仪式相当简单，练拳之前，先向东南方向肥城县的桃花山磕头，因为山上六个山洞中供养着民间传说中的各种神祇和英雄好汉。然后就念咒、喝符、烧香。与鲁西南大刀会不同的是，神拳没有敛钱的记录。从很多方面来看，神拳都像是大刀会的穷亲戚。我们在第四章曾经提到有些贫苦农民由于交纳不起大刀会的香火费而被排斥在外。神拳则与此相反，有时候根本就不烧香。[1]

神拳仪式中最重要的特点就是降神附体。其目的不管是为了"避刀枪"（这一点大约是在与洋教派发生冲突之后加上去的）还是"治病"，请神附体的目的在于"行好事治病，降神附体治病"。[2] 外国传教士关于神拳的最早记录为 1898 年，当时他们已相当清楚地认识到降神附体在神拳仪式中的重要性了。在追溯鲁西北神拳与冠县、曹州两地反洋教民团的根源时，博恒理这样描写神拳传到茌平境内时所带来的变化："拳会激增的原因在于添了一种新的招数。拳师们说降神附体能免受伤害，

---

① 路遥：《义和团运动初期斗争阶段的几个问题》，《中国近代史论文集》，第 677—679 页比较详细地解释了鲁西南"叩头"的仪式。《筹笔偶存》第（前）148 页中根据当时材料将拳民与桃花山洞联系起来。《山东义和团调查资料选编》提供了很多关于拳民仪式的口述资料。

② 刘洪藻口述，《山东大学调查纪录初稿》，平原县，第 33 页。

并以此来蛊惑民众。"博恒理还将神拳与德国的托拿教（Turners）做比较，说托拿教的"体操染上了一种精神色彩。他们将教练看成是医师，而学生，绝大多数为年轻人，则在教练的指导下令自己产生被某种神控制了的幻觉。并认为在这种条件下可以免除伤害"①。

1899 年，神拳（其时已自称义和拳）传到直隶东南。对之恨之入骨的吴桥县令劳乃宣也同样意识到神拳最危险的部分就是其仪式中的降神附体。他在光绪二十五年九月警告说：

218

> 尔等当知习武防身，虽为例所不禁，而义和拳一门，有降神念咒等情，实属邪教，与寻常习武者迥然不同。②

那么神拳的仪式究竟如何呢？他们在习练之前先向东南方向磕头、烧香、喝清水。然后将一椅置于桌上，坐在上面"请老师下山"。他们双目紧闭，凝神运气，摇晃身体直至呼吸加速，浑身乱颤以达于降神的状态。每个拳民都有自己所专请的神，各不相同，有时这些神竟成了拳民的别号。③ 所请的神五花八门，均来自戏文小说中的英雄好汉，有孙悟空、猪八戒、关公，《三国演义》里的赵云、周仓，《封神榜》里的毛遂、孙膑、杨健等等。以明恩溥的话来说："他们都是前朝的英雄好汉，他们的业绩经过戏曲演出

①《博恒理致明恩溥》(1899 年 10 月 14 日、1899 年 1 月 13 日)，见美国公理会传教档案，16.3.12,20 卷，第 197 号、192 号（第二封信里庞庄传教士第一次提到神拳。这封信是博恒理访问庞庄后写的，他在那里停留到 1898 年圣诞节）。
②劳乃宣：《庚子奉禁义和拳汇录》，《义和团》第 4 册，第 482 页。
③张勋禀报（光绪二十六年八月一日到）中提到一些拳民使用"关公""悟空""刘备"等别号。见《山东义和团案卷》，第 65 页。

及走乡串户的说书人而变得家喻户晓。"①毫无疑问,大多数神祇都是武艺高强。

应该强调指出的是,降神附体已作为神拳(义和拳)运动的一个重要标志而永留史册了。有关的记载大量重复出现在北京和天津两地的有关史料中。当八国联军占领北京,清廷开始估量由这次运动所带来的巨大损失时,便以惯用手法将所有一切都归罪于义和拳民,认为华北农民民智过陋,"耳濡目染,只有小说与戏剧两种",其教育不过是"小说教育"而已,因此酿成了这一大祸。②

219 民间文化对农民甚至对农民起义的影响毫不奇怪。有的学者在谈到太平天国起义时,认为他们的某些思想体系及军事首领的某些战略措施都时不时地受到这类文学作品的影响。③ 清代统治者鉴于小说与民众骚乱间的联系如此明显,遂下令查禁这些"具有颠覆性"的文学作品。④

---

① 明恩溥:《动乱中的中国》卷1,第169页。我关于神拳早期仪式的描述直接来自蒋楷的《平原拳匪纪事》,见《义和团》第1册,第345页,以及口述历史调查资料。遗憾的是公开出版的《山东义和团调查资料选编》只选入了原稿中丰富记录的一小部分,原稿中荏平,特别是平原县的调查记录要多得多。原义和拳成员侯善全说他自己曾有六个"师傅"附体。见《山东大学纪录原稿》,平原县,第1—3页。袁世凯在1900年曾谈到义和拳的组织与仪式,他说,"会中……有总办、统领、打探、巡营、前敌、催陈及分编哨队各名目"。我以为他关于义和团组织的描述是没有根据的,但是他关于拳民的降神仪式的描述与我所见的其他材料相符。

② 参见吴永《庚子西狩丛谈》,载《义和团》第3册,第463页。关于京津一带义和团仪式,参见陈志让:《义和团运动的性质与特点——有关其形态的研究》,《伦敦大学亚非研究学院学报》卷23,第2期,1960年,第298—304页。市古宙三:《义和拳的性格》,载《近代中国的政治与社会》,再版(东京:东京大学出版社1977年版),第291—292页;及第十章。

③ 施友忠:《太平天国的意识形态:其来源,解释和影响》,西雅图:华盛顿大学出版社1967年版,第285—296页。

④ 肖公权:《农业中国:十九世纪皇帝的控制》,西雅图:华盛顿大学出版社1960年版,第241页。

巫术与造反结合在一起也有相当悠久的历史。如第二章所述,春秋时代齐国北方就以出女巫而著名。到了西汉,新莽末年的赤眉起义亦借助了巫术。[①] 到了太平天国,洪秀全托梦,自称天父下凡救世,以此来巩固他在宗教上的权威。在白莲教内部,白莲教宗师茅子元的传人,指责这一教门在元代受到异端思想的破坏:"或习巫师如鬼神出窍,或妄称弥勒下生。"[②]

神拳的宗教仪式和以前诸秘密宗教不同的一点,是它降神附体的群众化。不单是教门首领有权躬代神位,所有练拳的师兄,只要心诚,都可以祈求神灵降身,保祐自己不受伤害。这表明了神拳宗教仪式中的平等主义。和流行于民间的走阴避邪之术相似,一般人只能请一个神,一旦被此神附体,以后就是随请随到。从当时的史料我们了解到,降神是神拳最吸引人的一部分。因为拳民一降神,在那一刻就成了神的替身。这一点对于鲁西北的穷苦村民来说,无疑具有极大的吸引力。[③]

那么神拳的仪式从何而来呢? 这些拳民是否来自与白莲教相关联的武术团体? 最早提出义和拳来自白莲教的是劳乃宣,他在 1899 年的奏折中毫不含糊地提出了这一论点,至今仍为很多研究义和团运动的中外学者所接受。劳乃宣观点武断,认为出现于乾嘉年间义和门、义和拳与白莲、八卦同出一辙,如此光绪年间 *220*

---

① 铃木中正:《中国历史上的革命与宗教》,第 43 页。

② 铃木中正:《中国历史上的革命与宗教》,第 57 页。

③ 小林一美在其论著《义和团民众的世界》(载《历史学研究》卷 364,1970 年,第 29—34 页)里以特殊的洞察力描写了义和团仪式中的平等和解放,并将它与太平天国宗教信仰体系中的等级观念加以比较。更具体地说,我们也应注意到某些神的短处。济南一位被调查者说有些年轻人被猪八戒附了体,就用鼻子在地上拱食,结果鼻子都磨破了(贾红清、陈某某、赵洪详口述,《山东大学调查纪录原稿》,第 115、126、127 页)。

的义和拳也必定属其同类。① 为了强调义和拳的不轨与谋反,他在请奏查办理由中又作了极为牵强附会的假设:"其逆谋左道,授受渊源,惟为首同谋枭桀之辈知之,非特外人不知,即被诱入教者亦不尽知。"②就是说参加谋反者连参加谋反的目的都不清楚,拳民根本不知自己就是白莲教。接着劳乃宣又以更加难以令人信服的理由,解释义和团反对洋教不过是假以名教不合之名,"耸动群情",以掩盖其"谋为不轨之图"③。

劳乃宣的这种观点最初就受到怀疑。明恩溥曾说:"辩其名不等于辨其源。"④其他学者也认为他的观点主要反映了他本人仇视义和拳的政治观点,并不一定反映了历史的真实情况。⑤ 不可否认的一点是,当时强调义和拳来源于白莲教的人,大多仇视义和拳,当然也包括洋教民在内。⑥ 把义和拳与白莲教同归一类,是给它定罪的捷径,同时也阻止了清廷内部任何支持"反洋教"组织的企图。中国史学界将义和拳与白莲教相联的意图却恰恰相反,是为了证明义和拳的反封建性质及其"进步"的造反精神。在这方面,有不少文章着重分析了义和团与白莲教在信仰上

---

① 劳乃宣:《义和拳教门源流考》,《义和团》第 4 册,第 431—440 页。
② 劳乃宣,见 1899 年 9 月 12 日奏函,收录在《庚子奉禁义和拳汇录》,《义和团》第 4 册,第 476 页。
③ 劳乃宣,《拳案杂存》,《义和团》第 4 册,第 454 页。又见《义和拳教门源流考》第 4 册,同上,第 438—439 页。
④ 明恩溥:《动乱中的中国》卷 1,第 154 页。参见珀塞尔:《义和团起义:背景研究》,第 148 页。
⑤ 攻击劳乃宣观点最有名的是戴玄之,参见其著作《义和团研究》,第 1—5 页。但戴玄之关于义和团起于团练的说法亦有缺陷。对劳乃宣作了比较仔细的研究的是佐佐木正哉,参见其著作《义和团的起源》第一部,第 144—168 页。
⑥ 见《汇报》,光绪二十六年四月十四日,第 176 号,载《山东省志资料》,第 2 期,1960 年,第 122 页。

的一致。①

　　但是认为义和拳在思想与组织上源于白莲教的理论有很多不当之处。这一理论最有吸引力的地方是它解释了义和拳何以能迅速集合群众，认为义和拳只有利用了秘密宗教现存的纽带，才能做到这一点。不过，很多口述历史调查资料的史料都指出义和拳是新兴的拳会，它的成员都是新招入的。很多老乡也还记得拳会最初出现的情景。最值得注意的是茌平一带，白莲教在那里活动历史悠久，而且广为人知。义和拳与白莲教是两码事，这点在当地老乡的记忆中相当明确。口述历史调查资料对此有相当一致的看法：“义和拳和白莲教没关系。白莲教全是邪说。”“白莲教与神拳不是一家子。白莲教能呼风唤雨，拿板凳当马骑。”②

　　从口述历史调查资料中，我们无法看出义和拳与白莲教之间的联系。进一步来说，就华北民间秘密宗教的各种特点看，它与义和拳亦相距甚远。在秘密宗教的各种信仰中，劫变思想及信奉无生老母是两种最根本宗旨。③ 但无论口述历史调查还是档案史料，都未提到过义和拳信奉无生老母。缺少白莲教供奉的最高神，使人难以支持义和拳在思想上源于白莲教的看法。

　　从组织源流上来研究义和拳的起源，往往会使研究走入歧

_____

① 见李世瑜：《义和团源流试探》，第18—23页。路遥：《论义和团的源流及其他》，见《山东大学文科论文集刊》1980年，第36—61页；程啸：《民间宗教与义和团揭贴》，载《历史研究》第2期，1983年，第147—163页。

② 丁汉臣、克孟比口述，《山东义和团调查资料选编》，第129、130页。参见谢家贵，前义和团拳民，其采访记录见《山东大学调查纪录原稿》，茌平县（1966年），又见史斌（陆景琪）：《山东茌平、平原一带义和团调查记》，《文物》，1976年第3期，第10页。只有两个被调查人认为神拳与白莲教同源，其中一个是神拳在茌平活动最活跃时出生的，另一个在当时只有六七岁（张汉禹、孙永昌口述，《山东义和团调查资料选编》，第130—131页）。

③ 韩书瑞在其著作《千年王国起义》一书中（第9—14页）认为无生老母就是白莲教的主神。又见奥弗迈尔：《民间佛教派别：中国宗教史的结构》，第135—145页。

途。因为义和拳最根本的弱点就在于组织上的涣散。明清两代的华北秘密宗教,因为有由"拜师传徒"和"子承父业"所形成的这种宗教世家,生命力极为顽强。所以虽然经过多次镇压,仍能够生存下来。① 而义和拳则与此相反,他们起势凶猛,又极快地消失在19世纪末的历史舞台上。在研究义和拳源流的问题上,只有和这段历史保持一致才能有正确的解释。

那么如何去探讨义和拳的源流呢? 能够准确回答这个问题的只有一个人,就是那位在鲁西北首先倡导神拳的人。显而易见,此人无从找起。关于这一问题最好的假设即是根据上述历史事实来作答。神拳是一个新兴拳会,最早由一些拳师组成。他们吸取了地方文化中不同来源里的多种因素,如:降神、治病、拳术、朝一定方向磕头、烧香、念咒、喝符等等。后来神拳的降神附体便完全是为了自身不受伤害的目的。所有这些招数对于鲁西北的农民来讲都相当熟悉。在这一具有习武传统和秘密宗教活动历史悠久的地区,出现一个新的拳会,将两种传统中的某些因素结合起来,就一点不为稀奇。

同时,我们也不能仅仅认为义和团就是秘密宗教与拳术的简单结合。传统民间的戏文小说对农民的影响也不容忽视,义和拳所供奉的众神都来自这一方面。② 而烧香磕头也不是秘密宗教所特有。到19世纪末,传统的宗教与秘密宗教之间的界线日渐模糊,而神拳仪式中有很大成分并不完全来自秘密宗教。我们特别要记住关于神拳的很多回忆都将它与以前的秘密宗教,特别是白莲教区分了开来。

---

① 见韩书瑞《叛乱之间的联结》一文。
② 在平冯官屯早期的神拳领袖之一很喜欢唱戏,他本人是雇工(林灿之口述,《山东义和团调查资料选编》,第89页)。

从神拳所具有的多样性来看,我认为应将其作为鲁西北地方文化的产物。这一文化包含有相当分量的秘密宗教信仰及实践。虽然如我们在第二章所提到过的,在某些武术团体(包括一个清代中期自称"神拳"的组织)中,也出现过所谓"托生"现象,但神拳宗教仪式中的降神附体部分仍是神拳最独创的贡献。就近来说,1869 年在茌平就有个秘密宗教领袖曾声言降神附体。重要的一点是,巫术中的"走阴""跳神"在山东民间广泛流传,拳民不用加入秘密教派就懂这些。神拳不过是将其改造了一下,使之普遍化,使每个练拳的普通百姓均能降神附体。这样一来,神拳便对人们有一种新的感召力。光是从仪式上来了解神拳显然不够,应该记住的是,神拳在 1898 年冬开始反洋教的前两年已经活跃在茌平及长清两个地区了。要解释神拳的迅速扩大和转变,我们还要求助于鲁西北当时社会与政治状况的研究。

神拳的转变与传播:1898—1899 年

大约在 1898 年末,神拳发生了变化。他们开始反对洋教;有 223 人将他们与"大刀会"相提并论或干脆就叫他们大刀会或"义和拳"。刀枪不入成为其仪式中重要的一部分,其活动范围也大大超出他们的老家茌平、长清一带。特别引人注意的是,他们先是沿官路向高唐发展,到了 1899 年春,平原和恩县也都相继出现了神拳。① 那年秋天,上百个拳场遍布这一地区。高密县令季桂芬在给泰安知府姚松云的信中,谈到他路过这一带的情景:"(佺)路

----

① 蒋楷的文章,《义和团》第 1 册,第 353 页。口述历史调查资料也显示了平原义和拳的老师来自高唐(刘若奇、王金亭、刘德成、段学良口述,《山东义和团调查资料选编》,第 92—94 页。张安道口述,《山东大学调查纪录原稿》,平原县,第 35 页)。

经茌平,地方贫苦,然各庄习义和拳则不下数百处。"①

　　1898 年 8 月至 9 月,黄河发大水,之后,到 1899 年这一带的穷困更见明显。茌平县城西北部地势略高,未遭水侵,但以东的整个地区秋天一直泡在水里。大部分村庄秋粮颗粒无收,而冬小麦则由于土地过于潮湿而无法下种。② 长清县地势更加低洼,灾情与茌平相差无几。这一受灾地区,正是神拳活动的中心地带。这场大水使神拳发生了重要变化,用一位茌平老乡的话说:"这里有场子,神拳在来水之前就有,但只是学,来水以后就闹起来了。"③

　　1898 年大水也是神拳得以迅速传播的关键因素。高唐县 93岁的陈廷献曾说(1966 年):"光绪廿四年黄河开口子,闹大水,大水刚下去,这里就兴起神拳了,各庄都设场子。"④大水很可能迫使一些身怀绝艺的拳师流落他乡。而大水过后的疾病流行,特别是霍乱的流行,使得以看病行医为其主要活动之一的神拳得到了一展才华的绝好机会。精神与肉体的极度悲苦与这场规模巨大的自然灾害结合起来,为民众运动的兴起、为人们要逃离现实苦难的愿望提供了滋生环境。而神拳确实给人们带来了某种希望。

224

　　就在同时,茌平出现了以朱红灯和心诚和尚(本明)为首的神拳。朱红灯不久就成为山东最著名的神拳首领。朱红灯大约出生在泗水,19 世纪 60 年代随家逃荒至茌平。19 世纪 90 年早期,

---

① 《季桂芬致姚松云函》(1899 年 10 月 13 日),《山东近代史资料》第 3 册,第 191 页。
② 《茌平县志》(1935 年版)卷 9,第 92 页;卷 11,第 26 页。《博恒理致明恩溥》(1899 年 1月 13 日),美国公理会传教档案,13.3.12,20 卷,第 192 号;于勋臣、范廷华口述,《茌平调查》,第 21,42—43 页。茌平县干部对我 1980 年访问茌平给予了极大的帮助。
③ 张训修口述,《山东义和团调查资料选编》,第 91—92 页。参见陈廷献、范廷华口述,《山东大学调查纪录原稿》,第 92 页;第 39—42 页。
④ 陈廷献口述,同上,高唐。

朱红灯迁到黄河北岸长清县大李庄,与他的亲舅一起生活。① 大李庄的李连武老人回忆说:

> 朱红灯小名叫小朱子,是个老实孩子。他来这庄时大约三十二三岁。他来到这庄学神拳学得很好,到了西乡后神拳里的人给他起了个名字叫"朱红灯"……朱红灯这个人个子不高,一脸大黑麻子,身子很粗很胖。他在这庄学神拳有四五年功夫,他为人很好,常常给人家治病、治疮的,给人家治病他也不要钱。朱红灯在这庄上是晚上学神拳,白天帮人家干活。帮人家干活时人家管他饭吃。他很会联系和组织群众,这庄的人都很喜欢他。②

其他的史料看法也都与此相仿。朱红灯贫穷无地,由外地迁到大李庄与其舅父住在一起,有时候卖花生③,甚至讨过饭。④ 朱红灯学神拳很明显是迁到大李庄以后,大概是跟庄子西南边云禅寺里的和尚学的。⑤ 关于朱红灯学神拳是到长清之后这一点已无争论,因此并不是他本人将这一拳术带到长清的。进一步说,所有

---

① 朱红灯被迫供出其原籍泗水(《济南府禀》(1899 年 12 月 3 日到),《山东义和团案卷》,第 19 页)。口述历史调查资料说他是由泗水一带返回长清的(见陆景琪:《山东茌平、平原一带义和团调查记》,第 3 页)。至少有两位同代人认为朱红灯来自长清,其中一人认为来自长清李家庄(蒋楷的文章,《义和团》第 1 册,第 354 页,认为他是茌平人,原籍长清李家庄;又见《汇报》第 146 期,《山东省近代史资料》第 2 册,1960 年,第 112 页)。
② 李连武口述,《山东义和拳调查资料选编》,第 135—136 页,这份口述记录在收入时似乎做了订正。虽然我未见到原稿,但在其他调查纪录中,李连武对朱红灯的历史细节似乎要模糊得多。一次他曾说朱是在长清学的神拳,又有两次说朱来长清时已经会打神拳了(《山东大学调查纪录原稿》,齐河县,第 89、104 页)。
③ 李连武口述,同上,第 136 页。
④ 孔兆春口述,《山东大学调查纪录原稿》,齐河县,第 69 页。
⑤ 李连武口述,《山东义和团调查资料选编》,136 页(参见注释②);孔庆平口述,同上,第 138 页。

225 回忆都强调了他初到长清时治病的本事,是个受人欢迎的村医。

大约在 1899 年初,朱红灯又回到茌平一带,住在县南边练神拳的人家里,并经其他拳师介绍,在各庄之间流动。① 同时,心诚和尚成了茌平县北部神拳的首领,住在茌平高唐两县界的琉璃寺。心诚俗名杨照顺或杨顺天,就出生在琉璃寺北面不远的杨庄。幼年多病,被送到杨庄东边二十里的丁寺交给和尚照看。在那里他学得一手好拳,身强力壮,有个绰号叫"鹅"②。

据当时的史料,心诚对神拳提倡刀枪不入大约起了作用,劳乃宣的继任曾认为朱红灯是秘密宗教首领,在谈到心诚时写道:"朱之友杨和尚,亦善拳法。宗其教,谓能以肉躯抵枪炮,被诱者咸以为神。"③又有季桂芬 1899 年的函件。

> 拳民首领有红灯、心诚二人,闻村店老人言:……心诚是法号,原名周震甲,西寺僧人。二人本领,心诚独强。该僧幼习少林拳技,刀法花枪,无不精熟,每与拳民赛武,十多人不能近之,尝自夸"浑身气工,能拒枪炮,金刚附体,外洋无敌"。④

---

① 陆景琪:《山东茌平、平原一带义和团调查记》,第 3 页;参见杨永四、董玉瑶、赵洪详口述,《山东义和团调查资料选编》,第 139—142 页。

② 《济南府禀心诚的供词》(1899 年 3 月 12 日),《山东义和团案卷》,第 19—21 页。陆景琪:《义和团运动在山东的爆发及其斗争》,载《义和团运动六十周年纪念论文集》,北京:中华书局 1961 年版,第 72 页;《山东茌平、平原一带义和团调查记》,第 4 页;聂喜广、杨永汉口述,《山东义和团调查资料选编》,第 216—217 页。

③ 支碧湖的文章,《义和团》第 4 册,第 443 页。

④ 《季桂芬致姚松云函》(1899 年 3 月 10 日),《山东近代史资料》第 3 册,第 191—192 页。很明显不能完全依靠这条资料。心诚的俗名在这里搞错了(朱红灯也搞错了),并且说朱红灯为本县富户。但是反映了大约茌平人一般的看法,即心诚本领高于朱红灯。对照口述历史调查资料来看,茌平很多人对朱红灯的评价也不太高:"朱红灯个子不高,一脸大黑麻子……他没本事,不识字,刀枪不会耍。"(刘长华,《山东大学调查纪录原稿》,茌平县,第 64 页;参见《山东义和团调查资料选编》,第 141 页)和朱红灯相比,心诚被形容成有过硬功夫的人,有"铜头铁和尚"之称。杨永汉口述,《山东义和团调查资料选编》,第 217 页。

　　朱红灯与心诚二人对神拳的变化显然起了重要的影响;心诚
很可能是将刀枪不入引入神拳里的人。当人们回忆早期的神拳
在长清时都强调它的降神治病,同样的回忆在谈到茌平神拳时却
主要是:"求神附体,附了体就成了神拳,就会刀枪不入。"① 由强 ²²⁶
调治病转到刀枪不入,预示了神拳中新出现的尚武风气,而其中
隐藏了较前更多的对社会秩序加以骚扰的情绪。像朱红灯和心
诚和尚,本来就是贫苦游荡的拳师,即使事起,也少有所失,代表
了一种一往无前、无所顾忌的领导方式。那一年秋季事起之后,
神拳马上就成为当地衙门兴师问罪的替罪羊。平原县令蒋楷指
责朱红灯假冒明裔,扬言劫变。而心诚和尚又为本明,含有反清
复明的本意。遗憾的是,很多关于神拳的著作对于那时遗留的史
料不加批判地加以引用,并得出结论朱红灯是为反清复明而起
的。② 口述历史调查资料却相当清楚地记录了这一地区神拳的
口号,至少是在 1899 年反洋教时并未提过反清复明。所流传下
来的口号均为"兴清灭洋""保清灭洋"一类。③ 而口述历史调查

---

① 谢家贵口述,《山东义和团调查资料选编》,第 200 页。

② 有不少著作忽略了蒋楷的文章中的偏见而加以引用,其中两部有影响的英文著作
　应提请注意。陈志让在《义和团起源》一文中(载陈志让等编:《中国和东南亚社会
　研究》,剑桥:剑桥大学出版社 1970 年版,第 76 页)写道:"要想否认朱红灯承认自
　己是大明朱氏后裔是不可能的。"因此陈志让认为:"大陆历史学家所认为的朱红灯
　提出了'扶清灭洋'的口号是极难接受的。"而珀塞尔一书更值得注意,他不仅错误
　地认为朱红灯的真名是李文成,而且坚持认为朱红灯反清。因此神拳转而扶清是
　发生在朱红灯被捕之后(第 197—222 页)。遗憾的是,朱红灯与其他 19 世纪 90 年
　代的拳会一样,并不反清。因此珀塞尔一书的"反清"到"扶清"变化理论是建立在
　一个错误的基本认识上的。

③《山东义和团调查资料选编》,第 208—213 页,对这些口号有很多的摘录,并未有
　"复明"一说。而用本明来称心诚和尚的材料只是那些仇视拳民者才引用的。

资料也并未提到朱红灯扬言 1900 年大劫来临的说法。① 如前所述,朱、扬二人是一种无业游民式的领袖,他们领导下的神拳所提倡的刀枪不入与反洋教,显然具有潜在的煽动性。但我们绝对不应因此而下结论,说神拳的目的在于反清,那么我们就将神拳的性质完全理解错了。像神拳之前的大刀会与冠县的义和拳一样,其目的是反洋教而不是反清。

神拳反洋教的思想从何而来呢? 什么原因使得多年来以习拳治病为主的神拳转而反对洋教了呢? 触动神拳变化的原因我以为来自以前各种反洋教运动,如:大刀会、冠县义和拳、1898 至 1899 年鲁南的反洋教活动。相当清楚的是,自中日甲午战争德国占据青岛之后,反洋教的情绪在山东变得相当普遍。所以神拳将此作为它一个新的目标,应是在情理之中。

关于反洋教的积极分子来自大刀会和冠县义和拳这一点,在当时已无异议。平原县令蒋楷也同意此说。② 当博恒理 1898 年 12 月访问荏平归来后,曾称他们为“‘拳民’或‘大刀会’”,并将他

---

① 支碧湖多次重复蒋楷的论点,很像是由蒋楷文章中演绎出来的。这是唯一的两条材料说神拳有劫变思想。由于从秘密宗教上纲最易诋毁神拳,因此我并不相信其文中的论点。大概民间口头流传的歌谣是我们所能找到的最可靠材料,说明劫变思想在民间的流行:二四加一五,再苦不算苦。天下红灯照,那时才算苦。头一句大约是指八月十五,其中含有反清的意思。由于这句歌谣,有些人就认为义和拳具有反清倾向(路遥:《论义和团的源流及其他》,第 39—40 页)。不过另外应指出的是一位荏平老人说这句话是指光绪二十四年六月的黄河大水灾[周茂同口述,《山东大学调查纪录原稿》,荏平县(1966 年)]。无论如何解释,这个歌谣大概并不来自义和拳本身,这是因为歌谣本意明确,无论大水也罢,清朝也罢,都不如红灯照时期苦。由于歌谣中所提的红灯照是后来才出现的,因此歌谣应是在义和团后期才开始流传的。

② 蒋楷的文章,《义和团》第 1 册,第 353 页。

们和冠县义和拳联系起来。① 有些教会报纸也将义和拳与金钟
罩、铁布衫、红灯照、梅花拳及大刀会等同起来,以后又独以大刀
会来称呼所有这些习练刀枪不入等招数的拳会。② 1900 年在禹
城遭捕的一位神拳成员有一段绝妙的供词:"(我)从前学过神拳,
近又从曹州人刘田、扬得升们学大刀会。"③

　　口述历史调查资料更明确地说明这些习练刀枪不入的各个
团体都是一回事。一位茌平老人说:"义和拳、神拳、金钟罩、大刀
会、红灯照是一回事……"④另一位说:"大刀会自己不叫大刀会,
他们内部称神拳。大刀会是外人见他们背着大刀,所以就称他们
为大刀会……"⑤和鲁西南一样,外人用大刀会这个名称呼那些
习拳者,特别是练习刀枪不入的人。而鲁西南这一团体的真实名
字是"金钟罩",鲁西北则是"神拳"。

　　到了 1899 年中,"神拳"被冠县"义和拳"的名称所代替。这
一点在平原县表现得最清楚。因为习拳之风此时才传到平原县,
所以口述历史调查资料均以"义和拳"来称呼此地拳民。对比之
下,有些茌平的老百姓只听说过神拳,却从未听说过义和拳。⑥
很清楚的是,当冠县义和拳 1898 年秋与教民冲突之后,他们的大
名也显然传到了鲁西北。当神拳兴起反洋教斗争时亦采用了同

----

① 《博恒理致明恩溥》(1899 年 1 月 13 日),美国公理会传教档案,16.3.12,20 卷,第
　 192 号。又见博恒理《庞庄教区第十二年度报告》(至 1900 年 4 月 30 日),同上,16.
　 2.12,16 卷。
② 《汇报》153 期光绪二十五年十二月十日、二十六年一月二十二日,第 146 号;《万国
　 公报》,光绪二十五年十二月,第 132 号;均收入《山东省近代史资料》第 2 册,1960
　 年,第 112、114、118 页。
③ 《禹城奏报》(1900 年 1 月 30 日到),《山东义和团案卷》,第 245 页。
④ 于勋臣及其他人口述,见《山东义和团调查资料选编》,第 122—125 页。
⑤ 杨玉山口述,同上,第 120 页;又见李柳氏、甲信元(前拳民)口述,平原调查(由路遥
　 提供);蒋楷的文章,《义和团》第 1 册,第 354 页。
⑥ 这种大刀会即神拳的说法很一致,见《山东义和团调查资料选编》,第 120—126 页。

一名称——义和拳。

重要的一点是,神拳绝不是大刀会或冠县义和拳的一个翻版。神拳有自己的一整套仪式,特别是降神附体,而且在反洋教之前,他们已经在茌平、长清一带活动了。神拳的确借用了义和拳的名称,但冠县义和拳却连刀枪不入的仪式也不曾有过,他们完全不同。事实很可能是在1898年至1899年中国遭受瓜分神拳转向反洋教时,冠县义和拳名声正广为传播,神拳在此时借用了义和拳这一名称。

与此相仿,大刀会可能启发了刀枪不入的观念。大刀会的反洋教及排刀排枪之术早已名扬在外。但未必有鲁西南曹州金钟罩的师傅去鲁西北传授此术。金钟罩要求长时间的作功运气,功夫到家才能学成。与神拳完全不同,它强调练功而不是降神。再者,有关神拳的记录中也从未有练大刀会的"排砖排刀"之功的。相比之下,神拳的仪式不仅相当简化而且也十分粗陋。大刀会说是"刀枪不入"或"避枪刀"①,而神拳则说"闭炮"②,以一些事先安排好的手段欺骗众人。

当神拳转为反洋教时,他们同时从大刀会和冠县义和拳受到某些启发,但这种启发绝对不是照搬二者的现存仪式,当然就更谈不到组织原则的继承。因此,要了解神拳,只能从孕育它并使它得到发展的社会环境中去探索,而不是从组织上去研究它。这个社会环境包括了严重的自然灾害、外国列强的威胁、教民的横行霸道、省内其他地方反洋教活动。因此当政府企图寻求其他途径来解决民教冲突时,普通的老百姓却要依靠他们自己的力量来

---

① 《山东时报》,光绪二十二年八月五日,《山东近代史资料》第3册,第183页。
② 袁廷甲、侯善全口述,《山东大学调查纪录原稿》,平原县,第1—3、22页。董玉瑶口述,《山东义和团调查资料选编》,第203页。

解决教民的违法行为。

官员们的态度

前面一章我们详谈了 1899 年夏鲁西北地方官员的态度反映了巡抚毓贤的政策。即只要拳民不滋生是非，寻衅肇事，就将他们以民间自卫团体看待。关于这一点，最关键的人物就是执行这一政策的茌平知县豫咸。

豫咸出身汉八旗，中过进士，自 1800 年以来他是第八个具有此功名而担任茌平知县的。他看起来能力相当强，1899 年，他是受巡抚嘉奖的六个山东官员之一；他离任之后，曾有人立碑颂扬他的"德政"；山东口述历史调查资料中老乡仍称他是"清官"①。

他对民教冲突的政策是以尽量持平为原则，他曾尽其所能解决争端，防止滋生是非。在很大程度上，他遵循其前任的政策。为了减少由"大刀"而来的械斗，其前任曾在 1898 年 12 月下令禁止制作大刀。② 但他仍然要见风使舵，1899 年春末，毓贤已为新任巡抚，豫咸在中间调停的做法被视为是支持神拳。他最有名的一次是调解张官屯神拳与天主教之间的纠纷。后者被罚唱戏，神拳则利用这个机会"比枪、比炮"。豫咸亲自去了张良庄，当时一位目击者后来说："豫官还去看戏贺神拳呢！那时候神拳正兴，各

---

① 光绪二十五年五月十三日敕令，《清实录》卷 444，第 11 页；《茌平县志》(1935 年版) 卷 8，第 14—15、69 页；克孟北、范廷华口述，《山东义和团调查资料选编》，第 145、165 页。

② 《博恒理致明恩溥》(1899 年 1 月 13 日)，美国公理会传教档案，16.3.12，20 卷，第 192 号。豫咸在光绪二十四年被任命为茌平知县(《大清爵秩全览》，1899 年夏，第 66 页)。

庄都去,豫官还给神拳开了赏。"①在茌平及鲁西南其他地方,官员们开始显露了反洋教倾向,或至少在解决民教纠纷时对民众一边表示了更多的同情心。一般来讲,他们也比较成功地防止了民教冲突,《教务教案档》中没有这一段时间内民教冲突的记录。

平原县令蒋楷说他曾多次有意抑制神拳活动,但每每招来的只是毓贤的不满。但当时的文件记录并没有反映出蒋楷的这种倾向。而且特别重要的是蒋楷和当时其他鲁西南地方官一样,致力于将神拳编入民团,他在给毓贤的报告中曾说:

> 前因外来拳师在境内夸炫技勇。乡民年少无知,为之欣动。约集人众学习拳棒。其意亦为自相保卫。卑职查知前情,即令强壮者归入团练。仍不失为各保身家。茬弱者恪守本分,自不敢摆遭欺辱。②

从所有记录来看,企图将神拳编入民团的做法都失败了,连蒋楷本人也承认他留下了一批"茬弱者"。当然,主要的义和拳团体仍然保持着与民团相对的独立性。③但无论如何,蒋楷的奏折说明了1899年夏天地方官员对神拳的政策是宽大的,这甚至也包括了以后那些仇视义和拳的人。毫无疑问,官方的容忍态度是日后义和团运动迅速兴起的一个重要原因。④

---

① 杨永四口述,《山东义和拳调查资料选编》,第143页。参见其他资料第143—146页。
②《蒋楷报告》(1899年6月10日到),《山东义和团案卷》,第6—7页;又见《毓贤奏稿》(1899年10月12日),《教务教案档》第6辑第1册,第452页。
③《山东义和团调查资料选编》,第127—128页。
④ 这是季桂芬所做的结论,参见他在1899年10月13日给姚松云的信件。《山东近代史资料》第3册,第191—192页。

义和拳组织及其传播

要解释为什么义和拳能如此迅速地席卷鲁西北及华北地区，首先要了解的是神拳如何在各村之间传播的。这一个问题不仅是神拳仪式的传播，它还涉及了位置分散的村庄之间所存在的网络关系。[1]

拳民最基层的组织单位就是拳场或场。以后义和团进京后曾称"坛"[2]。但这个名称在山东农村中却从未使用过。拳场或设在村中空地上，或设在庙宇里，或者干脆就在大宅院中。其活动公开。通常情况下每村只设一场，若是碰巧本村没设场子，学拳的就加入邻村的拳场。各个拳场并不排斥，反映了这一带村庄组织内外区分不明显的现象。

每个拳场都有首领主副二人——大师兄和二师兄，其他成员均以师兄互称。[3] 这些师兄全部出自同一师傅。总的来讲，师傅与徒弟之间的关系相对比其他拳会组织要弱，很大原因在于其仪式的简单易学，学成之后就都能被神附体了。同时，各个拳场也保留着自己独立的组织，而大师兄一般都由武艺超群的人担任。[4]

神拳传播最普遍的情况就是借助年轻人的好奇心。庄里的年

---

① 以下的讨论是以山东大学在这一地区对神拳的调查为基础的。在这里我只对直接引用和一些重要事件的出处加注，否则的话注释将会更烦琐。

② 陈志让：《义和团运动的性质与特点》，第297页。

③ 陈志让：《义和团运动的性质与特点》，第296页。关于这些名词的使用，见蒋楷的文章，《义和团》第1册，第354页；王昭荣口述，《山东大学调查纪录原稿》，茌平县（1960年版），第72页；刘月香口述，《山东义和团调查资料选编》，第195页。

④ 谢家贵（原拳民）口述，《山东大学调查纪录原稿》，茌平县（1966年）。

轻人听见别庄有练神拳的就跑去"看热闹"①。看完热闹,受到影响,就常常邀请一个或更多身怀武艺的师傅到自己村里帮助设立拳场。这么一来,最初到各村建立拳场的人一般就都是外村人。

由于鲁西北地主所有制不发达,因此大多数无地的农民为了生存就外出做工。由于他们生活的这种流动性,也促成了神拳的传播。下面有一位前义和团回忆的建立拳场的情况。

> 我和谢殿元、谢元修、谢恩俭、谢德常一块参加神拳。那时,谢德元在外面扛活回来。说:"玩神拳净好事。"我说净好事,咱就干吧。我们就干了。干了三四个月左右,人就多了。那时我才十八岁。②

神拳拳民当然了解他们公开习武练拳的吸引力,所以每逢集市庙会,拳民常去那里习演。这样,神拳的仪式里就带有很大成分的戏剧性和杂耍性。依靠农村社会的日常活动以及农民文化的象征——如戏曲中的诸神,各种各样的热闹以及引起观众震惊的神拳所建立起来的拳会,的确在制造着一场不同寻常的群众运动。士绅阶层不是没有注意到"寻常"与"不寻常"之间的薄弱界线,而且他们特别怀疑集市与庙会在将二者合二为一时所起的作用。民国年间的《茌平县志》将庙会列在应除恶习的首位,并且罗列出每年春夏之间的两三个月里,茌平县南就有不下十五六次庙会。③ 而神拳确切地说正是在 1899 年春夏两季从这一带迅速向外传播的。

---

① 见魏清臣、郭丙富、史东代口述,《山东大学调查纪录原稿》,平原县,第 42、44—45 页;茌平县(1960 年),第 2 页。
② 谢家贵口述,见陆景琪:《山东茌平、平原一带义和团调查记》,第 4 页。于清水同时也向外村的一位雇工学过拳(于怀志口述,《山东大学调查纪录原稿》,高唐)。
③《茌平县志》(1935 年版)卷 2,第 29 页。劳乃宣也注意到义和拳在集市上之表演"如戏术家吞刀吐火之类",认为"其炫人耳目,非手法即药物耳"。见《义和团》第 4 册,第 453、471 页。

插图 8-1 义和拳街头木偶剧

（这张由西方画家画的插图比较确切地反映了义和拳的信仰与通俗文化之间的联系。引自《伦敦新闻画报》117:3201,1900 年 8 月 25 日）

事实上,基督教或天主教也常利用集市和庙会来吸引观众,劝人入教。他们的做法有时会使神拳的行为更加暴烈。冀州的一位传教士曾记录 1899 年 7 月在当地的一次庙会上,义和拳赶走聆听布道的基督徒们,然后占据戏台,连续三天向"十分拥挤的人群"宣传打洋人的思想。① 在争取群众这一点上,拳民总是要胜过教民一筹。

这种庙会常常吸引很多路途遥远的人前来参加,有时人们要走上一天或六七十里路。神拳则通过这些人散布到更远的地方去,远远超出了邻村或小集市的范围。鲁西南大刀会也同样利用唱戏和庙会来宣传他们的信仰。另一种常见方法便是利用各村之间存在的姻亲关系来扩大他们的影响,平原县有位老人回忆道:

> 高唐女人姓吴,来大刘庄嫁给刘维领。他兄弟常来探亲,宣称义和拳能治病、行好、练拳看家,庄上人遂信义和拳。马昭林设场子。②

在村里设立拳场至少要得到村里头头的默许。不过当时练拳的大都是一二十岁的年轻人,如果长辈不同意,他们就没办法设场练拳。而这种情况时常发生。在平原县,有个村里管事的就不让安场子,他说:"谁愿意学谁学,就是别在咱们村设场子。"③在很多情况下,如果神拳在村里没设场子,通常的解释都是村里长辈或有权势者不让设立。

从所有现象来看,各个拳场之间并不存在组织联系。有些特殊的人物如朱红灯、心诚,被大家承认身怀绝技,所以在秋天民教大规模冲突时,他们能够在较大范围里动员拳民参加斗争。而

① 《瑞思义1899年6月8日信函》,珀塞尔:《义和团起义:背景研究》,第286页。
② 刘德成口述,《山东义和团调查资料选编》,第93页。
③ 闫因香口述,《山东大学调查纪录原稿》,平原县,第22页。其他实例见平原调查,第68、69、18、24页,《山东义和团调查资料选编》,第188—189页。

且,有些年轻人决定设立拳场时,总是很自然地请他们所能请到
的最好的师傅来,不过,也没有证据来证明拳场之中设有等级制
度。至少在神拳存在的早期阶段,各个拳场都有明确的纪律,以
此来行好事。[1] 各村拳民都独立活动。比如,有些学者把朱红灯
的红灯红旗看成是表示他属于八卦教的离卦。[2] 但是史料明确
说明了神拳使用的各种颜色的旗帜,有红、黄、黑、青、绿或白
色。[3] 他们遵循同一个纪律,习演同样的仪式。从这个意义上来
说,这只是一个单一的"运动"。但从其意图与目的来说,他们又
没有一个统一的组织。在拳民的世界里不存在等级与权威,不论
是在运动的传播方式上,还是在其降神仪式里,他们都表现出了
一种朴素的平等主义。

235

神拳的社会成分

我们最后要讨论的问题是:哪些人加入了神拳,他们的社会
成分和领导阶层的社会背景如何。第一个问题简单易答:加入神
拳者是年轻的男性。蒋楷说他们大约二十岁左右,很多口述调查
资料称他们是"孩子",有的只有十二三岁,不过最常见的是十八
九岁的年轻人。荏平甚至有个"娃娃队"[4]。义和拳全部为男性,
其纪律禁止与女人同床,甚至多看两眼也不行,这是由于害怕妇

---

[1]《山东义和团调查资料选编》,第 194—199 页,记录了神拳的纪律和信条。

[2] 见珀塞尔前引书,第 215 页。路遥:《论义和团的源流及其他》,第 39 页。

[3]《山东义和团调查资料选编》,第 119—120 页。

[4] 蒋楷的文章,《义和团》第 1 册,第 354 页。《山东义和团调查资料选编》,第 117—
    118 页。直隶总督曾说拳民"系十余岁幼童"(裕禄 1900 年 5 月 17 日奏)。《义和团
    档案史料》上册,第 91 页。

女的"阴气"冲了拳民躲枪避炮的能力。① 这样一来,年轻妇女也有他们自己反洋教的组织——这就是 1900 年末,出现在京津一带和茌平的"红灯照"。②

虽然神拳在年龄和性别上表现出极大的一致性,但在其经济背景上却呈现出多样性。毫无疑问,参加神拳的大多数人为穷苦农民和雇农,当时这一地区大多数年轻人也都属于这一社会范畴。不过,随着时间的推移,特别是 1900 年夏季山东义和拳再度兴起之时,就混进了很多无业游民,而这些人无疑是想从教民手中临时捞一把的。③ 但事实上神拳的最初目的是为了看家护院,从这一点来看很多拳民是来自小康之家。④

236　　　有足够的证据说明神拳成员代表着鲁西北农村社会中的一个跨阶层的剖面。有些拳民甚至来自某些富有名望的家族。劳乃宣也不得不承认:"各处拳党,尽有衣冠之族、殷实之家杂乎其中,非尽无业游手也。"⑤泰安知府也说:"所习者多农家子弟,且有读书小康之家,并非尽无赖匪徒。"⑥口述历史调查资料所反映

---

① 《山东义和团调查资料选编》,第 192—194 页。特别是杨永汉和杨广福条。

② 关于茌平红灯照,见《山东义和团调查资料选编》,第 131—135 页;茌平县,光绪二十六年八月十五日奏,《山东义和团案卷》,第 404 页。

③ 1900 年 1 月,袁世凯奏报拳众中"有业之民多已解归……仅余枭悍游匪,到处勾结,此拿彼窜,散漫而无定踪……"(《义和团档案史料》上册,第 59 页)。1900 年秋,济阳知县禀告,要将拳民房产查明入官。但是"其中绝少殷实之产……虽统计卅七家。而公估所值无几"(见《山东义和团案卷》,第 235 页)。长清(现在的齐河)和茌平调查也同时显露了某些不法之徒混入神拳,传其恶习[《山东大学调查纪录原稿》,齐河县,第 57—65 页;茌平县(1960 年),第 54—55 页。又见《临清通讯》(1899 年 9 月 21 日),《北华捷报》卷 63,1899 年 10 月 9 日,第 710 页]。

④ 周海清在《论义和团组织的源流及其发展》中明确地提出了这个看法。《破与立》1979 年第 6 期,第 35 页。

⑤ 劳乃宣的文章(1901 年),《义和团》第 4 册,第 452 页。又见其 1899 年 12 月 9 日的禀告,同上,第 4 册,第 470 页。

⑥ 《泰安知府禀》(1900 年 2 月 9 日到),《山东义和团案卷》,第 485 页。

的情况也与此相符,虽然很多被调查人强调拳民大多为穷苦的百姓,但也有人这样说道:"神拳不管什么穷富","咱庄的神拳没有穷的"①。

要论证神拳的社会背景与现存社会成员的背景有所不同,是十分困难的。但他们领导成员的出身都有着某种特殊性。与大刀会的地主阶层首领相比较,神拳首领多为游民或穷苦农民,例如冠县义和拳首领赵三多。如果他们来自富裕家庭,这些家庭也大都是些没落户。这一点在神拳初期阶段尤为明显。这一带拳民首领朱红灯和心诚,是早期神拳颇具代表性的首领,那么我们再看一下其他的领导人。

仅次于朱红灯和心诚和尚的另一名荏平有名的首领于清水来自该县北部,可能有过地,但主要靠做小买卖并给他叔叔扛活为生。他叔叔有钱,据说于清水很怕他。闹神拳时他大约三十几岁,有妻子和一个女儿。他被说成是"没爷没娘,有些流氓"的一个人。1899年春神拳起事以前他曾长期练拳,这位出身富家的没落子弟最后终于靠神拳起家。荏平县流传着关于于清水的歌谣:"于清水真英雄,黄马褂子红斗篷,红缨枪,拧三拧,东门外面安下营,一心要把张庄平。"②

其他一些拳场首领也有和于清水相似的社会背景,他们明显地来自一些没落家庭。荏平县的一位老人说:"王尚选是我庄的神拳头,他是本庄人,很贫困,原来他是推小车,做小买卖的。他

237

---

① 李胜云口述,《山东大学调查纪录原稿》,平原县,第18、23页;并参见《山东义和团调查资料选编》,第113—116页。

②《山东义和团调查资料选编》,第218—220页;于怀志口述,同上,第162—163页。历城县禀报,光绪二十五年十一月十七日,《山东义和团案卷》,第8—9页。

父亲教书,养六个孩子,那时他们有地四亩八分。"①另一个神拳首领是个狱头的儿子,但他本人很穷,只有十亩左右常遭水淹的地。② 禹城有一个神拳头是个武生员,因为喜抽大烟,家中虽有30到40亩地,也是日渐没落。③

口述历史资料还记录了很多其他实例。在神拳初期,茌平冯官屯的神拳首领有外村来的雇工,也有卖面的。④ 禹城尚河头村的首领有两人是贫农,一人出身没落地主。⑤ 一个和朱红灯一起起事的人叫刘太清,家中有点土地,曾经靠卖菜油度日。同村的人在以后回忆道:

> 刘太清是俺庄人。在外名声很大。但是他不行,不会打拳。他在家弹棉花。可是城里把他想神了。他个子不高……人很笨,学不会,就是师傅告诉他,他也做不来。后来师傅干脆就不教他了。⑥

这些穷人、外村人,甚至在村内被人看不起的年轻人都有机会成为神拳头目。这种吸引力与机遇对于很多遭践踏的人来说无疑是巨大的。

而在另一方面,也有村里士绅阶层的人当首领的。这一情况在神拳由茌平向北传播时显得更为普遍,造成这一事实的原因很可能是由于官方此时对神拳容忍的态度变得更加明显,而这部分人也不惧怕加入神拳。高唐县著名的神拳首领是王立言,他是个

---

① 于勋臣口述,《山东大学调查纪录原稿》,茌平县,第21页。
② 崔正言等口述,《山东大学调查纪录原稿》,茌平县(1960年),第35—36页。
③《山东义和团调查资料选编》,第234—235页。
④ 林灿之口述,同上,第89页。
⑤ 王恒胜口述,同上,第116页。
⑥ 杨永四口述,《山东大学调查纪录原稿》,茌平县(1966年)。参见刘道增、刘金斗口述,《山东义和团调查资料选编》,第140页。

文人,在村中教书,喜欢赌博。他曾开过布店,"卖洋布",并做京 *238*
货生意。当地人称他为"王先生"。像所有拳民首领一样,他穿黄
马褂子,这一般是有军功得皇上赏的人才有的。其实王立言年纪
已大,而且视力不好。他看家而不去带兵打仗,大约也给神拳出
些主意。① 更北的腰站村位于官路上,当时神拳就是由此传到平
原县的。这个村的首领王明镇有 110 亩地,他设场练拳是为了
"看家守院"②。而在平原一带,所有主要的拳民首领都是各村的
头面人物。他们一般都拥有七八十亩土地,有功名——不是文生
员就是武生员,或者是里长等村中掌权的人物。③

　　山东大学孔令仁教授利用了很多我所不能见到的资料,对鲁
西北神拳首领、冠县义和拳及大刀会首领的阶级成分和社会背景
作了比较分析,其结果请参看表8-1。(参阅表8-1　义和团领
导人的阶级背景)

表 8—1 义和团领导人的阶级背景　　　　*239*

	山东全省		鲁西南		鲁西北		冠县	
	人数	百分比	人数	百分比	人数	百分比	人数	百分比
地主	20	22.5	8	33.3	10	27.0	2	7.1
自耕农	34	38.2	12	50	9	24.3	13	46.4
佃农或雇农	22	24.7	1	4.2	13	35.1	8	28.6
工匠	4	4.5					4	14.3

---

① 《山东义和团调查资料选编》,第 222—224 页。王金月口述,《山东大学调查纪录原
　稿》,高唐。《禹城县禀》,光绪二十六年一月十一日到,《山东义和团案卷》,第 245
　页。调查说明王立言助神拳可能出于个人原因,他的儿子入了天主教,他很想惩罚
　他的儿子。
② 李会友口述,《山东义和团调查资料选编》,第 97 页。
③ 蒋楷的文章,《义和团》第 1 册,第 353 页;《山东义和团调查资料选编》,第 231—
　234 页。

	山东全省		鲁西南		鲁西北		冠县	
	人数	百分比	人数	百分比	人数	百分比	人数	百分比
商人或小贩	5	5.6	2	8.3	3	8.1		
兽医	1	1.1			1	2.7		
游方者	3(?)	3.4	1	4.2	1	2.7		
卖艺者	1	1.1					1	3.6
总计	89	100	24	100	37	100	28	100

资料来源：孔令仁，《十九世纪末山东的社会经济与义和团运动》，载《山东大学文科论文集刊》，1980年第1期，第20—22页。

最显著的事实是鲁西北神拳首领中游民及雇工所占的百分比与鲁西南大刀会的对比。如果孔教授能将神拳首领按前后阶段划分出来（当然仅靠口述历史调查资料很难做到这一点），那么贫雇农的比例肯定更会增加。我们已经注意到较晚设立的平原县拳场，其领导权已逐渐落入富裕农民的手中了。如果只考虑在1900年夏天出现的拳民首领，那么这种情况会显现得更加清楚。两个最出名的地主出身的拳民首领赫虎臣与施砚田，两人均有功名，他们只在1900年有过活动。[①]

鲁西北神拳在传播过程中体现出来的这种领导阶层成分的复杂化，说明了鲁西北农村社会还没有产生出一个明显有力的士绅阶层。这样一个带有军事色彩的习武团体并不一定要有士绅的领导，这与鲁西南大刀会不同。在这样一个士绅薄弱的社会环境里，村一级的领导缺少与政府的紧密联系，而与一般村民也不

---

① 见《山东义和团调查资料选编》，第185、193、232—233、242—243页。如果能辨出哪些拳民领袖活跃在1898—1899年间，哪些仅活跃在1900年固然更好，但是只有口述历史调查资料提到了这些村里的拳民首领，因此几乎是不可能只根据简单的口头调查就分辨出他们活动的准确时间。

存在着明显的差异。更进一步讲,这一地区社会流动性大,因此外地人有机会成为拳民首领。

鲁西北社会的动荡与流动性不仅反映在神拳首领的社会成分上,同时也反映在神拳仪式上,而它们之间显然是相联系的。我曾多次强调降神仪式中表现的平等观念。我以为泰安知府的奏报可以对此做一个小结:

> 闻说该拳教以当日请神念咒时,邪神所附者为首,群听号令以为向往,易日则另更,可见并无一定头目。①

这种说法自然过分,因为神拳确实存在着某些固定的首领。但泰安知府的观点值得考虑。由于降神仪式的这种性质,神拳可以树任何人为其首领。这一运动发展起来极难控制,政府和神拳首领都无能为力。不管毓贤对付其他秘密宗教的手段多么灵验,在神拳面前惩首解从这一套吃不开了,毓贤的政策只在鲁西南发生了作用。但是这种公开与流动的村社结构,农民人口的迁移性,以及落后的地主经济和薄弱的士绅阶层,都显现出了与鲁西南的巨大不同。神拳反映了这种不同。当他们在各村之间迅速传播开来之后,与当局的全面冲突也就无法避免了。

---

①《泰安知府禀》,光绪二十六年一月十日到,《山东义和团案卷》,第 485 页。比较以下报道:"如果有一个有权力的领导者出面组织,那危险将更大,不过没有出现这样一个人。"说明拳民没有明确的领导人。临清通讯,1899 年 9 月 21 日,《北华捷报》卷 63,1899 年 10 月 9 日,第 710 页。

第九章 冲突不可避免

　　1899年春夏,神拳活动遍及鲁西北并且跨过省界蔓延至直隶。很多村庄建起拳场,对教民的小规模骚扰越来越普遍。外国人(尤其是美国人)不断提出强烈抗议,抗议地方官员行动迟缓、不能有效地控制反教民团。到了秋天,冲突在平原县达到高潮。当平原县拳民向茌平县的朱红灯寻求援助时,本来是一个村里的小型争端急剧升级了。朱红灯领导的拳民和官府从济南派出的军队发生冲突,神拳第一次和官军进行了较大规模的战斗。在以后几周内,神拳洗劫全境的教民住宅和教堂,一直到朱红灯和其他拳民领袖被捕、后来在济南被杀为止。然而,到那时,平原事件已经震动整个华北平原,并且在清廷引起两种观点截然相反的争论。与此同时,自称为"义和拳"的拳民更迅速地壮大起来,义和团运动终于全面展开。

平原县的神拳

　　从1899年春天开始,神拳在平原县活跃起来。神拳活动从茌平和高唐向北蔓延,他们集中在平原西南部并且越过平原和恩县交界的马夹河。即使根据鲁西北的低等生活水准来看,这里也是一个贫困地区。土壤的盐碱程度非常之高,通常不能耕种。村庄也极为分散。几个最早出现拳民的村庄正好处于平原和恩县交界处,同时也处于济南和东昌府交界处,因此特别难以控制。① 平原县大多数的天主教徒都集中在该县的西南角,庞庄的美国传教士记录道:该地区"诉讼案件特别严重",天主教干涉诉讼,引起人们极大的怨恨。② 尽管新教徒不久将会发现他们自己也被卷入日趋高涨的反基督教运动,但是拳民最初的不满显然是针对天主教的。③

　　该地区的拳民领袖们都是些在当地有些势力和影响的人。最早的一位领袖是张泽,来自马夹河边的北堤村。他是个里长,并且有武科生员的功名,拥有七八十亩地。他性格暴戾,语言粗俗,用铁手腕称霸乡里,人们把北堤村称作"张五朝廷"④。另一个重要的拳民领袖,也就是把朱红灯召到平原的人杠子李庄的李长水。李长水的祖父很富有,有大约 400 亩地。分家使他本人的势力大减,但他仍有 70 亩地和一个小磨坊。据平原县地方官称,李长水是里长,自然是个有影响的人物,他那时大约有 50 多岁。

---

① 该地区的地理情况系根据我在 1980 年 6 月的实地调查写成。蒋楷的文章(《义和团》第 1 册,第 353 页)和恩县县令李维诚光绪二十五年八月二十五日(1899 年 9 月 29 日)奏,《山东义和团案卷》,第 3 页都强调边界地区义和拳活动频繁——这自然意味着义和拳来自其他县。

②《博恒理致史密斯函》(1899 年 10 月 14 日),美国公理会传教档案,16.3.12,卷 20,第 197 号。此类情况在《山东义和团调查资料原稿》(平原县)中比比皆是,都提到该地区的教堂。

③《汇报》,光绪二十五年十二月十日,第 146 号,《山东省志资料》,1960 年第 2 期,第 112—113 页。后来,有两个义和拳首领访问了庞庄的新教教徒们,他们"想让外国牧师们确信,他们只是想叫天主教不舒服"(《博恒理致朋友函》(1899 年 11 月 13 日),美国公理会传教档案,16.3.12,卷 20,第 201 号)。

④ 蒋楷,《平原拳匪纪事》,《义和团》第 1 册,第 353 页;魏传臣和张安道口述,《山东义和团调查资料选编》,第 115、233—234 页。

在他加入神拳以前,他还是一个习武学徒。① 此外,地方官还提到另两个武科生员和两个村首都与神拳有联系②,这说明平原的村一级乡绅对神拳有实质性的支持。

拳民暴力行为和外国人的抗议

到 1899 年 5 月,教民对拳民活动的不满引起了平原县县令蒋楷的注意。蒋楷是来自湖北的贡生,他曾在鲁东南的莒州当过三年县丞。1899 年 4 月末,蒋楷在平原一上任,就立即发现自己处于不断加剧的危机之中。总的来说,他处理事情不太妥当。山东巡抚毓贤指责他"人本颟顸",遇事粉饰③。传教士们不再被友好相待。根据一份天主教报纸所说,当拳民骚乱初起之时,蒋楷"尚偃息在床,荧然一灯,吞云吐雾"。平原的新教徒说他"不称职"④。

蒋楷自己也承认,张泽的一个入教侄子在 5 月曾告到他这里,他未加理睬,因为据说张泽的侄子在村里是个刺儿头,跟谁也合不来。后来,一位来自禹城的天主教神父坚持处理这一事件,蒋楷于是前去调查。他发现天主教用来做礼拜的两处房舍遭到

① 蒋楷的文章,《义和团》第 1 册,第 355 页;《山东义和团调查资料原稿》,平原县,第 12,17—27 页。蒋楷说李长水年过七旬,但这似乎不可能;口述材料说他 50 岁,而且还提到李长水在义和拳运动后逃到东北,20 多年后回来——这对业已七旬的人来说是不可能的。

② 蒋楷:《平原拳匪纪事》,《义和团》第 1 册,第 355 页。一位平原被调查者说,参加者"开始是富人,后来有穷人"。(徐达民口述,《山东义和团调查资料原稿》,平原县,第 73,74 页。)

③ 毓贤光绪二十五年十月初六(1899 年 11 月 8 日)奏,《义和团档案史料》上册,第 34 页。有关蒋楷以前的宦海生涯,参阅《大清缙绅全书》,1898 年夏。

④《汇报》卷 2,第 367 页,光绪二十五年十二月初十,见《山东省志资料》,1960 年第 2 期,第 113 页;《北华捷报》卷 63,1899 年 12 月 4 日,第 1121—1122 页。

轻微破坏，便付给地保一些钱，让他修复损坏之处。然后招来武科生员王治邦的儿子，据说他是当地义和团的头头。蒋楷最初警告来人（他也是武科生员）说，在巨野和鲁西南（蒋楷曾在那里任过职）发生的事表明，反教事件只会导致那些地区教堂数量的增加。蒋楷说，士绅应该明白这点，并努力阻止类似事情发生。然而这些劝告收效甚微。后来，蒋楷警告说拳民们使用的符咒具有异端性，对于异端的叛乱首领要处以极刑。王氏显然是思考再三，便回去劝说他的父亲别再惹麻烦。①

次月，又有人状告张泽，这一次说他偷了教民家里的牲畜。蒋楷作了调查，没有发现什么证据，他在同天主教神父商讨后了结了此事。② 根据蒋楷以后的记述，拳民们没有为最初这些事件受罚，这给他们壮了胆，他们就更加普遍地实践刀枪不入仪式：

> 自谓刀剑不能伤，枪炮不能入。试之有断臂者，洞胸者，然以为其术不精也，练如故。论者谓当事实阴主之。③

蒋楷的最后一句是作为对毓贤实行宽容政策进行一贯批评的一部分，但他本人却试图劝说一些铁杆拳民加入民团，更使人们觉得官方对此事抱同情态度。④

到了夏天，拳民活动更加普遍。9月，事态开始严重。尽管

244

----

① 蒋楷的文章，《义和团》第 1 册，第 353 页。王氏父子是否真正退出义和拳，这一点不清楚。他们的名字 10 月份仍列在一个传教士的平原义和拳领袖名单之首［毕盛致总理衙门，光绪二十五年九月初五（1899 年 10 月 9 日），《教务教案档》第 6 辑第 1 册，第 451 页］。蒋楷请求一个地位较低的武生员作为"士绅"（他用"绅董"一词）代表，可见该地区的正统科举精英是多么稀少。

② 蒋楷光绪二十五年九月初二（1899 年 10 月 6 日）奏，《山东义和团案卷》，第 6—7 页。

③ 蒋楷的文章，《义和团》第 1 册，第 354 页。

④ 蒋楷光绪二十五年九月初二（1899 年 10 月 6 日）奏，《山东义和团案卷》，第 6—7 页。

这方面的记载有些杂乱,但是,气候可能与此有一定的联系。该地区的一些口述材料证明 1899 年的收成并不差,而且实际上春小麦收成还相当好。① 但是夏季整个华北平原雨水奇缺,毓贤奏报秋收减产,并指出很多"懒惰"的农民甚至不想播种冬小麦。② 明恩溥对此作了较为仁慈的理解:

> 旱情十分严重且波及地区广泛,这是自 1878 年大饥荒以来第一次听说冬小麦没有在华北任何地区播种……土地光秃秃的,无法播种,在这种时候,懒散和不安分的人们准备铤而走险了。③

蒋楷早在夏天就看到骚乱行将到来,到阴历五月(6 月 8 日—7 月 7 日)他请求巡抚下令取缔义和拳。但杳无回音,这使民众相信巡抚赞同义和拳,因为现在义和拳在平原县已广为人知。七月份(8 月 6 日—9 月 4 口)巡抚的答复最终到来,从答复看,他没有看出鲁西北的神拳和他以前在鲁西南遇见的习武组织之间的差别。他把平原义和拳同鲁西南邵士宣的红拳相提并论,仅在一个月前他还同邵士宣打过交道(参阅第七章)。使蒋楷感到最不安的是巡抚没有强调练拳的异端性:

> 堂堂批牍,言之津津,若是曾不知为八卦教之离卦教也者,愚民更何知邪教。其恶教民也,有同心;其仇洋也,亦公

---

① 《山东义和团调查资料原稿》,平原县,第 12、16、18 页;齐河县,第 16 页;毓贤致总理衙门,光绪二十五年五月初二(1899 年 6 月 9 日),第 44 号,山东巡抚档案。
② 《毓贤致总理衙门》,光绪二十五年九月二十四日(1899 年 10 月 28 日),第 131 号,以及十月初九(11 月 11 日),山东巡抚档案,第 135 号。参阅《致马天恩主教函》,光绪二十五年十月初一(1899 年 11 月 3 日),《筹笔偶存》,第 41 页。
③ 《动乱中的中国》卷 1,第 219 页。参阅《中国海关总税务司报告》卷 2,1899 年,第 30—31、55 页;《北华捷报》卷 65,1899 年 10 月 2 日,第 665—666 页。

愤。抚批一下,奉朱红灯如神明矣。①

这时,意大利传教士已经使北京的法国公使注意到这些乱子。公使于 8 月 25 日就大刀会再起一事向总理衙门发出抱怨,像传教士们一样,他把山东的所有反教者都统统称作大刀会。② 245
9 月 10 日,一个平原天主教神甫遭到包括张泽在内的当地拳民抢劫,后来他又在自己的村子里,同一个似乎也是同情拳民的村首发生争执。这个神甫窝火憋气,一命呜呼。他的儿子控告拳民们杀死了老人。蒋楷前去调查,发现抢劫的证据确凿,但没发现这位 80 岁的神甫受伤,他叫张泽和其他拳民归还所抢的衣服等物品,了结了此事。但是,天主教徒们仍然到法国公使那儿控告拳民纵火、偷盗和杀人,法国公使向总理衙门陈述怨气,总理衙门又转过来向毓贤询问详情。毓贤 9 月 24 日收到蒋楷的报告,报告将此事极力轻描淡写,没有提到拳民,并且明确否认拳民对教民家室的抢劫,但蒋楷后来在回忆录中显然承认了抢劫一事。结果,毓贤更加相信天主教徒们是故意小题大做。③ 但是,蒋楷在演一出危险的双簧戏,他一边向巡抚奏报平安无事,一边又告诉意大利传教士,平原县歹徒充斥,不能前往。不久,这件事自然呈报给法国公使,法国公使又告到总理衙门,总理衙门再层层

① 蒋楷的文章,《义和团》第 1 册,第 355 页。蒋楷跟毓贤一样称邵士宣为邵玉环。
② 毕盛,光绪二十五年七月二十日(1899 年 8 月 25 日),《教务教案档》第 6 辑第 1 册,第 424 页。报告来自一个叫"付天德"的传教士,他 8 月 20 日从武城访问了恩县[《李维诚奏》,光绪二十五年八月二十五日(1899 年 9 月 29 日)收,《山东义和团案卷》,第 3 页]。
③ 蒋楷的文章,《义和团》第 1 册,第 355 页;《平原县令奏报》,光绪二十五年八月二十日(1899 年 9 月 24 日),《山东义和团案卷》,第 2—3 页。毓贤曾引用该奏报,光绪二十五年八月二十五日(1899 年 9 月 29 日),《教务教案档》第 6 辑第 1 册,第 441—442 页。

下文。①

恩县县令李维诚则采取了非常有力和有效的措施。到阴历八月,拳民活动高涨起来——可能部分因为天气使农民们无法播种,他们往年此时都是在田野忙碌。面对日益加剧的危机,并且为了保障庞庄传教士们的安全(这些传教士正向天津的美国领事馆告急),李维诚于 9 月 13 日亲到济南向巡抚奏报。他安排一队骑兵 22 日到达庞庄,将庞庄传教团保护起来。他又召集起地保和乡村头目训话,这样,恩县多少有了点安宁和秩序。②

平原县则不能同日而语。大约中秋节时分(9 月 19 日),对新教和天主教徒的小规模攻击开始增加。教堂被捣毁,教民被逼令叛教或付赎金,他们的家产也遭到抢劫,但没有发生对个人的暴力活动。尽管蒋楷开始逮捕肇事者,并且乐观地向毓贤报告他的成功,但很明显,事态正变得无法控制。③ 骚乱不断扩散,美国传教士继续通过天津的领事馆紧急呼吁保护中国教民,北洋大臣(直隶总督)裕禄照例将这些要求转给了毓贤。④

---

① 《毕盛致总理衙门》,光绪二十五年八月三十日(1899 年 10 月 4 日),《教务教案档》第 6 辑第 1 册,第 446—447 页。

② 《李维诚禀》,光绪二十五年八月二十五日(1899 年 9 月 29 日)到,《山东义和团案卷》,第 3—5 页;博恒理:《1900 年 4 月 30 日庞庄传教站第十二年度报告》,美国公理会传教档案,16.3.12,卷 16;《庞庄通讯》(1899 年 9 月 25 日),《北华捷报》卷 63,1899 年 10 月 16 日,第 759 页。

③ 《蒋楷、朱景荣会禀》,光绪二十五年八月二十八日(1899 年 10 月 2 日)到,《山东义和团案卷》,第 5—6 页;蒋楷的文章,《义和团》第 1 册,第 355 页。亦可参阅明恩溥关于教民被迫付赎金的描述,他承认"几乎没有什么房屋被烧,没有人死亡"(《动乱中的中国》卷 1,第 175—176 页)。

④ 参阅裕禄和毓贤的往来电报。林学瑊:《直东剿匪电存》卷 1,第 26—34 页(总第 84—99 页);《北华捷报》卷 63,1899 年 10 月 21 日,第 665 页。

在杠子李庄针锋相对

杠子李庄位于平原县城正南约 10 千米的地方。分成前杠子李和后杠子李两个村,两村之间有一大片不能耕种的盐碱地。前杠子李有 40 户人家,拳民首领李长水生在此村。它是一个十分分散的村庄,明显分成三部分(现在是三个生产队):西李、杨家和东李。李长水是西李人,在东李有一个天主教徒李金榜。跟李长水一样,李金榜也有七八十亩地,他雇了一个长工,经营着一个小酒店。东李、西李早先因为收回李金榜抵押给李长水的土地问题争吵了好几年,但是,1899 年的事件不一定是这个私人纠纷的结果。问题显然在于李金榜是个天主教徒,这使得他在自己的村里陷入孤立:他跟村里其他人"不能同井饮水"[①]。

9 月 17 日,李长水和其他拳民洗劫了李金榜的家,蒋楷派衙役去抓捕案犯,但差役被拳民们吓跑了。5 天后,蒋楷利用路过平原去恩县的一支骑兵力量,派一个叫陈德和的人率领衙役从杠子李庄逮捕了 6 个人。26 日,骑兵部队从恩县调到平原,在有关村里巡逻。李长水逃之夭夭,但一些偷来的财物被从他家和其他拳民家里搜出来,并归还教民。蒋楷又一次向巡抚奏报说前景乐观。几天后,他发布了一个"严厉而公正"的告示,禁止拳民设立拳场,期望乱子就此平息。巡抚对这些奏报的评述表明,他对蒋

---

① 李文桂、李明堵、李胜云的口述,《山东义和团调查资料原稿》,平原县,第 12—13、18—22、27 页。

247 楷所说的事态平静表示极大的怀疑,但是显然省城的部队是撤回了。①

　　10月9日,蒋楷得知李长水已经逃到茌平请求朱红灯援助,现在他们两人回到平原,聚集几百名拳民驻扎在杠子李庄周围的田野里。朱红灯只带来他手下的10个人,其他人是接到发往平原和恩县拳场要求拳民集结的传单后会集起来的。拳民们强迫教民供应吃喝,抓住两个教民作为释放6个被捕拳民的人质,要求把衙役陈德和交给他们处置。形势严峻,11日,蒋楷率领几十个兵勇和衙役前去抓捕拳民首领。他受到了意想不到的"接待":朱红灯出现了,身着红袍,头戴红帽,高举红旗,他的队伍严阵以待。旗帜上写着"天下义和拳;兴清灭洋",还有当地两个拳民首领的名字:恩县的孙治泰,对于他我们一无所知,还有王子容,可能是把王治邦写错了。② 拳民队伍里有一些和尚和道士,拳民们向东南方向鞠躬,准备抵抗。几个县勇从村里快驰而过。经过一些小规模的冲突后,两个年轻的拳民上前砍倒了县令的旗手。根据当地的传说,蒋楷转身问陈德和:"骑马和乘轿哪个更快?"陈将他放到一匹马上,蒋楷逃走

---

① 《蒋楷禀、毓贤奏》,光绪二十五年八月二十八日(1899年10月2日)和光绪二十五年九月初二(1899年10月6日),《山东义和团案卷》,第5—7页。参阅蒋楷的文章,《义和团》第1册,第355—356页。

② 《汇报》,光绪二十五年十二月初十(1900年1月10日),第146号《山东省志资料》,1960年第2期,第113页。一则早一点的消息〔光绪二十五年十一月初四(1899年12月6日),同上,第117页〕把王治邦的名字与平原事件联系起来。崔明权口述,《山东义和团调查资料选编》,第212页。

了。这样，义和团第一次明显战胜了试图镇压他们的官军。①

蒋楷现在发现自己处于十分不妙的地位。在向巡抚的奏报中，他一直掩饰平原拳民挑起事端的严重性。现在，他的权威受到了极大的挑战，这只能靠向济南请求军事援助才能解决。但是，这样做肯定会破坏巡抚对蒋楷的那点好感，也自然使他孤立于当地人。蒋楷一逃回县城，就有四个村首到他的衙门劝他不要叫军队来，说这必将直接迫使朱红灯暴乱。这些村首认为，朱红灯只是要求释放 9 月 22 日被捕的 6 个拳民。绑架教民仅仅是为了赎回这 6 个人，偷教民的东西只是"因为他们没东西可吃"。尽管这些乡村领袖们坚持说他们自己不是拳民，但他们同情拳民，这一点毫无疑问。②

不只是平原的乡绅支持拳民。在杠子李庄发生冲突的那天夜里，县衙门里蒋楷的 3 个部下由督学许秉德带头拜访了蒋楷。许秉德是举人，在平原已呆了 10 年。另外两个也都在县里供职数年，对当地情况十分熟悉，而蒋楷则不是这样，他仅仅在平原呆了 6 个月。在像平原这样的穷县里，实质上没有士绅精英，而这些小官吏扮演了通常的士绅角色，作为县令和普通乡村领袖的中间人。这几名官员支持乡村领袖们释放 6 个拳民的要求，而且进一步建议让陈德和坐牢。③ 蒋楷坚决反对这一建议，一如既往保

---

① 蒋楷的文章，《义和团》第 1 册，第 356 页；《蒋楷禀》，光绪二十五年九月十日（1899 年 10 月 14 日），光绪二十五年九月十二日（1899 年 10 月 16 日），《山东义和团案卷》，第 11—13 页；李昭、李禄明口述，《山东义和团调查资料选编》，第 153—154 页；李胜云、崔演众口述，《山东义和团调查资料原稿》，平原县，第 25 页；《卢昌诒禀》，光绪二十五年九月十五日（1899 年 10 月 19 日），《山东义和团案卷》，第 13 页。

② 蒋楷的文章，《义和团》第 1 册，第 357 页。一位乡村领袖施砚田是平原、恩县交界处花园村的里长和武生员。1900 年当地官府请他领导义和拳，后来他为此被杀（《山东义和团调查资料选编》，第 232—233 页）。

③ 蒋楷的文章，《义和团》第 1 册，第 357 页。

护陈德和,因为他毕竟是在执行县令的命令。但是其他官吏把衙役当成地方怨恨的焦点并不离谱。四年前,有一个平原县令因偏听敲诈、关押无辜平民的坏衙役而遭到弹劾、免官。① 陈德和在平原当衙役有一段时间,他不可能没干过一些伤天害理的事。

很显然,当地的公共舆论完全站在拳民一边,老百姓最不想看到的就是省城军队开来,那必然导致暴力冲突。但现在实际上整个村庄都在拳民的控制之下,蒋楷别无选择。10 月 12 日,他恳请巡抚派兵。按他平时的拖拉方式,蒋楷通过邮差呈送请求。而在同一天,恩县县令急电求援,军队经过急行军后于 10 月 15 日或 16 日到达。队伍由济南知府卢昌诒和省里派来的袁世敦统率。袁世敦是袁世凯的表弟,袁世凯是北洋军的训练人,不久他就接替毓贤任山东巡抚,后又升为直隶总督,清朝覆灭后成为中华民国的总统。②

一到平原县,卢昌诒就开始行动。在去平原的路上,他就听说陈德和受贿,他立即拘留了陈德和。在翻阅当地有关各种教案的档案后,他与许秉德和其他在平原长期供职的官吏进行了协商。特别是许秉德,他在民众聚集在衙门周围时,曾充当县令和民众的中间人。卢昌诒想亲自到杠子李庄,有个生员自告奋勇,愿为前驱。与此同时,巡抚派人到村里张贴禁拳令,但很快被人撕去。17 日,根据安排,卢昌诒在位于到拳民据点半路上的一个

---

① 光绪二十一年五月二十五日(1895 年 6 月 17 日)和光绪二十一年七月初四(1895 年 8 月 23 日)谕令,《清实录》卷 368,第 7 页;卷 372,第 2 页。关于蒋楷对陈德和的进一步袒护情况,参阅《义和团》第 1 册,第 360 页,第 362 页。

② 蒋楷的文章,《义和团》第 1 册,第 357—358 页;《蒋楷的禀》光绪二十五年九月十二日(1899 年 10 月 16 日)到,《山东义和团案卷》,第 12—13 页;《卢昌诒禀》,光绪二十五年九月十五日(1899 年 10 月 19 日)到,《山东义和团案卷》,第 13—14 页。《义和团》里蒋楷的回忆录说卢昌诒是 15 日到达平原,而卢昌诒的追述则说是 16 日。

村子里会晤那个生员(中间人)。在路上,另有个生员告诉他,自从济南军队到达以来,本地区劫案激增。当卢昌诒最后见到中间人的时候,他发现朱红灯和拳民们已经离开杠子李庄。他继续前进到村里,发现那里防备森严,有一尊洋式大炮和一堆尚有余热的灰烬,但不见拳民踪影。①

事实上,没人渴望战斗。朱红灯是在杠子李庄长者们的请求下离开的②,他们不愿自己的村庄进一步卷入麻烦。朱红灯本人也不想和政府作对。10 月 17 日晚,拳民抓获的官府探子被放了回来,他带来朱红灯的口信:"我去杠子李庄,为大人地耳。若再相逼,自失颜面,勿怨我!"③最后卢昌诒本人试图抚慰拳民:他早已逮捕陈德和,现在又释放了陈抓的 6 个村民,尽管他们都承认参加过抢劫教民的活动。④ 虽然进行了这么多妥协的努力,战斗还是不可避免。

森罗殿战斗

朱红灯和他的拳民们离开杠子李庄后,径直向西北方向的恩县挺进,在马夹河东岸的森罗殿停下来。(参阅图 9 - 1　1899 年秋季,朱红灯及其追随者的最后活动路线)此殿位于芝坊村外,有一条连接平原、恩县县城的主要东西通道经过这个村。森罗殿建筑庄严,落基于马夹河的外部河坝,高出周围地面 5 米多,在庙上 *250*

---

① 蒋楷的文章,《义和团》第 1 册,第 358 页。

② 李明英、李昭口述,《山东义和团调查资料原稿》,平原县,第 7 页,第 9 页。

③ 蒋楷的文章,《义和团》第 1 册,第 359 页。

④ 蒋楷的文章,《义和团》第 1 册,第 359 页;《卢昌诒禀》,光绪二十五年九月十五日 (1899 年 10 月 19 日)到,《山东义和团案卷》,第 13—14 页。

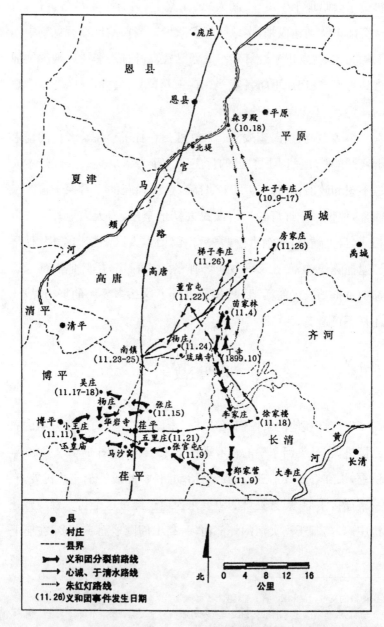

图 9-1　1899 年秋季,朱红灯及其追随者的最后活动路线

可以清楚地俯视平原县城墙。义和团在此停留,可能是由于其建筑规模和战略价值吸引了它。但是,森罗殿也位于直接去美国传教基地庞庄的路上,所以不久应庞庄传教士之请,政府便将军队派驻恩县和庞庄。[1]

10 月 18 日早晨,有 1 000—1 500 名义和团员集结在森罗殿。芝坊村自己没有拳民,因为村首禁止习拳,所以拳民们被挡在村外,很多人过河到恩县张庄集市上吃早饭。平原县官吏最先派马夹河一带的两个村首去试图平息拳民,但毫无结果:他们可能根本就没有到达拳民兵力所在地。接着,袁世敦带领 20 名骑兵和一队步兵(大约 400—500 人)出发。一名探报先行,宣布袁世敦正接近此地。拳民们集结在"兴清灭洋"的旗帜下,同时派人去迎接他。但是,袁世敦把朱红灯的信件理解成了"战书",因而向拳民开了火。拳民的武器只有大刀、长矛和少量原始猎枪,还有两门老式土炮。他们怀着刀枪不入的信念,以勇敢无畏的精神冲锋陷阵。官军只带着单发步枪,来不及再装弹。在义和团的猛烈攻击之下,士兵有 3 人被砍死,10 人受伤,还有人在仓皇撤退中落马。

官军被义和团打得七零八落,不得不喘口气,重整人马。不久,派到恩县的骑兵前来增援。当这支力量反击义和拳时,拳民受到重创:根据官方记载,义和团方面死了 20 人,包括恩县拳首孙治泰。根据当地人的说法,死亡人数为三四十。有个道士被指控帮助拳民而遭处决。但是,朱红灯和其他拳民向西或向南逃窜,朱红灯本人回到茌平。最后,战斗结束时,芝坊村的长者们派

---

[1] 蒋楷的文章,《义和团》第 1 册,第 358 页。地理情况系根据我 1980 年 6 月的实地调查写成。

代表会晤官军,声明他们没有卷入这场战斗。其中一人跪倒在官军面前,他的儿子是个生员。官军认为那个老头儿是拳民,从事降神附体仪式,于是就把他打死了。那个老头儿是那天的最后一个牺牲品,军队进村搜查隐匿拳民时还抢了一些东西。①

这是拳民和清军之间的第一次大规模战斗,其后果同义和团运动的其他方面一样复杂。但是最终,这次战斗很自然地成了一道分水岭,它使拳民们不可避免地引起公众和官府的注意,它对这场运动的推动力远远超过了战斗的直接后果。在当地,这次战斗消灭了义和拳:大批拳民的死亡,使平原和恩县的农民觉得刀枪不入仪式不灵。此后的一段时期内,这些县的义和团就销声匿迹了。直到1900年夏天,由于官方的鼓励,它才又复兴起来。②

然而在这个地区以外,这件事却有不同的意义。朱红灯的逃跑使他可以利用义和拳所赢得的威望,尤其是他们当初曾大败官兵更令人刮目相看。战斗结束后,他逃回茌平,被人用精致的轿子抬着。以前,认识他的人说他是一个麻脸矮子和无能之辈,而在这段时间认识他的人则对他有截然不同的描述,"朱红灯是个官人",一个被调查者这样回忆道③。另一个目击森罗殿战斗的人说道:"朱红灯是一个种地的文秀才。"④许多目睹他回到茌平

---

① 蒋楷的文章,《义和团》第1册,第359页;毓贤光绪二十五年十一月十四日(1899年12月26日)奏,《义和团档案史料》上册,第41—42页。任于军、梁振清、盛元清口述,《山东义和团调查资料选编》,第155—159页;任于新、荆凤林、任于合、陈玉玺、袁廷杰、庄文宾、彭元清口述,《山东义和团调查资料原稿》,平原县,第57—67、22、24、29页。陆景琪《山东茌平、平原一带义和团调查记》,第7—8页)关于森罗殿战斗的描述虽然有些溢美之词,却不失有用。

② 张安道、李玉振、李锦之口述,《山东义和团调查资料原稿》,平原县,第36、17、22页。

③ 刘玉岭口述,《山东义和团调查资料原稿》,茌平县(1960年),第65页。

④ 任于合口述,《山东义和团调查资料原稿》,平原县,第61页。

的人回忆他是一个极有影响的人物，全身着红，坐在轿子里，轿上写着"兴清灭洋"①。

早在平原杠子李庄冲突时就出现的"兴清灭洋"口号无疑比朱红灯的显赫声名更加重要，因为我们已看到，义和团运动的特点之一就是没有一个强有力的领导机构。所以虽然朱红灯本人在平原县战斗后的一个月内被逮捕，义和团运动却顺利地继续发展。但是在平原冲突的过程中，义和团获得了一个决定今后历史的方向。"兴清灭洋"口号自然是这一方向的标志。"洋"的具体含义从"洋教"逐渐扩大到从总体上反对洋人和洋东西。尽管冠县义和团就有同样的口号，但这一口号是在平原获得了主导地位，而且出现于义和团与清军冲突之时。②

在"兴清"的旗帜下又同时和清军作战，这一矛盾事实上并不奇怪。历史上不乏叛乱者把自己想象成忠君者的先例，而义和团甚至不是叛乱者。他们的目的是恢复清朝的主权和焕发清朝的生机，把自己想象成中国传统和中国文化的代表者，要使中国摆脱外国人及其宗教。他们与清廷以及任何中国官吏都没有根本的冲突。朱红灯离开杠子李庄时，曾警告官员们不要逼迫他，声称他没有任何反对当局的动机。如果有什么要求的话，那就是拳民们希望官府支持他们的灭洋行动。有个教徒说，在森罗殿战役前，拳民们曾邀请济南知府参加他们的组织。③有几个目击者解释说战前拳民们之所以对官府客客气气是因为"那时，义和团已

①《山东义和团调查资料选编》，第150—151页上有赞扬朱红灯的顺口溜。亦可参阅《山东义和团调查资料原稿》，茌平县(1960年)，第2、16、20页。
②《山东义和团调查资料选编》第208—213页上有大量关于该口号的口述材料。
③《汇报》，光绪二十五年十二月初十，第146号，《山东省志资料》，1960年第2期，第113页。

经和官吏们合作了"①。

"义和团"这个词的使用也有重要意义,因为森罗殿战斗标志着"义和团"一词的首次出现。总的说来,认真问起平原县的被调查者们,他们说"团民们"自称"义和拳",而不是"义和团"。但是,芝坊村有个被调查者明确地说,在战斗的时候,他们就被称作"义和团"②。更重要的证据是当时一个生员的请愿书,其父在战斗中被误杀。他把战斗称为官军和"团民"(或"团众")之间的战斗。③ 战斗发生后不久,教民们开始收到"绿林义和团"的威胁性邀请。④ 团民们自称为"团"而不是"拳",使他们看上去与官府禁止的习武秘密宗教截然不同,他们把自己与正统的乡村自卫组织等同起来。蒋楷和巡抚都在文告中将"义和拳"冠以异端秘密宗教之名,这肯定也使拳民们想更换名称。

254　　但是,正如在和政府的最后冲突中所表明的,"兴清"或"扶清"的目的、希望与官府合作、渴望自己成为正统的地方民团,这些并不能说明他们对于既定国家机构的权威的无条件尊重。恰恰相反,义和团运动的基本政治趋向是僭越政府职能,因为年轻的义和团民相信当局在驱除洋人威胁方面做得不够。1899 年 12 月,义和团的主要对手劳乃宣引用了一条对"扶清灭洋"口号的解

---

① 陈玉玺口述,《山东义和团调查资料原稿》,平原县,第 66—67 页。参阅庄文宾口述,同上,第 29 页。

② 任于军口述,《山东义和团调查资料选编》,第 158 页。

③ 《平原禀报》,光绪二十五年十月二十三日(1899 年 11 月 25 日)到,《山东义和团案卷》,第 17 页。亦可参阅路遥:《论义和团的源流及其他》,《山东大学文科论文集刊》第 1 辑,第 53—54 页。

④ 《博恒理致朋友函》(1899 年 11 月 13 日),美国公理会传教档案,16.3.12,卷 20,第 200 号。

释:"且西人之欺我甚矣,国家不能敌,而民自敌之。"①这在劳乃宣看来是极不合适的,就好像儿子代表父亲插手一场战斗,但是这一解释有着极大的意义,因为它清楚地承认义和团的所作所为是代表着中国民众承担清政府所不能完成的任务。

这在义和团的最基本行为方式中得到了反映。总之,在这一阶段,拳民们不仅仅是抢劫教民的财产,他们也惩罚教民,不是要求他们在拳民行动时提供给养,就是要求教民们叛教或付赎金。在攻击一个教民家庭之前,他们往往以官文形式发布公告,比如朱红灯刚到平原县时发布了这则公告:"兴清灭洋。天下义和拳命令你们九月初七前来此地。不遵旨者一律砍头。"②如果大清官吏们不能使教民们规规矩矩的话,那么拳民们就会代替官府这么做。

在这些方面,平原事件,尤其是森罗殿战斗,是义和团运动发展的一个分水岭。该运动此时有了"兴清"或者"扶清灭洋"的口号,并将在这一口号之下战斗到底。拳民们有了一个新名称——"义和团",它不久就成为正式称谓。尽管拳民们与官府发生了激烈的、代价高昂的冲突,但是他们一直在谨慎努力避免同地方官员发生任何直接冲突。所有这些因素无疑有助于提高拳民的声望,不过,清廷官员们在处理这一不同寻常的运动时所采取的行动,也有助于义和团的发展。

---

① 《劳乃宣禀》,光绪二十五年十一月七日(1899 年 12 月 9 日),《义和团》第 4 册,第 470 页。劳乃宣令人费解地把义和团口号解释成"扶中朝,灭洋教"。关于"扶清"口号的更有趣、更理论化的解释,参阅小林一美:《义和团民众的世界》,第 251—256 页。

② 《博恒理致友人函》(1899 年 10 月 23 日),美国公理会传教档案,16.3.12,卷 20,第 198 号。这显然与 10 月 28 日庞庄电报上的提法一样,见《北华捷报》卷 63,1899 年 11 月 13 日,第 963 页。那里的义和团被称作"大清义和拳"。

官府的反应

没有一个社会运动是完全按照运动本身所产生的动力发展的。它的发展总是受到当权者以及其他独立于运动本身之外的人物的影响。有时这些外部影响可能阻碍运动的发展,有时它又可能促进其发展。就义和团而言,他们有着代替中国政府行使主权的愿望(如果可能,就与冲国当局者合作),所以官府的反应是极为重要的。官府对森罗殿战斗的反应对义和团运动的发展和扩大明显地起着关键作用,这种反应包括两个方面:对于战后逃跑的朱红灯和其他拳民的处置,对于卷入这场战斗的文武官员的处置。让我们先看一下第二个方面。

官府采取的第一步行动是将平原县令蒋楷革职。在战斗后的一星期内,由一个汉军旗人(巡抚的亲戚)暂时代理他。正如我们所看到的,蒋楷在各方面都没有靠山,他对危机的处理又特别不恰当。在巡抚看来尤其不能原谅的是,蒋楷在发往济南的禀报中一向粉饰太平,直到事情最后发展到无法收拾的地步时,才召集军队,从而造成一个十分被动的局面。毓贤奏请将蒋楷革职,永不叙用,此奏得到准允。[1]

但是,对一些人来讲,把蒋楷革职还不够。11月3日,御史王绰(诸城人)奏报平原事件。事实上,这是呈报到朝廷有关此事的第一份奏折。王绰夸大平原事件,强调当地衙役的暴行和蒋楷

---

[1] 毓贤光绪二十五年十月初六(1899 年 11 月 8 日)奏和光绪二十五年十月十八日(1899 年 11 月 20 日)谕令,《义和团档案史料》上册,第 36—37 页。毓贤对卢昌诒奏报的批文于光绪二十五年九月十九日(1899 年 10 月 23 日)到,《山东义和团案卷》,第 14 页。关于蒋楷被革职情况,参阅蒋楷文章,《义和团》第 1 册,第360 页。

处理问题的无能。但他同时也就袁世敦打响森罗殿战役、战后他的部队抢劫和抓人之事提出质疑。① 毓贤最初呈递总理衙门的奏报根本未提袁世敦，现在他不得不表态了。尽管总的来说，毓贤认为袁世敦忠诚、勇敢，但是他也承认袁世敦没能控制好他的部队：出现一些抢劫事件、打伤了无辜民众。自然，最典型的例子是那位当地生员的父亲遇害，毓贤知道此事是因为王绰上了奏折后他曾做过一个调查。② 针对王绰的指控，毓贤建议将袁世敦革职，朝廷采纳了这一意见。③

鉴于许多人都把巡抚看成是支持拳民反洋的，蒋楷和袁世敦的革职就被普遍理解成是对那些全力镇压运动之人的惩罚。正如一家基督教报纸所说："然蒋大令革职，袁统领护罪，匪徒误会，以为政匪之过，洋洋自得曰：'毓中丞护我，谁奈我何？'"④无疑，这是对毓贤的误解。但是，拳民和教民双方都有这种错误的理解。庞庄传教士认为，森罗殿战斗应该使这场运动终结，但是官员们对此事件的反应使人们相信："满族山东巡抚对大刀会并非

---

① 王绰光绪二十五年十月初一（1899 年 11 月 3 日）奏，《义和团档案史料》上册，第 33 页。

②《平原禀》，光绪二十五年十月二十三日（1899 年 11 月 25 日）到，《山东义和团案卷》，第 16—18 页。

③ 毓贤光绪二十五年十月初六（1899 年 11 月 8 日）奏和光绪二十五年十月十八日（1899 年 11 月 20 日）谕令，《义和团档案史料》上册，第 36—37 页。对袁世敦的抨击一直持续到 1900 年 1 月，并时常以夸大森罗殿战斗中百姓死亡的谣言为根据。这种抨击似乎是攻击当时山东巡抚袁世凯的一种间接方式（参阅《义和团档案史料》上册，第 50、53、55 页）。

④《汇报》，光绪二十五年十二月十日（1900 年 1 月 10 日），《山东省志资料》1960 年第 2 期，第 114 页。蒋楷《义和团》第 1 册，第 355 页）把一种几乎与此完全相同的夸耀归因于毓贤早先在鲁西南招收的两支队伍中的大刀会成员，并且认为这种事发生在秋季与义和团打仗之前。虽然大刀会成员存在于官军中，这一点肯定是可能的，但我更倾向于认为，报纸上关于义和团夸耀得到巡抚支持的报道是出现在森罗殿战斗之后。

不友好。"这使得传教士们极为恼火,他们给《北华捷报》写信说,"现在所有外国人都会欢迎"德国扩大其势力范围。①

毓贤对于平原危机的处理成为外国人责备这位满族巡抚的根据,这将最终导致他丢官罢职。② 拳民们——至少那些远离战场、不知道实际伤亡的拳民——都为两位官员的免职而欢欣鼓舞。但是,把毓贤的政策理解成无条件支持该运动将是一个错误。事实上,他对义和拳的基本政策一直都是:惩首解从。

当蒋楷第一次禀报杠子李庄冲突的时候,毓贤就告诫道:"查民教互闹之案,不得专以匪论,总以开导解散为主。"③在 10 月 18日的战斗后,毓贤下令逮捕朱红灯和其他动乱领袖,但是他把良民百姓与"盗匪"区分开来处理,"教民欺压平民太甚,以致群起不服。盗匪乘机窃发"④。很清楚,毓贤把许多拳民归入无辜百姓里面。在关于山东形势的最后一份奏折中,他写道:"其中固难保无被诱之拳民,然亦有拳民绝不与闻者,固不能概诬拳民以闹教之名也。"⑤他对于拳民自称"义和团"也很快作出积极反应,重申义和团始于 19 世纪中叶(这一论调在冠县事件中已存在),而且在给朝廷的奏折中他使用的字眼是"团"而不是"拳"⑥。

257

①《北华捷报》卷 63,第 1121—1122 页(1899 年 12 月 4 日)。参阅博恒理:《1900 年 4月 30 日庞庄传教站第十二年度报告》,美国公理会传教档案,16.3.12,卷 16。
② 关于山东传教士反对毓贤的完备记述,参阅《拳祸记》,《山东近代史资料》第三分册,第 193—194 页。明恩溥:《动乱中的中国》卷 1,第 181—182 页。
③ 毓贤关于平原禀报的批文于光绪二十五年九月十二日(1899 年 10 月 16 日)到,《山东义和团案卷》,第 13 页。
④《毓贤致裕禄》,光绪二十五年十月初六(1899 年 11 月 8 日)到,林学瑊:《直东剿匪电存》卷 1,第 32 页。
⑤ 毓贤光绪二十五年十一月初四(1899 年 12 月 6 日)奏,《义和团档案史料》上册,第40 页。
⑥ 毓贤光绪二十五年十月二十九日(1899 年 11 月 30 日)奏,《筹笔偶存》,第 43—45 页。

首先,毓贤忧虑的是禁止反洋教将破坏清政权和人民的关系,他确信,只有对拳民采取一种开明政策,才能维持山东农民的忠诚。因此,他似乎发布了一道传教士们称之为"昏了头的命令——不让官兵杀死任何人"[1]。无疑,很多官兵非常乐于执行这样的命令,因为至少有两支济南官军都是由毓贤任曹州知府时征募的,他们当中有很多大刀会成员,这一点尽人皆知。[2] 且不说毓贤的军队里或他的命令当中同情义和团的倾向是否存在,有一点非常明显:在森罗殿战斗后,官府没有采取什么有力措施去追捕和镇压朱红灯那帮人。毫不奇怪,朱红灯和其他义和团首领不久又领导属下进行了更大规模的反教活动。

朱红灯的最后日子

在森罗殿战斗后,平原县拳民力量分散,多数人都回了家。朱红灯南行到茌平和长清边界附近的郓城,那里有一个心诚和尚。朱红灯在那儿联络心诚、于清水和其他拳首进行商讨,首领们讨论他们的下一步行动期间,义和拳停止了活动。除了长清发生两起小敲诈案外,该地区整整两个星期都没有出现事件。朱红灯和他的同伙们都在等待和观察着官府对平原事件的反应。当

---

[1] 《鲁西通讯》,《北华捷报》卷 63,1899 年 12 月 27 日,第 1269 页。参阅《博恒理致友人》,1899 年 11 月 13 日,美国公理会传教档案,16.3.12,卷 20,200 号。

[2] 蒋楷的文章,《义和团》第 1 册,第 355 页。关于这些队伍的征募情况,参阅李秉衡:《李忠节公奏议》卷 8,第 7—8 页;《筹笔偶存》,第 18—19 页;《义和团档案史料》上册,191 页。关于官军中的义和团情况,参阅明恩溥:《动乱中的中国》卷 1,第 179 页。

258 然,他们首先看到的是官府没来追踪他们。不久,他们也一定听说了蒋楷被解职,也可能还听说对森罗殿战斗的调查最终导致袁世敦的免职。不管怎样,他们自然意识到袁世敦军事对抗义和拳的方式被否定了。正是这种情况才导致 11 月初朱红灯、于清水和心诚带着一大帮人抢劫郓城、长清、茌平和博平的教徒家室。①

表 9-1 列出这一帮义和拳的活动情况(参阅表 9-1　山东义和拳案发日期及县份一览表)。义和拳 11 月 4 日先北上,抢劫、烧毁了郓城教徒的家——在这一过程中杀死一名不是教徒的看门人,他是义和拳暴力活动中第一个遇难的平民。接着,义和拳南进长清,西进茌平南部,跨过义和拳最早的活动据点。11 月 9 日,他们抓住并杀死一名天主教徒,这是运动中第一个天主教死难者。之后,他们西进博平,在那里对教徒进行偷窃、敲诈、绑架和纵火。②

朱红灯和于清水的供词表明,这帮义和团在博平听说,如果义和拳自动悄悄解散,巡抚就会对他们宽大、仁慈。因此,他们分了赃就回家了。但是,当 11 月 15 日路过茌平县城北的张庄时,他们遭到天主教徒的攻击。由于教民们穷追不舍,因此义和拳民们进行了反击,烧毁了大半村庄,打死 2 个、打伤 3 个教徒。在这种情况下他们"骑虎难下",解散已不可能。③

无论是口述史料的记载,还是表 9-1 和表 9-2 所总结的义和拳暴力活动规律,都与这种解释不完全一致。(参阅表 9-2　山

---

① 《历城禀报中于清水的供词》,光绪二十五年十一月十七日(1899 年 12 月 19 日)到,《山东义和团案卷》,第 8 页。

② 关于天主教徒被杀和该地区义和团其他活动的口述材料,参阅《山东义和团调查资料原稿》,茌平县(1960 年),第 3—4、21、27、31、56、62—70 页。

③ 《山东义和团调查资料原稿》,茌平县(1960 年),第 8—9 页;济南奏报中朱红灯供词,光绪二十五年十一月初一(1899 年 12 月 3 日),《山东义和团案卷》,第 20 页。

东义和拳案发日期及类型)在张庄冲突之前,义和团造成的案子从未中断过。11 月 14 日,就在张庄事件的前一天,茌平和博平 4 个村庄的 22 名教徒被抢劫。根据口碑材料,义和团在到达张庄前的早上,曾攻击一个村子,他们并未以解散的方式来到张庄,据说焚烧张庄时,他们扛着大旗,身穿绸缎,像是演戏一样。① 另一方面,张庄冲突先由天主教挑起,这一点是真实的。

毓贤政策的一个关键性弱点是,他没有意识到,他通过政权的强制力量进行控制,实际上是鼓励了民教对峙双方各自寻求自保。如果教民发现官府不能完全保护他们,他们就会自我保护,这是必然的。在恩县,庞庄传教团一直受到当地县令的妥善保护,但是博恒理也采取他自己的保卫措施。他说:

> 我们立即进入帐篷,美国国旗迎风招展,在我们周围聚集了一支很强的教民力量作警卫。我们借来土枪,购买了很多炸药,准备应付突然而至的紧急情况。②

武城、郓城和平阴的天主教传教团都用现代化的连发步枪武装起来。③ 10 月末,法国公使告诉平原教徒"出击大刀会"④。正是这类行动引起了张庄的大冲突。

———————————

① 黄光川口述,《山东义和团调查资料原稿》,茌平县(1960 年),第 76—77 页。

② 博恒理:《1900 年 4 月 30 日庞庄传教站第十二年度报告》,美国公理会传教档案,16.3.12,卷 16。另外,当官府派来的骑兵警卫撤退时,博恒理指挥教民力量,并且给他们提供进口快枪(《博恒理致友人》(1899 年 10 月 23 日),美国公理会传教档案,16.3.12,卷 20,198 号)。

③ 袁世凯光绪二十五年十二月十三日(1900 年 1 月 13 日)奏,《义和团档案史料》上册,第 60 页。

④《总理衙门致毓贤》,光绪二十五年九月二十二日(1899 年 10 月 26 日),山东巡抚档案。

表 9－1　山东义和拳案发日期及县份一览表

案发县	案发日期 日期①	5月5日— 10月4日 (148天)	10月5日— 18日 (14天)	10月19日— 11月2日 (15天)	11月3日— 14日 (12天)	11月15日— 27日 (13天)	11月28日— 12月7日 (10天)	12月8日— 1月5日 (29天)	各县总计
冠县									
	死亡人数	1	—	—	—	—	—	—	1
	事发村庄	1	—	—	—	—	—	—	1
平原									
	死亡人数	5	24	—	—	1	—	—	30
	事发村庄	4	4	—	—	1	—	—	9
恩县									
	死亡人数	4	1〔1〕②	—	—	—	—	2	7〔1〕
	事发村庄	1	1	—	—	—	—	1	3
莘县									
	死亡人数	8〔4〕	—	—	—	—	—	—	8〔4〕

① 这里的日期是中国以阴历为准换算的，头一个日期阴历为 4 至 8 月。10 月 18 日是袾罗殿之战的日子，而张庄案件发生在 11 月 15 日。
② 括号内的数字表示死亡者中非教民的人数。

（续表）

	5月5日—10月4日（148天）	10月5—18日（14天）	10月19日—11月2日（15天）	11月3—14日（12天）	11月15—27日（13天）	11月28日—12月7日（10天）	12月8日—1月5日（29天）	
长清 事发村庄	2	—	—	—	—	—	—	2
死亡人数	—	—	2	2	3	—	28〔11〕	35〔11〕
禹城 事发村庄	—	—	2	2	3	—	11	18
死亡人数	—	—	—	5〔1〕	11	6〔1〕	5	52〔6〕
茌平 事发村庄	—	—	—	1	6	3	2	17
死亡人数	—	—	—	83	40	—	1	124
博平 事发村庄	—	—	—	14	18	—	1	33
死亡人数	—	—	—	12	50〔12〕	—	4	66〔12〕
清平 事发村庄	—	—	—	4	14	—	3	21
死亡人数	—	—	—	—	4	1	—	5

（续表）

	5月5日—10月4日（148天）	10月5日—18日（14天）	10月19日—11月2日（15天）	11月3日—14日（12天）	11月15日—27日（13天）	11月28日—12月7日（10天）	12月8日—1月5日（29天）	
事发村庄〔高唐〕	—	—	—	—	3	1	—	4
死亡人数	—	—	—	—	15〔2〕	3〔1〕	1〔1〕	19〔4〕
事发村庄〔齐河〔3〕①〕	—	—	—	—	7	3	1	11
死亡人数	—	—	—	—	—	19	3	29〔1〕
事发村庄〔聊城〕	—	—	—	—	—	4	1	6
死亡人数	—	—	—	—	—	—	23〔4〕	23〔4〕
事发村庄〔堂邑〕	—	—	—	—	—	—	4	4
死亡人数	—	—	—	—	—	—	22〔2〕	22〔2〕
事发村庄	—	—	—	—	—	—	4	4

① 禹城与齐河的总计数字采自《山东义和团案卷》第247、219页，这一数字比按日期累计的数字要大。

（续表）

	5月5日—10月4日 (148天)	10月5—18日 (14天)	10月19日—11月2日 (15天)	11月3—14日 (12天)	11月15—27日 (13天)	11月28日—12月7日 (10天)	12月8日—1月5日 (29天)
平阴							
死亡人数	—	—	—	—	—	—	17〔1〕
事发村庄	—	—	—	—	—	—	5
夏津							
死亡人数	—	—	—	—	—	—	5〔1〕
事发村庄	—	—	—	—	—	—	1
肥城							
死亡人数	—	—	—	—	—	—	1〔1〕
事发村庄	—	—	—	—	—	—	1
东阿							
死亡人数	—	—	—	—	—	—	1
事发村庄	—	—	—	—	—	—	1
总计							
死亡人数	18	25	2	102	124	29	113
事发村庄	4	1	—	1	14	2	21

（续表）

	5月5日—10月4日（148天）	10月5日—18日（14天）	10月19日—11月2日（15天）	11月3日—14日（12天）	11月15日—27日（13天）	11月28日—12月7日（10天）	12月8日—1月5日（29天）
非基督教民	（22%）	（4%）	（0%）	（1%）	（11%）	（7%）	（19%）
案发村	8	5	2	21	52	11	36
案发县	4	2	1	4	7	4	13
日计							
死亡人数	0.12	1.79	0.13	8.50	9.54	2.90	3.90
非基督教民	0.03	0.07	—	0.08	1.08	0.20	0.37
村庄	0.05	0.36	0.13	1.75	4.15	1.10	1.24

资料来源:光绪二十五年十二月十九日(1900年1月19日)袁世凯奏折,《教务教案档》第6辑第1册,488—498页。补充材料有蒋楷《平原剿匪纪事》、《义和团》《山东义和团案卷》第1册,第8—20、205—206、219、245—247、348—350页。

表 9-2　山东义和拳案发日期及类型①

拳案类型	5月5日—10月4日（148天）	10月5日—18日（14天）	10月19日—11月2日（15天）	11月3日—14日（12天）	11月15日—27日（13天）	11月28日—12月7日（10天）	12月8日—1月5日（29天）	各县总计
破坏财物								
教民	4	—	—	1	2	1	19	27
平民	—	—	—	—	—	—	—	—
日均人数	0.03	—	—	0.08	0.15	0.10	0.66	—
偷盗（各类）								
教民	6	24	—	79	48	21	62	240
平民	4	1	—	—	4	1	9	19
日均人数	0.07	1.78	—	6.58	4.00	2.20	2.45	—
偷盗：粮食								
教民	4	24	—	11	5	16	18	78

（日期）

① 关于本表中所示每次拳案的时间与类型，第一行为教民受害者的人数，第二行为非教民亦即平民受害者的人数，第三行为日均为全部受害者的人数。

当档案中出现某教民案受害者为"某某教民等人"时，我将此案的受害者计为二人。

很多档案材料常在列举出一次主要行动（如盗窃、纵火等）的受害者人数之后，提到"绑架教民"或"抢劫教民"事件，而并未特别指出受害者的人数。在此类事件中，我将受害者人数计为一人。

262

（续表）

	5月5日—10月4日（148天）	10月5日—18日（14天）	10月19日—11月2日（15天）	11月3日—14日（12天）	11月15日—27日（13天）	11月28日—12月7日（10天）	12月8日—1月5日（29天）	
平民	4	1	—	—	—	—	—	5
日均人数	0.03	1.79	—	0.92	0.38	1.60	0.62	
勒索 教民	4	—	2	12	47	5	12	82
平民	—	—	—	—	9	—	4	13
日均人数	0.03	—	0.13	1.00	4.31	0.50	0.55	
绑架 教民	—	—	—	6	4	—	3	13
平民	—	—	—	—	—	1	3	4
日均人数	—	—	—	0.50	0.31	0.10	0.21	
纵火 教民	—	—	—	20	92	—	9	121
平民	—	—	—	1	9	—	1	11
日均人数	—	—	—	1.75	7.77	—	0.34	
伤害								

（续表）

项目	5月5日— 10月4日 (148天)	10月5— 18日 (14天)	10月19日— 11月2日 (15天)	11月3— 14日 (12天)	11月15日— 27日 (13天)	11月28日— 12月7日 (10天)	12月8日— 1月5日 (29天)	合计
教民	—	—	—	—	3	—	—	3
平民	—	—	—	—	—	—	6	6
日均人数	—	—	—	—	0.23	—	0.21	
杀人：								
教民	—	—	—	1	2	1	1	5
平民	—	—	—	1	1	1	—	3
日均人数	—	—	—	0.17	0.23	0.20	0.03	
累计案件：								
教案	18	48	2	130	203	44	124	
普通案	8	2	—	2	23	3	23	
日发案：								
教案	0.12	3.43	0.13	10.8	15.6	4.4	4.28	
普通案	0.05	0.14	—	0.17	1.77	0.3	0.79	

资料来源：光绪二十五年十二月十九日（1900年1月19日）袁世凯奏折，《教务教案档》第6辑第1册，补充材料有蒋楷《平原匪纪实》，《义和团》第1册；《山东义和团案卷》，第8—20，205—206，219，245—247，348—350页。

张庄是茌平的天主教中心，几乎是清一色的教徒。当地县令曾为他们提供5个骑兵做保卫。11月15日早晨，教民们观察到一小股拳民在附近的庙里歇息，他们就和那5个兵勇发动进攻。不一会儿，于清水带着大批拳民赶到，他们驱散兵勇，焚烧了村庄。[1]

张庄被烧是义和团运动的另一个转折点。两天后，在博平，拳民们因分赃问题陷入一片争吵之中。朱红灯在吵闹扭打中受伤，独自南行，而心诚和于清水则向东到长清，不久他们俩也闹崩了。现在是拳民们愈分散，打教事件就愈频繁发生，涉及地区也就更广泛。我们从表7可以看出，在张庄冲突后的13天内，每天平均有4个村庄要受到拳民的影响。而冲突前20天内则日均1.75个村庄。张庄事件也标志着义和团在清平和高唐活动的开始。拳民的分散明显影响了他们的纪律性，进攻一般百姓的暴力活动剧增。在张庄冲突之前，牵涉一般百姓的案子每10天不足一起。但是在冲突后，这种案子平均每天就有一起多。口述材料常常提到义和团在后期退化，这个过程一定是从张庄战斗开始的。[2]

进攻非教民也具有命中注定的不可避免性。正如劳乃宣所观察的那样："今茌平则掠及平民矣。其党既众，无为食，以非掳掠不能结。"[3]表8表明从一开始，义和团就把粮食作为抢劫教民

265

---

[1]《山东义和团调查资料选编》，第160—162页。

[2] 用农民的话来说就是，义和团"坏了"，通常所举的例子是他们开始抢劫、敲诈非教徒的钱财[刘文堂、王绪美、王志远口述，《山东义和团调查资料原稿》（齐河县），第5、20、23页]。明恩溥也提到义和团在12月份进攻平民，导致村民们抵抗甚至惩罚这种行为《明恩溥致康格》（1899年12月30日），美国公理会传教档案，16.3.12，卷20，第202号）。参阅明恩溥：《动乱中的中国》第1卷，第177—178页。

[3]《劳乃宣文》（1901年），《义和团》第4册，第451页。

时的主要目标——但是，现在教民已被抢得一贫如洗，义和团不得不对攻打对象越来越不加区分。当义和团寻求办法以维持生存的时候，对一般百姓的偷窃、敲诈和绑架就愈加普遍，这导致了严重的后果。一位被调查者说：大刀会抢夺教民，官府任之，当他们偷窃富户时，官府便将其缉拿。① 他把原因说得那么简单，很值得怀疑。但是义和团扩大攻击面、抢劫非教民以及张庄事件本身的牵涉范围都最终导致毓贤和当局采取行动，这一点毫无疑问。

张庄事件后，义和团向西退入博平。11 月 17 日，朱红灯在华岩寺宰猪场休息。那天有集，拳民们正在抢劫附近小张庄的教民家。当他们回来时，围绕分赃发生了争吵："多半晌儿，就干起来了。一些神拳就要杀朱红灯，吓得他就钻到轿子里去了。"在斗殴中，朱红灯头部受伤。② 几则口述材料说那次争吵发生在朱红灯手下的"左哨"和"右哨"之间。"右哨"负责保卫朱红灯，但比"左哨"人少。③ 但是，我们从于清水的供词中得知，17 日那天于清水也来到华岩寺地区。可第二天（似乎和心诚一起）就穿过茌平到长清，整整走了约 60 里地。④ 其原因可能是，华岩寺的争吵是朱红灯帮和于清水、心诚帮（都来自北部的茌平—高唐地区）之间的冲突。

这是茌平义和团消亡的开始。当局现在对惩首解从越来越严厉起来，这事做起来毫无困难。济南官军听说了华岩寺的争

---

① 王绪美口述，《山东义和团调查资料原稿》，齐河县，第 20 页。

② 史东代口述，《山东义和团调查资料原稿》，茌平县（1960 年），第 2—3 页，《山东义和团调查资料选编》中部分引用，第 146—147 页；史东代口述，同上，第 21 页。

③ 《山东义和团调查资料选编》，第 118—119 页，第 148 页。

④ 《历城禀报》，光绪二十五年十一月十七日（1899 年 12 月 19 日）到，《山东义和团案卷》，第 8—9 页。

266 吵,将朱红灯追到茌平东南。11月21日,在五里庄,当朱红灯穿着农装、挎着粪筐试图穿过田野逃跑的时候,一个拳友认出了他。① 三天后,心诚在高唐县南家中睡觉时被抓住。于清水手下仍有一支几百人的队伍,他占领着高唐—茌平边界的南镇。但是11月末,于清水犯了错误,他从几个富裕的非教民那儿抢劫了钱、棉、牲畜和大车,这些被抢的人中有两个是下层士绅。琉璃寺附近的拳首转而反对于清水,把他交给了官府。至此,三个主要义和团首领全部被捉拿②,不久他们就被押往济南,于12月被杀。由于他们的被捕,茌平、博平的义和团活动突然告终。

拳变蔓延

从战术上讲,毓贤的政策短期内成效显著。他已有充足理由期望像在1896年追捕大刀会首领一样阻止那次暴乱,这一次捕获朱红灯和其他神拳首领将使最近的反教暴力活动中止。但是神拳和鲁西南的大刀会不同,毓贤的惩首解从政策在处理神拳和大刀会时产生的迥然不同的效果将使这一点表现得极为明白。

---

① 《马金叙禀》,光绪二十五年十月十九日(1899年11月21日)和光绪二十五年十月二十四日(1899年11月26日)到,《山东义和团案卷》,第15—16、18—19页;刘金斗、杨存魁、陈殿家口述,《山东义和团调查资料原稿》,茌平县(1960年),第59、60、74—75页。

② 《历城县令禀》,光绪二十五年十一月十七日(1899年12月19日)到;马金叙禀报,光绪二十五年十月二十四日(1899年11月26日),《山东义和团案卷》,第8—9、18—19页;高唐县令禀报,光绪二十五年十一月?日,《筹笔偶存》,第705—706页。官军被明确告知要"靠计谋"捕获义和团首领,他们非常成功地做到了这一点〔袁世敦,光绪二十五年十月十七日(1899年11月19日),《山东义和团案卷》,第14—15页〕。关于罗会英在于清水抢劫一个富裕非教民以后把于清水交给官府的口述材料,参阅郝大江、于怀勤口述,《山东义和团调查资料选编》,第162、218页。时间上更近的材料在《筹笔偶存》上,见该书第174页〔光绪二十六年二月二十三日(1900年3月23日)〕。

毓贤的政策用之于神拳是战略上的失误,表9-1说明了这一点。

逮捕神拳主要首领后,茌平和博平的义和团运动暂时处于停滞状态。但是不出一个月,新的拳民活动又在齐河、聊城、堂邑、平阴、肥城、夏津、东阿以及黄河以南的长清地区爆发。村民们平均不到一天就受到一次冲击,除了阴历十月拳民运动高涨时期外,这一比率高于以往任何时候。义和团显示了他们最重要的优势:无论其首领何时被捕或伤亡,他们能很快造就一个新首领。这个人会在新的地区把运动复兴起来。

在选择进攻哪些村庄方面,义和团运动也有了重要的升级。²⁶⁷当初,拳民们选择平原地带村庄中孤立的小型教民组织作为攻打对象。11月15日对张庄的进攻是第一次攻打防范严密的天主教村庄。这次胜利可能使拳民们鼓起了转向攻打当地教民势力的根据地——外国人自己的教会总堂的勇气。我已经提到,各传教点的武器装备和防范非常精良和严密,拳民们最初避开像庞庄这样的前哨一点儿也不奇怪。庞庄戒备森严,美国国旗在空中高高飘扬。实际上,庞庄以后一直未被触动。森罗殿战斗结束了义和团在这一地区的活动,而且新教也不是拳民们所要攻打的主要目标。但是在12月,义和团资深首领王立言指挥攻打了禹城的天主教会,另外他还对黄河以南平阴县的一个传教团发动了进攻。尽管这两个地方都顶住了拳民的进攻,但这些事件表明拳民们试图将可恨的洋人赶出该地区。^①

随着运动的发展,最初发轫的中心地带的义和拳渐渐向外扩

---

① 《禹城禀》,光绪二十六年正月十一日(1900年2月10日)到,《山东义和团案卷》,第245页;《汇报》,光绪二十六年正月二十二日(1900年2月21日),《山东省志资料》1960年第2期,第118页;《山东义和团调查资料选编》,第166—170、175—177页。

散。总的来说,在义和团运动被镇压过的地区,义和团没有复兴起来:例如,森罗殿战斗结束了平原和恩县的义和团运动,朱红灯和其他神拳首领的被捕平息了茌平地区的义和团运动。只有在1900 年夏天那个极为特殊的背景下,义和团才在这些地区重新出现。这清楚表明,官府的反对,加上拳民刀枪不入仪式的失败,足以中止一场从根本上说来是忠君行动的运动。在大多数情况下,把农民起义扼杀在摇篮之中,将运动扑灭,最多不过剩下几个漏网之鱼,亡命江湖。但是,义和团运动却不属于这类情况。运动在一个地方被镇压,在其他地方很快就会出现新的首领。由于排外极为普遍,拳民仪式简单易学,而且刀枪不入的允诺又极富吸引力,因此不久在周围县又会有人传播神拳魔术,召集农民打击可恶的洋教。正是义和团运动的这种逻辑,使得它在一个地区受到镇压,即意味着它在其他地区的再起。

很明显,义和团运动并不会因惩首解从而中止。毓贤的政策显然不妥当,这位巡抚的地位越来越不牢固了。随着反教事件在整个鲁西北的蔓延,传教士和外国公使们开始鼓噪毓贤下台,并威胁说如果不尽快执行将会出现可怕的后果。11 月下旬,庞庄的传教士和美国领事们在天津和烟台频频接触,后者(用有点吓唬人的口气)威胁说,如果巡抚不能保护传教士,那么他们将来保护。这会让人想起几个月前德国在鲁东南的行为。① 拳民们攻打了禹城的天主教会以后,济南的美国传教士投书《北华捷报》,全面指责巡抚,并提出自己的看法:"当这样懦弱的人不能胜任巡

---

① 博恒理:《1900 年 4 月 30 日庞庄传教站第十二年度报告》,美国公理会传教档案16.3.12;《美国领事"法勒"致毓贤》,光绪二十五年十月十三日(1899 年 11 月 15日),山东巡抚档案。

抚职务时,我们认为已经到了列强们当仁不让履行其责的时候了。"①

在京城的法国和美国公使拥向总理衙门,就持续不断的拳民袭击事件提出抗议。最后总理衙门让了步。12月1日,总理衙门就美国公使最近的造访电告毓贤:"美国公使不常干预,其言似非无据。"②最后在12月5日,美国公使康格"提出毓贤下台的必要性和合理性"。第二天毓贤就被召回京,袁世凯取而代之。③

但是,袁世凯并不是抱着完全改变毓贤对义和团容忍政策的态度到达济南的。12月26日,也就是袁世凯在济南上任的那天,一名翰林院大学士上奏折,有力地分析了拳民兴起的原因,认为这是李秉衡被革职后形势不断变化和教会侵略活动加剧的结果。他进一步断言,在森罗殿战斗中有一百多名无辜平民被杀,并规劝袁世凯不要用军事方法镇压义和团——以防平原事件进一步扩大,引起对教会的更大反感。朝廷接受了此奏的分析,并传旨给袁世凯。④

第二天,又有人上奏为拳民辩护,又把运动的起源追溯到德国强占胶州湾,并将义和团同传统的自卫民团联系起来:

① 《济南通讯》(1899年12月4日),《北华捷报》卷63,1899年12月27日,第1264页。就毓贤而言,他并未觉得会因这类威胁而被免职,坚信他对拳教事件性质的看法。他向总理衙门奏报禹城事件,说它是全副武装的教民对义和团的一次伏击,而且强调了拳民方面的伤亡[《毓贤致总理衙门》,光绪二十五年十月二十七日(1899年11月29日),山东巡抚档案,第159号]。该档案中毓贤的其他电报[例如,致芝罘英国领事,光绪二十五年十一月十二日(1899年12月14日)]都自欺欺人地重复说义和团已经解散。

② 《总理衙门致毓贤》,光绪二十五年十月二十九日,山东巡抚档案,第237号。

③ 《康格致海约翰》(1899年12月5日、7日),美国国会参议院编:《美国外交文书》,1900年,第77—78、84页。

④ 朱祖谋光绪二十五年十一月二十四日(1899年12月26日)奏,以及同一天谕令,《义和团档案史料》上册,第42—44页。

269

地方官不论曲直，一味庇教而抑民。遂令控诉无门，保全无术，不得不自为团练，藉以捍卫身家……盖刀会、拳会与团练相表里，犯法则为匪，安分则为民。

这位言官引用儒家"以民为本"的训则，建议启用这些"民团"来保卫社稷。他特别警告说，袁世凯部分由于和袁世敦有血缘关系，可能会对义和团采取军事镇压的政策。他强烈谴责了这一点："我国家岁费数千万金钱，豢养战士，不以御外夷，而以残百姓。"①当然，朝廷并不打算承认义和团为民团组织，但是他对袁世凯下了一道诏谕："惟目前办法，总以弹压解散为第一要义……不可一意剿击。"②

袁世凯在出任山东巡抚之前，就对那种不适宜的仓促进攻感到反感和不满。他确信，毓贤的宽大方针导致了义和团的扩展，但是现在他不得不奉行与他的前任十分相似的原则。③上任不久，他即发布文告并公告当地士绅，强调保护受条约保障的教堂，强调教案的代价，对于攻击教徒的人一定要施以惩罚，同时也强调教民必须服从大清律令，不得恃教妄为。上奏给朝廷的奏折实际上十分平和，另一份禁拳条令似乎没有上奏到北京，但是，甚至毓贤最后也被迫采取了那种行动。④

在这种背景下，毓贤在 12 月初被解职，而袁世凯在 12 月底

---

① 黄桂鋆光绪二十五年十一月二十五日（1899 年 12 月 27 日）奏，《义和团档案史料》上册，第 44—45 页。

② 光绪二十五年十一月二十七日（1899 年 12 月 29 日）谕令，《义和团档案史料》上册，第 46 页。

③《袁世凯致徐世昌函》，光绪二十五年十二月初六和十六日（1900 年 1 月 6 日、16 日），见《近代史资料》1978 年第 2 期，第 18—21 页。

④ 袁世凯光绪二十五年十二月十九日（1900 年 1 月 19 日）奏，《教务教案档》第 6 辑第 1 册，第 472、485—488 页。该奏折没有提到禁拳，而《筹笔偶存》第 140 页［光绪二十六年正月二十九日（1900 年 2 月 28 日）］则说大致与此同时发布了此禁令。

到任,并没有给拳变的发展带来多大变化,这一点都不奇怪。事实上,在袁世凯上任不久,就有一个外国人成为义和团的牺牲品:1899 年 12 月 31 日,英国传教士卜克斯(S. M. Brooks)在肥城被一伙包括当地人和黄河以北的拳民在内的人杀死。卜克斯很不聪明,一个人在大刀会活动的地区旅行。在路上和拳民相遇后,他向接近他的人开枪。他一开始受了伤,最后在试图逃跑时被杀死。所有对这一事件的记叙说明,这决不是一次有预谋的进攻——但事实是,这是自巨野教案以来在山东被杀死的第一个外国传教士,这是拳民暴力活动升级的重要标志。① ²⁷⁰

  1900 年的第一个星期后,山东的义和团活动开始收敛。袁世凯对反教团伙的较强硬态度固然重要,但是天气和中国人欢度新年也可能是同样重要的因素。正如袁世凯在 1 月中旬所奏报:"东境连霈大雪,有业之民多已解归。"②最重要的是,袁世凯上任后山东所发生的一切,与森罗殿战斗后平原所发生的以及在茌平朱红灯和其他神拳首领被捕后所发生的一切十分相近。那时,运动在几个县已停滞,却在周围的地区复兴起来。而现在,义和团运动在山东受阻,却又在邻近的直隶地区兴起。

  平原县战斗和 1899 年秋天席卷鲁西北的反教事件标志着义和团运动的最后成熟。他们那种简单的降神附体和刀枪不入仪式登峰造极,他们有了自己的口号"兴清灭洋",他们开始自称为"义和团"。他们的反教行动越来越得到极为广泛的支持,官府对

---

① 袁世凯光绪二十六年二月十五日和三月十六日(1900 年 3 月 15 日、4 月 15 日),《义和团档案史料》上册,第 65—77、75—77 页,《山东义和团调查资料选编》,第 172—175 页。

② 袁世凯光绪二十五年十二月十三日(1900 年 1 月 13 日)奏,《义和团档案史料》上册,第 59 页。

森罗殿战斗的反应表明，即使是在朝廷里，也有很多人支持义和团，反对派兵镇压他们。最后，运动的性质说明，惩首解从的政策永远不会成功——因为义和团能以令人难以置信的速度再造自己的首领，从而极容易召集新的随从。现在，运动已经到了爆发的时刻，平原事件是导火线。一场燎原烈火将随之到来。

第十章 烈火燎原

　　本书的中心是义和团运动的起源。本来，找出了把这场运动导向全国性事件的种种原因后，我实际上已完成了任务。从另一方面来说，现在已是"骑虎难下"了，想体面地下来很困难。我们必须结束拳民们的故事，但这要放弃我们的微观研究方法。许多领域以前都有所涉及而且远不如义和团起源问题那样有争议。本章将主要依靠这个领域的第二手文献资料，不过，我所要叙述的中心仍然是我前已考察的事件、过程的不同延续情况。

　　这些延续情况之所以值得强调，因为在短短的几个月后，义和团运动呈现出的景象已经远远不是一群破衣烂衫的山东农民跟随朱红灯去骚扰当地教民的那种情况了。到 1900 年 6 月，成千上万的义和团涌入北京城，阻挡外国援军，围困外国使馆，挑起了同列强的全面战争，赢得了中国朝廷的正式支持。在义和团运动大规模扩展与壮大时期，它的仪式基本上保持不变；只是到了最后阶段，义和团的忠君思想和反洋教目的才发展为一种盲目的排外主义。他们在华北一个村一个村地扩展他们的习武方式，实质上是模仿运动在鲁西北的发展过程。我们现在的任务是描述义和团燎原烈火的蔓延情况，还有官府一贯墨守成规、不善应变 的情况。

朝廷的政策

1900年1月11日,清廷就反教骚乱问题发布了一项重要的诏令:

> 近来各省盗风日炽,教案迭出,言者多指为会匪,请严拿惩办。因念会亦有别。彼不逞之徒,结党联盟,恃众滋事,固属法所难宥。若安分良民,或习技艺以自卫身家,或联村众以互保闾里,是乃守望相助之义。地方官遇案不加分别,误听谣言,概目为会匪,株连滥杀,以致良莠不分,民心惶惑;是直添薪止沸,为渊驱鱼。

诏令进一步坚持认为官员们应公平处理教案,"以服众心","固根本者在此,联邦交者亦在此"。它包括下述重要的指令:"严饬地方官,办理此等案件,只问其为匪与否,肇衅与否,不论其会不会,教不教也。"①

朝廷的这项诏令是朝廷对于平原事件和卜克斯被杀后大量奏折的反应,它批评了袁世凯在山东的"剿灭"政策。一些言官认为对义和团实行严厉政策只能使人们被迫入教,"然民尽入教,则民皆洋民,不复为朝廷有矣"②。一份奏折这样质问道:"一旦有事,将为我御敌乎? 不待智者而后知之。"③在华北农村不断发展

273

---

① 上谕,光绪二十五年十二月十一日(1900年1月11日),《义和团档案史料》上册,第56页。

② 王培佑光绪二十五年十二月初九(1900年1月9日)奏,《义和团档案史料》上册,第53页(王培佑是山东平度人)。

③ 高熙喆光绪二十五年十二月初五(1900年1月5日)奏,《义和团档案史料》上册,第49页。

的两极分化过程中,许多官员不愿意一方面允许教民在受洋人控制的教堂内聚伙成众,同时又禁止别人集结自卫。实质上,他们赞成毓贤的政策,只要拳民们不煽动暴力事件,就允许他们组织起来——我们应当记得这一政策曾经两度生效,一是对大刀会,二是对红拳。

然而根据中国的政论理论,朝廷的这一举动代表着一个根本性的变化。中国律例一向禁止私人结社,把集会结社看作是营私谋反的潜在因素。1898 年戊戌政变后,朝廷又恢复了禁止聚众结社的律令,以取缔在变法期间十分兴盛的各种学会。1899 年12 月,朝廷又重申此令,并悬赏捉像天地会那样的华南秘密会社成员,像孙中山领导的兴中会那样的革命党组织,以及像大刀会那样的反洋教组织。[①] 而现在,朝廷的这一举动分明是在告诉义和团:它是一个合法的组织——只要他们不利用这些组织去违反其他律例。

显而易见,特殊的社会环境导致了清王朝基本政策的变化。其部分原因是,伴随着列强瓜分中国的狂潮,中国的民族危机越来越严重,民教冲突不止在山东,而且在四川、湖北这样的边远省份也日益激化,这些地方的其他组织也提出了同义和团相同的口号"扶清灭洋"。[②] 在北京,也发生了严重的政治危机,朝廷内部分为两派,即一派支持反动的慈禧太后,一派仍然忠实于比较进步的光绪皇帝。自从 1898 年 9 月戊戌政变以后,慈禧太后明显地占据上风。随着时间的推移,这一派的领导权逐渐转移到一小

---

① 《清实录》,光绪二十四年九月二十五日(1898 年 11 月 8 日),光绪二十五年十一月二十四日(1899 年 12 月 26 日)卷 430,第 12—13 页;卷 455,第 11—12 页。

② 廖一中、李德征、张旋如:《义和团运动史》,北京:人民出版社 1981 年版,第 24—26、88 页。在四川,口号是"顺清灭洋"。在邻省湖北是"保清灭洋"。

撮顽固排外的满族王公手里。1899 年末,支配华北政坛几十年的老政治家李鸿章离京出任两广总督,朝廷又少了一个平衡人物。1900 年 1 月,慈禧太后和她的心腹准备采取行动,欲立这一派最有实权的端王之子为皇嗣——这在清朝政治体制中没有先例,人们普遍认为这是要取代光绪皇帝的位置。当各国公使通过拒绝参加庆贺太子的活动来表明他们对此举的不满时,王公们的排外情绪更加强烈了。①

这就是 1 月 11 日诏令发布的背景。一个仇外的政治派别已在朝廷里占据统治地位。而就在这时,毓贤到了北京,排外派对义和团本能的同情程度自然又得到了进一步的强化。当毓贤同王公们会面时,这位前山东巡抚自然为拳民的忠诚和正义作辩护,他还用一些证据证实了义和团刀枪不入法术的魔力——这对于那些苦于无法对付西方先进武器的人来说是有一定的吸引力的。② 但是,我们不能夸大官府对义和团的容忍程度,因为在著名的 1 月 11 日诏令颁布后不到两个星期,朝廷诏谕山东和直隶的官员要严厉查禁义和拳——直隶总督裕禄将此诏印制成文发布全省有关地区。③

---

① 廖一中、李德征、张旋如:《义和团运动史》,北京:人民出版社 1981 年版,第 14—17 页。李剑农:《中国政治史,1840—1928》,第 171—173 页。

② 罗惇融:《拳变余闻》,见左舜生:《庚子拳乱资料》(台北),第 109—110 页。盛宣怀光绪二十六年九月初二(1900 年 10 月 24 日)奏,光绪二十六年十二月二十五日(1901 年 2 月 3 日)上谕,《义和团档案史料》下册,第 727—728、939 页。毓贤相信义和拳刀枪不入魔术的最直接证据是逮捕朱红灯和心诚和尚以后,他给裕禄的一封电报。他说:"似有妖法邪术,能避枪刀。"见林学瑊:《直东剿匪电存》卷 1,第 33—34 页。

③ 裕禄光绪二十六年五月初十(1900 年 4 月 9 日)奏,《义和团档案史料》上册,第 72—73 页。也应注意朝廷对袁世凯那份描述他处理反教事件政策的长奏折所给予的充分肯定。《袁世凯奏折和御批》,光绪二十五年十二月十三日(1900 年 1 月 13 日),《义和团档案史料》上册,第 56—60 页。

朝廷上发生的争端并非围绕着是否容忍义和团而展开的。争论的焦点是地方官究竟是遵照"抚"的政策遣散义和团,还是依照"剿"的政策武装镇压。朝廷一向反对剿灭政策——认为这样只会招致更广泛的不安定局面。迟至 1900 年 5 月,当义和团运动确实到了威胁政局的程度时,朝廷依然告诫裕禄不要过分采用军事镇压。[1] 朝廷甚至在坚持取缔义和拳的政策时,仍然保护村民们组织起来以自卫的权利,从而继续对这一问题含糊其辞。[2]

由于朝廷中出现了分歧和混乱,所以任何官方禁止义和团的公告都受到了普遍怀疑和抵制。朝廷的分歧是众所周知的,因而义和团及其同情者对来自反义和团官员的任何禁拳文告,都置若罔闻,认为它们并不代表朝廷的真正意愿。再者,晚清官吏在人们心目中声望很低,人们普遍认为任何反义和团的文告都是外国人贿赂官员的结果。[3] 义和团运动正是在这种政治混乱、法律自 *275* 相矛盾的背景下,才不断发展,并越过直隶向北京进军。

蔓延直隶

1900 年 5 月,直隶总督裕禄曾描述过义和团在他所统辖地区内的发展情况:

---

[1] 上谕,光绪二十六年四月二十四日(1900 年 5 月 22 日),《义和团档案史料》上册,第 97 页。关于朝廷上的争论,参阅廖一中等:《义和团运动史》,第 150—156 页;戴玄之:《义和团研究》,第 64—69 页。

[2] 上谕,光绪二十六年三月十八日(1900 年 4 月 17 日)和光绪二十六年三月二十二日(1900 年 4 月 21 日),《义和团档案史料》上册,第 80、82 页。

[3] 《文汇报》编,《义和团起义:中国拳乱史》(1900 年版;纽约:帕罗根出版社 1967 年版),第十二章。也可参阅瑞思义 1899 年 6 月 8 日和 10 月 13 日的书信,见珀塞尔:《义和团起义:背景研究》,第 288—289 页。

　　义和拳会,始自山东,其传习拳棒者,皆系无籍游民,托
之持符念咒,能以降神附体,金刃不入,枪炮不伤,游行各处,
诱惑乡愚,拜师传徒,立厂设坛,聚而演习。其所供奉之神,
大都采择稗官小说之人,穿凿附会,荒诞不经。①

作为一个反对义和团的官员,裕禄的评论不可避免地有诽谤
之辞,但他的描述与事实出入不大——这也证明我们这里讨论的
是同一个神拳。它源自鲁西,也有降神附体仪式和刀枪不入的
信仰。

实际上,义和团反教活动是在 1899 年蔓延至直隶境内的(参
阅图 10-1 1899—1900 年,义和团向直隶蔓延图),和鲁西北义
和团的发展是同一时间。这里同是华北平原的一部分,生态环境
和社会结构基本相同,小贩和农业劳动者很自然地经常越过省界
走动。义和团在直隶的最初发展是我们在上两章中所描述的义
和团在山东的同一发展过程中的一部分。受影响最大的是河间
府,它毗邻鲁西北义和团活动区域。早在 1899 年春天,义和团就
在枣强县的一个大庙会上传授其道,而且明显受到枣强县令的庇
护。这位县令在 1900 年初因准许一名拳师自由出入他的衙门而
遭到解职。②

_____

① 裕禄光绪二十六年四月十九日(1900 年 5 月 17 日)奏,《义和团档案史料》上册,第
　　90 页。
② 参阅伦敦传教会成员的书信,珀塞尔《义和团起义:背景研究》,第 285—288 页;《裕
　　禄致高骈麟电》,光绪二十五年四月十一日(1899 年 5 月 20 日);《高骈麟的回电》,
　　光绪二十五年四月十五(1899 年 5 月 24 日),林学瑊《直东剿匪电存》卷 1,第 15
　　页;裕禄光绪二十六年二月二十六日(1900 年 3 月 26 日)奏,《义和团档案史料》上
　　册,第 69 页。博恒理《1900 年 4 月 30 日庞庄传教站第十二年度报告》,美国公理
　　会传教档案,16.3.12,卷 16;廖一中等《义和团运动史》,第 108—109 页。

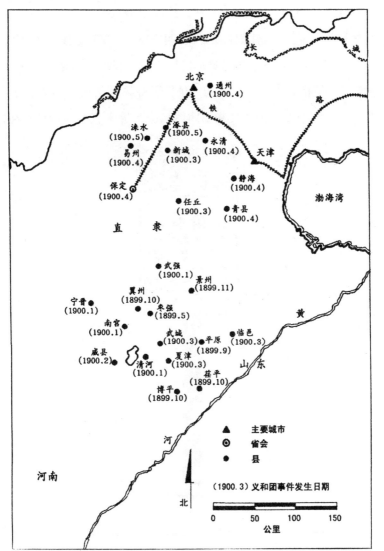

图 10-1 1889—1900 年，义和团向直隶蔓延图

直隶有许多拳坛，其最初的拳师都来自山东。他们有些是自己来的，有些是当地村民越过省界为寻新拳师而邀请过来的。山东拳师明显参与了上述 1899 年春的事件，后来在故城、献县、新 ²⁷⁷

城以及天津的义和团中都有一定数量的山东拳师。① 这些拳师通常是和尚或道士，他们都是云游四方的人，没有家室将其束缚在一固定之处，而且又熟悉对拳民们有极大吸引力的魔力法术那一套。② 但是必须看到，虽有少数拳师将拳术从山东传入直隶，但并没有普遍发生整个义和团团体从山东进入直隶的运动。在

278

插图 10－1　义和团揭帖(承蒙中国历史博物馆馈赠)

---

① 廖一中等：《义和团运动史》，第 106—107、164—166 页；艾声：《拳匪纪略》，《义和团》第 1 册，第 444 页；《山东义和团调查资料选编》，第 191—192 页；禹城禀报，光绪二十六年正月二十四(1900 年 2 月 23 日)，《山东义和团案卷》，第 250 页。
② 廖一中等：《义和团运动史》，第 107 页；林学瑊：《直东剿匪电存》卷 1，第 47、64—65、70 页；艾声：《拳匪纪略》，《义和团》第 1 册，第 463 页；祝芾：《庚子教案函牍》，《义和团》第 4 册，第 378 页。

每一个新地区,拳民们大多是当地的青壮年,他们所进行的战斗主要是针对邻近的教民组织。只有到了运动的最后阶段,义和团活动蔓延至京郊时,直隶的义和团才离开家乡,成百成群地涌向京城。[①]

上已看到,庙会能够为义和团提供传播鬼神附体仪式和反教信息的机会,并且义和团也乐于集结在当地的集镇,那儿密集的人口和便利的交通能够提供现成的观众。他们的拳坛一般设在当地的大庙宇内——既有宽敞的场地便于活动,又有屋顶便于无家可归者栖息其下。[②] 文告和揭帖宣传着义和团的事业——尤其是和当地教民发生冲突需要集结人马包围村庄时。各行各业的人都被吸引到拳坛,但在这一农业占绝对优势的地区,义和团所招募的绝大多数新成员都是农民。裕禄曾报告说,“所传率系十余岁幼童”[③],这是给当时人印象最深的一点。有的人称他们是十余岁“小孩”。[④] 有的记载说,最大的不过 20 岁,最小的不到 10 岁。[⑤]

1899 年春天枣强事件后,景州接着发生骚乱。该地位于山东德州以北边界地区,同吴桥县毗邻,吴桥县令就是那位把义和团同白莲教联系在一起的著名小册子的作者劳乃宣。从 11 月开始,景州出现了与别处相似的义和团活动:自称为“义和团”的拳民组织遍布全县,在“扶清灭洋”的口号下组织起来。同教民发生的小摩擦日趋严重,一些教民被绑架,接着有一些教堂被烧毁,一些教徒被打伤。到 12 月中旬,在景州周围的 5 个县内共发生 14 [279]

---

① 李宗一:《山东“义和团主力向直隶转进”说质疑》,《近代史研究》1979 年第 1 期,303—319 页。

② 具体例子参阅佐原笃介和沤隐:《拳事杂记》,《义和团》上册,第 251;艾声,见《义和团》第 1 册,第 460 页,祝芾:《庚子教案函牍》,《义和团》第 4 册,第 372 页。

③ 裕禄光绪二十六年四月十九日(1900 年 5 月 17 日)奏,《义和团档案史料》上册,第 91 页。

④ 佐原笃介和沤隐,《义和团》上册,第 244 页;参照第 239、240、250、251 页。

⑤ 艾声,载《义和团》上册,第 460 页。

起反教事件。天主教和新教传教士向他们的领事当局报警求援后，省城里派出军队，不久就同义和团发生了战斗，在战斗中有30名拳民被杀，80名被俘，其中包括几名不久就被处死的拳民首领。大约与此同时，在北部的献县发生几次小规模战斗，那里住有一名法国主教，战斗中伤亡的还是义和团一方。①

几个星期后，来自山东的约100名义和团民参与了当地义和团对吴桥县教民的攻击，烧毁一座教堂和几户教民的家。劳乃宣召来省城军队，杀死9个拳民，活捉约12人。劳乃宣利用这一机会向人们说明义和团魔力无效——让一名拳首在被斩前召神附体。② 这些相当残忍的措施实质上结束了义和团在此地的活动——但是它们也招致了京城内支持义和团官员的强烈抗议，其中有一位山东言官谴责劳乃宣污辱了当地群众正在祈求解除持久旱灾的神祇。③ 另有人主张销毁劳乃宣的荒谬小册子，并提出如下看法："凡两省（直隶和山东）官吏来京，多谓为邪教支流，必须剿办；而两省绅士，则谓系良民，自卫身家，并非谋乱。"④

在某种程度上，景州和吴桥发生的事件是几个月前平原事件的重复。义和团活动在一个地方暂时平静下来，但是仍然不可避免地蔓延到华北平原。从直隶总督府的电函中，我们可清楚地看到拳变向西北方向扩展，越来越靠近朝廷所在地。从1899年10

---

① 林学瑊：《直东剿匪电存》卷1，第31—51页；劳乃宣：《拳案杂存》，《义和团》第4册，第473—474、480—481页；《汇报》，第140—145号，光绪二十五年十一月二十一日至十二月初三，《山东省志资料》，1960年第2期，第129—130页。
②《劳乃宣自订年谱》，《义和团史料》上册，第416—417页；林学瑊前引书，卷1，第57—60页。
③ 管廷献光绪二十六年五月十四（1900年6月10日）奏，《义和团档案史料》上册，第122—124页。
④ 胡孚辰光绪二十六年三月二十九日（1900年4月28日）奏，《义和团档案史料》上册，第83—84页。

月到 1900 年 1 月,反教事件主要集中在直接同山东省交界的景
州周围数县。在 2 月份,除了南边的冠县插花地告警外,其他地
方基本平静,因为大多数农民都忙于过新年。3 月,反教事件向
北蔓延到保定东部各县。4 月,在保定附近发生严重冲突。义和
团在保定和北京之间新铁路沿线的活动加剧,而且在天津附近第
一次发生严重事件。到 5 月,义和团在京郊全面动员起来,并且
同清军发生了最严重的冲突。①

　　必须强调,义和团的攻击仍然十分有限。在 5 月份,驻京美
国公使这样报告道:"到目前为止,还没有义和团攻击美国传教团
以及骚扰传教士所在村镇的案子。"②保定的一位传教士在家信
中说:"在我们的日常生活中还没有发生什么不测。"他没有提及
义和团。③ 这些报告部分地反映出这样一个事实,即义和团的斗
争目标仍然主要是针对天主教的,美国新教徒们相对来说比较安
全。④ 尽管对教民进行了诸多骚扰,但除了几起劫掠事件外,到
1900 年春天,义和团似乎只杀死了一个人(吴桥县的一个非教
民),而义和团却被清军杀死至少 50 人。在这一方面,义和团决
非肆行屠戮。在官府那边,尽管朝廷发布了那么多容忍义和团的
诏令,但直隶军队仍在积极地追剿义和团,造成义和团不小的伤
亡。义和团和洋教徒之间剑拔弩张的形势没有得到缓解。到了
春天,暴力活动升级了。

　　尽管义和团的多数骚扰活动具有规模较小的特点,但是他们

---

① 参阅林学瑊:《直东剿匪电存》。
② 《康格致海约翰》(1900 年 5 月 8 日),《美国外交文书》,1900 年,第 121 页。
③ 《C. R. 何志》(1900 年 5 月 10 日),"长老会",缩微胶卷,第 212 盘。
④ 《米勒》(1900 年 1 月 5 日),"长老会",缩微胶卷,第 212 盘;《文汇报》编:《义和团起
　　义:中国拳乱史》,第十二章,第 9 页。

向北蔓延的趋势却具有十分重要的意义。它反映了体现在"扶清灭洋"这一口号中的目标。教民分布在华北平原上,如果义和团南下河南,就会发现更多的目标,但事实却并非如此。传播义和拳法术的拳师似乎一直是向北活动,一直向他们所要支持的朝廷方向(北京)运动,向外国势力的中心北京使馆和天津领事馆运动。多数的义和团暴力活动都夹杂着当地村民反对当地教民的成分,但是每一个人都认识到,正是有外国人的大力支持,教民们才敢行凶作恶。要终止他们的罪恶活动,只有同他们的洋人后台交锋。这就是运动的矛头所向。

1900 年春天:冲突的加剧

当新年过后,拳变再起之时,它们无论是在范围上还是在激烈程度上都有所发展。袁世凯任山东巡抚时将 7 000 人的现代化部队带到了山东,在其威慑下,山东省在整个冬天十分平静。3 月份,袁世凯奏报说:"本月抽队集练,匪徒复乘隙蠢动。"①大股的拳民队伍重新出现在大运河沿岸的夏津和武城,以及义和团故乡东边的临沂附近骚扰教民,在整个鲁西北造成数十起小教案。② 但是义和团主要是继续向北扩展。随着义和团人数的增加和教民们为自卫而加强了武装,冲突的程度自然加剧。

① 袁世凯光绪二十六年二月十八(1900 年 3 月 18 日)奏,《义和团档案史料》上册,第 68—69 页。

② 《义和团档案史料》上册,第 68—69 页;《齐河禀》,光绪二十六年正月十六日和二十六日(1900 年 1 月 15 日、25 日)到,《山东义和团案卷》,第 207—209 页;《临沂禀》,光绪二十六年三月二十一日(1900 年 4 月 20 日),《山东义和团案卷》,第 284—285 页;《筹笔偶存》,第 126—225 页中随处可见,尤其是第 190—191 页[光绪二十六年三月初一(1900 年 3 月 31 日)]。

　　导致暴力活动升级的一个主要因素无疑是蔓延整个华北平原的持久而严重的旱灾。值得一提的是,直鲁交界在四月初下了一场透雨,许多农民都忙于回家播种春作物,这些地方稳定了下来。[①] 但是,直隶的其他地区却不那么幸运,美国公使康格说道:

　　　　该省目前的情况为这样一场运动(比如义和团)提供了方便。人们穷困潦倒,到昨天为止(5月7日)近一年滴雨未落,不能耕耘,庄稼无法播种,土地十分干燥,无法耕作。因此,整个地区充斥着饥饿、不满和绝望的游民,他们……准备加入任何组织。[②]

　　甚至在5月中旬义和团同官军发生了激烈冲突后,英国公使窦讷乐还报告道:"我确信,几天的大雨结束了这场旷日持久的旱灾,它能够恢复平静,这比中国政府或者外国政府所能采取的任何措施都有效。"[③]

　　任何自然灾害对农民的生存都是一个严重的威胁,但从生态学角度看,旱灾自然是最难以忍受的。它既无法预料,又不能靠人力补救。水灾源于决堤,人们可以加固堤坝,采取修补措施。大水过后,或许还能留下肥沃的沉积物,从而有利于新种庄稼的生长。但是,对于受旱农民来说,除了祈雨等待,他们别无选择。等待令人焦虑不安,尤其是青年人。所以许多青年人整天去观看义和团操练,并发生兴趣,进而加入这一新的组织就不足为怪了。

① 张莲芬光绪二十六年三月初七(1900年4月6日)奏,林学瑊:《直东剿匪电存》卷2,第12页。

② 《康格致海约翰》(1900年5月8日),《美国外交文书》,第122页。

③ 《窦讷乐致索尔兹伯里》(1900年5月21日),"英国议会文书",中国(3),1900年;《关于中国暴乱的通讯》,第105页。参阅保定传教士的看法:"噢,上帝将送来雨水,那将使事态在一段时间内平静下来。"(《文汇报》编:《义和团起义》,第9页。)

至于祈雨,当祈祷得不到回报,人们就开始问这是为什么时,义和团有现成的答案:教民们触犯了神灵。这样,人们对教民的怨恨增加了。而与此同时,支持与同情义和团的人几乎遍及整个华北平原的大小村庄。其后,拳场在一个又一个县中出现,其势"如林"。

随着义和团活动的加剧,教民们自然开始了武装自卫。由于外国传教士的支持,教民的武器装备当然远比义和团的精良,义和团只不过带些刀、矛或一些破土枪。拳教两派的矛盾,已经激化到一个极小的事件就能引发一场极大冲突的程度。4 月份在保定附近发生的事情就是这样。大张庄村民张洛弟请附近蒋庄一个在教补锅匠为他修火石,修好后张洛弟拒绝付钱。当这个教民前去索要时,两人发生争吵并对骂起来,很可能在争吵中双方对互相进行侮辱和谴责。第二天,这位教民带着 30 个同伙回来索要加倍的补偿:要求摆 5 桌酒席、修教堂、付 100 吊大钱,并要张氏全家入教。在以后的几天内,教民们先后 5 次来逼迫张洛弟,最后一次他们武装挑起冲突,冲突中张家有 1 人被杀,3 人受伤。张氏立即进行联络,并带领大帮村民和拳民攻打蒋庄。在 4 月 21 日的进攻中,烧毁了教堂和 10 个教民的房子,但是死伤都在拳民一方:装备精良的教民从屋顶向拳民开火,至少有 20 个拳民被打死。[①]

消息迅速传播开来,保定和北京之间的义和团都被激怒了。县令们照例赴省城保定请求更多的军队来维持秩序,但是早在 2 月初,省城军队负责人就抱怨说,他只剩下 200 人维持省城的秩

[①]《直隶两司电》,光绪二十六年三月二十四日(1900 年 4 月 23 日),见林学瑊:《直东剿匪电存》卷 2,第 19—20 页。该电报说拳民张氏一方的死亡人数为 20 个以上。一份英文报告[《贾礼士致窦讷乐》(1900 年 5 月 2 日),"蓝皮书",中国(3),1900 年,第 106 页]则说拳民死亡 70 人,教民死亡 1 人。

序和保护传教团。① 到处发生冲突,没有足够的军队派往各处弹压。

不到一个月,在保定至北京铁路之间的涞水发生了具有转折意义的冲突。这一事件值得记录,因为它激发了其他事变,并包含了我们整个研究中民教冲突的共性。在大约 30 年前的同治年间,高洛村有 6 名秘密会社成员。村长阎老福把他们报告给当局,而这些人立即就变成教民了。随着时间的推移,教民们似乎集中在村子的一头,因而到 19 世纪 90 年代,高洛村分成南北两部分,教民们集中在村南。1899 年因唱戏一事民教发生冲突。像往常那样,戏台扎在村南的中心十字路口,这正好位于一个教民家的前面,大乱由此发生。按照惯例,人们搭起帐篷,从村庙里请出众神来听戏。教民们认为把这些异教神像置于他们门前的台阶上是对他们的冒犯,因而前去辱骂神像并踢翻了神台,而村民们则洗劫了教堂作为报复。

在以后的诉讼中,保定的天主教主教出面干涉官府调查,最后官府对非教民尤其是阎老福作出了苛刻的判决,阎老福被指为罪魁祸首。阎老福显然是个有些势力的人,他的儿子是个生员,当地的地保和庙首都是他的亲戚。阎老福和他家人显然是能接受 250 两银子罚金,但让他宴请教民和他们的神父并当众叩头,则无论如何也无法接受。不过,他显然还是作了些委曲求全的道歉。因为争端的解决有利于教民一方,因此,"教民益横。未半年,入教者增二十余家"。②

然而,阎氏和他的家族显然要进行报复。当 1900 年春天义

①《直隶中协电》,光绪二十六年正月十八日(1900 年 2 月 17 日),林学瑊前引书,卷 2,第 1—2 页。
② 艾声:《拳匪纪略》,《义和团》第 1 册,第 448 页。

和团到达该地区时,他们派人往邻县邀请来两名拳师,在村北的庙里建立了一个拳场。拳场仅设立 10 天(这最好地说明了"学拳"是多么地快),他们就从周围请来义和团准备对教民采取行动。这立即引起教民对县令的不满,5 月 12 日,县令带了 4 个衙役前来调查。他马上被义和团包围起来,被扣留一会儿之后,被迫立即撤退。当日晚,义和团行动起来,他们烧毁了教堂和所有教民的家,杀死约 30 户教民全家并把他们的尸体扔到井里。①当保定派员带领 20 名士兵于两天后到达这里时,义和团的原班人马仍然集结在一起,士兵们不敢进入村北。第二天,当他们终于进村时,一道石墙挡住了他们的去路,村南火光熊熊,没人知道教民们逃往何方。②

以后的几天里,总兵杨福同负责镇压义和团。5 月 15 日,他关闭了设在村庙里的拳场。但是,拳民们又立即集结起来,并在第二天打了他的埋伏。然而,装备精良的官军占了上风,大约 60 名拳民丧了命。两天后,拳民和清军再次交锋,约 20 名拳民被俘。到这时,事件已经惊动了整个地区的义和团,他们成千上万地集结起来,试图解救被俘的伙伴,并对官军进行报复。到 5 月 22 日,他们的目的达到了,在另一次伏击中他们抓获了杨福同,并将他连同两名属下一起杀死。③

总兵杨福同之死影响巨大,义和团勇气大增,他们的力量和

---

① 法国传教士宣称有 68 人被杀[《总理衙门致裕禄》,光绪二十六年四月十七日(1900年 5 月 15 日),林学瑊:《直东剿匪电存》卷 2,第 34—35 页],但是不清楚他们是如何统计出这个数字的。艾声说有 30 多户(《义和团》第 1 册,第 448 页)。当地官府说死亡 20—30 人,但是找不到教民证实哪个人失踪了(祝芾:《庚子教案函牍》,《义和团》第 4 册,第 371 页)。

② 祝芾,载《义和团》第 4 册,第 363—374 页;艾声,载《义和团》第 1 册,第 448 页。

③ 祝芾,载《义和团》第 4 册,第 373—391 页;艾声,载《义和团》第 1 册,第 448—452 页。

影响都迅速扩大。地方士绅对同官军发生公开对抗感到恐惧。但是,当他们力劝义和团解散时,才发现运动已经发展到他们不可能控制的地步:义和团根本不把他们放在眼里。[1] 实际上,在以后的几天里,义和团占领了涿州城,完全控制了城门,并且开始攻打涿州和北京之间铁路沿线的车站、桥梁以及电报设施。在清廷方面,他们不愿意刺激义和团进一步攻打它稀疏分散的军事力量,因此命令军队不得与义和团为敌。[2] 清朝兵力如此软弱的一个原因是,就在这个时候,用西法操练的武卫军奉调入京以防范列强,而不再执行他们的主要任务——镇压自称忠君的义和团。[3]

²⁸⁵

外国的威胁和朝廷的摇摆不定

1900 年春天,诸多因素导致义和团运动在直隶迅猛发展。首先是旱灾,其次是宫廷意见不一,许多人把它理解成清朝对义和团事业的支持。这一分歧在直隶总督衙门最为明显。总督裕禄自然是竭尽全力去镇压义和团,只是他的"全力"无非是发电报派遣军队扑灭席卷全省的燎原烈火。作为北洋大臣,裕禄大部分时间都在天津度过,这也妨碍了他处理直隶方面的事务。省城保定的主要官员们在对义和团的态度问题上发生严重的分歧,而大部分县令在发生骚乱时要从他们那里接受指示。省衙里掌握财

---

① 张莲芬光绪二十六年四月二十八日(1900 年 5 月 26 日)奏,林学瑊:《直东剿匪电存》卷 2,第 48 页。

② 艾声,载《义和团》第 1 册,第 453—455 页。

③《裕禄致聂士成》,光绪二十六年四月十七日(1900 年 5 月 15 日),林学瑊前引书,卷 2,第 30 页。

政的官员（常被称为准总督）赞同坚决镇压，但是决定权握在臬司廷雍手里，他是皇族成员。他显然同情义和团，并且坚决反对用武力消灭义和团。①

直隶相对缺乏维持秩序的军队也有助于义和团在该省的扩展。当1899年冬天景州乱端初发的时候，官府派出200多人兵力前去镇压义和团。我们已看到，在涞水，官员们起初只有二十几个人的兵力。杨福同也只指挥了70多个人。还有，所有这些兵力都是老淮军的一部分——淮军是19世纪中后期平定太平军和捻军中兴起的，被李鸿章带到直隶，只是在最近才接受一些初级现代化训练，配备了先进的武器。该省训练最好的军队是荣禄统领的武卫军，袁世凯带到山东用来维持秩序的就是该军的一支。武卫军的另一部分由聂士成统率，最后被用来对付义和团。但是这支近代化军队迟迟不被动用的部分原因是，连反义和团的官员也不愿意在外国威胁近在眼前的时候将军队调离京师。

从这年年初开始，列强对清廷处理拳变的做法明显表示不满。英、法、德和美国联合发出照会，抗议清廷在1月11日所颁发的保护和平村民集结自卫的上谕。在照会以及与总理衙门的会谈中，他们不断要求半官方的《京报》发表取缔义和团的敕令。他们强烈谴责清廷在毓贤1月份进宫觐见时给予他殊荣，3月中旬，毓贤被任命为山西巡抚时列强们提出了更为强烈的抗议。列强的这些抗议越来越采取威胁的形式，声称如果清廷不能保护传教士和教民，他们就要考虑自己采取行动。到4月中旬，两艘英国军舰、两艘意大利军舰、一艘法国军舰和一艘美国军舰驶抵大

---

① 刘春堂：《畿南济变纪略》，《义和团史料》上册，第308—311、316页。

沽要塞保护天津至北京的通路，这是咄咄逼人地炫耀海军力量。①

可以预料，列强的这种霸道行为只是加强了京城里的排外力量，清廷内部两股对立势力的分歧更大了。4 月份，在列强海上示威以后，《京报》终于发布了禁止义和团的敕令。但接着在两天以后，又重申了 1 月 11 日容忍和平自卫组织的诏令。② 5 月，朝廷慎重考虑了一位御史（又是个山东人）呈上的奏折，这位御史建议将义和拳改成民团，只因袁世凯和裕禄都强烈反对，才摒弃了这种想法。③

当朝廷举棋不定之时，潜伏着的危机化成了凶猛烈焰。在 5 月的最后几周里，涞水冲突不久，马上又发生了义和团占领涿州和首次破坏铁路线的事件。义和团最先攻打北京至保定的铁路线，其动机无疑是期望阻挡前来镇压的官军。但在 5 月 28 日，京津线上的丰台车站被烧，在北京的外国人担心他们同海岸线的最后联系被切断。因此公使们决定召集使馆卫队（像 1898 年那样），并通知了中国人。这是没有条约根据的，但是总理衙门最终还是同意了这一要求，但规定每个传教团的卫队人数不能超过 30 人。5 月 31 日，卫兵乘火车抵达，计有：75 名俄国兵、75 名英国兵、75 名法国兵、50 名美国兵、40 名意大利兵和 25 名日本兵（50 名德国兵和 30 名奥地利兵在以后几天到达）。列强们显然

① 村松祐次：《义和团研究》，第 115—122 页；韦尔利：《英国、中国和反教会骚动，1891—1900》，第 148—157 页。
② 村松祐次：《义和团研究》，第 122 页；光绪二十六年三月十五日上谕（1900 年 4 月 14 日），《义和团档案史料》上册，第 80 页。
③ 郑炳麟光绪二十六年四月初三（1900 年 5 月 1 日）奏，裕禄光绪二十六年四月十九日（1900 年 5 月 17 日）奏，袁世凯光绪二十六年四月二十一日（1900 年 5 月 19 日）奏，《义和团档案史料》上册，第 84—85 页，第 90—95 页；关于郑炳麟奏折的上谕，见《义和团》第 4 册，第 12—13 页。

不愿遵守中国人所作的限制。同时,列强更为严重的威胁是显而易见的,因为在 6 月初,有 24 艘外国战舰已在沿海集结。[1]

外国人的这种过激行为只能把事情搞糟。5 月 29 日,杨福同被杀和铁路沿线被破坏的消息传出以后,清廷下令,如果拳民们拒绝遣散,那么官员们应当"相机剿办"[2],这是在 1900 年下发的有关义和团的诏谕中第一次使用"剿"这个词。但是,翌日当列强宣布了他们召集卫兵的意图后,清廷便马上改弦易辙,声称它的政策不过是早期使用过的"惩首解从"。所有剿灭义和团的说法都放弃了,6 月 3 日,清廷明确告诫说,要禁止剿灭义和团。[3]外国人的行动只是加强了清廷内赞同义和团这一派的力量。把义和团列入国家武装力量的建议再次出现就证明了这一点。[4]

列强干涉运动的消息可能助长了对外国人的攻击,1899 年 12 月,英国传教士卜克斯被杀。在北京至保定铁路线上工作的法国和比利时工程师们在铁路被切断后企图乘船逃往天津,他们不断受到义和团的骚扰,义和团尽管没有枪支并且自己损失惨重,最终还是杀死了 36 个外国人中的 4 个。6 月 1 日,也就是袭击工程师们的第二天,两个英国传教士在永清被杀。[5] 现在运动显然不仅仅局限在对外国宗教的攻击上了,它扩大到更大的范

---

① 《窦讷乐致索尔兹伯里》(1900 年 6 月 10 日),"蓝皮书",中国(3),1900 年,第 1—3 页;《康格致海约翰》(1900 年 5 月 21 日、1900 年 6 月 2 日、1900 年 6 月 8 日),《美国外交文书》,1900 年,第 127—133、143 页。

② 上谕,光绪二十六年五月初二(1900 年 5 月 29 日),《义和团档案史料》上册,第 105—106 页。

③ 上谕,光绪二十六年五月初三(1900 年 5 月 30 日),《义和团档案史料》上册,第 106 页;村松祐次《义和团研究》,第 179—180 页。

④ 赵舒翘光绪二十六年五月初三(1900 年 5 月 30 日)奏,《义和团档案史料》上册,第 109—110 页。

⑤ 《义和团档案史料》上册,第 114、116 页;施达格:《中国与西方:义和团运动的起源和发展》,第 204—207 页。

围：不仅仅是传教士们，只要是外国人便是攻击的目标。

到 6 月初，人们全都看出危机迫在眉睫，因为华北以外的官吏们也首次卷入了争论。长江流域掌有实权的总督们，包括武汉的张之洞、南京的刘坤一，还有邮传部尚书盛宣怀，都要求立即对义和团施行军事镇压，以防列强干涉。[1] 但朝廷一如既往，仍作不出决定。这一次朝廷实质上采用的是剿抚并重。两名内阁大臣刚毅和赵舒翘对义和团持同情态度，他们被派去安抚义和团并劝这些人解散——这种企图当然不会有什么结果。[2] 同时，聂士成的近代化军队被派去护卫铁路，不久就同义和团进行了几次大战。尽管他们的快枪打死了成百个义和拳民，但是聂士成的人马也伤亡惨重，仅在一次战斗中就有 80 人伤亡。最后，周围乡村对义和团的绝对支持——毫无纪律的士兵对无辜村民的虐待不可避免地使支持的程度增大——迫使聂士成撤退并进驻京津线上的杨村镇。[3] 与此同时，朝廷紧急颁发几道快谕，表示任何抵制遣散命令的拳民皆为非法，应当像聂士成那样用武力镇压。[4]

但是，清廷从来没有得到机会来贯彻这些诏谕。6 月 10 日，在英国公使的急切请求下，英国海军上将西摩尔（MacDonald, Adminal Edward Seymour）率领两千名联军从天津出发，前往北京保卫使馆。西摩尔决定在前进时修复铁路，他们进军迟缓，这

---

[1] 张之洞光绪二十六年五月初四（1900 年 5 月 31 日）奏，盛宣怀光绪二十六年五月初九（1900 年 6 月 5 日）奏，刘坤一光绪二十六年五月十二（1900 年 6 月 8 日）奏，《义和团档案史料》上册，第 112、117—118、121 页。

[2] 村松祐次：《义和团研究》，第 155—157 页；刚毅光绪二十六年五月十八日（1900 年 6 月 14 日）奏，《义和团档案史料》上册，第 137—140 页。

[3] 廖一中等：《义和团运动史》，第 134—142 页；艾声，载《义和团》第 1 册，第 453 页；上谕，光绪二十六年十二月初六（1901 年 1 月 25 日），《义和团档案史料》下册，第 945 页。

[4]《义和团档案史料》上册，第 119—141 页。

为义和团对他们进行骚扰提供了充分的机会。京津线上布满了义和团，最后联军被迫仓皇撤退。在死亡 62 人、伤 212 人后，最终于 26 日退回天津。和起先召集使馆卫队之举不同的是，这次外国人过激的侵犯行为事先并未得到中国人的许可，因而引起了清廷的高度警觉。6 月 13 日，裕禄受命抵抗联军前进，事实上，直到 18 日外国人猛攻大沽炮台以后，才有中国军队投入战斗。

289 阻截西摩尔的功劳大部分归于义和团，他们因此声名大振。①

6 月 16 日和 17 日，皇上和皇太后召集各部大臣和王公议事。像往常一样，中心议题都是剿抚问题。但是这次争论转向了一个有意义的问题。总理衙门大臣袁昶解释他的观点，认为义和团只不过是造反者，他们的魔力不可靠，这时慈禧打断他说："法术不足恃，岂人心亦不足恃乎？今日中国积弱已极，所恃者人心耳，若并人心而失之，何以立国？"②袁昶不久即以反对义和团的罪名被处死。争论双方对于义和团几乎得到农村的普遍支持这一事实并无异议，背弃义和团将冒着失去人民支持的危险。在直接面临着外国人军事威胁的时候，民众的支持尤其重要。

但是，这一问题的提法本身也显示了义和团运动所导致的独特难题。这对于那些试图镇压它的人来说就更是棘手。首先，民心向着义和团，这一点是公认的。甚至在山东，袁世凯极力地让人们相信义和团是异端组织、是潜在的叛乱力量，当地一位县令却这样报告道："一人道拳之非，一家必遭其祸。一户拒拳之扰，

---

① 《西摩尔致海军部》（1900 年 6 月 29 日）；《图特曼致海军部》（1900 年 6 月 29 日），"蓝皮书"，中国（3），1900 年，第 84—85 页；光绪二十六年五月十七日和二十日上谕，《义和团档案史料》上册，第 142 页，145 页；杜克：《相互冲击的两种文化：义和团》，加利福尼亚州圣拉斐尔：普林斯顿出版社 1978 年版，第 77—81，87—89 页。
② 恽毓鼎：《崇陵传信录》，《义和团》第 1 册，第 47—48 页。

一村皆受其屠……自士人以至乡愚,且曰洋夷可灭也,拳党无伤也!"[1]在直隶,义和团不仅遍布各地,而且当他们破坏铁路、洗劫教民的时候,村民们常提供饭食和援助。[2]　其次,藉申言民众的支持是维持社稷之本,清廷肯定了一条原则,这条原则跟 1898 年改良派的原则一样激进,其基础当然是儒家古训。

　　民众全心全意支持义和团这一事实,给那些倡导军事镇压政策的人造成了极大的困难。从劳乃宣最初发表的小册子开始,反义和团组织的通常用语都说义和拳是异端组织并具有暴乱意图。到这时,即使是像刚毅这样的义和团的主要支持者也承认:"烧符降神,迹近邪术。"但是,他坚持认为他们既非叛乱,也非不忠。实际上,义和团接待过刚毅,当刚毅去同义和团论理时,拳民们跪在路边鼓掌欢迎他。[3]　义和拳或许是异端组织,但仍然忠君。对于朝廷来说,接受这一点要比接受反义和团派的观点容易得多:反义和团派一方面不顾事实,认为义和团的确不忠君,另一方面又承认这些"不忠君"的义和团依然得到人民的绝对支持。这使朝廷很难接受,但这仍不是问题的结束。因为支持义和团的一派也认为,如果实行武力镇压政策,忠君的义和团自然会进行抵抗(像

290

---

[1]《禹城禀》,1900 年 7 月 11 日到,《山东义和团案卷》,第 267 页。

[2] 廖一中等:《义和团运动史》,第 139—140 页。由于赞成义和团派一般理所当然地被认为是反动落后分子,因此,认识到反义和团派也很保守和落后这一点很重要。这在劳乃宣的著述中表现明显,他说:"为父兄生事,非孝子悌弟之所为也。今之仇教者何以异是。"针对那些说嘉庆禁止义和拳已是往事的人,他答道:"煌煌祖训,万世当遵,何得以今昔异视哉?"(劳乃宣,载《义和》第 4 册,1901 年,第 453、457 页,参阅第 451 页。)

[3] 刚毅光绪二十六年五月十八日(1900 年 6 月 14 日)奏,《义和团档案史料》上册,第 137 页。

涞水事件后他们所表现的那样），朝廷就将面临全面的暴乱。[①]

　　换句话说，争论双方对形势的分析都认为军事镇压的政策将使朝廷面临着一场以整个华北农村的广泛支持为基础的暴乱。唯一的分歧是反对义和团的一派认为这些团民始终就是叛乱者，而支持义和团的一派则认为是镇压行动逼他们上梁山。外国武装力量向北京进发的动机不明确，朝廷不希望通过扑灭义和团而引起这样一场叛乱。到 6 月份，义和团运动发展的程度已经使朝廷别无选择。"抚"实际上成了唯一的出路。

义和团在京津

　　人们的回忆提到，1899 年末在北京有年轻人练拳，但是，这些人是否同当时活跃在山东的神拳拳民相同还不清楚。直到 1900 年春天，有名有姓的义和团组织才开始出现，首先是在街头小巷，然后是大规模地出现在京城的繁华商业区。[②] 同时，义和团在津西大运河沿岸的城镇中也组织起来。到 6 月份，成千上万的义和团民像潮水般从乡村涌入京津。大量义和团民在京城活动，对于朝廷的决策和关心使馆安全的列强都必然产生极大的影响。因此，我们应该先考察一下义和团在京畿地区的背景、仪式和行为。当时相当丰富的材料也有助于我们看清义和团运动在山东起源后究竟是怎样发生变化的。

291

---

① 载濂光绪二十六年五月二十日（1900 年 6 月 16 日）奏，《义和团档案史料》上册，第 146 页。参阅《保定官吏禀》，光绪二十六年五月初四（1900 年 5 月 31 日），林学瑊：《直东剿匪电存》卷 3，第 28—29 页。

② 吴鸿甲光绪二十六年五月十二日（1900 年 6 月 8 日）奏，《义和团档案史料》上册，第 121 页；袁昶：《乱中日记残稿》，《义和团》第 1 册，第 347 页。

6月20日,北京的一个小官吏这样描述最初进入北京的义和团:

> 看其连日由各处所来团民不下数万,多似乡愚务农之人,既无为首之人调遣,又无锋利器械;且是自备资斧,所食不过小米饭玉米面而已。既不图名,又不为利,奋不顾身,置性命于战场,不约而同,万众一心,况只仇东洋人与奉教之人,并不伤害良民;以此而论,似是仗义。①

插图 10－2　天津拳民

---

① 仲芳:《庚子记事》,北京:中华书局 1978 年版,第 15 页。

北京义和团和以前义和团最明显的不同是大多数人都不是从本地招募的,他们来自京城以外,尤其是周围的农村。天津的情况也如此。1958 年的一次调查发现,70％的义和团民是农民。[1] 他们五个一帮、十个一群地来到北京和天津,最多时有四五十人,打着"扶清灭洋""替天行道义和团"的旗帜,旗上有时也写着他们自己的村名。从 5 月开始,直隶的主要道路上满是这样的团伙,都在向北京进发。[2] 每路过一个城镇,他们就下榻于庙宇或空客栈,有时也在支持他们的富人家里落脚。很多下层市民参加了他们的行列。这些人包括小贩、车夫、轿夫、衙役和皮匠、磨刀匠、铁匠、理发匠和泥瓦匠等各行业的手艺人。还有一定数量的人来自城市底层,包括乞丐、游勇、盐贩、罪犯和无家可归的流浪汉。但是这些人中的多数是在后一阶段即清廷对义和团明确表示支持以后才加入义和团的,这成为他们吃饭不花钱的一条途径。许多兵勇加入了义和团,尤其是董福祥的甘军,他们以排外激情而闻名。在天津周围和北京南边,运河上的大批船工和纤夫因新式铁路而失业,他们纷纷加入义和团,在天津地区起了重要的领导作用。总而言之,义和团运动的普遍性特性(主要是农民)使得该运动在北京地区达到高潮。[3]

构成义和团礼仪显著特点的降神附体也基本保持不变。根据北京的一份详细描述,他们在城里选定一个表演仪式的场所,称之为"坛",由一个叫作"大师兄"的师傅负责。大师兄召集年轻

---

① 南开大学历史系:《义和团是以农民为主体的反帝爱国组织》,见《义和团运动六十周年纪念论文集》,第 261 页。

② 佐原笃介和沤隐,载《义和团》第 1 册,第 250 页。

③ 南开大学历史系:《义和团是以农民为主体的反帝爱国组织》,第 261—263 页;廖一中等:《义和团运动史》,第 50—53 页;戴玄之:《义和团研究》,第 73—74 页;仲芳:《庚子记事》,第 11—12 页,16 页;艾声,载《义和团》第 1 册,第 459 页。

人,这些人表明诚意,发誓吃素,尤其是不近女色。此外,他们"不准抢掠爱财"。徒弟们然后接近坛口,烧香起誓,师傅给他们纸符。接着,他们扎上带来的头巾,师傅在他们的头上背诵咒语,这称为"上法"。

> 其人先倒地如卧状,少时便起,向东南叩头,次目瞪口吹,气力提于上身,执兵刀乱舞,气力最大,一日练三次,法尽力完,则日卸法,便委顿不堪,怯弱甚于常时。其功行甚深者,亦不遇能上法竟日。然彼党夸诞之词,实不曾有其人,大率能数时而已。[1]

很显然,这里我们看到的是一种相当典型的降神附体形式。义和团这样反常、疯狂的鬼神附体特点常被目击者提及。据另一个目击者声称:他们"忽然如发马脚之状,面红眼直视,口喷白沫,叫呼嘻嘻,飞拳踢足"[2]。这种仪式以普通中国人的神灵附体概念为基础,因为不光是戏台上众所周知的神祇和英雄可以附体,而且没人理睬、正寻求托生的冤死鬼也可以附体。[3]

降神附体显示了义和团仪式的一个主要问题:即它具有基本上不能预知和不能控制的特点。但是,一个好师傅可以通过催眠暗示来指导阴魂附体,这一点也十分明显。有一则材料说,年轻人在鬼神附体时倒在地上,然后突然跃起,勇猛战斗"似醉似梦",附体的神与被附的人浑然难分。被附者常常口中念诵这个神的名字。接着,师傅拍拍一个年轻人的背或头,叫出他的真名。"则

---

[1] 袁昶:《乱中日记残稿》,《义和团》第1册,第346页。
[2] 佐原笃介、沤隐,载《义和团》第1册,第251页,参阅第239、243页;仲芳前引书,第12页。
[3] 佐原笃介、沤隐,载《义和团》第1册,第239、240页。

294 豁然醒,立若木鸡,拳法亦尽忘,与战斗时判若两人"①。要使这样的催眠暗示发生作用,这些一般没有受过教育的年轻村民具有朴素信仰至为重要。根据一个目击者说,只有"愚钝及无知幼孩始能学,稍有知识,则神不附体矣"②。这种拳术形式不适合于持怀疑态度的知识分子。

　　附在义和团员身上的神也即是山东民间文化中的人物。他们主要来自白话小说《三国演义》《封神演义》《水浒传》和《西游记》。《封神演义》是一个特别重要的来源,因为它把公元前 11 世纪建立周朝的英雄人物同保护三教(佛、道、儒)反对异端的传说结合起来。小说《西游记》中保护唐代和尚玄奘去西天取经的孙悟空、猪八戒和沙僧,也都家喻户晓,受人喜爱。这同他们保护佛教的角色有关系。很自然,附体的神灵一般是武艺高强的英雄,其中最有名的是关公(战神)、张飞、张桓侯和姜太公。任何中国人都会从社戏或集市说书者那儿听到他们的故事。其中许多神,比如关公,很早就成为中国民间宗教中的神。③

　　降神附体很显然是这种拳和与之联在一起的刀枪不入法术的关键。它不需要很长时间就可以学会。我们已看到,涞水义和团在一周内就掌握了大概,并开始报复邻近教民。拳师们强调他们的魔术简单易学,不过,所需的时间则因地而异。一位山东拳师许诺说,拳术在一天内就能学会,而另一位则说需 7—8 天,比

---

① 佐原笃介、沤隐,载《义和团》第 1 册,第 239 页。参阅第 240 页。传教士们都提到降神附体的迹象(《文汇报》编,《义和团起义》,第 1、5—6 页);戴玄之用这些话来解释所有义和拳的降神附体(见《义和团研究》,第 25—31 页)。

② 艾声,载《义和团》第 1 册,第 460 页。

③ 佐原笃介、沤隐,载《义和团》第 1 册,第 240、243、251 页;仲芳:《庚子记事》,第 18 页;《天津一月记》,《义和团》第 2 册,第 142 页;艾声,载《义和团》第 1 册,第 444、456、460 页。请参阅陈志让:《义和团运动的性质和特点——一个形态学的研究》,《东方和非洲研究院简报》第 23 卷第 2 期,1960 年。

较严厉一点的师傅则声称需要 103 天,但仍然说这要"比金钟罩容易得多"①。

随着与官府和外国军队的冲突越来越普遍,义和团伤亡大增。如何解释刀枪不入之术为何不灵,这对于保持士气极为重要。一些拳师似乎有点儿医术才能,能治伤,声称负伤者只不过是疲劳而已。但是如果伤势严重,则一律归过于违犯了义和团的纪律。这些人常被说成偷了东西。② 这样的解释是义和团首领 295 们维持纪律的一种努力,这些努力在义和团的律条中可以得到证明:"毋贪财、毋好色、毋违父母命、毋犯朝廷法,灭洋人、杀赃官,行于市必俯首,不可左右顾,遇同道则合十。"③据各种材料看,这些维护纪律的努力在运动的初期非常有效:几乎没有出现对非教民的抢劫和伤害,当北京出现秩序混乱时,罪魁祸首几乎总是官军,而不是义和团。④

所有这些方面——成员都是贫穷的年轻人、降神附体、容易学习的符咒以及刀枪不入仪式——都显示了义和团同他们在山东的早期活动基本保持一致。但在另外一些方面,运动出现了前一阶段所没有的新的习惯和活动。以一件事为例,在山东,义和团最初出发时只不过是身着普通的农民服装,而当他们逼近北京时,则出现了一种引人注目的义和团"制服"——或者说好几种制服:

> 其人或红巾扎头,内藏符咒,则红兜肚,红腿带,红巾裹

---

① 艾声:《拳匪纪略》,《义和团》第 1 册,第 460 页;佐原笃介和沤隐,第 238 页(1 天),第 251 页(7—8 天)。

② 袁昶:《乱中日记残稿》,《义和团》第 1 册,第 346 页。

③ 《天津一月记》,《义和团》第 2 册,第 142 页。

④ 仲芳:《庚子记事》,第 17、18、23—24 页。

两手,腕内俱有白纸符咒。或黄巾者亦然。间有红披挂而黑巾者,名曰黑团,则红黄均恭维之。逢人则曰此最利害。[①]

红黄服装最普遍,穿着者一般为跟坎卦和乾卦有关系的组织。这种同卦发生联系的情况也是一个新的发展,一些学者把它解释成八卦教影响的一个标志。虽然有这种可能,但是这些关于八卦的内容,也可能来自非秘密宗教。而且重要的是,当时的材料只提到坎卦和乾卦,而19世纪初期的八卦教中最重要,与早年同白莲教结盟的拳民联系最密切的是震卦、坎卦和离卦(离卦在1900年消失)。[②] 不管这些八卦组织的起源如何,他们扎彩色头巾等这些标志的确表明,随着义和团运动达到高潮,其组织的基本水平大大提高了。

然而,总的看来,义和团运动的活力一向在于它的下层组织各自为战,从未形成一个统一的、有领导核心的运动。一般而言,各个单一拳民单位(一个村庄的拳民组织或者城市中的一个坛口)都是独立行动。新坛口常由一个在某地区特别有名望的拳师建立起来,这样便产生了网络系统,因而各个坛口在战斗即将来临之际能迅速动员起来。但是团民们通常是在自己坛口所在的庙宇祠堂内集结、练拳、敬拜和睡觉,不受任何上层联合组织的纪律约束。[③] 缺乏协调领导,是义和团运动中一个最显著的特点。它自然是源自义和团礼仪中人人平等的基本特点,它赋予每一个成员神圣的品性。领导核心就这样被有效地取消了。不过,义和

---

① 袁昶:《乱中日记残稿》,《义和团》第1册,第345页。
② 仲芳:《庚子记事》,第20、24、28页。关于早期八卦教,参阅韩书瑞:《千年王国起义》,第90页。廖一中等《义和团运动史》中第40—41页提到有关其他卦特别是天津地区的震卦和离卦的口述历史材料,对与白莲教的关系进行辨正。
③ 廖一中等:《义和团运动史》,第41—46页。

团的忠君性质也使这样的领导根本没有必要。他们是来扶清灭洋的，不是在当朝之外另立政权。

义和团初入京津时，他们的打击目标仍然是教民。被攻打、被焚烧的首先是教民的家和教堂。然而，渐渐地，很可能是在北京官方的排外力量激励下，攻击的目标已经扩展到所有外国的东西：电灯、钟表、药物、火柴等任何洋东西。人们如果在家中存放外国物品就有丧命的危险，出售洋物的店铺成为纵火者的目标。①

在运动的顶点，义和拳魔术的内容比它初期那种基本的刀枪不入符咒有很大发展。这些魔术多半可能从在直隶的义和团发展中起过主导作用的宗教巫师们那儿学来，也可能从那些在集市庙会上表演魔术的人那儿学来。他们声称，烧一个帖子并呼唤名字就能从数百英里以外的地方召来同伙。吃饭是集结在北京的众多拳民的一个大问题，为此他们设立了粥厂，无论多少人来吃都供应得上。② 但是，最重要的魔术涉及火，它是义和团的主要进攻武器。有时，团民们用剑或矛在地上画出符咒并喊"点火"，于是就能起火。③ 但是最常见的魔术是把火只限制在教民的住宅和教堂上，义和团的咒语保护无辜邻里的房屋。他们不让人救火，因为这火只是焚烧崇洋者和洋物。不幸的是，6 月 16 日，这种魔术在北京南部的繁华商业区和娱乐区失灵，一场持续了整整一天的大火吞噬了 1 800 家店铺和数千间房屋。④

---

① 仲芳：《庚子记事》，第 12—13 页；《文汇报》编：《义和团起义》，第 89—91 页；戴玄之：《义和团研究》，第 91—92 页。

② 仲芳前引书，第 12 页；管鹤：《拳匪闻见录》，《义和团》第 1 册，第 470 页。

③ 袁昶：《乱中日记残稿》，《义和团》第 1 册，第 345 页。

④ 仲芳：《庚子记事》，第 12—14 页。

看他们通常怎么解释法术失灵,对于深刻理解义和团的信仰体系是有意义的。他们常常怪妇女败坏了他们的法术,因为妇女生来就"不洁"①。以后在围攻北京的天主教北堂时,同样的论调又出现了。成千上万的天主教徒,包括许多妇女,逃到北堂避难。义和团用爆破、火攻和其他能够采用的方法攻打了几个星期,仍不能拿下这座教堂,他们把自己的失败解释成里面的女人玷污了他们的魔力:"团民云楼中有秽物镇压,不能前进。"他们怪里面的女人暴露身体,并从墙头上挥动"秽物"而导致神灵脱离团民的身体。这种歧视女性的解释极为重要。当然,这些出自义和团队伍中的小青年之口并不令人感到意外。但是最有特殊意义的是义和团"以毒攻毒"的对策,他们有一个自己的女性组织——红灯照。围攻北堂的团民们说:"须待红灯照来时方可",因红灯照尽是妇女,"故不畏脏秽之物耳"②。

关于红灯照的可靠材料极难找到。在许多地方人们都听说过她们,比如在北京。这是一个常被人谈论或等待的组织,但很少有人见到。人们相信她们有极大的魔力:她们能在水上行走、空中飞行、喷火烧教民房子、在海上攻打敌舰和制止枪炮。这些都远远超过了义和团自己所夸耀的那些本事。这反映了女人尽管不洁,或也许正因为不洁,却有非凡的能量。有关红灯照组织的可靠材料几乎都源自天津。她们最著名的领袖是黄莲圣母。她是一位船工的女儿,是一个年轻的妓女,其父因触犯外国人而入狱。加入红灯照的年轻妇女到底干了些什么我们还不清楚。

---

① 《天津一月记》,《义和团》第 2 册,第 142 页。
② 仲芳前引书,第 17 页。参阅第 28 页。这些有关妇女能量和污浊的说法对于读过玛丽·道格拉斯的《纯洁和危险——污浊和禁忌观念的一个分析》一书的人来说将会很熟悉(伦敦:罗特莱基和科根·保罗出版社 1966 年版)。

人们回忆说,她们做了些护理伤员、缝洗衣服的辅助工作。然而,红灯照的存在说明,义和团高潮所带来的混乱,使一些年轻妇女有了逃脱儒教纲常伦理制束缚的机会,从而到外面和同伴一起参加神秘且无疑是激动人心的活动。①

插图 10 - 3　炮打西什库

(图中反映了红灯照和义和团攻打北京西什库天主教教堂的情景。选自 V. M. 阿力科耶夫:《中国民间绘画:民间插图艺术中反映的旧中国的精神生活》,莫斯科,1966 年)

由于每个义和团组织实质上都有自主权,因此不同组织之间的联络就非常重要。在这里,京津义和团的最重要发明就是

① 宋家珩和潘珏:《义和团运动中的妇女群众》,《山东大学学报》,1960 年第 2 期,第 54—60 页;廖一中等:《义和团运动史》,第 46—47 页;陈志让:《义和团运动的性质和特点》,第 298、303 页;佐原笃介和沤隐,载《义和团》第 1 册,第 272 页;管鹤:《义和团》第 1 册,第 469—470 页,487 页;袁昶:《乱中日记残稿》,《义和团》第 1 册,第 346 页;明恩溥:《动乱中的中国》第 2 卷,第 662—663 页。后来,红灯照的确明显地传到山东,参阅《张勋关于海丰县禀》,光绪二十六年八月十五日(1900 年 9 月 8 日),《山东义和团案卷》,第 71 页;《山东义和团调查资料选编》,茌平县,第 131—134 页。

广泛利用揭帖来传递信息。这些揭帖都张贴在坛口外或有名街口,对义和团的宣传活动起重要的辅助作用。这些揭帖时常

299 采用打油诗形式,从下面这个例子中我们可以看到它们的一些风格:

> 神助拳,义和团,只因鬼子闹中原。劝奉教,自信天,不信神,忘祖仙。男无伦,女行奸,鬼孩俱是子母产;如不信,仔细观,鬼子眼珠俱发蓝。天无雨,地焦旱,全是教堂止住天。神发怒,仙发怨,一同下山把道传。非是邪,非白莲,念咒语,法真言,升黄表,敬香烟,请下各洞诸神仙。仙出洞,神下山,附着人体把拳传。兵法艺,都学全,要平鬼子不费难。拆铁
>
> *300* 路,拔线杆,紧急毁坏火轮船。大法国,心胆寒,英美德俄尽消然。洋鬼子,尽除完,大清一统靖江山。①

这份普通的传单说明了一些重要问题。它首先强调基督教为邪教,谴责是基督教导致了持续干旱。传单把义和团的降神附体仪式描述成一种神灵下凡向洋人复仇的方式,攻击的目标不断扩大,从只是攻击教民继而发展到破坏铁路、电报和轮船等一切与外国有关的东西。传单最后否定义和团同白莲教异端有联系,表示效忠大清。

无疑,这张传单反映了京津地区大多数义和团的信仰和希望,但并非所有传单都是这样。北京地区还有大量的墙壁揭帖,其语句肯定多数源自秘密宗教,另有一些揭帖含有反清内容。据说,许多揭帖是扶乩的结果,扶乩在 19 世纪是秘密宗教经文的一

---

① 《义和团史料》上册,第 18 页。在佐原笃介和沤隐的描述里也能看到与这个揭帖非常相似的句子,《义和团》第 1 册,第 112 页,五月在天津得到这份揭帖;在《山东义和团调查资料选编》第 315—316 页中,说它为冠县义和团所写。

个普通来源。另一些据说抄自从地下挖出的石碑。其内容几乎总是模模糊糊:"二、四加一五"是一些传单中出现的一句话,它一般被理解成阴历八月十五——杀鞑子的传统日子。另一份揭帖说"日月照我",可能是呼唤明朝的复归——"日"和"月"合在一起 301 是"明"字。有些揭帖说到"劫",意思可能是白莲教的末世信仰。还有些预言"真主"将出现,这或许有一种秘密宗教的意义,也可能有一种世俗的反清意义,但是无论是哪一种都有颠覆清廷的意思。①

义和团基本的忠君主义行为以及在他们所宣称的"扶清灭洋"愿望下所一直采取的行动使我相信,那些有秘密宗教或颠覆清朝内容的揭帖大多数都不是义和团所贴。颠覆清朝的揭帖中没有一张有义和团张贴的迹象,甚至极少有提及义和团的。但是这些揭帖仍然极有意义。1900年1月,朝廷给予义和团以和平集结的权力,诏令的语调包含了对所有组织的同样容忍态度。特别是当义和团开始在京津积极活动的时候,社会治安的全面崩溃使其他许多反清组织也得以散布他们的主张,而匿名揭帖被证明是一种极方便的工具。当朝廷在1900年6月权衡各种对策时,是不可能没注意到这些情况的。

义和团从根本上说是忠君的,这点毋庸置疑。但他们的主要使命是铲除基督教和近来的外国在华势力。对于干涉其反教的清军,他们早已显示出抵制的意图。现在他们把这场运动带到京

---

① 收集这些揭帖最全的是《义和团史料》上册,第4—20页。也可参阅仲芳:《庚子记事》,第10页;程啸的《民间宗教与义和团揭帖》(见《历史研究》第2期,1983年,第147—163页)分析精辟,他令人信服地论证了揭帖是受白莲教的启示,但关于这些揭帖与义和团的联系的分析缺乏说服力;在戴玄之《义和团研究》的第78—79页中,戴也承认这些揭帖中有许多有明显的白莲教和反清内容。

城,毫不在意官府对他们行为的限制。在天津,他们甚至更加傲慢,强迫官员们在义和团队伍经过时要毕恭毕敬从坐轿里出来并且摘帽。① 中日甲午战争后,外国威胁交迫,清王朝处于极度混乱之中,朝不保夕。朝廷中确实有一些人意识到,如果不能妥善处理好这次拳民危机,他们就可能促使义和团同那些具有明显反清倾向的分子结成联盟,民众反清暴乱自然就不可避免了。当时的中国史料上不情愿公开提及这种威胁,但即使是强烈要求采取强硬行动镇压义和团的外国人也承认,一旦实施这样的措施,义和团运动"将无疑把它的精力转到反清暴乱上"②。

"宣战诏书"

我们前面讲到 6 月 16 日和 17 日的御前会议,17 号确实是关键的一天。那一天,朝廷中的对立双方都明确转向宣战,尽管清朝的动机具有更大程度的暂时性。17 日,慈禧太后在朝廷上给大臣们念了一份从列强那里收到的据说包括四部分的最后通牒,内容包括:为皇帝准备指定的居处;全部财政收入由列强管理;所有军事机构委托外国控制。第四条她没读,但据后来披露,是要求将大清帝国的权力归还皇帝。这份最后通牒是端王(6 月 10 日被命为首席总理衙门大臣)伪造的,但它却达到了预期效果。慈禧太后煞有介事地宣称:"今日衅开自彼,国亡在目前,若竟拱手让之,我死无面目见列圣。等亡也,一战而亡不犹愈予?"这样争端就到此为止了。几位大臣,还有在天津曾和外国军队直接冲

---

① 《天津一月记》,《义和团》第 2 册,第 142 页。
② 《文汇报》编:《义和团起义》,第 12—13 章。

突过的裕禄,他们反对这样的论调:中国在过去的冲突中甚至无法打败一个西方国家,而现在根本不可能顶住西方列强的联合远征队。但是,争论已经成为一个有关慈禧太后名誉的问题,实际方面的考虑已经降居其次。①

但是,真正结束这场争论的是同一天清晨外国人对大沽炮台的进攻。北京局势急剧恶化。6 月 11 日,日本驻华使馆书记官杉山彬在车站附近被董福祥的部队击毙。在京外国人都已经行动起来。6 月 15 日和 16 日,海军陆战队从使馆出发去救护中国教民。16 日那天,在一次出击过程中他们射杀了约 40 名义和团民。② 京津之间的电报联系在西摩尔向京城进发失败后已经被切断,谣言四起。同时,天津的英国领事馆报告说,"中国的城市实际上已控制在拳匪和乱民手中",他们对外国租界的安全极为忧虑。③ 尽管大沽非常安全,以至于外国太太们在 16 日下午还愉快地欣赏了网球比赛。但是,列强们觉得必须发布一个要求炮台第二天投降的最后通牒,而实际上在期限到期前一个小时列强就进攻了炮台。④

外国最后通牒的消息在 6 月 19 日传到北京,这使清廷确信战争已不可避免。朝廷派使臣命令外国使馆在 24 小时之内撤退。但是,在北京的外交官们担心前往沿海道路的安全。第二天,德国公使克林德(Baron Clemens von Ketteler)在去总理衙门交涉的路上被一名中国士兵枪杀,更加重了这种担心。其他公使

303

---

① 恽毓鼎:《崇陵传信录》,《义和团》第 1 册,第 48—49 页;裕禄光绪二十六年五月十九日(1900 年 6 月 15 日)奏,《义和团档案史料》上册,第 142—143 页。
②《窦讷乐致索尔兹伯里》(1900 年 9 月 20 日),"蓝皮书",中国(3),1900 年,第21 页。
③《贾礼士致索尔兹伯里》(1900 年 6 月 15 日),"蓝皮书",中国(3),1900 年,第56 页。
④《文汇报》编:《义和团起义》,第 17—23 页;"蓝皮书",中国(3),1900 年,第 63—65 页,第 74 页。

相信在使馆里会安全一些，这样对使馆的围攻就开始了。21 日，朝廷收到裕禄呈递的一个极其错误的奏折。这份奏折提及大沽战斗，但没有说结果，该奏折强调义和团和清军联合抵制外国人的重要性。朝廷把它当成中国胜利的奏报加以宣读，并且于 21 日正式"宣战"。同一天，朝廷发布命令，将义和团列入义民，由刚毅和另外两名满族贵族办理义和团事宜。①

清廷的"宣战诏书"是一个莫名其妙的文件。它不是发给列强的正式往来文件，而只是朝廷发出的一系列谕旨中的一个。其中说"彼（指洋人）仗诈谋，我恃天理；彼凭悍力，我恃人心。无论我国忠信甲胄，礼仪干橹，人人敢死，即土地广有二十余省，人民多至四百余兆，何难翦彼凶焰，张我国威"。诏书还警告官员们不得有怯退和叛国行为，但是却没有明确无误地宣布进入战争状态。②

这个"宣战诏书"的影响实质上取决于各地总督巡抚的态度，这或许是 19 世纪中国地方自治程度的最好例证。以长江流域总督张之洞和刘坤一为首的南方官员，决定按照 6 月 20 日的谕旨行事，这份谕旨指示各省官员"应各就本省情形，通盘筹划，于选将、练兵、筹饷三大端，如何保守疆土，不使外人逞志"③。盛宣怀身为邮传部尚书，在上海充当了关键的中间人。他们同外国领事们达成协议，保持长江流域不卷入冲突：中国官员将镇压排外骚乱，而列强将不向该地区派遣任何军队。不久，广州的李鸿章加

①《义和团档案史料》上册，第 147—148、152、157—159、161—164 页；戴玄之：《义和团研究》，第 104—105 页。

② 上谕，光绪二十六年五月二十五日（1900 年 6 月 21 日），《义和团档案史料》上册，第 162—163 页。

③ 上谕，光绪二十六年五月二十四日（1900 年 6 月 20 日），《义和团档案史料》上册，第 156 页。

入这一行动,华南的其他官员也都这样做了。①

在义和团的发源地山东,袁世凯对南方总督们的做法实在是心向往之,但山东义和团仍很强大,而且离朝廷太近,这迫使他采取一种不左不右的态度。一方面,他按自己的判断行动,抵制了朝廷让他派兵抵御外国入侵的调令,同时也拒绝南方官员们建议他北上清君侧、扫除保守的顽固派的主张。在山东境内,他把所有外国传教士都护送到烟台和青岛的安全地带,派军队保护主要的传教站。但是他阻挡不了重新发展起来的义和团活动。在这个新高潮中,有300多名教徒被杀。在朝廷的压力下,他发布命令,鼓励教民们叛教。对于义和团,他的基本政策十分简单:他们应受命向京津地区进发抵抗外国人。任何留在山东境内的团民都是不忠的"逆匪",要遭到血腥镇压——在鲁西北的一次军事行动中袁世凯的军队一下就杀了几千名团民。②

最大规模的排外、反教暴力活动发生在北京附近的省份。这些地区都在满族官员的控制之下,他们主张发布谕旨动员义和团排外打教。在这种情况下,在这些地区的确发生了大规模反教反洋暴力活动。在朝廷"宣战"以前,只有9名外国人丧生——在5月31日召集使馆卫队以前只有1人(山东的卜克斯)。但是现

---

① 谭春霖:《拳乱》,第76—92页。

② 廖一中等的《义和团运动史》第250—264页和陆景琪的《义和团在山东》(济南:齐鲁书社1980年版)第67—85页总结了1900年山东的形势。谭春霖《拳乱》第83、88—89页探讨了袁世凯和南方官吏;《义和团档案史料》上册,第141、154、155页上有朝廷让袁世凯派军队的命令和袁世凯的含糊其辞。奚尔恩《在山东前线》第122—127页描述了传教士的撤离情况;《山东近代史资料》第3分册,第197页统计了天主教教民的死亡人数。关于袁世凯对义和团的政策,这方面原始资料很多:《山东义和团案卷》两卷和《筹笔偶存》。关键性的材料请参阅《山东义和团案卷》,第32、49—51、58—61、75—77、106、150—151、180—181、264、266—268、287页;《筹笔偶存》,第130、140—141、157—159、269—271、275—281、340—341、377页。

在,在朝廷官员的鼓动下,一场大规模的流血事件开始了。

山西位于北京西边,毓贤在 3 月份被任命为该省巡抚。到宣战时为止,山西省只有很少的义和团组织。但是,在巡抚的鼓动下,6 月份有数千人集结起来。7 月初,毓贤把传教士召到省城,声称要保护他们。但是在 7 月 9 日,他亲自监督处决了 44 名外国人,包括妇女和儿童。在山西,官方直接处死和在官方策动下被杀的人数总和为:外国人 130 名、中国教民 2 000 名。山西外国人丧生数目在各省份中最高。①

义和团还从山西和直隶深入到内蒙古,在那里他们得到了和山西同样的支持。教民们将他们的大教堂变成名副其实的堡垒,在传教士的指挥下进行抵抗。不久,满族军队和义和团联合起来向教民们开战。有一个大教堂被攻破,里面约 3 000 名教民(大部分是天主教徒)丧生。外国人中,有 40 名新教和 9 名天主教传教士死难。这意味着死在山西和内蒙古的外国人占外国人总死亡人数的 3/4 以上。②

东北是日俄帝国主义紧张对峙的地区。俄国人致力于在该地区修筑铁路,人们对这些侵略行为的怨恨都加到对教民和传教士的不满上。1900 年春天,义和团发展到东北,但是在宣战以后义和团和满族军队才开始扒铁路,以阻挡俄国军队预期的前进,

---

① 戴玄之:《义和团研究》,第 132—135 页。很奇怪,关于到底有多少个传教士死于山西极少有一致的观点。赖德烈(见《基督教在华传教史》,第 514—515 页)提到新教传教士死亡 78 人,但是,他列出的单个案子却是 94 个,还加上几个未统计的[光绪二十七年五月二十四日(1901 年 7 月 9 日),《义和团档案史料》下册,第 1233 页]。我的估计是采用明恩溥的数字(见《动乱中的中国》第 2 卷,第 648—649 页)——12 名天主教传教士在山西被杀,159 名新教传教士在山西和内蒙被杀,然后再减去赖德烈统计在内蒙被杀的 40 名新教传教士。

② 戴玄之:《义和团研究》,第 136 页;廖一中等:《义和团运动史》,第 286—288 页;赖德烈:《基督教在华传教史》,第 515 页。

并对教民发动了大量袭击。自然,这些活动只是导致俄国人对整个东北地区的占领。[1]

当然,死亡最多、教民和大体上自发的义和团之间斗争最为激烈的地区还是直隶。有一个时期,义和团的基地曾建在那儿。但是,只是在清廷宣战并且义和团的活动得到官方认可以后,对于教民的大规模屠杀才开始。天主教徒们撤退到传教基地,由传教士把他们武装起来。他们武备精良,一般能顶住义和团的进攻。6 月份,在省城保定,当官府许诺保护后,有 15 名新教传教士决定留在那里。但是宣战以后,由于裕禄在天津前线,电报线路被切断,排外的署督廷雍处于领导地位,他准许义和团洗劫传教站,杀死那些传教士。但是,这个数字比起死难的中国教徒人数(尤其是天主教徒)简直微不足道,肯定有数千名中国教徒丧失了性命。[2]

另一个出现大规模义和团活动的省份是河南,该省的巡抚是满族人(裕禄的哥哥)。从 1899 年起,个别的义和团开始出现于 _306_ 河南与山东交界地区,但是到 1900 年 6 月以后他们才广泛地组织起来攻打教堂。在河南,天主教建堂较早,而且人数较多,因此对他们的怨恨无疑是存在的。一旦官府准许,义和团的活动则主要是破坏教堂,很少有教民丧生,外国人丧生的就更没有。[3] 在 1900 年夏天,其他省份也发生了一些排外骚乱,其中最严重的是

---

[1] 谭春霖:《拳乱》,第 157—161 页;戴玄之前引书,第 135—136 页;廖一中等前引书,第 265—278 页。

[2] 《路崇德报告》(1900 年 9 月 1 日),"长老会",缩微胶卷,第 212 盘;赖德烈:《基督教在华传教史》,第 508—510 页。后者认为天主教徒的死亡人数在 15 000 到 20 000 之间,但是假设大部分教徒都逃到防御牢固的传教站,那么这个数字看起来就过高了。

[3] 戴玄之:《义和团研究》,第 137 页;廖一中等:《义和团运动史》,第 279—282 页。

在浙江发生的一次民团组织的活动。民团组织是由于斋教的一次起义而动员起来的,该斋教组织曾占领附近的两个县城。民团的人确信教民们同这个斋教组织有关系,他们在衢州城杀死了11名传教士。虽然这些事件都说明,一旦人们相信朝廷支持他们的事业,普遍的反教暴力活动便很容易爆发,但是他们显然与义和团运动没有直接的关系①。

以上简明地列举了一些反教活动,从中可以看出,在朝廷"宣战"后暴力活动急剧上升。山西、内蒙和保定的例子清楚地说明,大多数丧生的外国人不是被官府处死,就是死于特别排外官员的直接挑动。在义和团自发活动的初期,暴力活动的范围一般局限在破坏不动产。只是到了1900年春天,相当数量的义和团民死在教民手中以后,教民的死亡数才开始上升。但是,真正的暴力活动尤其是反对外国人的暴力活动则出现在运动已停止向大众性方向发展,而满族官员们决定利用运动达到他们自己的仇外目的时候。

京津包围战

在北京,主要的事件自然是围攻使馆,这一事件持续了55天,紧张程度不一。但是,这场围攻战主要由荣禄和董福祥指挥的正规军进行,而荣禄的军队并没有动真格的。中国人自始至终基本上处于一种防备状态,尽管他们发射了约4 000发炮弹,但仅造成总共14个人的伤亡。炮手们似乎是有意朝天鸣炮。到7

① 廖一中等:《义和团运动史》,第289—295页;《霍必澜致索尔兹伯里》(1900年8月23日)及附件,"蓝皮书",中国(1),1901年,第193—197页。

月底,围攻实际上松懈下来,朝廷试图寻求谈判途径来解决危机, ³⁰⁷
将水果和蔬菜送到使馆。8月初,当强硬的山东前任巡抚李秉衡
赶回京城,试图召集义和团抵抗前进中的八国联军时,这种情况
才告结束。李秉衡的回京引起对使馆炮轰的升级。①

　　同时,义和团在其他地方也忙碌起来。当朝廷宣布了抵制外
国人对京畿进攻的意图时,便开始把义和团列入经朝廷认可的武
装力量。6月23日,朝廷委任刚毅和庄王统率义和团。团民必
须在王府登记,最后,据报道在这两位满族将领的手下有30 000
名团民,还有很多在端王的控制之下。从各方面看,朝廷的支持
将一大批不良的投机者吸到义和团事业中:城市的无业游民只不
过是来混一顿现成的饭吃,城中富户参加的目的是想保住他们的
特权地位。原本十分严格的义和团团规变得松弛起来。拳民们
的行为表明,朝廷的支持并不一定能使他们服从当局,有好几位
同情义和团的高级官员发现他们的家室遭到抢劫,家人受到任意
妄为的义和团员的威胁。义和团也表现出平均主义的倾向,他们
强迫人们根据财产进行捐献。②

　　除了在北京城巡逻、要人们挂红灯和向东南方鞠躬外,义和
团将其主要精力都集中在对北部天主教西什库教堂的围攻上。
这是北京城里剩下的最后一座教堂,大约有10 000名义和团民
参加了对教堂的围攻,教堂里面有3 000名教民和40名法国、意
大利水兵。但是,正规部队对这里的义和团帮助很少,义和团没
有任何有效的进攻武器。他们曾多次挖地道炸墙,使里面的教民

---

① 弗莱明:《北京被围记》(伦敦,1959年版)对外国人关于北京被围的许多记述作了
　有益的总结。
② 戴玄之:《义和团研究》,第107—108页;谭春霖:《拳乱》,第94—95页;佐原笃介和
　沤隐,载《义和团》第1册,第252页;仲芳:《庚子记事》,第18—25页。

伤亡惨重。但是,死于来复枪下的义和团民人数更多(他们的法术被教堂里女人的"阴毒"弄得失灵),最后也未能攻下这座教堂。①

关于义和团和秘密宗教之间的关系,这年夏天在北京发生的最有意义的一个事件是义和团在7月份逮捕并处死了大约70名白莲教徒。他们的领袖姓张,在炉房里做工,他能写咒语、为人治病。他还会19世纪末秘密宗教的两种普通法术:裁纸人和撒豆成兵。据一则叙述:"因兵灾事急,劝人入教烧香可免枪炮之劫。人皆趋吉避凶,随教者不计其数。"但是,这一组织既已任命皇帝、皇太后、皇后、妃子、太子以及几名文武大员,显然距起义已不远了。②

这一描述与关于这一时期白莲教的所有记述相吻合:相信灾难降临,使用一定的法术,为灾难结束后建立新的王朝做准备。重要的是,义和团认识到这种秘密宗教同他们自己的仪式极为不同且具有颠覆性和危险性,义和团和白莲教之间的鸿沟一直持续到最后。

天津的情况与北京大致相同。外国人在租界建立了自己的堡垒,最初由2000名士兵保护,以后又通过连接大沽的铁路从海上不断增兵,经过努力,这条铁路和大沽保持畅通。在这座城市里,义和团是一支强大的力量,他们在街上巡逻,并且强迫清朝的官员们恭敬地对待他们(我们上已看到)。在北京,当许多义和团至少在名义上归王公贵族统率时,天津的义和团似乎一直保持

① 戴玄之:《义和团研究》,第112—113页;《文汇报》编:《义和团起义》,第111—114页。
② 仲芳:《庚子记事》,第23、26—27页。关于《庚子记事》中的其他记述,参阅该书第89、105、154页。

着较大的独立性，产生出几个他们自己的领袖。这些领袖大多是山东人，他们能够从不同坛口召集几千名归属于总坛的义和团民。

但是，天津周围的战斗基本上是正规战，全副武装的武卫军进攻主要由日俄组成的外国军队。义和团曾几次发动进攻，试图占领租界，但他们进攻的武器仅仅是烈火，因而尽管他们英勇无畏，但是在外国人的枪炮下，他们却大批地倒下了。经过一些小规模的战斗后，外国军队占领了关键的要塞，于 7 月 13 日联合对天津城发动全面进攻。经过一天的激烈战斗，天津城沦陷。武卫军和大多数义和团在最后一刻溃退。大多数居民早已避难他方，这样做很明智，因为"联军起初不加区别地杀人。他们对这个城市的洗劫持续了好几天"[1]。

309

文明世界的复仇

天津失陷后战局一度平静。一段时期内，朝廷不断从裕禄那里收到有关抵抗外国人的十分令人鼓舞的奏报，强调义和团和正规军配合密切。但是，现在天津已经失陷。在这次战役中，中国方面失去了一位杰出将领聂士成（义和团的一个坚决敌对者）和他的三千兵力。此外，裕禄报告说，为响应朝廷一再重申的谕令，他已经同天津义和团的主要头目联系过，要联合抵抗外国军队。但是，义和团"野性难驯，日以仇教为名，四出抢掠，并不以攻打洋

---

[1]《文汇报》编：《义和团起义》，第 15—32 页（引文出自第 32 页）；杜克：《相互冲击的两种文化：义和团》，第 127—144 页；戴玄之：《义和团研究》，第 143—145 页；廖一中等：《义和团运动史》，第 159—179、309—330 页。

兵为心"。有战事时,他们四散逃命。① 去掉一些偏见的水分,这一点仍然没错:大多数义和团倾向于跟软弱的本国教民斗。用他们来对付侵略军的正规力量是极为困难的。天津失陷使朝廷冷静了一点儿,加之南方督抚们反复劝说用谈判结束冲突,清廷的政策作了大幅度调整:停止了对使馆的炮轰,致函美、法、德请求它们帮助解决冲突,同时,命令李鸿章确保外国使馆的安全。②

平静的局势持续了一段时间,因为外国人正等待充足的兵力集结天津,以便攻打京城。然而谈判并未进行。7月26日,李秉衡到达北京,立即促使朝廷决定进行最后的拼死抵抗。7月28日,朝廷处死了两名义和团的反对者、倡导同列强调和的高级大臣,8月初,又处死3人,这样,所有妥协的言论都消失了。而与此同时,一支两万多人的联军,其中一半是日本人、其余大部分是俄国人和英国人指挥的印度人,于8月4日酷暑天从天津出发。在向北京进军途中,只打了两次仗,每次都是日本兵打头阵。裕禄手下的将士溃不成军,他于8月6日在杨村自杀。在北京,李秉衡指挥着一支刚刚拼凑起来的队伍守卫最后一道防线,但是,一遇到占绝对优势的外国军队,他手下的士兵大多数就都溃散了,李秉衡在11日服毒自杀。三天后,北京城墙被攻破,对使馆的围攻解除。慈禧带着官员们出逃,几个月以后到了西安。跟前头的天津一样,北京也成为"文明民族"的外国军队和传教士进行恐怖报复的对象。③

310

---

① 裕禄光绪二十六年六月二十八日(1900年7月22日)奏,《义和团档案史料》上册,第366页。
② 谭春霖:《拳乱》,第100—103页。
③ 戴玄之:《义和团研究》,第146—149页;谭春霖前引书,第104—111页;杜克:《相互冲击的两种文化:义和团》,第145—176页。

　　八国联军在进军北京的途中所遇到的中国军队的抵抗几乎微不足道,但是,沿线的无辜群众却惨遭侵略军的蹂躏。联军将一个个村庄付之一炬,在身后留下一堆堆废墟。进入京城后,所有人都参加了抢劫:各国的军人和传教士都参与了,欧洲人最坏,日本人相对来说是行为最好的。传教士们日后写下像《抢劫的道德》这样动听的文章来为他们的行为辩护。巡逻兵们穿过北京城,然后进入周围乡村搜寻并射杀义和团民,因此,用一位美国指挥官的话说:"我敢说从占领北京城以来,每杀死一个义和团,就有50个无辜的苦力或农民包括妇女和儿童被杀。"[1]10月,一支联军部队前往保定解救那里被关押的传教士,惩办官员和老百姓,为以前死难的人报仇。署督廷雍将保定城交给外国军队。经过简单的审讯后,他和另外两名官员被处死。同时在北京城外,军队出城吃"惩罚野餐",去那些他们怀疑藏有义和团的郊区村庄抢掠、强奸和放火。[2]

　　到这时,朝廷当然早已禁止义和团并发布谕旨严厉镇压义和团。朝廷的禁令和外国军队不分青红皂白的大屠杀相结合最终导致了义和团运动的结束。不用说,这种方法不会使市民们对外国人有什么好感,但是,义和团那些五花八门的法术,其自欺欺人也是人所共见的。

　　自然,朝廷和整个民族要付代价,而且列强们把价要得很高。 *311*

---

① 转引自乔治·林恩茨:《文明世界的战争——"外国鬼子"联军在华经历记录》,伦敦:朗曼·格林出版社1901年版,第84页。

② 关于外国军队抢劫的记述很多,不过,可以特别参考林恩茨的《文明世界的战争》一书。辛博森:《来自北京的有欠审慎的信函》,伦敦:诺德米德出版公司1907年版;明恩溥:《动乱中的中国》第2卷,第522页。关于传教士作用饶有趣味的讨论及引证,参阅米勒《结果和方法:传教士对十九世纪对华使用武力的辩护》,见费正清主编:《中国和美国的传教士事业》,第249—282页。

《辛丑条约》的谈判漫长而曲折,但结局是既定的。列强已经占领了北京,所以他们一定要达到自己的目的。谈判最难解决的是如何惩处支持义和团的官员们。外国人要求处死这些人中的 11 名,最后以处死毓贤并赐庄王及其他 4 人自戕了结了此事。其他的人,像李秉衡和刚毅都已死亡。在主要大臣中,只有端王被终生发配新疆。其他条款,如赔款四亿五千万两白银是个巨额数字,这是清朝的四年财政收入总和,平均每个国民承担一两,分 39 年偿还,年息四厘,每年的赔款数占全国预算的 1/5。

从国家安全的角度来看,条约的军事条款也同样重要。拆除大沽炮台,外国军队驻扎通往北京沿线的重要据点。在北京常驻卫队保卫使馆,两年内对中国禁运武器。① 清廷成了列强的军事人质和财政支付人。由于义和团运动,帝国主义因而联合起来对中国进行奴役。后来,中国经过几次革命才摆脱了这一地位。

教　训

义和团运动的教训具有国内和国际的双重意义。围攻使馆和八国联军远征引起了全世界的注意,自然使人们对外国人在中国引起的强烈不满有所认识。一般说来,这种怨恨被看成是一个自大但并不开化民族的盲目反抗。然而,有些人看到了正在兴起的中国民族主义,观察家们充分意识到这种民族主义的意义。列强争夺租借地,导致了国际竞争局面的出现。这在镇压义和团运动中,尤其是俄国对东三省的占领,都表现得十分明显。在这样一个背景下,正在出现的中国民族主义实质上结束了列强"瓜分

312

---

① 谭春霖:《拳乱》,第 129—156、215—236 页。

中国"的想法。取而代之的就是美国主张的门户开放政策,中国的市场和资源对所有列强皆机会均等,保持中国的"领土完整"。

然而,义和团运动的国内影响更为重要。它给中国的直接影响明显地是灾难性的:《辛丑条约》使每一个人都清楚地认识到这一点。问题是:谁当对此负责? 许多有关"拳祸"的论述指出了两个罪魁祸首:一是反动的满族王公和官员,二是无知迷信的农民。义和团运动彻底否定了将1898年的改革车轮倒转的顽固政策。清朝的最后十年是激烈变革的十年:废除科举考试制度、建立新式学堂、行政和军事近代化、鼓励发展工矿业、制订逐渐过渡到君主立宪和地方自治的计划。但是,不仅仅是保守政策不得人心,而且人们开始怀疑北京和各省支持义和团的贵族,他们尽管颐指气使,但未必有能力引导中国度过这一危机时期。在以后的10年里,对当权者统治能力的怀疑引发了变更政府体制的运动,最后,1911年革命结束了清朝260多年的统治。

然而,更根本的是,义和团运动使中国士绅特别害怕普通百姓卷入国家政治事务。因义和团运动而获益最多的是袁世凯。他在山东对义和团运动进行血腥镇压,为他赢得了外国人的好感。1901年12月,他被任命为直隶总督和北洋通商大臣,负责华北的军事和对外事务。后来,袁世凯支配了清朝末年和民国初年的政治局面。他统治的方法是,强调军事近代化、行政集权化和官僚机构合理化。袁世凯赞同立宪政体,这一政体将建立在以 *313* 旧士绅精英为基础的、有严格等级界限的选民之上。在袁世凯的政府中,普通人民没有任何地位,任何骚乱都将招致严厉的军事镇压。

袁世凯是个重要人物,因为他的发迹与义和团运动密切相关,他的政治影响具有明显的权威性。但是,惧怕"庸众"威胁的并非只有袁世凯一个人。城市改良派精英,甚至许多革命者也和袁世凯一样对中国广大农民持怀疑态度。义和团显示了一旦广大群众的能量得到释放,将会出现什么样的状况。鉴于此,没人敢于发动这股力量去重振中华。直到 1927 年,毛泽东在湖南对农民运动进行了考察,并且看到那里蕴藏着一场席卷中国的大风暴,才真正有人敢于点燃火种,燃起另一场燎原烈火。

结　语　打破“起源偶像”

在《史学家的技艺》一书中，马克·布洛克(Marc Bloch)谈到了史学界对“起源偶像”的职业迷恋——“依据最遥远的过去来解释最近的事物”，他以基督教教规史为例，写道：

> 了解教规的起源对于理解现实宗教现象来说必不可少，然而，以之来解释现实宗教现象则很不充分。为简化我们的问题，我们必须将宗教信条在多大程度上名实相副的问题置于次要地位。即使是假定我们的宗教传统完全没有改变，我们也必须找出它得以保持的原因……因此，无论我们是在何处找到忠诚于某种信仰的证据，所有证据不过表明，它只是某个群体全部生活的一个方面。它就像一个结，这个结将社会结构与社会精神大量迥异的特征缠绕在了一起。简言之，宗教信条涉及整个人类环境问题。小小的橡子只有在遇到适宜的气候土壤条件(这些条件完全不属胚胎学的范围)时，才能长成参天大树。①

这一忠告特别适合我们对义和团运动起源的考察。很多历史学家常常将目光盯在他们所发现的“最遥远的过去”上，把白莲教

---

① 马克·布洛克：《史学家的技艺》，纽约：诺普夫公司1953年版，第29、32页。

派、拳会这些名称巧合的组织与 1899—1900 年间的义和团联系了起来，然而，它们在实质上却大不相同。这些历史学家在最好的情况下是陷于布洛克所称的"把始祖与解释混淆起来"的错误。① 或者，比这更糟，他们发现的始祖只是在名称上偶然相同。本书认为，要了解义和团运动的起因，必须得分析当时的环境，即山东西部的社会结构与社会精神，以及 20 世纪前夕国际、国内和省内的政治形势。

为更好说明这个问题，我们可以把中国义和团运动兴起前十年在美国迅速（同时也是悲剧性的）蔓延开来的苏族（Sioux）印第安人的鬼舞道门（Ghost Dance）作一下对比。关于苏族鬼舞道门的开山祖，我们可轻易地追溯到派尤特族（Paiute）先知沃沃卡（Wavoka）。1889 年 1 月 1 日（这天发生日食），沃沃卡神游到天国。在那里，他看到了即将来临的天堂的幻景。沃沃卡所看到幻景的来源也同样可追溯到美国西北部的谢克斯教（Shakers），他在那里曾沿皮吉特湾（Puget Sound）干过采集蛇麻子的工作。沃沃卡宣称太平盛世即将到来，届时，白人将被扫除，印第安人将靠神羽飞升天国，随后，与他们的祖先一道再降临地球，重新安居。然而，他的教义具有完全和平的性质，包含有很大成分的禁止任何暴力行为的基督教伦理道德。对于一个随白人家庭长大，和像许多派尤特人一样为白人工作并至少保持着和睦关系（经济上无疑受剥削）的人来说，这并不出人意料。

其他部落的人听说沃沃卡后，纷派使者前来内华达州拜会这位先知。鬼舞道门迅速传播开来：它传到了怀俄明州的阿拉巴霍族（Arapaho）和肖肖尼族（Shoshoni），传到了俄克拉何马州的沙伊安族（Cheyenne），传到了南北达克他州的苏族。在鬼舞道门

---

① 马克·布洛克：《史学家的技艺》，第 32 页。

传播过程中，催眠术被引入，人们神游天国参见祖先，并亲身体验天堂的来临。这种新宗教在整个美国西部地区吸引了成千上万的信徒，但它只在苏族中引发了骚乱。苏族是北美洲最大的印第安人部落。由于他们赖以为生的野牛群的灭绝，苏族被迫放弃尚武与打猎的生活而转向定居。生活变得很艰难。由于白人农场主、牧场主以及淘金者越来越多地征占苏族人的土地，他们的居留地面积近几十年来日益减少。1889 年颁布的最后土地法案特别不得人心，1890 年夏天刮起的灼热季风摧毁了大部分庄稼，令形势更无好转。尽管有证据表明印第安人正发生饥饿和饿死人的现象，但联邦政府仍减少了对托管地印第安人的粮食配给。许多人担心，人口普查将会进一步减少粮食配给。

鬼舞道门就是在这样的形势下传入苏族中来的。然而，在接 *317* 受鬼舞道门的同时，他们注入了自己的新的重要成分。沃沃卡曾向来人展示他手脚上的伤口，并将之解释为同耶稣一样遭受酷刑的结果。像沙伊安人这样的部落只是将这些伤口归因为受"人"迫害，而苏族人则坚持白人应对此负责。苏族人所设想的太平盛世明确地含有杀尽白人的内容。苏族人最后在舞蹈中引进了鬼魂衫，据信，它可使着衫人免遭白人枪弹的伤害。随着鬼舞道门在苏族人中间的日益盛行，和 1876 年在小巨角羊战胜科斯特将军的英雄"坐牛"的强力倡导，印第安人与白人之间关系日趋紧张。主管印第安人事务的白人官员和美军终于出动镇压鬼舞道门。由于招抚计划欠周，不久便导致了"坐牛"被枪杀以及翁第德尼的大惨案。①

---

① 詹姆斯·穆尼：《鬼舞道门和 1890 年苏族暴动》，华盛顿：政府出版局 1896 年版；罗伯特·厄特利：《苏族人的末日》，纽黑文：耶鲁大学出版社 1963 年版。

鬼舞道门之所以引起我们的兴趣,是因为它包含有类似降神附体的催眠术与刀枪不入的宗教仪式的内容。它也清楚地表达了北美印第安人对寻求一个不再受万恶的白人控制的自由世界的渴望。故而这次运动有许多东西令人联想到义和团运动。它可帮助提醒我们,华北农民并非唯一的希望能有一个不受白人侵略的世界和指望刀枪不入的宗教仪式能帮助他们造就这样一个世界的民族(在美拉尼西亚的拜物教中我们还可以找到其他的例子)①。但是,我在此处的意图并非仅是表明鬼舞道门在仪式和作用上与义和团的相似之处,我的主要论点是在方法论上面,即把鬼舞道门简单地追溯至沃沃卡,我们了解不到1890年苏族暴动的起源。鬼舞道门并非简单地全盘输入。创造的推动力没有随沃沃卡而结束。苏族人改革了鬼舞,并在他们特殊的困境下赋予了它新的意义,正是由于这种改革才使鬼舞成为暴动之源。暴动的起源一定在造成鬼舞改革的原因中。这些原因只有在1889—1890年苏族人的特殊地方社会、经济和政治状况中方可找到。

我们探讨义和团运动起源的方法也同样如此。首先,我们必须采取非常系统并尽可能细致的方法,去研究义和团(以及他们的大刀会前辈)兴起地区的社会、经济和政治状况。多数从事中国社会史研究的学者们承认,由于中国幅员广大和地区差异甚巨,对这个国家的整体下个一般性结论,这种做法非常危险。区域性研究正趋普遍,但那还很不够。在20世纪初,山东省的人口总额为3 700万,这大致相当于法国的人口量。它的土地面积大

---

① 彼得·沃斯利:《喇叭应当吹响:美拉尼西亚的拜物教研究》,纽约:绍肯书局1968年版。

于英格兰与威尔士的总和。这样一个省份本身地区差异都很大，很难作出有什么实际意义的概括。我们将大部分精力都投在了描述山东省内各个地区的特征上面，这些地区特征对义和团运动的发展和演变起了很大的作用。当我们讨论冠县插花地或是茌平县的洪涝区和它同1898—1899年间神拳关系时，我们时常发现，若要全面估价中国农民的生活背景，我们甚至必须得在各县内部区分其各自的特征。

我们对社会经济环境分析的内容包括：仔细考察义和团和大刀会兴起地区的农业生产力、商业化、自然灾害、社会结构、社会阶层的构成与贫富悬殊、保守士绅的势力和盗匪活动的程度。这些现象，并非只是我们所考察的社会运动的背景，而是这些运动所采取的特殊形式的前提。我的基本观点是，由乡绅领导的、组织严密、活动诡秘的大刀会，在某种程度上反映了鲁西南的乡绅地主力量强大和村社组织严密的社会结构。同样，鲁西北的神拳举行集体性降神附体的仪式、公开操练和易于习练，能轻易地再产生出领袖并接受来自本村社之外的领袖。这些皆反映了鲁西北的社会比较平等和村庄非常开放的特征。因此，地方社会环境不仅有利于这些新组织的兴起，而且直接影响了他们所采取的形式。

义和团和大刀会与产生它们的社会结构完全"适应"，部分原因是由于这两个组织的意图一直是效忠清王朝。任何一个社会运动都脱胎于它所产生的地区的社会结构与文化价值观。而义和团和大刀会所受的束缚之所以特别强烈，恰恰是由于他们寻求在现存秩序范围内活动的结果。大刀会从一开始就与当地官员 *319* 和团练密切合作，共同打击兴起中的盗匪活动。义和团的目标在他们所提出的"扶清灭洋"的口号中得到了概括。同幻想一个全新社会秩序的激进的太平天国运动相比,这种类型的运动更为确切地反映出产生他们的地方社会。

然而,必须清楚地看到,我们所谓的此种"反映"并非某种简化性原则,即人们可以从社会运动所赖以滋生的社会环境中找出社会运动的本质原因并作出预测。我的观点不过是:社会环境将限定社会运动在特定地区所可能采取的形式。因此,我认为神拳在鲁西南根本不可能取得统治地位,因为当地势力强大的乡绅地主不会允许这样一种能够自己孕生出无数领袖、并有可能脱离地方乡绅控制的运动。尽管在山东半岛和北部地区有帝国主义势力的渗透(尤其当德国人开始勘探煤矿和铁路之后),然而非常明显,神拳也好,大刀会也好,都不可能在这些地区出现。因为在这些地区,尚武的亚文化群力量薄弱,文人士绅势力强大,盗匪并不构成威胁以促使地方防卫武装的建立,自然灾害稀少,商业有所发展,经济多种多样,这使得农民较少面临严峻的生存危机。

地方社会经济环境的作用在于,它限制着社会运动的形式:某些类型可以,而其他一些则不可以。在此,地方乡绅的势力是至关重要的决定性因素。乡绅力量的弱小,显然会给社会运动以更多的可能性。若乡绅力量强大,他们不是被迫入伙——使运动的性质带有某种难以避免的结果;就是与运动发生直接冲突——使运动带有某种阶级斗争的性质。村社的凝聚力同样至关重要。具有强大凝聚力的村庄只可能卷入基本上是防御性的斗争中。大刀会便是这方面一个例子,20世纪出现的与其类似的红枪会也可以算为这方面一个例子。[1] 另一方面,弱小的村庄(如生活在19世纪声势浩大的太平天国起义的发祥地广西的客家人村

320

---

[1] 关于红枪会的情况,请参见裴宜理:《华北的叛逆者与革命家》,第152—207页。

社)或内部分化的村社内不满现状的人(如当太平军横扫长江流
域时踊跃加入行列的贫苦农民和流离失所者)则很有可能参加对
现有社会制度的攻击。尽管华北平原上的义和团从未对这种秩
序发起过攻击,但是他们与大刀会相比,尤其是当他们向京津地
区蔓延时,其防御的性质要明显小得多。这无疑是这一地区农民
流动性大与村庄缺乏凝聚力的反映。

　　然而很显然,地方社会结构本身不能够解释出一场大的社会
运动爆发的原因。研究社会运动的历史学家主要关心的是解释
"事件"。他必须在结构与事件之间的空白中架设一座桥梁。结
构是相对稳定的,可以用经济学、社会学与人类学的语言加以描
述。历史演变的进程则是剧烈和动态的。在我们这个题目中,我
们必须解释,在 19 世纪的最后几年间,鲁西社会怎样及为什么突
然滋生出这些激烈的反教和排外运动。

　　通常,解决这一问题的方法是颇为简单化的。制度内部产生
危机的根源不是外来势力就是内在矛盾。随后,一种新思想(在
农民社会里经常表现为一种宗教教义)和各种新组织开始出现,
并进而领导一场社会运动。这场社会运动可被视为对危机作出
的反应,它甚至可能是解决危机的出路。我们的论述基本上也遵
循了这样一个逻辑。在 19 世纪最后几年间,帝国主义进入一个
新阶段,从而使传教士和本地教民成为一支更具侵略性与破坏性
的力量。这在甲午中日战争清朝战败和 1897 年德国攫取胶州湾
后尤为明显。不久,村民们便开始组织自卫。大刀会和义和团先
后出现,攻击教徒与他们的外国支持者。义和团拥有一套极具迷
惑力和扩散性极强的降神附体法术和刀枪不入仪式。

　　但是,如是我们不想把对事件的解释完全归于各种外来因
素,就必须再进一步。我们要问:义和团的这种新的、扩散性强的

信仰和仪式是如何在华北平原的农民中获得大批追随者的呢？义和团并非仅是复活了一直存在着的教派组织网并促使他们转向反对基督徒。我们已经看到，有关义和团起源白莲教的旧说毫无根据。我们只是在冠县义和团的案例中发现了动员先已存在的拳会去袭击可恶教民的证据。尤其是神拳，它完全是鲁西北农民的新创造。它最为重要，因为它是"真正的"拳。接受降神附体法术和刀枪不入仪式的各个村庄皆为生平首次学习"打拳"。这种神拳是如何在华北乡村生活中觅得一席之地并迅速动员起农民参加一场声势浩大的民众起义的呢？

　　我的中心观点是，连接社会结构与事件的引线是鲁西农民的民间文化。用理论性的词汇讲，这种民间文化起着如皮埃尔·布罗代尔（Pieere Bourdieu）所描述的"习惯"的功用相同。在讨论有关集体性行动的起源时，布罗代尔以法国社会理论的独特风格写道："习惯（habitus），可理解为一种持续的、可变换处置的体系……无时不在我们的感觉、判断和行动中整合过去的经验、功用，并由于能相应地举一反三，以此类推，而有可能解决无限多样化的难题。"①正是由于义和团利用了农民降神附体习惯和民间戏剧传统，才使他们动员起农民为反对外国宗教而斗争。

　　我后面还会将话题扯回义和团。但是，我想首先运用这一方法分析一下中国近代史上的另外一场伟大运动——太平天国起义，以证明它的普遍适用性。我认为，这种方法不仅具有启发性的价值，而且它还为我们了解太平天国的起源提供了一种与传统解释略异的认识。

---

① 皮埃尔·布罗代尔著，理查德·尼斯英译：《实践论大纲》，马萨诸塞州剑桥：剑桥大学出版社 1977 年版，第 82—83 页。

太平天国是洪秀全发动起来的。洪是一位出自珠江三角洲地区的年轻教师,他于 1836 年乡试失利后精神崩溃。在患病期间,洪做了个梦,梦见自己神游天国,上帝命令他返回地球,驱妖除恶,将人民带至祥和的、兄弟亲如一家的天堂。洪秀全的梦幻显然是受了他所读过的一本基督教小册子的影响,梦幻里的基督教成分后来随着他在广州与传教士们的接触而得到加强。在 1843 年以后,洪秀全再次研读了这本小册子,并且明白了他所得梦境的含义。第二年,他开始传播他的宗教启示。由于将大部分注意力都放在洪秀全的梦幻以及它对起义的影响上,我们有时会忘记这样一个事实:当洪秀全离开家乡时,他先是南游至珠江三角洲,曾两次路经广州城,并在该城的东部和北部游荡了一些日子,但是他在那里并未觅得知音。只是当他沿西江而上进入广西时,洪秀全最后才找到了大批遵从他教义的人。①

从 1844 年他首次到广西,到 6 年后叛乱爆发的这段时间里,洪秀全事实上大部分时间都是待在其靠近广州的家中,而不是在广西的山村。但是,他的教义恰恰是在广西扎下了根和引发了起义。很显然,正如布洛赫所提醒我们的那样,"小小的橡子只有在遇到适宜的气候土壤条件时,才能长成参天大树"。那么,广西东

---

① 关于洪秀全的游历活动,请参见弗朗兹·迈克尔编:《太平天国叛乱:历史与文献》第 1 卷,西雅图:华盛顿大学出版社 1966 年、1971 年版,第 203 页(地图 2)。迈克尔的著作是有关太平天国的权威性英文论著,但是它的弱点在于,关于"叛乱背景"的一章只有短短的三页,对两广地区进行了非常一般性的探讨。最好的英文论著是简又文的《太平天国革命运动》(纽黑文:耶鲁大学出版社 1973 年版)和孔斐力的《太平军叛乱》,载《剑桥中国晚清史,1800—1911》第 10 卷,第 264—317 页。关于洪秀全的梦幻,主要材料来源是西奥多·汉伯格:《洪秀全的梦幻与广西暴动的起源》,香港《德臣西报》,1854 年版;1975 年旧金山再版。近年出现的一部重要研究专著是鲁道夫·魏格纳的《重现天国梦幻:宗教在太平叛乱中的作用》,伯克利:加利福尼亚大学东亚研究所 1982 年版。

南部地区的适宜条件是什么呢？大体上讲，它们是众所周知的：急剧增长的人口、该地区连接广东的江河沿岸经济发展的商业化、时疫和自然灾害、新近倒闭的银矿所引起的失业、山区土匪与江河海盗的活动、不安分的秘密社会的过剩、鸦片与食盐的走私，以及或许是最重要的——壮族少数民族部落、本地人和客家人之间的严重分裂。客家人是一个拥有自己方言的少数民族，他们到达这一地区较晚，居住在穷困的小山村。洪秀全本人便是客家人，他的首批信徒大部分都出自这一集团。①

珠江三角洲显然并不具备这些前提条件。但是，为什么这些人单单受到了洪秀全及其助手们在广西山区创建的拜上帝会的吸引呢？对此问题的传统回答一直强调洪秀全的基督教名义之下的太平盛世说的感召力。这便是传统的外因驱动说，我们不能否认其重要性。但是，如同大多数中国的太平盛世说一样（与其他许多受基督教影响的太平盛世说相比）②，它更多强调的是如何才能大难不死，而不是怎样死后升天。当然，这两种因素都存在，但富有重大意义的是，洪秀全本人是被描述成"将此之蛇虎咬人除灾病惑教人世"③。在 1836 年，还有 1847 年，受白莲教太平盛世说影响的叛乱者曾在湖南、广西交界处发动过起义。④ 因

---

① 除了孔斐力的《太平军叛乱》外，亦请参见黎斐然、邓洁彰、朱哲芳和彭大雍的文章《太平天国起义前夜的广西社会》，载《太平天国史新探》，南京：江苏人民出版社1982 年版。赖一凡(音译)、弗朗兹·迈克尔、约翰·舒曼：《如何运用地图从事社会研究：华南个案研究》，载《地理学评论》52 卷第 1 期，1962 年。特别值得一读的是谢兴尧：《太平天国前后广西的反清运动》，北京：三联书店，1950 年版，此书是裴宜理向我推荐和热心提供的。

② 关于这种千年太平盛世运动的一般性介绍著作，请参见西尔维亚·思拉普：《千年太平盛世梦想的实践：比较研究论文集》，海牙：墨顿出版社 1962 年版。

③《李秀成自述》，引自柯温编：《太平天国叛逆者：李秀成自述》，马萨诸塞州剑桥：剑桥大学出版社 1977 年版，第 80 页。

④ 孔斐力：《太平军叛乱》，第 265 页。

此,洪秀全的躲灾避祸的宗教启示很有可能被人们理解成了与这种中国土生土长的太平盛世说非常相似的东西。

然而,恰恰是洪秀全的宗教启示所具有的积极感召力最引人注目,因为在那里我们可以看到在争斗分裂下的广西社会的缩影。到 19 世纪 40 年代末,客家人与本地人之间的冲突已经达到一种实际上处于内战的状态。村与村斗,族与族斗。在争斗中,人口较少、居住分散和生活贫困的客家人大大处于劣势。洪对这种争斗所造成的痛苦显然非常敏感,他直接提出这一问题,抨击狭隘的地方主义:"甚至同省府县,以此乡此里此姓而憎彼乡彼里彼姓、以彼乡彼里彼姓而憎此乡此里此姓者有之。世道人心至此,安得不相陵相夺相斗相杀而沦胥以亡乎?"[1]

为取代此种无休止的争战,太平天国提出了一个天下为一家、上帝的子民人人平等的理想世界。他们许给世人一个"太平天国",可以理解,这很有感召力。然而,它的感召力只是在广西(尤其是广西东南部)社会的特定背景下才发挥了出来。在珠江三角洲,生活也并非一片安宁与和谐,但是那里既存村庄和宗族结构至少比较稳固,足以防止大批信徒成为洪秀全的追随者。太平天国的教义首先是作为一种与现实对立的东西提出来的,它在广西之所以获得大批人的信仰,并非由于它同种族冲突的结构根本一致,而是由于它为摆脱这种冲突作出了承诺。[2]

然而,有人也许还会问:这种新输入的教义究竟有多重要呢?

---

[1]《太平诏书》,引自萧一山:《太平天国丛书》第 1 册,台北:台湾书局 1956 年版,第115 页。参见迈克尔的译文,第 2 卷,第 34 页。

[2] 孔斐力独辟蹊径,试图通过太平天国的"双重性",来解释它的教义何以在广西山区得到传播。这种双重性在种族间敌对情绪极高,社会两极分化严重的地区极具感召力。见他写的《太平天国梦幻的起源:一场中国叛乱的文化交叉性》一文,载《社会与历史领域的比较研究》1977 年第 19 期,第 350—366 页。

毫无疑问,洪秀全受基督教感悟所作的升入天国的梦幻和他后来对基督教经文的研究,对于我们解释太平天国叛乱的思想体系至关重要。太平天国领导人对待其宗教的严肃态度的证据比比皆是:他们印行了大量内容各异的宣传小册子和传单;他们依据太平天国的教义建立国家考试制度;他们极力坚持秘密会社(天地会)必须遵守太平天国思想体系所要求的纪律,以至于这些潜在盟友中的大多数人很快便离开了他们;当西方人来到太平天国首都南京时,他们仔细盘问了西方基督教与能证实洪的梦幻等方面有关的内容。洪的梦幻和宗教信条对太平天国运动的形成,作用非常明显,它们成为重大的学术关注焦点,是自然不过的事情。[①]

₃₂₄

然而,太平天国的意识形态对其运动领导人至关重要,但对一般追随者则未必如此。相反,宗教信条对最初的信徒意义可能很小,并且是以一些与地方信仰结构比较一致的新方式被理解的。例如:对许多人来说,他们参与这场运动显然与宗教的关系不大或根本没有关系。当1849年至1850年客家人与本地人村庄发生全面械斗时,拜上帝会是作为一个唯一能有效保护客家人的组织而出现的。人数居于劣势的客家人常被驱离家园,逃来加入拜上帝会。正如当时的一份材料所描述的那样:"为逃避他们的敌人和取得生活必需品,他们甘愿顺从任何形式的膜拜。"[②]

拜上帝会在能够对遭受围攻的客家村民提供有效的保护之前,本身也需具备一定的实力。其最初的感召力很可能是宗教。

[①] 除魏格纳的《重现天国梦幻》外,亦请参见施友中著:《太平天国思想的起源、含义和影响》,西雅图:华盛顿大学出版社1967年版。

[②] 汉伯格:《洪秀全的梦幻与广西暴动的起源》,第49页。同时亦请参见《李秀成自述》,根据该自述,除了六位太平天国的王外,其他人"实因食而随"(柯温编:《太平天国叛逆者:李秀成自述》,第80页)。

在评估这一宗教感召力的时候,我们最好遵循人类学家的方法,将注意力集中在仪式和符咒上,避免夸大参加该运动的农民信徒对神学的关注。首先,我们必须承认,许多(或许是大多数)最初的信徒所寻求的是民间宗教通常所带来的好处。如果我们读一读太平天国的《天条书》上所阐述的祷文,我们将会看到,大多数贫苦客家农民所关注的是与他们切身利益有关的事情。吃饭时所作的感恩祷告是祈求有衣有食、无灾无难。凡是出生、婴儿满月、筑屋、分家、当然还有免除疾病,都要做祷告。这最后一项或许最耐人寻味,因为它使用的是传统的中国宗教医病的词句:"倘有妖魔侵害,恳求天父皇上帝大发天威,严将妖魔诛灭。"[1]在拜上帝会新创立时的宗教狂热中,有许多奇迹出现:"哑者亦开口,狂者亦自愈。"事实上,在运动初年,洪秀全致力于做善事,以至"官兵亦以其为善人,不与战斗"[2]。

在 1848 年至 1849 年夏的这段时间里,洪秀全和他最亲密的 *325* 战友冯云山暂离拜上帝会的广西根据地,这段时间对我们所要说明的论题尤为重要。运动在此期间已发展到能保护客家人的地步,因而它吸引了更多的信徒。下列报道描述了洪秀全和冯云山在 1849 年夏回到广西后所发现的情形:

> 此刻他们了解到,在他们暂去广东期间,拜上帝会的礼拜会发生了某些非常明显的事件,在弟兄们中间造成了混乱和分裂。有时常发生这样的事情,当他们正跪在地上祈祷时,某人会突然发病,倒在地上,浑身是汗。在此种心醉神

---

① 引自《天条书》,见萧一山:《太平天国丛书》第 1 册,第 73 页。其他祷文见该书的第 69—77 页。英译本参见迈克尔编:《太平天国叛乱:历史与文献》第 2 卷,第 115—119 页。

② 洪仁玕,见迈克尔前引书,第 2 卷,第 4、7 页。

迷的状态下,受魂灵驱使,他会讲出许多告诫、责备和预言等诸如此类的话。这些话常常晦涩难懂,而且一般都是韵文。弟兄们将一些比较有名的话记录成书,呈送给洪秀全审查。①

拜上帝会的会员们显然正在经历降神附体术,其行为方式甚至连讲话使用韵文这一点,都恰似华南的萨满教巫师。在这些降神附体的人当中,杨秀清是最重要的一个,他正以太平天国实际领导人的面目出现——洪秀全本人所扮演的角色在相当程度上被限定在宗教事务上。杨秀清接受"圣灵"附体,在这种状态下,他能奇迹般地治愈病疾。萨满教巫师的作用在此得到全面的再现。

任何一场革命运动(包括太平天国,他们对儒教展开全面攻击,肯定是最具革命性的)都有一自相矛盾之处,那就是,它一方面必须保持其迥然不同的关于未来社会的理想,与此同时却又必须迁就传统的社会行为规范,以便使广大群众能理解和接受其革命理想。若没有基督教启示下的太平盛世宗教因素,太平天国就永远不会有一支斗志昂扬、纪律严明的军队,而几乎将清朝推翻。但是,倘若他们没采取某些具体措施,让对基督教末世论全然陌生的农民理解这种宗教,那么,起义将不可能发动起来。我认为,太平天国解决这一矛盾的方法是,借用一般的中国民间宗教形式,使他们的许多宗教行为得到理解。

326　　　但还有另外一点。如上所述,在 1848—1849 年间拜上帝会内部所发生的那种群众性的降神附体行为导致了"混乱和分裂"。对于太平天国来说,为了贯彻其革命计划和实现天国的梦想,必

---

① 汉伯格:《洪秀全的梦幻与广西暴动的起源》,第 45—46 页。

须要具备一个有明确权限、纪律严明的组织。这就意味着必须对人人可以称神的状态加以控制,而神的权威恰恰是洪秀全返回广西后所扮演的角色。对洪秀全本人的精神至尊地位,从未有人发生过疑问。他颁布诏旨:上一年发生的神灵附体只有两人是名副其实的——杨秀清得"圣灵"降身,另一个太平军的未来天王受耶稣附体。洪秀全断定,其他人一律是妖魔缠身。这是个完全能为人接受的解决办法,因为被邪妖缠身或恶魔附体是中国民间信仰的一个正常组成部分。这样,在未否认人们所观察到的神灵附体的真实性的同时,洪秀全采用一种确保他和他最亲密助手的至尊地位的方法,对这些现象作出了解释。教权既已集中,凭着一种宗教的虔诚发动起义的时机便成熟了。

这样论述太平天国的起因显然与传统说法大相径庭。我论述的焦点并未放在洪秀全的教义源于哪些基督教教义和中国典籍,而是集中在蜂拥参加其教派的农民身上。如同任何一种农民文化,中国盛产着累不胜数的导师、先知或简单平庸的狂人,他们宣讲着各种各样的邪教与教义。与其去了解他们的思想来之何处,倒不如弄清这些思想怎样吸引听众要有意义得多。我们也不应将邪教创立者与听众的关系视为纯粹单一性的。一种新邪教(尤其是那种发展为有广泛群众基础的社会运动的邪教)的成员并非简单被动的信教者,他们所理解的邪教启示与创立者教给他们的可能有所不同。重要的是要去探求民众对一场运动或一种邪教的理解——也即运动对其成员意味着什么。邪教感召力的答案也就在于此。

一旦要回答民众是怎样理解这个问题,我们会立即被引入民间文化和宗教的领域。对民间文化的研究是当今史学研究领域最为活跃的分支——然而有关欧洲史的史料（尤其是宗教法庭所产生的那些史料）要比中国方面所发现的任何史料丰富得多。[①]

327 这种研究之所以重要，不仅是因为它揭示了一般老百姓的生活情况，而它还可以使我们进一步了解农民们的宗教仪式、信仰和行为在随机应变情况下表现出的规律。"文化范畴得到新的职能……文化含义也因之改变。"[②]广西的拜上帝教教徒将民间巫婆、神汉的降神附体术从一种治病与召唤亡灵的仪式，巧妙地转变成为一场轰轰烈烈的大起义的动力。

所有这些皆与义和团有明显相似之处。义和团同样也有集体性降神附体仪式，但是他们并不限制民众接近神权，在这点上他们与太平天国有区别。按照这场运动中勤王者的逻辑，他们不需要集中革命权力。他们的意图是提供无数的神兵，赶走洋人，保护清王朝。他们根本不需要（或产生出）自己的将军或皇帝。

义和团与民间文化的联系比太平天国更为明显。正如我们所一再强调的那样，义和团并非是复活重组的白莲教支派，而是有着全新宗教仪式的混合体，它简单易学，并迅速在整个华北平原上传播开来。与其说神拳属再创，毋宁说它是白手起家。义和团宗教仪式的关键要素是由大多数华北农民所熟悉的武术与民间宗教习俗中的各种成分汇集而成。我们还不知道是谁将各种

---

① 关于这方面内容的一些最好的例子，请参见卡洛·金斯伯格著，约翰与安·特底奇英译：《乳酪与蛆：一位十六世纪磨坊主的世界》，纽约：企鹅出版社1982年版；纳撒利·戴维斯：《马丁·格雷的回归》，马萨诸塞州剑桥：哈佛大学出版社1983年版；伊曼纽尔·里·罗伊·拉杜里埃著，巴巴拉·布雷英译：《蒙泰罗：谬误的希望之乡》，纽约：文梯芝出版社1979年版；以及玛丽·菲尼译：《罗马狂欢节》，纽约：乔治·布拉齐勒出版社1980年版。在中国领域的首次尝试参见约翰逊、内森和罗斯基编：《中国末代帝国的民间文化》，然而，用金斯伯格的话说，本书"并非是关于'由大众阶级所创造的文化'，而是关于'强加给大众阶级的文化'"。

② 马歇尔·萨哈林：《历史的岛屿》，芝加哥：芝加哥大学出版社1985年版，第138页。

要素汇集在一起的,但是每个单独要素的起源似乎比较清楚。刀枪不入的概念至少从18世纪以来已由像金钟罩这样的武术团体提出来了。它是人们今天能在舞台上看到表演的那种气功的延伸。经过长期练习和艰苦的身体锻炼,人们能够学会意念高度集中与绷紧肌肉的技巧,从而使习练者能抵挡住刀砍甚至是利器刺腹。大刀会首先复活和推广了这种练习,他们的"刀砖击打"练功方法肯定是强身过程的一部分,目的是让身体能抵挡住兵器。在大刀会的演武场,这种练功方法甚至被大大简化,训练时间也被缩短,刀枪不入的范围也被扩大,他们夸耀说,除了大刀和扎枪外,火枪也能被抵挡(据我猜测,这种所称的刀枪不入范围的扩大,事实上是由于中文表达火枪与扎枪同用一字,因而为其提供了便利借口)。神拳将这种简化的强身过程更进一步,他们提供了一种几天便可学会的仪式,并自称刀枪不入来自神魂附体。

神魂附体的概念同样也为任何一个中国农民所熟稔。恶魔缠身会引起疾病,萨满教巫师拥有神力,他们能擒获或驱走来犯的妖魔,治愈疾病,这一切人人皆知。神拳最初的作用便是治病,这一事实表明,他们与这种传统存有紧密联系。[①]

刀枪不入与降神附体是义和团宗教仪式的两个标志。剩下的只是采用个"义和团"的名称和将攻击矛头直指基督徒。义和团的名称几乎可以肯定是借自冠县的拳民组织。冠县义和团长期抵抗基督教的侵略,因而其名称与声誉传遍了整个华北平原,神拳在确定其反对基督教侵略的使命的同时,也采用了这个新名称。他们为何反对基督教,解释起来真是既难又易:说其困难,是

───────────

① 关于萨满教巫师治病,阿瑟·克雷曼进行了饶有趣味的新探讨。请参见阿瑟·克雷曼:《文化背景下的病人与医病人:对人类学、医学和精神病学间边缘地带的探索》(伯克利:加利福尼亚大学出版社,1980年版)。

因为我们找不出任何触发反抗基督教的特别事件；说其容易，是因为各地农民对基督教徒普遍怀有不满，并且在 1898—1899 年间袭击基督教徒的事件已遍及全山东省（并且实际上已遍及全国），倘若像神拳这样活跃普及的农民运动此刻不把矛头转向基督教徒，那将是不可思议的事。

以上探讨了将神拳的宗教仪式汇集起来的有关个人或众人，但事实上这并非关键所在。正如我在论述太平天国时所主张的那样，重要的是去探求大众对一场运动或一种邪教的理解——运动对其成员意味着什么。运动感召力的答案就在于此。

如上所示，民众很可能将义和团的仪式当成了"跳大神"那一套。在华北平原，通晓一整套符咒与魔法的武术团体和教派组织比比皆是，为人们接受这种新形式的神拳打下了基础。但是，义和团活动还受另一种活动影响，它对民众怎样看待这场运动作用更大，那就是戏剧。拳民们附体的大多数神都是从庙会（通常在春天举行）或其他乡会上演出的戏剧中来的。这些戏剧大都取材于白话小说（有时白话小说也取材于戏剧），在小说里，天国与世间的界限不很分明，常常相互交融。《三国演义》塑造了"武神"关公及张飞与赵云，事实上是一部历史小说，其主人公只是后来才被抬高成为民间宗教中的神。《水浒传》是另一部历史小说，它取材于山东西部，因而更具吸引力。《西游记》塑造了在民间广为流传的神"猴王""沙僧"和"猪八戒"。尽管这一故事取材于唐朝僧人玄奘赴印度取经的一次真实旅行，但这部精心写成的作品却完全是虚构的，包含有"猴王"和其朋友运用神力来帮助世间芸芸众生的内容。这在《封神演义》中表现得更为明显。

《封神演义》塑造了一些义和团供奉最普遍的神：姜子牙（姜太公）、杨戬和黄飞虎。姜子牙从天国奉令下凡（书中使用的词是

"下山"，义和团使用的也是这个词），协助周王推翻公元前 11 世纪商朝最后一个腐朽凶残的统治者。这部小说描述了姜子牙与他的同僚为打击各种捍卫商朝的妖魔鬼怪所经历的许多激烈斗争。

我认为，正是像《封神演义》这样的特殊剧目，为拳民们的降神附体行为提供了"叙述背景"。无论是对个人、还是对集体来说，神魂附体都是一种非常危险的状态。人的身体被神魂缠绕，并受神魂的支配。这种被神魂攫住的现象在许多文化中都有。因而用某种文化概念比如神话来限定神魂的行为方式就显得特别重要。也正是这些神话为神魂附体的行为提供了"叙述背景"①。

在我们这个题目里，叙述背景是由中国乡村民间文化的中心部分戏剧所提供的。当拳民们被某个神附体时，他们的行为跟他们在戏台上所看到的神的行为一样：受"猪八戒"附体的人会用鼻子在污物中拱来拱去，各式拳手总是手操其附体神仙所适用的兵器。观众与看一出戏所表现出的热闹兴奋的场景是如此的相像，以至于有些观察者认为，行进中的义和团队伍手举大旗，身着彩服，恰像一出活剧。

人类学家们经常强调宗教仪式同戏剧表演之间的联系。②

330

① 这里使用的术语与概念很大程度上要归功于斯科特·劳森的论文《激励听众，呼唤上帝：关于印度南部用表演口述史诗来降神的现象学上的探索》，该文提交给 1985年 3 月的亚洲研究协会年会。劳森的这篇具有洞察力的论文探讨了西瑞神话的教仪表演，这种表演包括由世俗演员举行集体的降神附体。彼得·克劳斯亦有描写，在他的论文《西瑞神话与教仪：论印度南部的集体性降神膜拜》，《人类文化学杂志》第 14 卷第 1 期，1975 年 1 月。

② 在此我想特别指出维克托·特纳的著作：《宗教仪式的过程：结构与反结构》，芝加哥：阿尔丁出版社 1969 年版和《从教仪到戏剧：话剧对人类的严肃性》，纽约：演艺杂志社 1982 年版。

具体到义和团的宗教仪式,这种联系尤为直接。神拳的仪式总是公开操演,人们像看庙会上的戏一样被吸引去凑热闹。当他们抛却凡人生活,呈现其附体的神的特征时,拳民们表演得与舞台上优秀演员一样好。义和团的反教行动在鲁西北真正开始蔓延,是在 1899 年春天。因为这通常是赶庙会与看戏的季节。两者之间的巧合也许不是偶然的事情。同样,1900 年直隶义和团的活动开始逐步高涨也是在春天。在有些场合,义和团甚至占据戏台,在这个为他们提供神祇的舞台上,表演他们的降神术。[①]

在中国社会,宗教和戏剧在作用上并无严格区别(中国人肯定不理解英美清教徒那种将二者对立起来的做法)。戏剧中不仅充满了许多被神化了的历史人物,而且为集体性宗教活动提供了一个重要的机会。多数中国民间宗教是个人或至多是家庭中的事情,并没有基督教那样的安息日。当人们有某些特殊需要时,他们自己前往祠庙祈祷。庙会与戏剧是主要的集体聚会形式,通常在庙神生日那天举行。华北平原上把这些活动称为"迎神赛会"。神像被从祠庙中抬出,它们通常被帐篷保护着,受邀与村社的人们一道欣赏戏剧。这样,看戏演戏成了一种象征村社团结的重要仪式。因此,基督教徒拒绝支持这些戏剧理所当然地要引起强烈的愤怒。

由于宗教如此重要的功能采取了戏剧的形式,所以宗教形式便能够从严格限定的宗教行为转变为"社会剧"的形式。这种形式较为灵活,具有革新潜力甚或是革命性。演员的作用是给观众带来欢乐和打动观众,他一直比专司宗教仪式的人拥有更多的个性和创造性自由。当义和团的宗教形式成为戏剧表演时,它也获

---

①《里斯致卡曾斯》,见珀塞尔:《义和团起义:背景研究》,第 286—287 页。

得了这种创造性潜力。旧思想、旧神仙和旧价值全被赋予了激进
的新潜力。为建立一个没有基督徒和西方传教士的自由世界，义
和团将世界作为舞台，上演了一出他们自己创造的社会活剧。
1900年的大旱增强了其信仰的狂热，尽管他们的希望未能实现，
但是他们在中国和世界历史上写下了辉煌的篇章，在近代中国继
续上演的剧目里，义和团所曾扮演的角色是不会被轻易忘记的。

331

附　录　清朝中叶的义和拳与白莲教

　　在 1898—1900 年间闻名于世的"拳匪"的中文全称叫"义和拳"。据历史记载,"义和拳"这一名称最早出现于 1774 年的王伦起义。参与调查 1813 年八卦教起义的官员也发现了叫同一名称的拳民。由于晚清义和拳与这些早期的组织在名称上的巧合,他们的敌人便指责这些反洋教的活跃分子为邪教的后裔。劳乃宣在 1899 年发表的轰动一时的小册子《义和拳教门源流考》,只不过是这些早期官方文件的一个翻版。直到今天,在义和拳起源的问题上,劳乃宣所提出的义和拳与秘密宗教之间的组织联系仍是众说纷纭的中心。虽然本书的基本论点是如果仅将视野囿于一些跟义和拳的名称巧合的早期组织,我们了解不了义和拳的起源,但是,我也同样认为,在有关清中叶义和拳和白莲教的关系上面,还存在着许多值得探讨的重要问题。以往有许多研究都集中在这一点上,因此我感到有必要陈述一下本人对该问题的见解。

　　如上所述,争论起于劳乃宣的小册子。劳乃宣在小册子里引用了两份奏议,第一份奏议涉及 1808 年在鲁、苏、豫、皖交界地区的集镇上习拳的一个团伙。该团伙我们在本书第二章已经讨论过,因为它与宗教组织无关,这里不需赘述。劳乃宣引用的第二份材料更为关键,因为这是一份出自那彦成之手、内容颇长的奏议。那彦成曾率军镇压过 1813 年的八卦教起义。这份成于

1815 年底的奏议是因发现了石佛口村王家的清茶门而上报的。王家自明朝以来一直与秘宗宗教有关联。[1] 这份奏议概述了那彦成对所有与 1813 年起义有关而未暴露身份的秘密宗教的调查结果，其中提到了"义和门拳棒"，认为该组织是由离卦发展而来的一个教派。[2]

　　除引用这两则 19 世纪早期的材料外，劳乃宣并未描述这些秘密教派与义和拳之间的确切关系，他也没有阐明清中叶的义和拳与 19 世纪末的义和团二者之间的联系。他只是指出后者画符念咒，自称能降神附体，刀枪不入。尽管他没有用档案材料说明清中叶的义和拳也演练过类似的仪式，但是他声称上述行为已足以说明义和团运动具有邪教传统，应予镇压。[3]

　　这样一本简单的小册子是出自一个对义和团运动明显怀有敌意的县令之手，然而，从出世之日起，它便成了探讨有关义和拳起源的学术争论的中心。起初，争论集中在 19 世纪 90 年代的事件上，但是，近年来出版的大量著作开始详细地探讨清中叶的义和拳。多数著作所依据的史料颇为相同，即台北和北京出版的档案史料及有关 1813 年起义的资料集。然而，有关各方各持己见，莫衷一是。许多学者坚持认为，这些补充材料证实了劳乃宣的秘密宗教与义和拳紧密联系说，而另外一些学者则不这么看，他们

334

---

[1] 参阅韩书瑞的《起义之间的联系：清代中国的秘密家族系统》，第 339—342 页。关于该教派的大量史料见《清代档案史料丛编》第 3 辑，1979 年版。

[2] 劳乃宣：《义和拳教门源流考》，《义和团》第 4 册，第 434—438 页。最早的是那彦成嘉庆二十年十一月初三的奏折，见《那文毅公奏议》卷 42，第 6—12 页。

[3] 劳乃宣前文，《义和团》第 4 册，第 431—439 页。

认为义和拳作为武术传统的一部分只和秘密教派偶然发生联系。①

问题之所以复杂且争执不一，原因就在于这些史料自身的特点。由于大清律例没有明确禁止练拳（尽管雍正朝曾发布一道上谕禁止过，义和拳跟清中叶的其他武术派别一样，只有当其与受禁的秘密宗教有牵连时，他们才出现在现存的一些官方档案中。因而，现存的档案自然带有某种偏见并且强调秘密宗教与义和拳之间的联系。另外，由于犯法者是秘密教派，而非习拳练武者，因而有关义和拳的官方档案缺乏这一拳种的自身详细情况。

据悉，最早提到义和拳的与 1774 年王伦起义有关。由于拳术在王伦的教派中作用非凡，因而当局对所有形式的拳术都持极

①关于该题目的论文目录数量非常之大，我无法一一列出。下列著述是我所见到的最佳之作。最先对劳乃宣观点进行抨击的是戴玄之，这反映在他《义和团研究》一书中。但是，戴玄之提出义和拳起源于民团，他的这一缺陷（前）抵销了其对劳乃宣观点抨击的长处。佐佐木正哉对劳乃宣和戴玄之的观点提出了颇具说服力的质疑（见《义和团的起源》第一部分，载《近代中国》1977 年第 1 期，第 144—180 页）。但是，该文章的第二、第三部分非常薄弱。中国社会科学院的方诗铭的观点则走另一极端，认为义和拳和白莲教实质上是互相敌对的组织，他的主要依据是山东金乡县的材料。参见该作者的论文《义和拳（团）与白莲教是两个"势同仇火"的组织》，载《社会科学辑刊》1980 年第 4 期，第 95—100 页。最后，山东大学的徐绪典对该题目进行了非常好的和合乎逻辑的研究。见《义和团源流刍议》，载《山东大学文科论文集刊》1980 年第 1 辑，第 23—35 页。他认为，义和拳与习武传统的关系远比它与白莲教传统的关系密切。在我看来，以下三篇文章对义和拳与白莲教的关系解释得最好。它们是：李世瑜的《义和团源流试探》《历史教学》1979 年第 2 期，第 18—23 页）。该文巧妙地将梅花拳（1898 年冠县义和拳的别名）追溯到康熙年间，并且将它与 1813 年的起义联系起来。路遥的《论义和团的源流及其他》《山东大学文科论文集刊》1980 年第 1 辑，第 36—61 页）。作者最为详细地论述了义和拳与白莲教的关系，文章大量引用了北京的档案史料。佐藤公彦的《义和团的源流：八卦教和义和拳》《史学杂志》91 卷第 1 期，1982 年 1 月，第 43—80 页）。该文引用的资料可能最丰富，针对前边提到的佐佐木正哉的文章，佐藤为劳乃宣的观点作了辩护。最后，英文著述探讨该题目的唯一学者是韩书瑞，她认为，练拳是"坐功运气型秘密宗教"习俗中不可分割的一部分。她明确地将义和拳包括在了与秘密宗教关系密切的练拳组织中。见《千年王国起义》，第 3、30—32、106 页。

端怀疑的态度。在整个鲁西，官方禁练这种武术，甚至连那些准备参加武举的人也被迫停练。① 在鲁西南的恩县，两名叫李萃和郭景顺的拳师因形迹可疑遭到逮捕。尽管这两人因严刑拷打致死，但是逮捕他们的官员还是声称，他们发现：

> 李萃曾拜临清李浩然为师，习白莲教，更名义合拳，并与该县人郭景顺一道招徒纳众，诵咒习拳。

拳民们使用的咒语中含有两名出自临清以南冠县和莘县的 ³³⁵ 拳师的名字，他们被认为是李浩然的师傅，他们也许就是这一拳派的创始人。

李萃显然是个重要人物，因为他曾捐过监生。他被控曾在 9 月份到过临清，其时，拳民已占领该城的部分地方。不过，假如李萃真的去过那里，他肯定也是很快回来了。他的门生也只是干了些"诵咒习拳"的事。②

发生在恩县的这一事件看来引起了官府对义和拳的特别关注，在随后几年里捏造罪名指控义和拳的事发生了多起。在恩县捕人事件发生后不久，有个被官府捕获的叛匪作假供，说临清的一些庄户上的拳民是乱匪。这些人随后被捕，他们抗议道，尽管他们从祖父、父亲或乡邻那里学过拳，但是"并不曾入教，亦不晓义合拳之名"。官员们最后得出结论：被控者"并无人教从贼及学义合拳情事"③。

---

① 姜晟、刘峨乾隆四十八年十二月初七奏，宫中档，46730；胡季堂、喀宁阿、周元理乾隆四十四年正月初五奏，宫中档，37394。1774 年的档案材料把"义和"写作为"义合"。
② 国泰乾隆三十九年十月初四奏，宫中档，30177。他指控李萃到过临清，这很值得怀疑。指控者列出一大批据称是与李萃同行者的名字，但是，所有能找到的人都被证明无罪。
③ 舒赫德乾隆三十九年十月十六日奏，《义和团源流史料》，第 15—16 页。

在随后的 12 年里,至少又发生了 3 起有人被控是义和拳民的案件,被告均住在直东交界离临清不远的地方。官府再次发现,这些指控纯属捏造。因此,官府没有从习练这种拳的人那里得到口供。可是,这些指控提到了"义和拳邪教",这就给人造成了这样一种感觉,即指控某人为义和拳将使指控引人注目,甚至能把被告同王伦起义联系到一起。① 然而,把义和拳与王伦起义联系起来是没有根据的,说义和拳是王伦自创拳种的名称也不尽然,相反,它似乎只是当时众多的拳派之一。据当时的一份材料讲:"惟东省学习拳棒风气已久,故有义合拳、红拳等名。"②然而,官方依然相信这一拳派与王伦有些联系。1813 年起义后,出现了更多对拳民的指控,其中包括另一起出自临清的案件,指控提到了几个拳民组织的假托之名。据说,有位梅花拳的师傅收了3 000名徒弟,根据指控,"临清城南数处皆异伙(义和)拳教,实王

---

① 第一个案子发生在 1778 年。据称,义和拳出现在临清以南和靠近直隶边界的冠县境内。指控者是一个山西商人。他反对因修黄河堤坝而增加苛捐杂税,并试图引起人们对此事的注意。他曾听说王伦的拳术被叫作"义合",因此他提到了这个名称(胡季堂、喀宁阿乾隆四十三年十二月十七日奏,宫中档,37240;胡季堂、喀宁阿、周元理乾隆四十四年正月初五奏,宫中档,37394;《义和团源流史料》,第 23—25页。周元理乾隆四十三年十一月二十五日的奏折尤为重要)。第二个案子发生在1783 年。告状人系一位村长,他责骂一些村民交税迟了,因而被打了一顿。他指控这些人为义和拳显然是无中生有,但被他告了的人当中有些的确是秘密宗教徒,这些秘密教徒被官府斩首(姜晟、刘峨乾隆四十八年十二月初七奏,宫中档,46730;《义和团源流史料》,第 25—26 页)。第三个案子发生在 1786 年,紧接着那年发生的八卦教起义。它牵涉到那次起义的一个地主头领。被告系一位武举人之父,他曾十分恳切地请求助官军擒"匪",以此证明他的忠诚(《义和团源流史料》,第 29—33 页)。关于近来把王伦与义和拳联系起来的文章,参阅陆景琪:《山东义和拳的兴起、性质与特点》,载《文史哲》1982 年第 4 期,第 72 页。

② 舒赫臣(舒赫德)乾隆三十九年十月十九日奏,转引自路遥:《论义和团的源流及其他》,《山东大学文科论文集刊》,第 43 页。韩书瑞在她的书中说义和拳与王伦起义无关(《山东叛乱》,第 192 页)。我要感谢她及她那本内容翔实的书,使我能接触到注①所引的那些材料。

伦拳教"①。

很遗憾,我们没有关于当时义和拳的进一步材料,因为有关这些案件的档案都千篇一律地说:某一个练拳组织有明显的秘密宗教内容或与秘密宗教有联系。有人也许会下结论说,义和拳确实是带有邪教色彩的武术组织,只不过政府找不到证据。然而,政府对这一时期秘密宗教组织的调查还是卓有成效的。我们不能排除这种可能性,即由于王伦把拳术和秘密宗教结合了起来,才使得官方怀疑起所有的拳会组织。当然,后来义和拳在历史上重又出现时,其宗教成分被大大冲淡了。

1808 年,朝廷颁发的一道上谕再次提到了义和拳。上谕谴 336 责义和拳及其他一些组织在鲁、苏、皖边界活动。这是劳乃宣引用的头一份材料,我们前面已经讨论过它了。这份材料没有提到义和拳与秘密宗教有任何关联,有的只是它与该地区城镇里的江湖浪人及赌徒们的联系。尽管这份材料没有提供有关这种拳术拳技方面的情况,但是提到的虎尾鞭(与此同时它被查禁)确实有一套魔咒。据说,这些魔咒能让人打败三十步开外的敌人。②1778 年的冠县义和拳也有过这一套。③

清中叶义和拳的最后一次出现与 1813 年的八卦教起义有关。这里的例子是劳乃宣小册子里第二份材料所提到的。劳乃宣引用的是那彦成的奏折,该折实际上提到了两种"义和"组织,但是其中一种"义和"组织与拳术无关。另一种是"义和门教"。

---

① 庆溥嘉庆十九年十月十四日奏,《义和团源流史料》,第 72 页。第二个案子(另一起诬告)出自恩县,见《陈预禀》,嘉庆二十一年六月十日,《义和团源流史料》,第 89—90 页。
② 尹克绍供词,嘉庆十九年六月? 日,《义和团源流史料》,第 69 页。尹克绍是来自鲁西南的一个盐贩子,参加该组织的都属于这类人。
③ 胡季堂、喀宁阿乾隆四十三年十二月十七日奏,宫中档,37240。

它显然与离卦教有联系,活跃在青州一带,习练打坐运气。其中有些老师以行医为业。该教有教科书,后来官府发现书中并无邪教内容。其徒众中有大批妇女,但是它不使用符咒及其他官府禁止的魔法,并且没有介入 1813 年的八卦教起义。简言之,这是一个典型的温和的白莲教派,既不练武,也不从事煽动性活动。它之所以值得一提,很大程度上是因为它提醒我们,同名的组织性质可能截然不同。①

关于义和拳与秘密宗教的联系,在 19 世纪前 10 年间最重要的一些例子,可以拿发生在鲁西北大运河沿岸的德州西部和南部的事件予以说明。这里有几个明确无误的事例,能说明拳会与离卦教之间的关系。有个从 18 世纪 80 年代到 19 世纪初在恩县庙会上卖头巾的人属于离卦教,且能行医治病。他家一直父子相传习练阴阳拳,并以此防身。② 另外有两名据信为秘密宗教徒的人练的是六躺拳。他们其中的一个说:"嘉庆六年(1801 年),拜周得谦为师,学了六躺拳,并传我白阳教。"③。第二个叫郭维贞,来自运河对岸直隶那边的故城。郭维贞从一个亲戚那里学了拳,后来被另外一个师傅介绍入了离卦教。④ 最后,又发生两起控告秘密宗教徒练义和拳的案件——郭维贞练的就是这种拳。

必须强调的是,练义和拳的人实际上并未介入 1813 年的八卦教起义。他们都与德州的拳民领袖宋跃隆有某种程度的联系。

---

① 那彦成嘉庆十九年三月二十七日和嘉庆二十年十一月二十五日奏,《那文毅公奏议》,卷 39,第 3—8 页;卷 41,第 17—20 页。《义和团源流史料》,第 53—54、56—59、78—80 页。
②《刘元供词》,章煦嘉庆十九年八月三十一日奏,《义和团源流史料》,第 71 页。
③《宋树铎供词》,嘉庆十九年十二月二日,《义和团源流史料》,第 75 页。
④《郭维贞供词》,无日期,《义和团源流史料》,第 75—76 页。我们将在下面讨论郭维贞与义和拳的关系。他的名字有时叫郭维正,有时叫郭维贞,也有时叫郭为桢。

1812 年,住在该地区的一名教派成员邀请河南的拳首和后来八卦教起义的"地王"冯克善来此会面,经过比武,宋跃隆承认冯克善的拳技高超,于是,宋跃隆被介绍入了离卦教。第二年,宋跃隆成了冯克善最重要的搭档,并且开始利用他的拳术招人入教。然而,当冯克善 1813 年秋回来通知宋跃隆准备起义时,宋跃隆声称他手下的门徒太少,难以起事。于是,双方决定,宋跃隆等李文成从河南北上后再加入起义。结果,他们无一人参与行动。这些人与 1813 年八卦教起义的联系充其量只是沾了点边儿,不过,他们与白莲教有关系却是毫无疑问的。①

　　劳乃宣引用的那彦成的奏议中所提到的义和拳便来自该组织。其中涉及两人——葛立业和他的曾叔父葛文治。他们均为宋跃隆的门徒。② 葛立业是个无家可归的穷木匠,来自故城,家庭背景不详。据他供认,葛文治是"老天门教刘坤的武门徒弟,传习义合拳脚"。1813 年秋,葛立业加入该教,学会了独具特色的白莲教八字真言。他得知起义在即,并奉命招募有钱人家的子弟。③ 不幸的是,该案中有关义和拳的情况我们就知道这么一点。刘坤到 1812 夏才经人介绍加入白莲教,介绍人就是安排冯

① 冯克善供词,董浩嘉庆十八年十二月十一日奏,《钦定平定教匪纪略》卷 24,第 21—26 页;宋玉林(宋跃隆之子)供词,董浩嘉庆十八年十二月二十一日奏,《钦定平定教匪纪略》卷 28,第 1—3 页;刘元供词,章熙嘉庆十九年八月三十一日奏,《义和团源流史料》,嘉庆十九年八月十六日,宫中档,16303,第 70—71 页。这些拳派组织可能比林清聚集在京畿地区或徐安国在鲁西南的秘密宗教组织难统辖得多。有个拳民描述了等待李文成北上时他所在村子的防御情况,其中有关于秘密宗教的内容:"冯克善未到之前,恐怕别教旁门都要出来争夺,和到庄上准备与他厮杀。"《李盛得供词》,嘉庆十八年十二月二十一日,《义和团源流史料》,第 62—63 页。
②《宋玉林供词》,董浩嘉庆十八年十二月二十一日奏,《钦定平定教匪纪略》卷 28,第 2 页。
③《葛立业供词》,嘉庆二十年九月三日,《那文毅公奏议》卷 38,第 73—75 页。那彦成后来想用劳乃宣所引的那道奏折中提到的"义和门拳棒",来表明该拳派属秘密宗教。

克善和宋跃隆会面的那个秘密宗教徒。但是,刘坤的供词没有提到义和拳,也没提葛文治是他的徒弟。[1] 很可能葛文治的确练过义和拳,可是他的侄孙(他入教最晚)对该拳派的渊源和它与秘密宗教的关系是糊里糊涂的。[2]

第二个事例符合这一带拳教关系的一般形式。根据德州吕福的供认,"伊于嘉庆十七年(1812 年)间拜从已正法之郭维贞为师,烧香供茶,教伊持诵咒语,称为离卦门教,并传授义和拳"[3]。从他的口供中,我们得知,郭维贞也练六躺拳,而且很早以前他就从另外一个老师那儿学会了离卦教道法。郭维贞的一名徒弟手中有一本秘密教派的经书《三佛轮》,该书反映了强烈的宗教倾向。[4] 很显然,郭维贞既练拳术,又信邪教,但是,他练的义和拳和他所属的教派,二者不大可能有什么组织联系,而且义和拳也并非他所习练的唯一拳种。

这是发生在该地区的唯一两起类似事件。它们反映了义和拳与白莲教关系的实质。我认为,义和拳与白莲教之间的联系非常微弱。尽管有几个拳民无疑也是秘密宗教的成员,但是这种拳教间的联系依然淡漠,因为对义和拳来说,宗教成分是后来加入

---

[1]《刘坤供词》,章煦嘉庆十九年二月二旧奏,《钦定平定教匪纪略》卷 34,第 16—18 页。刘坤的师傅是霍应方。章煦意引了他的供词,没提义合拳。嘉庆十八年十二月十六日奏,《钦定平定教匪纪略》卷 26,第 31—32 页。

[2] 葛立业在北京最后交代的口供中称刘坤是离卦教宋跃隆的徒弟,他没有提到义和拳和老天门教,这一点很重要(上谕,嘉庆二十年九月二十九日,仿本,第 363—365 页)。

[3]《吕福供词》,陈预嘉庆十九年十月三十日奏,《义和团源流史料》,第 73 页。

[4]《李盛得供词》,嘉庆十八年十二月二十一日,《义和团源流史料》,第 62—63 页。在一个明显习拳的组织中发现经文,这提醒我们,韩书瑞关于"念经型"秘密宗教和"坐功运气型"秘密宗教(后者涉及练武)的有效划分,我们不能绝对化地去理解。同一则材料提到,宋跃隆的儿子请人解释经文中一些词句的意里,这说明,习拳者对秘密宗教的教义所知甚少。

的,而且并不浓烈。郭维贞也许是个例外。他 1798 年加入离卦教,但是,事实上他练过好几种拳,他与义和拳并不是那种痴情不舍的关系。如果我们把拳教联系分为各种性质不同的模式,那么这里的联系不过是一种偶然式的。假如义和拳是白莲教的一个附属组织,作用是募集人员,那么,它也只是起同一作用的众多拳会组织中的一个成员。

如果发生在德州地区的几起案件能说明义和拳源自秘密宗教,那么,发生在鲁西南金乡县的一个案子则为反对它的观点提供了有力的依据。在金乡县一带,有一个属于离卦教、组织完备的秘密教徒网。他们诵八字真言,向一名教派头目定期上贡,念唱经咒,以避邪凶。1812 年秋,一个名叫徐安国的人,以林清和李文成的八卦教代表的身份,从直隶南部的长垣县来此招纳徒众。徐安国成功地说服了金乡县的教头崔士俊承认他的震卦教门优越,他显然是通过强调震卦有打坐运气和防病避灾法术的优势达到这一目的的。到 1813 年春,徐安国通知他新招募的门徒说大劫将至,并告诉他们如何为此(以及起义)做准备。①

1813 年秋,精力充沛的代理县令吴阶开始调查此案,打断了起义的准备。吴阶最终发现了秘密宗教,从而促使八卦教在河南和直隶提前起义。② 在这次调查和逮捕秘密教徒中起关键作用的,是两名练义和拳的县衙捕快。这并不令人惊讶,因为早在1808 年朝廷颁发的有关该地区义和拳的上谕中就明确提到:他

① 出自该地区人的供词异常清楚地描绘了离卦教的仪式,以及他们是如何被收编到徐安国的震卦教中去的。《崔士俊供词》,同兴嘉庆十八年九月十五日奏,《钦定平定教匪纪略》卷 1,第 23—32 页;《张建漠、王普仁、郜添佑供词》,嘉庆十八年九月三十日,《义和团源流史料》,第 45—49 页。

② 关于这方面的情况,参阅韩书瑞《千年王国起义》,第 122 页。

们"勾通胥吏,为之耳目"①。由于拳民经常介入赌博和其他违法活动,同官府挂上点钩就极为重要了。然而,秘密宗教头目崔士俊同样也积极地讨好官府,曾在阴历 7 月设宴款待过县衙的所有捕快。② 在招纳徒众和相互竞争的过程中,义和拳成了"奸党不法之死敌",按吴阶的说法,这两个组织"势同水火"③。

在对付秘密教派的过程中,吴阶发现,义和拳是个很有用处的帮手。他发布文告,从拳会中招募"血气少年""投充官丁",对付教党。文告的用语值得注意,它一开始就指出,此类拳党原为禁止之列,拳民如若"投充官丁",则须"革除旧习,痛改前非"④。

---

① 《义和团》第 4 册,第 433 页。

② 吴阶:《(金乡)纪实略》,《济宁直隶州志》卷 1,第 21 页。

③ 吴阶嘉庆十八年八月十七日、十九日奏,《义和团源流史料》,第 39 页,该奏折是方诗铭所认为的白莲教与义和拳互相对立说的主要依据。路遥(《论义和团的源流及其他》,《山东大学文科论文集刊》1980 年第 1 期,第 45—46 页)和佐藤公彦(《义和团源流》,《史学杂志》,第 59—62 页)均力图回击这一观点。他们皆论证指出,义和拳之所以在金乡县反秘密宗教,是因为后者抛弃离卦教而加入了震卦教。这种观点值得商榷:首先,从一种卦转变到另一种卦,不是什么大不了的事情。白莲教似乎对其教派更换名称或是合并非常开明(参阅韩书瑞:《千年王国起义》,第 42—43 页)。徐安国本人早年就曾从震卦转到过兑卦(参阅董浩奏折里他自己的供词,嘉庆十八年十二月二十三日,《钦定平定教匪纪略》卷 29,第 1—2 页)。更为严重的是,路遥和佐藤公彦的观点都以金乡县秘密教徒王普仁的供词为依据。从王普仁的供词看,他既是离卦教成员,又是义和拳成员。据说,王普仁曾是义和拳与离卦教的领袖,他对秘密宗教徒以义和拳的名义起义之所以非常反感,就是因为崔士俊背叛到震卦教引起的。王普仁和习拳者联系的唯一证据,是吴阶在逮捕王普仁后所说的一段话,吴阶"担心"王普仁是个义和拳首领,因为王普仁曾承认,他只练拳,并未从事秘密宗教活动。但是,王普仁在后来的供词(见《义和团源流史料》,第 47—48 页)中清楚地说明,他先前否认自己是秘密宗教徒全是假话。很有可能,王普仁想逃脱参加秘密宗教的罪名,他又知道义和拳与官府在这个案子中进行了合作,因此,他最初是想只作为一个练拳者而蒙混过关。可是,他没挨过省府衙门的拷打审讯,最后还是供出了实情。王普仁不是义和拳,可由以下事实进一步证明:逮捕王普仁的那个捕快自己就是义和拳。如果王普仁是义和拳的一个"大头目",那么,他的同伙就不会那样积极地捕他(参阅吴阶奏折,《义和团源流史料》,第 39 页)。

④ 吴阶:《纪实略》,《济宁直隶州志》卷 4,第 31 页。

毫无疑问,尽管义和拳与白莲教相互敌对,但是义和拳本身同样被官府视为异端。同样清楚的是,尽管义和拳与白莲教相互仇视,但是,拳民们也不会轻易地成为官府爪牙。1813 年末,山东巡抚注意到,由于八卦教起义,鲁西南地区盗匪活动日益猖獗。他发现,盗匪中义和拳与红砖会的人最多。"有假充贼匪焚劫乡民,又有捏充乡勇,抢掠良民者"①。

显然,义和拳之所以被视为"异端",是因为他们诵经念咒。 *339* 我们已经注意到,早在王伦起义之时,鲁西南地区的义和拳就被称作"义合拳邪教"。但是,当后来谈到与 1813 年八卦教起义有关的德州地区的拳民时,却不常用这个说法。1808 年的禁拳令也给他们打上了异端的烙印。遗憾的是,对义和拳的仪式,我们所知甚少,不然我们便可了解这一"异端"的性质。但是,有一份材料提到了金乡县的义和拳,对我们很有启发。据一名 1814 年被捕的铁匠交代,他曾于 1804 年在金乡学过武术,他学的是舞杀猪刀,而不是拳技。但是,他的师傅告诉他:"姓孟的是义和拳,他们有咒语,是铁盔、铁甲、铁连衣等四句。"②尽管这是一条第三手的孤证材料,而且距事件发生日期已达 10 年,但是它却有力地说明了义和拳不仅使用咒语,而且有某种刀枪不入的仪式。

回顾清中叶义和拳的起源,即使没其他用处,也至少应该有助于解释人们为什么对义和拳与白莲教之间的关系有那么多的说法。现有材料的确有互相矛盾之处,但我相信它能够提供结论。单靠组织名称为依据,即想当然地以为所有自称为义和拳的组织都是一回事,这种做法不可能有好的效果。在不同的时间、

---

① 同兴嘉庆十八年十一月十三日奏,《义和团源流史料》,第 51 页。
②《刘万泉供词》,嘉庆十九年十二月二日,《义和团源流史料》,第 75 页。

不同的地点,即便是名称相同的组织,其行为方式却大不一样。重要的不是一个拳会叫什么名称,而是它都做了些什么。从这个意义上讲,我确信,这些材料能够提供以下结论。

义和拳出现于 18 世纪末,尽管它与王伦起义没有直接联系,但是它的确使用了一些令官府生厌的魔咒。它沿着鲁西边界传播,并受到诸如赌徒、食盐走私贩这样的社会下层人物的欢迎。一些官员想利用义和拳的武功来对付 1813 年的白莲教党,而义和拳与白莲教的对立使得这些官员得了逞。但是,这些武术团体的独立性并未丧失,即使在他们被收编为地方民团后亦是如此。

这样的描述符合除德州地区以外的所有案件。我认为,德州地区的拳会性质有几种可能。最有可能的是,有些拳会是独立的,它们与鲁西南的组织互相分离,因而与白莲教党建立了暂时性的联系。这正如鲁西南的拳会与官府建立暂时性联系来对付白莲教一样。各武术团体一般说来组织松散,拳民们经常更换师傅和增加新的招数,这就导致不同地区的拳民行为方式可能大不相同。但是,这也可能导致两个全然不同的拳派。"义和"事实上是一个常用名。我们已经提到过有个以打坐为主要内容的教派也叫这个名,而实际上它与我们所要说的义和拳毫不相干。大致看一下鲁西北的详细地图,人们就可以发现,散布在平原上的村庄有很多名叫"义和"的。因此,两个性质完全不同的拳会很有可能叫同一名称,正如鲁西南的义和拳是活跃在赌徒和衙役中间,而鲁西北的义和拳则与白莲教关系密切一样。

但是,假如说这是一个对清中叶义和拳的恰当描绘,那么,就其与 1898—1900 年的义和团的关系而言,这一描绘能告诉我们一些什么呢?首要问题是,我们必须指出:乾嘉年间有关义和拳的材料连提都没提降神附体那一套,这是后来才有的;还有,这些材料只有一次提到了刀枪不入，而且还相当含糊不清。当然，没提降神附体，并不意味着它一定不存在。但是，我们还应记得本书第二章开始时所引用的大清律例中有关邪教的条文，条文的第一条是禁止"教师与巫士降邪神"。考虑到官方文件是按法令条文整理供词和搜集证据，如果拳民们行巫术，官府不可能不提及。

　　这里的含义很清楚：无论清朝中叶的义和拳到底怎样，它们在仪式上也与晚清的义和团迥异。我认为，那些想通过相同的名称去寻根溯源的人注定要走入歧途。我确信，正确的途径应是本文所采取的那样，即我们应该从当时的民间文化而不是遥远的教派组织中，去寻找义和拳的仪式及活动的起源。

参考文献

Ai Sheng 艾声. "Quan-fei ji-lüe" 拳匪纪略 (A brief history of the Boxer bandits). In *Yi-he-tuan* 1:441 – 464.

Album des Missions Catholiques: Asie Orientale. Paris: Société de Saint Augustin, 1888.

Amano Motonosuke 天野元之助. *Santō nōgyō keizairon* 山东农业经济论 (Agricultural economics of Shandong). Dalian, 1936.

American Board of Commissioners for Foreign Missions. Papers. Houghton Library. Harvard University. Cited as ABC.

Armstrong, Alex. *Shantung (China): A General Outline of the Geography and History of the Province; a Sketch of its Missions and Notes of a Journey to the Tomb of Confucius*. Shanghai: Shanghai Mercury, 1891.

Atlas des Missions Franciscaines en Chine. Paris: Procure des Missions Franciscaines, 1915.

Bays, Daniel H. "Christianity and the Chinese Sectarian Tradition." *Ch'ing-shih Wen-t'i* 4. 7 (June 1982): 33 – 55.

Beresford, Lord Charles. *The Breakup of China, with an Account of its Present Commerce, Currency, Waterways, Armies, Railways, Politics and Future Prospects*. New York: Harper and Brothers, 1899.

Billingsley, Philip. "Bandits, Bosses and Bare Sticks: Beneath the Surface of Local Control in Early Republican China." *Modern China* 7. 3 (1981):235 – 288.

Bloch, Marc. *The Historian's Craft*. New York: Knopf, 1953.

Bodde, Derk and Morris, Clarence. *Law in Imperial China: Exemplified by 190 Ch'ing Dynasty Cases (Translated from the Hsing-an hui-lan) with Historical, Social, and Juridical Commentaries. Philadelphia*: University of

Pennsylvania Press, 1973.

Bourdieu, Pierre. *Outline of a Theory of Practice*. Translated by Richard Nice. Cambridge: Cambridge University Press, 1977.

Brown, Arthur Judson. Papers. Yale Divinity Library. Yale University.

Buck, John Lossing. *Land Utilization in China*, *Statistics*. Shanghai: University of Nanking, 1937.

Butterfield, Fox. "The Legend of Sung Ching-shih: An Episode in Communist Historiography." *Papers on China* 18 (December 1964): 129 - 154.

Cao Ti 曹倜. "Gu-chun cao-tang bi-ji" 古春草堂笔记 (Notes from the Gu-chun cao-tang). In *Yi-he-tuan shi-liao* 义和团史料, 1 : 267 - 275.

Cao xian-zhi 曹县志 (Gazetteer of Cao county). 1716.

Cao xian-zhi 曹县志 (Gazetteer of Cao county). 1884.

Cary-Elwes, Columbia. *China and the Cross: A Survey of Missionary History*. New York: P. J. Kennedy and Sons, 1957.

Chan, Hok-lam. "The White Lotus-Maitreya Doctrine and Popular Uprisings in Ming and Ch'ing China." *Sinologica* 10. 4 (1969): 211 - 233.

Chang Chung-li. *The Chinese Gentry: Studies in Their Role in Nineteenth-Century China*. Seattle: University of Washington Press, 1955.

Chang-qing xian-zhi 长清县志 (Gazetteer of Changqing county). 1835.

Chang-qing xian-zhi 长清县志 (Gazetteer of Changqing county). 1935.

Chao Wei-ping. "The Origin and Growth of the Fu Chi." *Folklore Studies* 1 (1942): 9 - 27.

Charles, W. R. "The Grand Canal of China." *Journal of the North China Branch of the Royal Asiatic Society* 31 (1896 - 1897): 102 - 115.

Chen Bai-chen 陈白尘. *Song Jing-shi li-shi diao-cha-ji* 宋景诗历史调查记 (Record of an investigation into the history of Song Jing-shi). Beijng: People's Press, 1957.

Ch'en, Jerome. "The Nature and Characteristics of the Boxer Movement—A Morphological Study." *Bulletin of the School of Oriental and African Studies* 23. 2 (1960): 287 - 308.

——. "The Origin of the Boxers." In *Studies on the Social History of China and Southeast Asia*, edited by Jerome Ch'en and Nicholas Tarling, 57 - 84. Cambridge: Cambridge University Press, 1970.

Chen Zai-zheng 陈在正. "Lun Yi-he-tuan yun-dong shi-qi de Yu-xian" 论义和团运动时期的毓贤 (On Yu-xian during the Boxer movement). Paper delivered at International Conference on the Boxer Movement. Jinan, 1980.

Chen Zhan-ruo 陈甚若. "Yi-he tuan de qian-shi" 义和团的前史 (A pre-history of the Boxers). *Wen-shi-zhe* 文史哲, 1954. 3:17 - 25.

Cheng Xiao 程歗. "Min-jian zong-jiao yu Yi-he-tuan jie-tie" 民间宗教与义和团揭帖 (Popular religion and Boxer placards). *Li-shi yan-jiu* 历史研究, 1983. 2:147 - 163.

Cheng Xiao and Zhu Jin-fu 朱金甫. "'Yi-he-tuan dang-an shi-liao xu-bian'chu-tan"《义和团档案史料续编》初探 (An initial look at "Further Archival Documents on the Boxers"). Paper prepared for conference commemorating the sixtieth anniversary of the First Historical Archives. Bejing, October 1985.

Chi, Ch'ao-ting. *Key Economic Areas in Chinese History as Revealed in the Development of Public Works for Water Control*. London: George Allen and Unwin, 1936.

Chi-ping xian-zhi 茌平县志 (Gazetteer of Chiping county). 1710. Taibei reprint: 1976.

Chi-ping xian-zhi 茌平县志 (Gazetteer of Chiping county). 1935. Taibei reprint: 1968.

China, Inspectorate General of Customs. *Decennial Report on the Trade, Navigation, Industries, etc. of the Ports Open to Foreign Commerce, and on Conditions and Development of the Treaty Port Provinces, 1891 - 1900*. 2 vols. Shanghai: Statistical Department of the Inspectorate General of Customs, 1906.

——. *Reports of Trade at the Treaty Ports in China*. Annual publication. Cited as C:IGC.

Chinese Recorder and Missionary Journal. (May 1868—) Cited as CR.

Chou-bi ou-cun 筹笔偶存 (Retained working notes). Edited by Zhong-guo she-hui ke-xue-yuan jin-dai-shi yan-jiu-suo he Zhong-guo di-yi li-shi dang-an-guan 中国社会科学院近代史研究所和中国第一历史档案馆 (Institute of Modern History of the Chinese Academy of Social Sciences and China, First Historical Archives). Beijing: CASS Press, 1983. Cited as CBOC.

Claus, Peter J. "The Siri Myth and Ritual: A Mass Possession Cult in South India." *Ethnology* 14. 1 (January 1975): 47 – 58.

Cochrane, Thomas. *Altas of China in Provinces*. Shanghai: Christian Literature Society for China, 1913.

Colquhuon, Archbald R. *China in Transition*. New York: Harper and Brothers, 1898.

Coltman, Robert, Jr. *The Chinese, Their Present and Future: Medical, Political and Social*. Philadelphia: F. A. Davis, 1891.

Cordier, Henri. *Histoire des Relations de la Chine avec les Puissances Occidentales, 1860 – 1900*. 3 vols. Paris: Germer Baillière, 1901 – 1902.

Curwen, Charles A. *Taiping Rebel: The Deposition of Li Hsiu-ch'eng*. Cambridge: Cambridge University Press, 1977.

Da-Qing hui-dian shi-li 大清会典事例（The Qing legal code and precedents). 24 vols. 1899. Taibei reprint: 1963.

Da-Qing jin-shen quan-shu 大清搢绅全书(Directory of Qing officials). Beijing: Rong-hua-tang 荣华堂, quarterly.

Da-Qing jue-zhi quan-lan 大清爵秩全览(Directory of Qing officials). Beijing: Rong-bao-zhai 荣宝斋, quarterly.

Da-Qing li-chao shi-lu 大清历朝实录(Veritable records of the Qing dynasty). Edited by Man-zhou guo-wu-yuan 满洲国务院 (State Council of Manchuria). Tokyo: 1937.

Dai Xuan-zhi 戴玄之. *Yi-he-tuan yan-jiu* 义和团研究 (A Study of the Boxers). Taibei: Wen-hai, 1963.

Davis, John Francis. *Sketches of China; Partly During an Inland Journey of Four Months, Between Peking, Nanking, and Canton; with Notes and Observations Relative to the Present War*. Vol 1. London: Charles Knight, 1841.

Davis, Nathalie Z. *The Return of Martin Guerre*. Cambridge, Mass.: Harvard University Press, 1983.

De Groot, J. J. M. *Sectarianism and Religious Persecution in China: A Page in the History of Religions*. 2 vols. Amsterdam: Johannes Muller, 1903.

Dong-chang fu-zhi 东昌府志(Gazetteer of Dongchang prefecture). 1808.

Duiker, William J. *Cultures in Collision*. San Rafael, Ca.: Presidio Press, 1978.

Eberhard, Wolfram. "Chinese Regional Stereotypes." *Asian Survey* 5. 12 (December 1965): 596 - 608.

Edkins, J. "The Books of the Modern Religious Sects in North China." *Chinese Recorder*. Part 1, 19. 6 (June 1888): 261 - 268. Part 2, 19. 7 (July 1888): 302 - 310.

——"Religious Sects in North China." *Chinese Recorder* 17. 7 (July 1886): 245 - 252.

——"A Visit to the City of Confucius." *Journal of the North China Branch of the Royal Asiatic Society* 8 (1874): 79 - 82.

Edwards, E. J. *Man From the Mountain*. Techny, Illinois: Mission Press, n. d. (1968?)

Eliade, Mircea. *Shamanism: An Archaic Technique of Ecstasy*. Translated by Willard R. Trask. Princeton: Princeton University Press, 1972.

Ellis, Henry. *Journal of the Proceedings of the Late Embassy to China*. London: John Murray, 1817.

Esherick, Joseph W. "Number Games: A Note on Land Distribution in Prerevolutionary China." *Modern China* 7. 4 (1981): 387 - 412.

Fairbank, John K. , ed. *The Cambridge History of China*, vol. 10: *Late Ch'ing*. *1800 - 1911*, Part 1. Cambridge: Cambridge University Press, 1978.

——. ed. *The Missionary Enterprise in China and America*. Cambridge, Mass: Harvard University Press, 1974.

Fairbank, John King; Bruner, Katherine Frost; and Matheson, Elizabeth MacLeod. *The I. G. in Peking: Letters of Robert Hart, Chinese Maritime Customs, 1868 - 1907*. 2 vols. Cambridge, Mass: Harvard University Press, 1975. Cited as I. G.

Fang Shi-ming 方诗铭. "Yi-he-quan (tuan) yu bai-lian-jiao shi liang-ge 'shi-tong-chou-huo' de zu-zhi" 义和拳(团)与白莲教是两个"势同仇火"的组织(The Boxers and the White Lotus are two 'hostile' organizations). *She-hui ke-xue ji-kan* 社会科学辑刊, 1980. 4 (July): 95 - 100.

Faure, David. "The Rural Economy of Kiangsu Province, 1870 - 1911," *The Journal of the Institute of Chinese Studies of the Chinese University of Hong Kong* 9. 2 (1978): 365 - 471.

Feng Shi-bo 冯士钵. "Yi-he-tuan yuan-liu zhi-yi" 义和团源流质疑

(Query on the origins of Yi-he-tuan). *She-hui ke-xue ji-kan* 社会科学辑刊, 1980. 4 (July): 101 - 108.

Feuerwerker, Albert. "Handicraft and Manufactured Cotton Textiles in China, 1871 - 1910." *Journal of Economic History* 30. 2 (1970): 338 - 378.

Field, James A. Jr. "Near East Notes and Far East Queries." In *The Missionary Enterprise in China and America*. Edited by J. K. Fairbank, 23 - 55. Cambridge, Mass: Harvard University Press, 1974.

Fleming, Peter. *The Siege at Peking*. New York: Harper, 1959.

Gao-tang zhou xiang-tu zhi 高唐州乡土志(Local gazetteer of Gaotang department). 1906. Taibei reprint: 1968.

Garnett, W. J. "Journey Through the Provinces of Shantung and Kiangsu." Great Britain, Parliamentary Papers. *China*, No. 1. 1907.

Geng-zi ji-shi 庚子记事(Events in 1900). Edited by Zhong-guo she-hui ke-xue-yuan jin-dai-shi yan-jiu-suo 中国社会科学院近代史研究所(Chinese Academy of Social Sciences, Institute of Modern History). Bejing: Zhong-hua, 1978.

Ginzburg, Carlo. *The Cheese and the Worms: The Cosmos of a Sixteenth-Century Miller*. Translated by John and Ann Tedeschi. New York: Pen-guin, 1982.

Great Britain, Parliament. *China*, No. 3 (1900): *Correspondence Respecting the Insurrectionary Movement in China* (Command Paper 257). London: Her Majesty's Stationery Office, 1900.

——. *China*, No. 4 (1900): *Reports from Her Majesty's Minister in China, Respecting Events at Peking* (Command Paper 364). London: 1900.

——. *China*, No. 1(1901): *Correspondence Respecting the Disturbances in China* (Command Paper 436). London: 1901.

——. *China*, No. 5 (1901): *Further Correspondence Respecting the Disturbances in China* (Command Paper 589). London: 1901.

——. *China*, No. 6 (1901): *Further Correspondence Respecting the Disturbances in China* (Command Paper 675). London: 1901.

Guan-cheng xian-zhi 观城县志(Gazetteer of Guancheng county). 1838.

Guan He 管鹤. "Quan-fei wen-jian-lu"拳匪闻见录(What I heard and saw of the Boxers). In *Yi-he-tuan* 1:467 - 492.

Guan Wei-lan 官蔚蓝. *Zhong-hua min-guo xing-zheng qu-hua ji tu-di ren-kou tong-ji-biao* 中华民国行政区划及土地人口统计表（Administrative divisions and land and population statistics from the Republic of China）. Taibei，1955.

Guan xian-zhi 冠县志（Gazetteer of Guan county）. 1934. Taibei reprint：1968.

Gulick，Edward V. *Peter Parker and the Opening of China.* Cambridge，Mass. ；Harvard University Press，1973.

Gundry，Richard Simpson. *China，Present and Past；Foreign Intercourse，Progress and Resources；the Missionary Question，etc..* London：Chapman and Hall，1895.

Guo Dong-chen 郭栋臣"Guo Dong-chen de qin-bi hui-yi"郭栋臣的亲笔回他（Personal recollections of Guo Dong-chen）. *Shandong da-xue wen-ke lun-wen-ji* 山东大学文科论文集（Essays in the humanities from Shan-dong University），1980. 1：155 – 156.

——. "Yi-he-tuan zhi yuan-qi" 义和团之缘起（The origins of the Boxers）. In *Shan-dong Yi-he-tuan diao-cha zi-liao xuan-bian* 山东义和团调查资料选编（A selection of survey materials on the Boxers in Shandong），327 – 338. Jinan：Qi-Lu，1980.

Hamberg，Rev. Theodore. *The Visions of Hung-Siu-Tshuen，and the Origin of the Kwang-si Insurrection.* Hong Kong：China Mail，1854.

Harrell，Stevan and Perry，Elizabeth J. "Syncretic Sects in Chinese Society：An Introduction." *Modern China* 8. 3 （July 1982）：283 – 303.

Harvey，Edwin O. "Shamanism in China." In *Studies in the Science of Society*，edited by George Peter Murdock，247 – 266. New Haven：Yale，1937.

He-ze-xian xiang-tu-zhi 荷泽县乡土志（Local gazetteer of Heze county）. 1907.

Heeren，John J. *On the Shantung Front：A History of the Shantung Mission of the Presbyterian Church in the U. S. A.，1861 – 1940 in its Historical，Economic and Political Setting.* New York：Board of Foreign Missions of the Presbyterian Church in the U. S. A.，1940.

Hinton，Harold C. *The Grain Tribule System of China（1845 – 1911）.* Cambridge：Harvard University Press，1956.

Hobsbawm，E. J. *Bandits.* New York：Dell，1971.

——. *Primitive Rebels：Studies in Archaic Forms of Social Movement in the 19th and 20th Centuries*. New York: Norton, 1965.

Horikawa Tetsuo 堀川哲南. "Giwadan undō kenkyū josetsu" 义和团运动研究序说 (An introduction to the study of the Boxer movement). *Tōyōshi kenkyū* 东洋史研究, 23. 3(1964): 41 – 67.

———. "Giwadan undō no hatten katei" 義和団運動の発展過程 (The development of the Boxer movement). *In Kōza Chūgoku kingendaishi 2: Giwadan undō* 讲座中国近现代史 2. 义和团运动 (Lectures on modern Chinese history, 2: The Boxer movement), 207 – 236. Tokyo: Tokyo University Press, 1978.

Hoshi Ayao 星斌夫. *The Ming Tribute Grain System*. Abstracted and translated by Mark Elvin. Ann Arbor: University of Michigan, Center for Chinese Studies, 1969.

Hou Chi-ming. *Foreign Investment and Economic Development in China*, *1840 – 1937*. Cambridge, Mass.: Harvard University Press, 1965.

Hou Ren-zhi 侯仁之. *Xu tian-xia jun-guo li-bing shu: Shandong zhi bu* 续天下郡国利病书:山东之部 (Supplement to "The strengths and weaknesses of the states of the empire": Shandong). Peking: Harvard-Yenching, 1941.

Hsiao Kung-ch'üan. *Rural China: Imperial Control in the Nineteenth Century*. Seattle: University of Washington Press, 1960.

Hu Sheng 胡绳. "Yi-he-tuan de xing-qi he shi-bai" 义和团的兴起和失败 (The rise and fall of the Boxers). *Jin-dai-shi yan-jiu* 近代史研究, 1979. 10:96 – 163.

Hu Zhu-sheng 胡珠生. "Yi-he-tuan de qian-shen shi zu-shi-hui" 义和团的前身是祖师会 (The predecessor of the Boxers is the Patriarch's Assembly). *Li-shi yan-jiu* 历史研究, 1958. 3:8.

Huang Chun-yaoa 黄淳耀. "Shan-zuo bi-tan" 山左笔谈 (Notes on Shandong). In *Cong-shu ji-cheng* 丛书集成, edited by Wang Yun-wu 王云五, vol. 3143. Changsha: Commercial Press, 1938.

Huang Ji 黄玑. *Shan-dong Huang-he nan-an shi-san zhou-xian qian-min tu-shuo* 山东黄河南岸十三州县迁民图说 (Map illustrating the relocation of people from thirteen counties on the south bank of the Yellow River in Shandong). N. p.: 1894.

Huang, Philip C. C. *The Peasant Economy and Social Change in North China*. Stanford: Stanford University Press, 1985.

Huang Yu-pian 黄育楩. "Po-xie xiang-bian"破邪详辩（A detailed refutation of heterodoxy). （1834）In *Qing-shi zi-liao* 清史资料, vol. 3. Beijing：Zhong-hua,1982.

Huang Ze-cang 黄泽苍. *Shan-dong* 山东 Shanghai：Zhong-hua，1935.

Hunt，Michael H. "The Forgotten Occupation：Peking，1900 – 1901." *Pacific Historical Review* 48. 4（November 1979）：501 – 529.

Hyatt，Irwin T. *Our Ordered Lives Confess*：*Three 19th Century Missionaries in East Shantung*. Cambridge，Mass. ：Harvard University Press，1976.

Ichiko Chūzō 市古宙三. "Giwaken no seikaku"義和拳の性格（The nature of the Boxers). In Ichiko Chūzō，*Kindai Chūgoku no seiji to shakai* 近代中国の政治と社会，289 – 310. Tokyo：Tokyo University Press，1977.

——. "Giwaken zakko"义和拳杂考（Miscellany on the Boxers). In Ichiko Chūzō，*Kindai Chūgoku no seiji to shakai*，311 – 324. Tokyo：Tokyo University Press，1977.

Ileto，Reynaldo Clemena. *Pasyon and Revolution*：*Popular Movements in the Philippines*，*1840 – 1910*. Manila：Manila University Press，1979.

Isoré，P. "La chrétienté de Tchao-kia-tchoang sur le pied de guerre" （The Christendom of Zhao-jia-zhuang on a war footing). In *Chine et Ceylan*：*Lettres des missionaires de la Compagnie de Jesus* 1（1899）：106 – 113.

James，F. H. "The Secret Sects of Shantung，With Appendix." *Records of the General Conference of the Protestant Missionaries of China*，*Held at Shanghai*，*May 7 – 20*，*1890*，196 – 202. Shanghai：Presbyterian Mission Press，1890.

Jen Yu-wen. *The Taiping Revolutionary Movement*. New Haven：Yale University Press，1973.

Ji-ning zhi-li zhou-zhi 济宁直隶州志(Gazetteer of Jining department). 1840.

Jiang Kai 蒋楷. "Ping-yuan quan-fei ji-shi"平原拳匪纪事（A record of the Boxer bandits in Pingyuan). In *Yi-he-tuan* 1：353 – 362.

Jiao-wu jiao-an dang 教务教案桥（Archives of missionary affairs and missionary cases). Zhong-yang yan-jiu-yuan jin-dai-shi yan-jiu-suo 中央研究院近代史研究所,Series 5 edited by Li Shi-qiang 吕实强，4 vols. Taibei：1977. Series 6 edited by Lu Bao-gan 陆宝干，3 vols. Taibei：1980. Cited as JWJAD.

Jin Chong-ji and Hu Sheng-wu 金冲及，胡绳武. "Yi-he-tuan yun-dong shi-qi de ge-jie-ji dong-xiang"义和团运动时期的各阶级动向(Tendencies of social classes during the period of the Boxer movement). In *Zhong-guo jin-dai-shi lun-wen-ji* 中国近代史论文集(Collected essays on modern Chinese history), edited by Zhong-guo ren-min da-xue Qing-shi yan-jiu-suo 中国人民大学清史研究所, 692－709. Beijing：Zhong-hua, 1979.

Jing Su 景甦 and Lo Lun 罗仑. *Qing-dai Shan-dong jing-ying di-zhu de she-hui xing-zhi* 清代山东经营地主的社会性质(The social character of managerial landlords in Qing dynasty Shandong). Jinan：Shandong-sheng Xin-Hua shu-dian, 1959.

Johnson, David; Nathan, Andrew J.; and Rawski, Evelyn S., eds. *Popular Culture in Late Imperial China*. Berkeley：University of California Press, 1985.

Johnston, R. F *Lion and Dragon in Northern China*. London：John Murray, 1910.

Journal of the North China Branch of the Royal Asiatic Society. 1859—. Cited as JNCBRAS.

Kanbe Teruo 神户辉夫. "Shindai kōki Santōshō ni okeru 'danhi' to nōson mondai,"清代後期山東省における「団匪」と農村問題("Militia bandits" and the rural problem in Shandong at the end of the Qing). *Shirin* 史林, 55.4 (July 1972)：61－98.

Kang-Yong-Qian shi-qi cheng-xiang ren-min fan-kang dou-zheng zi-liao 康雍乾时期城乡人民反抗斗争资料(Materials of resistance struggles of town and country people during the Kang-xi, Yong-zheng, and Qian-long periods). Edited by Zhong-guo renmin da-xue Qing-shi yan-jiu-suo 中国人民大学清史研究所. Beijing：Zhong hua, 1979.

Kataoka Shibako 片冈芝子. "Minmatsu Shinsho no Kahoku ni okeru nōka keiei"明末清初の華北における農家経営(Farm management in north China in the late Ming and early Qing). *Shakai keizai shigaku* 社会经济史学, 25.2/3 (1959)：77－100.

King, Clifford J. *A Man of God：Joseph Freinademetz, Pioneer Divine Word Missionary*. Techny, Ⅲ.：Divine Word Publications, 1959.

Kleinman, Arthur. *Patients and Healers in the Context of Culture：An Exploration of the Borderland between Anthropology, Medicine and Psychiatry*. Berkeley：University of California Press, 1980.

Kobayashi Kazumi 小林一美. "Chūgoku hakurenkyō hanran ni okeru teiō to seibo—hansei kyōdōtai no nigenronteki sekai—"中国白蓮教反乱における帝王と聖母—仮性共同体の＝元論的世界(Ruler and Holy Mother in White Lotus Rebellions in China—the two-dimensional world of counter-community), *Rekishigaku no saiken ni mukete* 歴史学の再建に向けて，5 (1980)：52 - 64.

——. "Giwadan minshū no sekai—kindaishi bukai Satoi hokoku ni yosete"「義和団民衆の世界」——近代史部会里井報告によせて(The world of the Boxer masses—on the report of Satoi to the modern history section), *Rekishigaku kenkyū* 历史学研究，364 (1970)：29 - 34.

——. "Giwadan no minshū shisō" 義和団の民衆思想(The popular thought of the Boxers). In *Kōza Chūgoku kingendaishi 2：Giwadan undō* 讲座中国近现代史 2. 义和团运动(Lectures on Modern China，2：The Boxer movement). Tokyo：Tokyo University Press，1978.

——. "Kakei hakurenkyō hanran no seikaku"嘉慶白蓮教反乱の性格 (The nature of the Jia-Qing White Lotus Rebellion). In *Nakajima Satoshi sensei koki kinen ronshu*：中岛敏先生古稀记念论集，559 - 580.

——. "Kōsō，kōryō tōsō no kanata—kakyū seikatsu no omoi to seijiteki shūkyōteki jiritsu no michi—"抗租抗糧闘争の彼方—下層生活の想いと政治的，宗教的自立の途—(Beyond rent-and tax-resistance strug-gles— the thought of the lower classes and the road to political and religious autonomy), *Shisō* 思想. 584 (1973)：228 - 247.

Kong Ling-ren 孔令仁. "Shi-jiu shi-ji-mo Shan-dong de she-hui jing-ji yu Yi-he-tuan yun-dong"十九世纪末山东的社会经济与义和团运动(Society and economy in late nineteenth century Shandong and the Boxer movement)，*Shan-dong da-xue wen-ke lun-wen ji-kan* 山东大学文科论文集刊(Essays in the humanities from Shandong University)，1980. 1：1 - 22.

Kuhn，Philip A. "Origins of the Taiping Vision：Cross-Cultural Dimensions of a Chinese Rebellion." *Comparative Studies in Society and History* 19 (1977)：350 - 366.

——. *Rebellion and Its Enemies in Late Imperial China：Militarization and Social Structure，1796 - 1864*. Cambridge，Mass.：Harvard University Press，1970.

——. "The Taiping Rebellion." In John K. Fairbank, ed.. *The Cambridge History of China*. vol. 10：*Late Ch'ing. 1800 - 1911*. Part 1：264 - 317.

Laai Yi-faai; Michael, Franz; and Sherman, John C. "The Use of Maps in Social Research: A Case Study in South China." *The Geographical Review* 52. 1 (1962): 92 - 111.

Langer, Willam L. *The Diplomacy of Imperialism, 1890 - 1902*. Second edition. New York: Knopf, 1965.

Lao Nai-xuan 劳乃宣. "Lao Nai-xuan zi-ding nian-pu"劳乃宣自订年谱 (Chronological autobiography of Lao Nai-xuan). Excerpted in *Yi-he-tuan shi-liao* 1:416 - 417.

——. "Quan-an za-cun"拳案杂存(Miscellaneous papers on the Boxers). 1901. In *Yi-he-tuan* 4:449 - 474.

——. "Yi-he-quan jiao-men yuan-liu kao"义和拳教斗源流考(An Examination of the sectarian origins of the Boxers United in Righteousness). 1899. In *Yi-he-tuan* 4:433 - 439.

Latourette, Kenneth Scott. *A History of Christian Missions in China*. New York: Macmillan, 1929.

Lawson, Scott. "Prompting and Audience, Summoning a God: Toward a Phenomenology of Possession within Oral-Epic Performance in South India." Paper presented at Association for Asian Studies Convention, 1985.

Le Roy Ladurie, Emmanuel. *Carnival in Romans*. Translated by Mary Feeney. New York: George Braziller. 1980.

——. *Montaillou: The Promised Land of Error*. Translated by Barbara Bray. New York: Vintage, 1979.

Leboucq, Prosper. *Associations de la Chine. Lettres du P. Leboucq, missionaire au Tche-ly-sud-est, publiées par un de ses amis*. Paris: F. Wattelier [ca. 1880].

Lees, Jona. "Notes on a Journey from Tientsin to Chi-Nan Fu." *Chinese Recorder and Missionary Journal* 1. 6 (October 1868).

Li Bing-heng 李秉衡. *Li Zhong-jie-gong (jian-tang) zou-yi* 李忠节公 (鑑堂)奏议(Memorials of Li Bing-heng). Liaoning: Zuo-xin Publication, 1930. Cited as LBH.

Li Chien-nung. *The Political History of China, 1840 - 1928*. Translated by Ssu-yu Teng and Jeremy Ingalls. Princeton: Van Nostrand, 1956.

Li Fei-ran, Deng Jie-zhang, Zhu Zhe-fang, and Peng Da-yong 黎斐然, 邓洁彰、朱哲芳、彭大雍. "Tai-ping tian-guo qi-yi qian-ye de Guang-xi she-hui"太平天国起义前夜的广西社会(Guangxi society on the eve of the Taiping rebellion). In *Tai-ping tian-guo shi xin-tan* 太平天国史新探（A new approach to the history of Taiping rebellion). Edited by Nanjing University History Department，147 - 173. Suzhou：Jiangsu People's Press，1982.

Li Hong-sheng 李宏生."Yu-xian yu Shan-dong Yi-he-tuan"毓贤与山东义和团（Yu-xian and the Shandong Boxers). Paper presented at International Conference on the Boxer Movement. Jinan，1980.

Li Kan 李侃."Yi-he-tuan yun-dong yan-jiu-zhong de ji-ge wen-ti"义和团运动研究中的几个问题（Several problems in the study of the Boxer movement). *Li-shi jiao-xue* 历史教学,1979.2:12 - 18.

Li Shang-ying 李尚英. "Dui Yi-he-quan yan-jiu-zhong ji-ge wen-ti de tan-tao"对义和拳研究中几个问题的探讨（Discussion on several problems in the study of the Boxers). *Xue-xi yu si-kao* 学习与思考，1982.6:55 - 59.

Li Shi-yu 李世瑜."Bao-juan xin-yan"宝卷新研（A new study of bao-juan). In *Wen-xue yi-chan zeng-kan* 文学遗产增刊，4：165 - 181. Beijing：Writers' Press，1957.

——. *Xian-zai Hua-bei mi-mi zong-jiao* 现在华北秘密宗教（Secret religions in contemporary north China). Chengdu：1948.

——. "Yi-he-tuan yuan-liu shi-tan" 义和团源流试探（An Exploration into the origins of the Boxers). *Li-shi jiao-xue* 历史教学，1979.2:18 - 23.

Li Wen-zhi 李文治，ed. *Zhong-guo jin-dai nong-ye-shi zi-liao* 中国近代农业史资料（Materials on the agrarian history of modern China），vol. 1. Bejing：San-lian，1957.

Li Xing-hong 李行宏 and Qin Ya-min 秦亚民. 'Guan-yu'Da-dao-hui'shou-ling Liu Shi-duan de bu-fen qing-kuang"关于"大刀会"首领刘士端的部份情况（On some aspects of the situation concerning the Big Sword Society leader Liu Shi-duan). Manuscript provided by Shan county Cultural Bureau.

Li Zong-yi 李宗一." Shandong 'Yi-he-tuan zhu-li xiang Zhili zhuan-jin' shuo zhi-yi"山东"义和团主力向直隶转进"说质疑（Questions on the theory that 'the main force of the Shandong Boxers marched into Zhili'). *Jin-dai-shi yan-jiu* 近代史研究，1979.1:303 - 319.

Lian Li-zhi 廉立之 and Wang Shou zhong 王守中，eds. *Shan-dong jiao-an shi-liao* 山东教案史料（Historical materials on Shandong missionary cases). Jinan：Qi-Lu，1980.

Liang Fang-zhong 梁方仲. *Zhong-guo li-dai hu kou，tian-di，tian-fu tong-ji* 中国历代户口,田地,田赋统计（Statistics on population，land and taxes in China during the successive dynasties). Shanghai: People's Press, 1980.

Liao Yi-zhong, Li De-zheng, and Zhang Xuan-ru 廖一中，李德征，张旋如. *Yi-he-tuan yun-dong shi* 义和团运动史（A history of Boxer movement). Beijing: People's Press, 1981.

Lin Chuan-jia 林传甲. *Da-Zhong-hua Zhili-sheng di-li-zhi* 大中华直隶省地理志（Geography of Zhili province of China). Bejing: Wu-xue shu-guan, 1920.

Lin Xue-jian 林学瑊. *Zhi-dong jiao-fei dian-cun* 直东剿匪电存 (Telegrams on suppressing the [Boxer] bandits in Zhili and Shandong). N. p. : 1906. Taibei reprint: Wenhai, n. d.

Litzinger, Charles Albert. "Temple Community and Village Cultural Integration in North China: Evidence from 'Sectarian Cases' (*Chiao-an*) in Chihli, 1860 - 95. " Ph. D. dissertation, University of California at Davis, 1983.

Liu Chun-tang 刘春堂. "Ji-nan ji-bian ji-lue"畿南济樊纪略（An account of meeting the emergency in southern Zhili). In *Yi-he-tuan shi-liao* 1 : 306 - 349.

Liu T'ieh-yun. *The Travels of Lao Ts'an*. Translated by Harold Shadick. Ithaca: Cornell, 1952.

Lu Jing-qi 陆景琪, "Lun Yi-he-tuan yun-dong de zheng-zhi kou-hao"论义和团运动的政治口号（The political slogans of the Boxer movement). *Shan-dong da-xue xue-bao* 山东大学学报,1960. 1（March）: 55 - 69.

——. "Shan-dong Chi-ping, Ping-yuan yi-dai Yi-he-tuan diao-cha-ji"山东茌平,平原一带义和团调查记（Investigations on the Boxers in Chi-ping and Pingyuan counties in Shandong). *Wen-wu* 1976. 3: 1 - 11.

——. "Shan-dong Yi-he-quan de xing-qi, xing-zhi yu te-dian"山东义和拳的兴起,性质与特点（The rise, nature, and characteristics of the Shan-dong Boxers). *Wen-shi-zhe* 文史哲, 1982. 4: 72 - 79.

——. "Yi-he-tuan yun-dong zai Shan-dong de bao-fa ji-qi dou-zheng"义和团运动在山东的爆发及其斗争（The outbreak and struggles of the Boxer movement in Shandong). In *Yi-he-tuan yun-dong liu-shi zhou-nian ji-nian lun-wen-ji*, 67 - 83.

——. *Yi-he-tuan zai Shan-dong* 义和团在山东（The Boxers in Shandong). Jinan: Qi-Lu, 1980.

Lu Jing-qi and Cheng Xiao 程啸. *Yi-he-tuan yuan-liu shi-liao* 义和团源流史料(Historical materials of the origins of the Boxers). Beijing: Chinese People's University, 1980. Cited as YLSL.

Lu Yao 路遥. "Lun Yi-he-tuan de yuan-liu ji qi-ta"论义和团的源流及其他(Discussion of the origins of the Boxers and other matters). *Shandong da-xue wen-ke lun-wen ji-kan* 山东大学文科论文集刊,1980. 1:36 - 61.

——. "Yi-he-tuan yun-dong chu-qi dou-zheng jie-duan de ji-ge wen-ti" 义和团运动初期斗争阶段的几个问题(Several problems on the initial stages of the Boxer movement). In *Zhong-guo jin-dai-shi lun-wen-ji* 中国近代史论文集, 2:661—691. Beijing: Zhong-hua, 1979.

Luo Cheng-lie 骆承烈. "Zhao San-duo, Yan Shu-qin ling-dao de Yi-he-tuan fan-di dou-zheng" 赵三多,阎书勤领导的义和团反帝斗争(The anti-imperialist struggles of the Boxers led by Zhao San-duo and Yan Shu-qin). Paper delivered at meeting of Shandong Historical Association. Jinan, October 1979.

Luo Dun-rong 罗惇曧. "Quan-bian yu-wen"拳变余闻(Further stories of the Boxer crisis). In *Geng-zi quan-luan zi-liao* 庚子拳乱资料(Materials on the Boxer unrest in 1900). Edited by Zuo Shun-sheng 左舜生, 98 - 136. Taibei reprint: n. d.

Lynch, George. *The War of the Civilizations*, *being a Record of a "Foreign Devil's" Experience with the Allies in China*. London: Longmans Green and Co., 1901.

Markham, John. "Notes on the Shantung Province, being a Journey from Chefoo to Tsiuhsien [Zou-xian], the City of Mencius." In *Journal of the North China Branch of the Royal Asiatic Society* 4 (1869 - 1870): 1 - 29.

Martin, Christopher. *The Boxer Rebellion*. London: A belard-Schuman, 1968. Michael, Franz with Chang Chung-li. *The Taiping Rebellion: History and Documents*. 3 vols. Seattle: University of Washington Press, 1966, 1971.

Miller, Stuart Creighton. "Ends and Means: Missionary Justification of Force in Nineteenth Century China." In *The Missionary Enterprise in China and America*, edited by John K. Fairbank, 249 - 282. Cambridge: Harvard University Press, 1974.

Mooney, James. *The Ghost-Dance Religion and the Sioux Outbreak of*

1890. Washington: Government Printing Office, 1896.

Muramatsu Yūji 村松祐次. *Giwadan no kenkyū* 义和团の研究(Studies on the Boxers). Tokyo: Gannan-dō 岩南堂,1976.

Myers, Ramon. *The Chinese Peasant Economy: Agricultural Development in Hopei and Shantung*, *1890 – 1949*. Cambridge, Mass. : Harvard University Press, 1970.

Na-yan-cheng 那彦成. "Na wen-yi-gong zou-yi"那文毅公奏议 (Memorials of Na-yan-cheng). Edited by Zhang-jia Rong-an 章佳容安. Taibei reprint: n. d. Cited as NYC.

Nan-kai da-xue li-shi-xi Zhong-guo jin-xian-dai-shi jiao-yan-zu 南开大学历史系中国近现代史教研组(Modern Chinese History Section, History Department, Nankai University). "Yi-he-tuan shi yi nong-min wei zhu-ti de fan-di ai-guo zu-zhi"义和团是以农民为主体的反帝爱国组织(The Boxers were an anti-imperialist patriotic organization with peasants as the main component). In *Yi-he-tuan yun-dong liu-shi zhou-nian ji-nian lun-wen-ji*, 256 – 274.

Naquin, Susan. "Connections Between Rebellions: Sect Family Networks in Qing China." *Modern China* 8. 3 (1982): 337 – 360.

——. *Millenarian Rebellion in China : The Eight Trigrams Uprising of 1813*. New Haven: Yale University Press, 1976.

——. *Shantung Rebellion: The Wang Lun Uprising of 1774*. New Haven: Yale University Press: 1981.

——. "The Transmission of White Lotus Sectarianism in Iate Lmperial China." In *Popular Culture in Late Imperial China*, edited by D. Johnson, A. Nathan, and E. Rawski. Berkeley: University of California Press, 1985.

Neill, Stephen. *Colonialism and Christian Missions*. New York: McGraw Hill, 1966.

Nevius, John L. *Demon Possession and Allied Themes—Being an Inductive Study of Phenomena of Our Own Times*. New York: Fleming H. Revell Co. , 1894.

——. "Shantung Mission, North China." *In Foreign Missionary of the Presbyterian Church*. N. p. : 1872.

Niida Noboru 仁井田陞 et al. , eds. *Chūgoku nōson kankō chōsa* 中国农村贯行调查(Surveys of village customs in China). Tokyo: Iwanami, 1981.

Nong-shang-bu 农商部. *Nong-shang tong-ji-biao*，1918 农商统计表，一九一八（Statistical tables on agriculture and commerce，1918）. Beijing：Ministry of Agriculture and Commerce，1922.

Norem, Ralph A. *Kaiochow Leased Territory*. Berkeley：University of California Press，1939.

The North China Herald and Supreme Court and Consular Gazette. Cited as NCH.

Overmyer，Daniel L. "Attitudes Toward the Ruler and State in Chinese Popular Religious Literature：Sixteenth and Seventeenth Century Paochuan." Unpublished manuscript，1983.

——. *Folk Buddhist Religion：Dissenting Sects in Late Traditional China*. Cambridge，Mass.：Harvard University Press，1976.

Perry，Elizabeth J. *Rebels and Revolutionaries in North China*. Stanford：Stanford University Press，1980.

Pi zhou-zhi 邳州志（Gazetteer of Pi department）. 1851.

Pila，Fernand. "Une Province Chinoise en progrès：Le Chantoung." *Bulletin du Comité de l'Asie Française* 40（July 1904）：331–337.

Ping-yuan xian-zhi 平原县志（Gazetteer of Pingyuan county）. 1749. Taibei reprint：1976.

Popkin，Samuel. *The Rational Peasant：The Political Economy of Rural Society in Vietnam*. Berkeley：University of California Press，1979.

Porter，Henry D. *Mary H. Porter：First Missionary of the W. B. M. I.* Chicago：Women's Board of Missions of the Interior（Congregational），1914.

——. "The Missionary Invasion of China." *New Englander* 14（January 1890）：47–63.

——"A Modern Shantung Prophet." *Chinese Recorder* 18. 1（January 1887）：12–21.

——. "Secret Sects in Shantung." Parts 1, 2. *Chinese Recorder* 17. 1–2（January，February 1886）：1–10，64–73.

Presbyterian Church in the U. S A. Board of Foreign Missions. *Correspondence and Reports［on China］1837 – 1911*.（Microfilm）Philadelphia：Presbyterian Historical Society. Cited as BFM.

Purcell，Victor. *The Boxer Uprising：A Background Study*. Cambridge，England：Cambridge University Press，1963.

Qi Chang-fa 亓长发. "Lun Yu-xian" 论毓贤（On Yu-xian）. Paper

presented at International Conference on the Boxer Movement. Jinan, 1980.

Qi-he xian-zhi 齐河县志(Gazetteer of Qihe county). 1737.

Qi-he xian-zhi 齐河县志(Gazetteer of Qihe county). 1933.

Qin-ding ping-ding jiao-fei ji-lüe 钦定平定教匪纪略（Imperially commissioned account of the suppression of the sectarian rebels). Ed. To-jin 托津 et al. 1816. Taibei reprint: 1971. Cited as JFJL.

Qing-dai dang-an shi-liao cong-bian 清代档案史料丛编(Compendium of materials from the Qing archives). Edited by Ming-Qing archives section of the Palace Museum. Beijing: Zhong-hua, 1979. Cited as QDDASLCB.

Qu-zhou xian-zhi 曲周县志(Gazetteer of Quzhou county). 1747.

Reclus, Elisée. *The Earth and Its Inhabitants. Asia*, *vol. 2*; *East Asia*: *Chinese Empire*, *Corea and Japan*. New York: D. Appleton and Co., 1884.

Records of the General Conference of the Protestant Missionaries of China Held at Shanghai: May 7 - 20, *1890*. Shanghai: American Presbyterian Mission Press, 1890.

Renaud, Rosario. *Suchou*, *Diocèse de Chine*. vol. 1 (1882 - 1931). Montreal: Editions Bellarmin, 1955.

Richard, L. *Comprehensive Geography of the Chinese Empire and Dependencies*. Translated by M. Kennelly. Shanghai: T'usewei Press, 1908.

Sasaki Masaya 佐々木正哉. "Giwadan no kigen"义和团の起源（The origins of the Boxers). Parts 1 - 3. In *Kindai Chūgoku* 近代中国, 1977.1: 144 - 180; 1977.7:113 - 134; 1978.5:133 - 186.

Satō Kimihiko 佐藤公彦. "Giwadan（ken）genryū: hakkekyō to giwaken"义和团（拳）源流：八卦教と义和拳（The Origins of the Boxers: The Eight Trigrams Sects and the Yi-he Boxers). *Shigaku zasshi* 史学杂志,91.1（January 1982）: 43 - 80.

——. "Kenryū sanjukyūnen Ō Rin Shinsuikyō hanran shoron—Giwadan ron josetsu"乾隆三九年王伦清水教叛乱小论—义和团论序说（A short discussion of the Clear Water Sect Uprising in the 39th year of Qian-long—an introduction to the discussion of the Boxers), *Hitotsubashi ronshū* 一桥论丛,81.3:321 - 341.

——:"1896 nen Santō seinanbu no taitōkai no kyūkyō tōsō ni tsuite—taitōkai shuryō Ryū Shidan no kokyō o tazunete" 1896 年山东西南部の大刀

会の仇教闘争について―大刀会首領刘士瑞の故乡を访权て（On the 1896 anti-Christian struggle of the Big Sword Society in southwest Shandong—a visit to the home of the Big Sword leader Liu Shi-duan）. Privately printed manuscript，1980.

——. "Shoki Giwadan undō no shosō—kyōkai katsudō to taitōkai"初期义和团运动の诸相- 教会活动と大刀会（The early face of the Boxer movement—Christian activities and the Big Sword Society）. *Shichō* 史潮，11 (1982)：47－74.

Satoi Hikoshichiro 里井彦七郎. *Kindai Chūgoku ni okeru minshū undō to sono shisō* 近代中国における民众运动とその思想（Popular movements of modern China and their thought）. Tokyo：Tokyo University Press，1972.

Sawara Tokusuke 佐原笃介 and"Ou-yin"漚隐. "Quan-shi za ji,"拳事难记（Miscellaneous notes on Boxer affairs）. *In Yi-he-tuan* 1：235－300.

Schlesinger, Arthur, Jr. "The Missionary Enterprise and Theories of Imperialism. " In *The Missionary Enterprise in China and America*, edited by J. K. Fairbank, 336－373. Cambridge, Mass. ：Harvard University Press，1974.

Schrecker, John E. *Imperialism and Chinese Nationalism：Germany in Shantung*. Cambridge，Mass. ：Harvard University Press，1971.

Shan xian-zhi 单县志（Gazetteer of Shan county）. 1759.

Shan xian-zhi 单县志（Gazetteer of Shan county）. 1929.

Shan-dong da-xue li-shi-xi 山东大学历史系（History Department of Shandong University）. *Shan-dong di-fang-shi jiang-shou ti-gang* 山东地方史讲授提纲（Teaching outline for shandong local history）. Jinan：Shandong People's Press，1960.

——. *Shan-dong Yi-he-tuan diao-cha bao-gao* 山东义和团调查报告（A report on the surveys of the Shandong Boxers）. Jinan：Zhong-hua，1960.

Shan-dong da-xue li-shi-xi jin-dai-shi jiao-yan-shi 山东大学历史系近代史教研室（Modern Chinese history section of History Department of Shan dong University）. *Shan-dong Yi-he-tuan diao-cha zi-liao xuan-bian* 山东义和团调查资料选编（Selections from survey materials on the Shandong Boxers）. Jinan：Qi-Lu，1980. Cited as SDDC.

——. "'Yi-he-tuan zai Shan-dong' diao-cha ji-lu."《义和团在山东》调查记录 Manuscript notes of oral history surveys done in 1960，1965，1966， and bound by county, combination of counties, or (in one case: Zhao Sanduo) by the leader of a Boxer uprising. Cited as SD Survey, [county or other name].

Shan-dong Huang-he Guang-xu er-shi-qi-ba liang-nian xian-gong-tu 山东黄河光绪廿七八两年险工图 (Dangerous sections of Yellow River during 1901 and 1902). Manuscript, Library of Congress.

Shan-dong jin-dai-shi zi-liao 山东近代史资料 (Materials on the modern history of Shandong). Edited by Shan-dong-sheng li-shi xue-hui 山东省历史学会 (Shandong Historicl Society). Jinan: 1961. Reprinted Tokyo: Daian, 1968. Cited as SDJDSZL.

Shan-dong quan-sheng he-tu 山东全省河图 (A Map of the Yellow River in Shandong). Manuscript, Library of Congress.

Shan-dong sheng-li min-zhong jiao-yu-guan 山东省立民众教育馆 (Shandong Provincial Mass Educational Center). *Shan-dong min-jian yu-le diao-cha 1: Er-tong you-xi* 山东民间娱乐调查, 1: 儿童游戏 (Survey on popular entertainment, No. 1: Children's games). Jinan: Shandong Provincial Mass Educational Center, 1933.

Shan-dong sheng-li min-zhong jiao-yu-guan yan-ju-bu 山东省立民众教育馆研究部 (Research department of the Shandong Provincial Mass Educational Center). *Shan-dong ge-yao* 山东歌谣 (Shandong Songs), Jinan: Shan-dong Provincial Mass Educational Center, 1933.

Shan-dong sheng-zhi zi-liao 山东省志资料 (Materials for a Shandong provincial gazetteer). Jinan: Shandong People's Press, 1960. Cited as SDSZZL.

Shan-dong shi-fan-xue-yuan li-shi-xi Shan-dong tong-shi bian-xie-zu 山东师范学院历史系山东通史编写组 (Editorial group for a history of Shandong of the History Department, Shandong Teacher's College). "Shan-dong Yi-he-tuan fan-di ai-guo yun-dong" 山东义和团反帝爱国运动 (The anti-imperialist patriotic movement of the Shandong Boxers). In *Yi-he-tuan yun-dong liu-shi zhou-nian ji-nian lun-wen-ji*, 84 – 110.

Shan-dong tong-zhi 山东通志 (Gazetteer of Shandong). 1915.

Shan-dong. Yi-he-tuan an-juan 山东义和团案卷 (Archives on the Shandong Boxers). Edited by Zhong-guo she-hui ke-xue-yuan jin-dai-shi yan-jiu-suo, jin-dai-shi zi-liao bian-ji-shi 中国社会科学院近代史研究所近代史资料编辑室 (Editorial section for modern history materials of the Modern

History Institute of the Chinese Academy of Social Science). Jinan: Qi-Lu, 1980. Cited as AJ.

Shan-dong yun-he quan-tu 山东运河全图 (Map of the Grand Canal in Shan-dong). Manuscript, Library of Congress.

"Shanghai Mercury." *The Boxer Rising: A History of the Boxer Trouble in China.* Shanghai: 1900. New York: Paragon reprint, 1967.

Shek, Richard. "Millenarianism without Rebellion: The Huangtian Dao in North China." *Modern China* 8.3 (July 1982): 305 – 336.

Shi Nian-hai 史念海. *Zhong-guo de yun-he* 中国的运河 (The Grand Canal of China). Chongqing: Shi-xue shu-ju, 1944.

Shi Si-qun 史思群. "Lun Yi-he-tuan fan-di-guo-zhu-yi dou-zheng" 论义和团反帝国主义斗争 (An exposition to the anti-imperialist struggle of the Boxers). In *Zhong-guo jin-dai-shi lun-wen-ji* 中国近代史论文集 (Collected essays on modern Chinese history), 642 – 660. Beijing: Zhong-hua, 1979.

Shih, Vincent. *Taiping Ideology: Its Sources, Interpretation and Influence.* Seattle: University of Washington Press, 1967.

Si-sheng yun-he shui-li quan-yuan he-dao quan-tu 四省运河水利泉源河道全图 (Map of irrigation, water resources, and the course of the Grand Canal in four provinces). 1855.

Simon, G. Eng. *China: Its Social, Politcal and Religious Life.* London: Sampson Low, Morston, Searle and Rivington, 1887.

Skinner, G. William, ed. *The City in Late Imperial China.* Stanford: Stanford University Press, 1977.

Smith, Arthur Henderson. *China in Convulsion.* 2 vols. New York: Fleming H. Revell, 1901.

——. "Sketches of a Country Parish." *Chinese Recorder*, Part 1, 12.4 (July to August 1881): 245 – 266. Part 2, 12.5 (September to October): 317 – 344. Part 3, 13.4 (July to August 1882): 280 – 298.

——. *Village Life in China: A Study in Sociology.* New York: Fleming H. Revell, 1899.

Song Jia-heng 宋家珩 and Pan Yu 潘钰. "Yi-he-tuan yun dong-zhong de fu-nü qun-zhong" 义和团运动中的妇女群众 (Women in the Boxer movement). *Shan-dong da-xue xue-bao* 山东大学学报, 1960.2 (March): 54 – 60.

Song Jing-shi dang-an shi-liao 宋景诗档案史料 (Archival materials on

Song Jing-shi). Edited by Guo-jia dang-an-ju Ming-Qing dang-an-guan 国家档案局明清档案馆 (Ming-Qing archives of the State Archives Bureau). Beijing: Zhong-hua, 1959. Cited as SJSDA.

Song. Zhe 宋哲. *Shan-dong min-jian gu-shi* 山东民间故事 (Shandong folk tales). Hong Kong: Wong Yit Book Co., 1962.

Speer, Robert E. *Missions and Politics in Asia*. New York: Fleming H. Revell, 1898.

Spence, Jonathan. *To Change China: Western Advisers in China, 1620-1960*. New York: Boston: Little, Brown, 1969.

Stauffer, Milton T. The *Christian Occupation of China: A general survey of the numerical strength and geographical distribution of the Christian forces in China made by the Special Committee on Survey and Occupation*, *China Continuation Committee*, *1918-1921*. Shanghai: China Continuation Committee, 1922.

Steiger, George Nye. *China and the Occident: the Origin and Development of the Boxer Movement*. New Haven: Yale University Press: 1927.

Stenz, Georg M. *Beiträge zur Volkskunde Süd-Schantungs*. Leipzig, R. Voigtlander, 1907.

Stenz, George M., *Life of Father Richard Henle, S. V. D., Missionary in China*, *Assassinated November 1, 1897*. Translated by Elizabeth Ruft. Techny, Illinois: Mission Press, 1915.

——. *Tweny-five Years in China, 1893-1918*. Techny, Illinois: Mission Press, 1924.

Sun Jing-zhi 孙敬之: *Hua-bei jing-ji di-li* 华北经济地理 (Economic geography of north China). Beijing: Science Press, 1957.

Sun Xiao-en 孙孝恩 and Jiang Hai-deng 江海澄. "Shi-lun Yi-he-tuan yun-dong de xing-zhi" 试论义和团运动底性质 (An inquiry into the nature of the Boxer movement). *Shan-dong da-xue xue-bao* 山东大学学报, 1960. 2: 22-43.

Suzuki Chūsei 鈴木中正 *Chūgokushi ni okeru kakumei to shūkyō*. 中国史における革命と宗教 (Rebellion and religion in Chinese history). Tokyo: Tokyo University Press: 1974.

——. *Shinchō chūkishi kenkyū* 清朝中期史研究 1952. Tokyo reprint: Rangen shobo, 1971.

Tan, Chester C. *The Boxer Catastrophe*. New York: W. W. Norton, 1971.

Tanaka Tadao 田中忠夫. *Kakumei Shina nōson no jisshōteki kenkyū* 革命支那农村の実証的研究 (An empirical study of the vllages of revolutionary China). Tokyo: Shuninsha, 1930.

Tawney, R. H. *Land and Labor in China*. Boston: Beacon Press, 1966.

Thauren, John. *The Mission Fields of the Society of the Divine Word* I: *The Missions of Shantung, China; with a General Introduction to China and the Catholic Missions There*. Translated by Albert Paul Schimberg. Techny, Illinois: Mission Press, 1932.

Thrupp, Sylvia, ed. *Millennial Dreams in Action: Essays in Comparative Study*. The Hague: Mouton and Co., 1962.

Tiedemann, R. G. "The Geopolitical Dimensions of Collective Rural Violence: North China, 1868–1937." unpublished mss. 1979.

Tōa Dōbunkai 东亚同文会. *Shina shōbetsu zenshi*, vol. 4: *Santōshō*. 支那省別全誌: 4: 山东省 (Gazetteer of the provinces of China, vol. 4: Shandong). Tokyo: Tōa Dōbunkai, 1917.

Turner, Victor. *From Ritual to Theatre: The Human Seriousness of Play*. New York: Performing Arts Journal Publications, 1982.

———. *The Ritual Process: Structure and Anti-Structure*. Chicago: Aldine, 1969.

U. S. Congress, House of Representatives. *Papers Relating to the Foreign Relations of the United States*. Cited as FRUS.

Utley, Robert. *The Last Days of the Sioux Nation*. New Haven: Yale University Press, 1963.

Varg, Paul. *Missionaries, Chinese and Diplomats: The American Protestant Missionary Movement in China, 1890–1952*. Princeton: Princeton University Press, 1958.

Wagner, Rudolf G. *Reenacting the Heavenly Vision: The Role of Religion in the Taiping Rebellion*. Berkeley: University of California, Institute for East Asian Studies, 1982.

Wang Tong-zhao 王统照. *Shan-dong min-jian gu-shi* 山东民间故事 (Shan-dong folk tales). Beiping: 1938.

Wang Xiao-qiang 王小强. "Nong- min yu fan-feng-jian" 农民与反封建

(Peasants and anti-feudalism). *Li-shi yan-jiu* 历史研究, 1979. 10 (October): 3-12.

Wang. You-nong 王友农. "He-bei Ning-jin nong-ye lao-dong" 河北宁津农业劳动 (Agricultural labor in Ningjin, Hebei), in *Zhong-guo nong-cun jing-ji zi-liao xu-bian* 中国农村经济资料续编 (Materials on the Chinese village economy, continued), edited by Feng He-fa 冯和法. 1935. Taibei reprint, 1978. vol. 2: 781-783.

Weale, L. Putnam. *Indiscreet Letters from Peking*. London: Dodd, Meade and Co., 1907.

Wehrle, Edmund S. *Britain, China and the Antimissionary Riots, 1891-1900*. Minneapolis: University of Minnesota Press, 1966.

Wei xian-zhi 威县志 (Gaetteer of Wei county). 1929.

Willeke, Bernward H. *Imperial Government and Catholic Missions in China During the Years 1784-1785*. St. Bonaventure, New York: Franciscan Institute, 1948.

——. "Documents Relating to the History of the Franciscan Missions in Shantung, China." *Franciscan Studies* 7(1947): 171-187.

Williamson, Alexander. *Journeys in North China, Manchuria and eastern Mongolia; with some account of Corea*, 2 vols. London: Smith, Elder and Co., 1870.

——. "Notes on the North of China, Its Productions and Communications." *Journal of the North China Branch of the Royal Asiatic Society*, n. s. 4 (December 1867): 33-63.

——. "Notes on the Productions, Chiefly Mineral, of Shan-tung." *Journal of the North China Branch of the Royai Asiatic Society* n. s. 4 (December 1967): 63-73.

Wo-xian jin-dai-shi(1840-1919)我县近代史 (Modern history of our county, 1840-1919). Edited by Chi-ping-xian wen-hua-guan 茌平县文化馆 (Cultural office of Chiping county). Manuscript, 1958.

Worsley, Peter. *The Trumpet Shall Sound: A Sudy of 'Cargo' Cults in Melanesia*. New York: Schocken Books, 1968.

Wu, Chao-kwang. *The International Aspect of the Missionary Movement in China*. Baltimore: Johns Hopkins Press, 1930.

Xiao Yi-shan 萧一山, ed. *Tai-ping tian-guo cong-shu* 太平天国丛书 (Collection of Taiping writings). 2 vols. Taibei: Zhong-hua cong-shu weiyuan-hui，1956.

Xie Xing-yao 谢兴尧. *Tai-ping tian-guo qian-hou Guang-xi de fan-Qing yun-dong* 太平天国前后广西的反清运动（Anti-Qing movements in Guangxi before and after the Taiping Rebellion），Beijing：San-lian，1950.

Xu Xu-dian 徐绪典."Yi-he-tuan yuan-iu chu-yi"义和团源流刍议（My humble opinion of the origins of the Boxers）. *Shan-dong da-xue wen-ke lun-wen ji-kan* 山东大学文科论文集刊，1980. 1：23 - 35.

Yang, Benjamin. "Sung Ching-shih and His Black Flag Army." *Ch'ing- shih Wen-t'i* 5. 2(1984)：3 - 46.

Yang. C. K. *Religion in Chinese Society：A Sudy of Contemporary Social Functions of Religion and Some of their Historical Factors.* Berkeley：University of California Press，1961.

Yri-he-tuan 义和团（The Boxers）. Edited by Jian Bo-zan 翦伯赞 et al. 4 vols. Shanghai：1951. Reprinted Taibe：Ding-wen，1973 under title *Yi-he-tuan wen-xian hui-bian* 义和团文献汇编. Cited as YHT.

Yi-he-tuan dang-an shi-liao 义和团档案史料（Archival materials on the Boxers）. Edited by Gu-gong bo-wu-yuan Ming-Qing dang-an bu 故宫博物院明清档案部（The Ming-Qing archives division of the Palace Museum）. Beijing：Zhong-hua，1959. Cited as DASL.

Yi-he-tuan shi-liao 义和团史料（Historical materials on the Boxers），Edited by，Zhong-guo she-hui ke-xue-yuan jin- dai- shi yan-jiu-suo "Jin-dai-shi zi-liao" bianji-ji-zu 中国社会科学院近代史研究所"近代史资料"编辑组. 2 vols. Beijing：CASS，1982. Cited as YHTSL.

Yi-he-tuan yun-dong liu-shi zhou-nian ji-nian lun-wen-ji 义和团运动六十周年纪念论文集（Articles commemorating the sixtieth anniversary of the Boxer movement）. Edited by Zhong-guo ke-xue-yuan Shan-dong fen-yuan li-shi yan-jiu-suo 中国科学院山东分院历史研究所（Modern History Institute of the Shandong divison of the Chinese Academy of Sciences）. Beijing；Zhong-hua，1961.

Yin Wei-he 殷惟穌. *Jiang-su liu-shi-yi xian-zhi* 江苏六十一县志（Gazetteer of sixty-one counties in Jiangsu province）. Shanghai：Commercial Press，1936.

Young, Marilyn Blatt. *The Rhetoric of Empire：American China Policy，1895 -1901.* Cambridge：Harvard University Press，1968.

Yu-cheng xian xiang-tu-zhi 禹城县乡土志（Local gazetteer of Yucheng county). 1908.

Yu-cheng xian-zhi 禹城县志(Gazetteer of Yucheng county). 1808.

Yuan Chang 袁昶. "Luan-zhong ri-ji can-gao" 乱中日记残稿 (Fragments of a diary from the midst of disorder). In *Yi-he-tuan* 1: 337 – 349.

Yun Yu-ding 恽毓鼎. "Chong-ling chuan-xin-lu" 崇陵傅信录(A true account of the Guang- xu emperor). In *Yi-he-tuan* 1: 45 – 55.

Zhang Xin-yi 张心一. "He-bei-sheng nong-ye gai-kuang gu-ji bao-gao" 河北省农业概况估计报告(An estimate of the agricultural situation in Hebei). *Tong-ji yue-bao* 统计月报, 2.11 (November 1930): 1 – 56.

——. "Shan-dong-sheng nong-ye gai-kuang gu-ji bao-gao"山东省农业概况估计报告(An estimate of the agricultural situation in Shandong). *Tong-ji yue-bao* 3.1 (January 1931): 20 – 45.

Zhang Yu-fa 张玉法. *Zhong-guo xian-dai-hua de qu-yu yan-jiu: Shan-dong sheng, 1860 – 1916* 中国现代化的区城研究：山东省(Regional studies on Chinese modernization: Shandong, 1860 – 1916). 2 vols. Taibei: Academia Sinica, Modern History Institute, 1982.

Zhang Yu-zeng 张育曾 and Liu Jing-zhi 刘敬之. *Shan-dong zheng-su shi-cha-ji* 山东政俗视察记(A survey of politics and customs in Shandong). Jinan: Shandong Press, 1934.

Zheng He-sheng 郑鹤声. "Lun 'tie-quan'"论铁拳 (On the "Iron fists"). *Shan-dong da-xue xue-bao* 山东大学学报,1960. 2 (June): 44 – 53.

Zhi-li feng-tu diao-cha-lu 直隶风土调查录(Survey of the natural conditions and local customs of Zhili). Edited by Zhi-li- sheng shi-xue 直隶省视学. Shanghai: Commercial Press, 1916.

Zhi-li-sheng shang-pin chen-lie-suo 直隶省商品陈列所(Zhili provincial commodities exhibition). *Di-yi-ci diao-cha shi-ye bao-gao-shu* 第一次调查实业报告书(Report on the first survey of industry). Tianjin: 1917.

Zhong-fang 仲芳. "Geng-zi j-shi" 庚子记事 (A record of events in 1900). In Zhong-guo she-hui ke-xue-yuan jin-dai-shi yan-jiu-suo jin-dai-shi zi-liao bian-ji-shi 中国社会科学院近代史研究所近代史资料编辑室. ed., *Geng-zi ji-shi*. Beijing, Zhong-hua, 1978: 9 – 78.

Zhong-guo qu-yi yan-jiu-hui 中国曲艺研究会 (Chinese Folk Art Institute). *Shan-dong kuai-shu Wu Song zhuan* 山东快书武松传(Shandong clapper ballad: Biography of Wu Song). Beijing: Writer's Press, 1957.

Zhong guo shi-ye-zhi: *Shan-dong-sheng* 中国实业志：山东省(Chinese Industrial Gazetteer: Shandong province). Shanghai: International Trade Office of the Ministry of Industry, 1934.

Zhou Hai-qing 周海清. "Shan-dong Yi-he-tuan zu-zhi de yuan-liu ji-qi fa-zhan"山东义和团组织的源流及其发展(The origins and development of the Shandong Boxers' organization). *Po yu li* 破与立, 1979. 6, No. 33 (November): 33 - 39.

Zhu Fu 祝芾. "Geng-zi jiao-an han-du"庚子教案函牍(Correspondence concerning anti-Christian cases in 1900). In *Yi-he-tuan* 4: 363 - 394.

"海外中国研究丛书"书目

79. 德国与中华民国 [美]柯伟林 著 陈谦平 陈红民 武菁 申晓云 译 钱乘旦 校

80. 中国近代经济史研究:清末海关财政与通商口岸市场圈 [日]滨下武志 著 高淑娟 孙彬 译

81. 回应革命与改革:皖北李村的社会变迁与延续 韩敏 著 陆益龙 徐新玉 译

82. 中国现代文学与电影中的城市:空间、时间与性别构形 [美]张英进 著 秦立彦 译

83. 现代的诱惑:书写半殖民地中国的现代主义(1917—1937) [美]史书美 著 何恬 译

84. 开放的帝国:1600年前的中国历史 [美]芮乐伟·韩森 著 梁侃 邹劲风 译

85. 改良与革命:辛亥革命在两湖 [美]周锡瑞 著 杨慎之 译

86. 章学诚的生平及其思想 [美]倪德卫 著 杨立华 译

87. 卫生的现代性:中国通商口岸卫生与疾病的含义 [美]罗芙芸 著 向磊 译

88. 道与庶道:宋代以来的道教、民间信仰和神灵模式 [美]韩明士 著 皮庆生 译

89. 间谍王:戴笠与中国特工 [美]魏斐德 著 梁禾 译

90. 中国的女性与性相:1949年以来的性别话语 [英]艾华 著 施施 译

91. 近代中国的犯罪、惩罚与监狱 [荷]冯客 著 徐有威 等译 潘兴明 校

92. 帝国的隐喻:中国民间宗教 [英]王斯福 著 赵旭东 译

93. 王弼《老子注》研究 [德]瓦格纳 著 杨立华 译

94. 寻求正义:1905—1906年的抵制美货运动 [美]王冠华 著 刘甜甜 译

95. 传统中国日常生活中的协商:中古契约研究 [美]韩森 著 鲁西奇 译

96. 从民族国家拯救历史:民族主义话语与中国现代史研究 [美]杜赞奇 著 王宪明 高继美 李海燕 李点 译

97. 欧几里得在中国:汉译《几何原本》的源流与影响 [荷]安国风 著 纪志刚 郑诚 郑方磊 译

98. 十八世纪中国社会 [美]韩书瑞 罗友枝 著 陈仲丹 译

99. 中国与达尔文 [美]浦嘉珉 著 钟永强 译

100. 私人领域的变形:唐宋诗词中的园林与玩好 [美]杨晓山 著 文韬 译

101. 理解农民中国:社会科学哲学的案例研究 [美]李丹 著 张天虹 张洪云 张胜波 译

102. 山东叛乱:1774年的王伦起义 [美]韩书瑞 著 刘平 唐雁超 译

103. 毁灭的种子:战争与革命中的国民党中国(1937—1949) [美]易劳逸 著 王建朗 王贤知 贾维 译

104. 缠足:"金莲崇拜"盛极而衰的演变 [美]高彦颐 著 苗延威 译

105. 饕餮之欲:当代中国的食与色 [美]冯珠娣 著 郭乙瑶 马磊 江素侠 译

106. 翻译的传说:中国新女性的形成(1898—1918) 胡缨 著 龙瑜宬 彭珊珊 译

107. 中国的经济革命:二十世纪的乡村工业 [日]顾琳 著 王玉茹 张玮 李进霞 译

108. 礼物、关系学与国家:中国人际关系与主体性建构 杨美惠 著 赵旭东 孙珉 译 张跃宏 译校

109. 朱熹的思维世界 [美]田浩 著

110. 皇帝和祖宗:华南的国家与宗族 [英]科大卫 著 卜永坚 译

111. 明清时代东亚海域的文化交流 [日]松浦章 著 郑洁西 等译

112. 中国美学问题 [美]苏源熙 著 卞东波 译 张强强 朱霞欢 校

113. 清代内河水运史研究 [日]松浦章 著 董科 译

114. 大萧条时期的中国:市场、国家与世界经济 [日]城山智子 著 孟凡礼 尚国敏 译 唐磊 校

115. 美国的中国形象(1931—1949) [美]T. 克里斯托弗·杰斯普森 著 姜智芹 译

116. 技术与性别:晚期帝制中国的权力经纬 [英]白馥兰 著 江湄 邓京力 译